Martin C.R. Krüger

Prüft alles, das Gute haltet fest! 1Thes 5,21

Das Buch Einer der wesentlichen Beweggründe für die hier vorgelegten „Anstöße, um biblische Begriffe und theologische Traditionen neu zu bedenken", wird vom Autor in den letzten Sätzen dieses Buches folgendermassen formuliert:

„Ich bin – ohne über einen Termin zu spekulieren – fest überzeugt, dass die Zeit der heute sich sammelnden Gemeinde, der Ekklesia Gottes, des Leibes Christi auf Erden seinem Ende zugeht. Das von Gott erwählte Volk Israel sammelt sich wieder in dem von Gott verheißenen Land.

Ohne Klarheit über das Verbindende und Trennende zwischen Israel und Gemeinde ist unsere heutige Zeit und die Aktualität biblischer Prophetie nicht zu erkennen und zu verstehen; sind Einzelereignisse nicht angemessen einzuordnen. Dazu müssen aber auch einige Grundbegriffe neu mit Inhalt gefüllt werden.

Ich wünsche mir, die Gedanken dieses Buches würden – recht verstanden und richtig eingeordnet – etwas bewirken, die Zeichen der Zeit für beide Heilskörperschaften, für Israel und für die Gemeinde, besser deuten zu können."

Der Autor **Martin C.R. Krüger,** Jahrgang 1926, verheiratet, sechs Kinder; im Ruhestand wohnhaft in Calw-Hirsau.

Nach „Lernjahren" in mehreren Industriebetrieben von 1959 bis 1982 bei der IBM Deutschland GmbH in verschiedenen Verantwortungsbereichen; ca. 12 Jahre „Chefberater".

Danach 10 Jahre freier Unternehmensberater; unterbrochen durch 6 Jahre als Geschäftsführer und Verwaltungsdirektor der Liebenzeller Mission gem.GmbH. in Bad Liebenzell.

Mehr als drei Jahrzehnte freier Dozent und Lehrbeauftragter bei diversen Institutionen.

1960/61 wird Krüger in einer tief greifenden Lebenskrise Christ. Damit werden sein eigenes und das Leben seiner Familie von Grund auf neu geprägt.

Über mehrere Jahrzehnte Predigtdienste und verantwortliche Mitarbeit in landeskirchlichen Gemeinschaften, bei Freien evangelischen und baptistischen Gemeinden, sowie über viele Jahre bei den Offenen Brüdern in Ungarn; starkes Engagement in Hauskreisen.

Von Dezember 1994 bis März 2001 Kuratoriums-Mitglied im „Friedrich-Wilhelm-Krummacher-Haus - Haus der Stille in der Pommerschen Evangelischen Kirche" in 17498 Weitenhagen bei Greifswald.

Referent bei Seminaren und Konferenzen unterschiedlichster christlicher Gruppen und Werke sowohl zu wirtschaftlichen Problemstellungen unter biblischem Bezug als auch für die Auslegung spezieller Themen wie z.B. Prophetie und biblisches Menschenbild.

1984 Gründungsmitglied von „ACUM - Arbeitskreis Christ und Management". In dieser Zeit zahlreiche Seminare und Zeitschriftenartikel zum ACUM Anliegen.

Martin C. R. Krüger

Prüft alles, das Gute haltet fest! 1 Thes 5,21

Anstöße, um biblische Begriffe und theologische Traditionen neu zu bedenken.

---

1. Prüft alles, das Gute haltet fest
2. Die Einheit beachten, aber erkennen, was zu trennen ist
3. Das gedankliche Verwirrspiel um das „(König-)Reich Gottes"
4. Perioden in Gottes Plan mit seiner Schöpfung

Mose empfing die Thora auf dem Berg Sinai
und übergab sie Josua;
Josua überlieferte sie den Ältesten,
und die Ältesten den Propheten;
die Propheten hinterließen sie den Weisen,
die drei Dinge betonten:

Sei vorsichtig im Urteil.
Was sich als Wahrheit ausgibt,
ist oft nur geheiligte Meinung.

Erwecke viele Schüler,
hilf ihnen, die Wirklichkeit zu erkennen.
Wehre der Abhängigkeit -
bei wahrem Lernen gibt es keine Hierarchie.

Baue einen Zaun um die Thora.
Unterscheide zwischen zeitbedingter und
zeitloser Wahrheit;
wage es, die eine zu verändern,
um die andere zu bewahren.

„Die Worte der Weisen sind glühende Kohlen"
herausgegeben von Rabbi Rami M. Shapiro

2005 erschienen bei
Martin C.R. Krüger, 75365 Calw-Hirsau
2. Auflage (leicht überarbeitet, siehe Seite IX)
Alle Rechte vorbehalten

Dem vollständigen Zitat aus „Die Worte der Weisen ..." hat der
S. Fischer Verlag, Frankfurt/Main, freundlicherweise zugestimmt.

In die Umschlaggestaltung einbezogen wurde das Motiv
„Lichtblick", Aquarell von Andreas Felger,
Präsenz Verlag Gnadenthal, D-65597 Hünfelden

Einbandentwurf, Herstellung und Verlag:
Books on Demand GmbH, D-22848 Norderstedt
Printed in Germany

ISBN 3-8334-2688-8

Ein Dank an alle zu diesem Buch hilfreichen Wegbegleiter

Die in diesem Buch vorgelegten Gedanken sind die Quintessenz aus vier Jahrzehnten des Lebens im Glauben Jesu Christi und des Nachsinnens über das von Gott offenbarte Wort. Fast vier Jahre hat es dann gedauert, bis diese „Anstöße, um biblische Begriffe und theologische Traditionen neu zu bedenken" in der jetzt vorliegenden Form ausformuliert waren.

Der Umfang dieser manche traditionelle Vorprägung in Frage stellenden Anmerkungen und Thesen hat viel Abwägen gefordert. Was muss unbedingt gesagt werden und mit welchen Formulierungen, damit die zum Teil recht unkonventionellen Aussagen nachvollzogen und akzeptiert werden können? Und dann die Überlegung, was soll und was kann weggelassen werden, damit das Buch in seinen Grundaussagen – und hier insbesondere zu dem Trennenden und auch Gemeinsamen zwischen Israel und der Gemeinde – überschaubar und damit lesbar bleibt?

Im ersten Kapitel ist einiges über die mir in den Anfangsjahren auf diesem Weg hilfreichen und mich in meinem Bibelverständnis mit prägenden Brüder gesagt. Insofern trage ich mit diesem Buch auch eine gewisse Dankesschuld ab und lasse teilhaben an der mir gegebenen Hilfe zum Verstehen dessen, was Gott uns gesagt hat.

Bis zur Endfassung dieses Buches haben unterschiedlichst begabte und geprägte Menschen Anregungen und ihre recht differenzierten und zum Teil sehr kritischen Kommentare eingebracht. Diese Anmerkungen sind auf vielerlei, wie ich hoffe ihnen angemessene Art und Weise in den vorliegenden Text eingeflossen.

So viel ich erkenne, legt wohl keiner dieser wie auch immer motivierten „Kommentatoren" Wert darauf, namentlich erwähnt zu werden. Aber ich danke ihnen allen. Ohne ihre Fragen und Korrekturen, ihre Denkanstöße und Formulierungshilfen hätte manches zum besseren Verstehen Nützliche gefehlt und wäre andererseits manche entbehrliche Überlegung im Text geblieben.

Ferdinand Göbel gilt ein besonderer Dank für sein mehrmaliges, gewissenhaftes Korrekturlesen und das akkurate Prüfen aller angeführten Bibelstellen.

Für die Aussagen in diesem Buch – einschließlich aller nicht auszuschließender Irrtümer und Fehler sowie dem angemessenen Zitieren anderer Autoren – bin ich allein verantwortlich.

Prüft alles, das Gute haltet fest!

Inhaltsverzeichnis

1. Prüft alles, das Gute haltet fest! — 1

1.1 Von den Voraussetzungen, recht prüfen zu können — 1
- 1.1.1 Ein Grundverständnis als Brennpunkt notwendigen Prüfens — 1
- 1.1.2 Von den Beröern etwas lernen — 4
- 1.1.3 Die Richtschnur zu biblischem Prüfen — 6
- 1.1.4 Neu Nachdenken über Auslegungstraditionen — 8
- 1.1.5 Was Sie als Leser erwarten können — 10

1.2 Das Motiv für diese Anregungen zum Forschen und Prüfen — 12
- einige Worte zum persönlichen Hintergrund — 12
- 1.2.1 Der Normalfall: Vertrauen, nicht prüfen! — 13
- 1.2.2 Gott schenkt einem Menschen neues Leben — 13
- 1.2.3 Die Suche nach dem eigenen Glaubens-Standort — 16
- 1.2.4 Der alles entscheidende Faktor – Leben aus Gott — 18
- 1.2.5 ... damit ihr Leben habt! — 22
- 1.2.6 Was hat das alles mit dem Thema des Buches zu tun? — 25
- 1.2.7 Brüder als Wegbegleiter und Gehilfen im Glauben — 27

1.3 Hat Gott es wirklich so gesagt? — 29
- 1.3.1 Die Frage nach dem Fundament — 29
- 1.3.2 Die von Satan eingebrachte Zweifelsfrage — 30
- 1.3.3 Das beschädigte Fundament – eine fragwürdige Interpretation — 33
- 1.3.4 Kleine Auslegungsirrtümer mit weitreichenden Folgerungen — 35
- 1.3.5 Kirche ohne Fundament im Wort Gottes ist hohl und belanglos — 38

2. Die Einheit beachten, aber erkennen, was zu trennen ist — 40

2.1 Übersetzen – eine verantwortungsvolle Aufgabe — 40
- 2.1.1 Die legitime Klärungsfrage – Was hat Gott denn wirklich gesagt? — 40
- 2.1.2 Ein ausgetauschtes Wort verändert ein Grundverständnis — 44
- 2.1.3 „gae" – ein unscheinbares Wort mit weitreichender Bedeutung — 46
- 2.1.4 Wer sind eigentlich die Heiden und das Volk Gottes — 49
- 2.1.5 Einige Überlegungen zur Ekklesia — 51
- 2.1.6 Woran denken wir, wenn wir „Christus" hören oder lesen? — 54
- 2.1.7 Versöhnung resp. Neuordnung Gottes — 59
- 2.1.8 Welcher Ort oder Zustand ist mit Hölle gemeint? — 62

2.2	**Exkurs: Jakobs Kampf am Jabbok**	**65**
2.2.1	Einführung in das Thema	65
2.2.2	Die bedeutsamen Ereignisse in der Vorgeschichte	65
2.2.3	Was der Text über diesen nächtlichen Kampf berichtet	69
2.2.4	Was hat sich am Jabbok wirklich ereignet? Versuch einer Deutung	70
2.2.4.1	Jakobs Gegner im Kampf	70
2.2.4.2	„JHWH elohim" – der Gott Abrahams, Isaaks und Jakobs	71
2.2.4.3	Die „elohim" der Völker	73
2.2.4.4	Begegnungen Israels mit fremden „elohim"	76
2.2.4.5	Jakob kämpft mit dem „elohim" der Edomiter	78
2.2.5.	Die prophetische Perspektive dieses Kampfes	80
2.2.6.	Was fange ich mit diesem Verständnis persönlich an?	82
2.3	**Schriftteilung – ein schreckliches Wort!?**	**83**
2.3.1	Annäherung an ein schwieriges Thema	83
2.3.2	Alle Ausleger praktizieren „Schriftteilung"	86
2.3.3	Ein beachtenswerter Merksatz	90
2.3.4	Altes und neues Testament ergänzen sich gegenseitig	92
2.3.5	Wie vertrauenswürdig sind Gottes Zusagen?	97
2.3.6	Text-Inhalt, Text-Adressat und Kontext sind eine organische Einheit	99
3.	**Das gedankliche Verwirrspiel um das „(König-)Reich Gottes"**	**103**
3.1	**Was bedeutet im biblischen Kontext: (König-)Reich Gottes?**	**103**
3.1.1	Einführung in ein problematisches Thema	103
3.1.2	Gott, der König seiner Schöpfung	107
3.2	**Das irdische (König-)Reich Gottes im Alten Testament**	**109**
3.2.1	Der Abraham-Bund: Fundament für das (König-)Reich	109
3.2.2	Durch Mose formt Gott sein auserwähltes Volk	110
3.2.3	Israel will ein Königreich sein – wie alle Nationen	114
3.2.4	Das Reich im Niedergang und Daniels Prophetie	117
3.2.5	Israels bleibende Verheißungen für eine neue Zukunft	120
3.3	**Das nahe gekommene (König-)Reich Gottes in den Evangelien**	**123**
3.3.1	Der verheißene Messias und seine Botschaft vom Reich	123
3.3.2	Die Ablehnung des Messias verzögert das nahe gekommene Reich	125
3.3.3	Jesu Prophetie über Gottes erwähltes Volk und sein Reich	128
3.3.4	Gott verheißt und schließt zu unterscheidende Bünde	131
3.3.5	Jesu letzte Anweisungen an seine Jünger	135
3.4	**Gottes Königreich für Israel im Wartestand**	**137**
3.4.1	Israel verweigert sich auch dem auferweckten Messias	137

3.4.2	Paulus markiert den Zeitenumbruch für Israel und das Reich	141
3.4.3	Die Zeichen der Zeit erkennen	144

4. Perioden in Gottes Plan mit seiner Schöpfung — **147**

4.1 Gott enthüllt sein Planen und Handeln — **147**
- 4.1.1 Gott entfaltet seine Pläne schrittweise — 147
- 4.1.2 Gottes Handeln in der Urzeit im biblischen Zeitraffer — 149
- 4.1.3 Gottes Pläne für die Endzeit in knappen Umrissen — 154

4.2 Der Anfang der Geschichte Gottes mit den Menschen — **157**
- 4.2.1 Der Mensch – Gottes Repräsentant auf der Erde — 157
- 4.2.2 Nach der Sintflut mit Noah ein neuer Anfang — 160
- 4.2.3 Mit Abraham ein neues göttliches Prinzip: Auswahl — 163

4.3 Israels Aufstieg und Fall — **166**
- 4.3.1 Israel – Gottes „Volk zum Eigentum" — 166
- 4.3.2 Der verheißene Messias erscheint und wird verworfen — 169

4.4 Gottes geoffenbarter und sein verborgener Wille — **172**
- 4.4.1 In seinen Verheißungen für Israel offenbarte Gott seine Ziele — 172
- 4.4.2 Gott gibt bisher verborgene Ratschlüsse bekannt — 176

4.5 Gottes Handeln aus alter Verheißung und neuer Offenbarung — **179**
- 4.5.1 Pfingsten – Gottes lebendig machender Geist — 179
- 4.5.2 Gott sammelt seinem Sohn eine „Körperschaft": die Ekklesia — 183

4.6 Gottes Berufung für Israel ist unwiderruflich — **187**
- 4.6.1 Israel rückt wieder ins Blickfeld — 187
- 4.6.2 Israel – JHWH's „abtrünniges Weib" auf dem Weg der Läuterung — 193
- 4.6.3 Israels Erlösung und die Aufrichtung des (König-)Reich Gottes auf Erden — 199
- 4.6.4 Das irdische Königreich Gottes – das Millennium — 206

4.7 Siehe, ich mache alles neu! — **214**
- 4.7.1 Das Alte vergeht — 214
- 4.7.2 Gerichte in Gottes Ratschluß — 215
- 4.7.3 Neues beginnt — 220

5. Was noch zu sagen bleibt — **221**

Bibelstellenverzeichnis — 222
Zitierte Literatur — 231

Allgemeine Hinweise

Bibelstellen werden, wenn nichts anderes vermerkt ist, nach der im R. Brockhaus Verlag erschienenen „Revidierten Elberfelder Bibel" (2. Auflage; 1986) zitiert.
Die Abkürzungen der Bibel-Bücher folgen den dort üblichen Regeln.

Für hebräische und griechische Ausdrücke wird bei der Umschrift in unser Alphabet die überwiegend übliche Schreibweise verwendet.

Abkürzungen der benutzten Bibel-Übersetzungen:

Alb   Albrecht, Ludwig, Das Neue Testament und die Psalmen. Brunnen Verlag, Gießen, 14. Auflage 1988.

Buber   Die Schrift – Verdeutscht von Martin Buber gemeinsam mit Franz Rosenzweig; Lambert Schneider im Bleicher Verlag, Gerlingen 1997.
           Lizenzausgabe für die Wissenschaftliche Buchgesellschaft Darmstadt.

ComBi   The Companion Bible. Samuel Bagster and Sons Ltd., London;
           Reprinted 1964 by permission of The Bullinger Publications Trust.

Elb   Die Heilige Schrift – Revidierte Elberfelder Bibel. R. Brockhaus Verlag, Wuppertal/Zürich, 2. Auflage 1986.

unrev.Elb Die Heilige Schrift. Verlag R. Brockhaus, Wuppertal-Elberfeld. 35. Auflage 1963.

Konk   Konkordantes Neues Testament. Konkordanter Verlag, Pforzheim,
           5. Auflage 1980, neu überarbeitet

Luth   Die Bibel nach der Übersetzung Martin Luthers. Deutsche Bibelgesellschaft, Stuttgart 1985.

Luth-orig Neudruck der Originalausgabe 1522; im Besitz der Universitäts- und Landesbibliothek Halle/Saale; Edition Leipzig 1972;
           Ausgabe für Deutsche Bibelstiftung, Stuttgart 1978.

Gegenüber der Hardcover-Ausgabe von 2004 wurden einige geringfügige Fehler korrigiert. Auf den Seiten 57, 59, 71, 92, 104, 145, 154 und 192 sind kleinere, die Aussagen nicht verändernde Ergänzungen eingefügt worden. Auf Seite 219 sind zwei Bezüge aus den Evangelien und ein Kommentar von Chambers aufgenommen, um diese ungewohnten Gedanken deutlicher zu gründen.

Vor allem anderen

Paulus betete für die „Heiligen und an Christus Jesus Gläubigen, die in Ephesus sind" und ich schließe mich für die Leser dieses Buches an:

> „... daß der Gott unseres Herrn Jesus Christus, der Vater der Herrlichkeit, euch gebe den Geist der Weisheit und Offenbarung zur Erkenntnis seiner selbst. Er erleuchte die Augen eures Herzens, damit ihr wißt was die Hoffnung seiner Berufung, was der Reichtum der Herrlichkeit seines Erbes in den Heiligen und was die überschwängliche Größe seiner Kraft an uns, den Glaubenden, ist, nach der Wirksamkeit der Macht seiner Stärke. Die hat er in Christus wirksam werden lassen, indem er ihn aus den Toten auferweckt hat."
>
> Eph 1,1.17–20

An die Gemeinde Gottes in Korinth gibt Paulus Belehrung, was sie von Gott erwarten dürfen. Wir sollten mit großem Vertrauen gleiches erwarten:

> „Wir reden aber Weisheit unter den Vollkommenen, jedoch nicht Weisheit dieses Zeitalters, noch der Fürsten dieses Zeitalters, die zunichte werden, sondern wir reden Gottes Weisheit in einem Geheimnis, die verborgene, die Gott vorherbestimmt hat, vor den Zeitaltern, zu unserer Herrlichkeit. ... Uns hat Gott es geoffenbart durch den Geist, denn der Geist erforscht alles, auch die Tiefen Gottes. ... Ein natürlicher Mensch aber nimmt nicht an, was des Geistes Gottes ist, denn es ist ihm eine Torheit, und er kann es nicht erkennen, weil es geistlich beurteilt wird. Der geistliche dagegen beurteilt zwar alles, er selbst jedoch wird von niemand beurteilt. Denn ‚wer hat den Sinn des Herrn erkannt, daß er ihn unterweisen könnte?' Wir aber haben Christi Sinn!"
>
> 1Kor 2,6.7.10.14–16

1. Prüft alles, das Gute haltet fest!

Wenn Sie in Ihrem ganz persönlichen Lebensbereich für sich eine weitreichende Entscheidung zu treffen haben – angenommen, Sie wollen einen Finanz-Vertrag abschließen, der Sie auf längere Zeit bindet, bei dem Sie Verpflichtungen erheblicher Art eingehen müssen –, dann werden Sie sich bemühen, die Auswirkungen möglichst realistisch abzuschätzen. Sie werden sich nicht nur ungeprüft auf die Erläuterungen des Vermittlers verlassen, sondern den originalen Vertragstext sehr genau durchlesen und insbesondere auch „das Kleingedruckte" zur Kenntnis nehmen. Gegebenenfalls werden Sie bei vertrauenswürdigen Menschen, die sich in dem Thema auskennen, Rat einholen. Ohne genaues Prüfen läuft für verantwortliche Menschen bei entscheidenden Themen eigentlich nichts.

Wie halten Sie es nun aber bei dem wichtigsten Thema Ihres Lebens, bei Ihrem Glaubens-Hoffnungsgut? Hierbei geht es nicht um zeitlich begrenzte Absprachen, Bedingungen und Verpflichtungen sondern um Grundelemente unserer Existenz in Zeit und Ewigkeit. Ihr „Vertragspartner", Gott durch Jesus Christus, hat Ihnen mit der Bibel eine zuverlässige Botschaft über die Ziele seines Wollens und Handelns und den Weg zum Ziel vorgelegt.

Manches in diesen Texten ist auf den ersten Blick nicht in vollem Umfang zu verstehen. Deshalb gibt es nun Menschen, die uns die schwerer verständlichen Texte erklären; die sie interpretieren, wie das die Fachleute bezeichnen. Der Autor der Botschaft ist unzweifelhaft vertrauenswürdig. Aber prüfen wir eigentlich die Übertragung dieser alten Botschaft durch Ausleger in unsere heutige Zeit anhand des Originals?

Paulus war es wichtig, dass die Glaubenden nicht Unmündige bleiben. Sie sollten weder von jeder seltsamen neuen Lehre verunsichert werden, noch sich aus Angst vor Irrlehre an der altbewährten Gesetzestradition festklammern. Sie sollten Glieder der Gemeinde werden, die feste Speise vertragen (1Kor 3,1.2; Eph 4,13.14; Gal 3,1–4; 1Tim 1,5–7; Hebr 5,12–14; 13,9). Deshalb schreibt er zum Beispiel an die „Heiligen in Philippi", er bete darum, „daß eure Liebe noch mehr und mehr überströme in Erkenntnis und aller Einsicht, damit ihr prüft, worauf es ankommt ..." (Phil 1,9.10). Seinem Mitarbeiter Timotheus ermahnt er, sich „Gott bewährt zur Verfügung zu stellen als einen Arbeiter, der sich nicht zu schämen hat, der das Wort der Wahrheit in gerader Richtung schneidet." (2Tim 2,15).

1.1 Von den Voraussetzungen, recht prüfen zu können

1.1.1 Ein Grundverständnis als Brennpunkt notwendigen Prüfens
– zur Einführung in das zu diskutierende Thema –

Um das Mündig-Werden zu festigen, schreibt Paulus an die Glieder der Gemeinde in Thessalonich dieses „Prüft alles und das Gute haltet fest". Aber ist das nicht eine zu großartige, eine uns überfordernde Aufforderung? Alles prüfen, um das herauszufiltern, was für mich, was für uns gut ist; was nützlich ist. Bringt das etwas und ist das überhaupt realisierbar?

Paulus definiert in seinem Brief, aus dem dieses Zitat stammt, diese Prüfungs-Aufforderung und grenzt sie damit ein. Er schreibt dort: „Weissagung verachtet nicht, prüft aber alles, das Gute haltet fest." (1Thes 5,20.21). Es bleibt also zu klären, was Paulus hier mit Weissagung meint, die zu prüfen sei.

Ich verstehe den Begriff Weissagung (propheteia) in der breiten Bedeutung, wie er zum Beispiel in dem von Burkhardt herausgegebenen „Evangelischen Lexikon für Theologie und Gemeinde – ELThG" definiert wird: „Prophetie wird dabei auf vielfältige Weise verstanden: Als vollmächtiges Christuszeugnis und aktuelle Deutung des Gotteswillens nach der Schrift (...), als Ankündigung zukünftiger Ereignisse (...), durch Ermahnung und Stärkung der Gemeinde (...)." (S. 1620). Auslegungen und Interpretationen des in der Bibel überlieferten Gotteswillens fallen damit auch unter diese Aufforderung „prüft" und „haltet fest".

In gleicher Weise versteht zum Beispiel auch Langenberg den Begriff „Weissagung" in seiner Auslegung zu diesem Vers 1Thes 5,20: „Die Gabe der Prophetie ist die wichtigste Geistesgabe für die Gemeinde, die nie vermißt werden darf. Es ist darunter nicht Wahrsagen, Orakeln, Vorausverkündigung zu verstehen, sondern das Reden im direkten Auftrag Gottes durch inneren Geistestrieb als Bote Gottes, um die Regierungswege Gottes richtig zu deuten." (S. 54).

Wir sehen uns heute nach ca. 1900 Jahren Geschichte der Gemeinde Gottes und des Auslegens und Deutens biblischer Texte einer breiten Palette unterschiedlichster Interpretationen und damit in Verbindung stehender, nicht zu hinterfragender Traditionen und Dogmen gegenüber. Im Walvoord Kommentar fand ich zu unserem Schlüsselvers folgende bedenkenswerte Anmerkung: „Die Versuchung, menschliche Ideen dem Wort Gottes gleichzustellen, ist im übrigen in der modernen Kirche ebenso präsent wie in der Urkirche. Im Angesicht dieser Gefahr müssen die Christen prüfen, was sie hören und lesen, es mit dem Wort Gottes vergleichen und an diesem Maßstab feststellen, ob das Gesagte göttlichen Ursprungs ist. Das ist nicht immer einfach, aber es ist dem unter der Führung des Heiligen Geistes stehenden Gläubigen möglich (1Kor 2,14). Die Aufgabe ‚der rechten Unterscheidung' stellt sich für jeden Christen, auch wenn manche in besonderer Weise für sie ausgerüstet sind (vgl. Apg 17,11; 1Joh 4,1). Das Gute (d.h. das, was sich im Einklang mit dem Wort befindet), das dabei herausgeschält wird, muss bewahrt werden. Aller unechten Lehre und Lebensführung aber ist eine Absage zu erteilen."

Ich möchte Sie mit den in diesem Buch vorgetragenen Überlegungen dazu einladen, mit mir zumindest einen Teil dieser Traditionen zu prüfen, inwieweit „die Regierungswege Gottes" angemessen gedeutet wurden oder „menschliche Ideen" die wahre Bedeutung des Wort Gottes überlagern und verfälschen. Worin das Gute liegt, das wir festhalten sollten, und wo nach eingehendem Prüfen ohne Denkverbote und Verstehensbarrieren Bedarf an neuem Nachdenken und gegebenenfalls Korrigieren festgefügter Deutungen und Belehrungen besteht.

Insbesondere geht es mir auch darum, das in den vergangenen Jahrhunderten gewordene Durcheinander in Bezug auf Israel und die Gemeinde, auf Verpflichtung zu totaler oder teilweiser Gesetzeserfüllung und der Freiheit vom Gesetz zu entmischen. Wenn es richtig ist, dass die Zeit der Sammlung einer Gemeinde für den Sohn Gottes seinem Ende zuläuft, dann ist dringend geboten, uns wieder der diesen beiden Gruppen gemeinsamen und der zu unterscheidenden Wurzeln und Verheißungen zu erinnern. Andernfalls werden wir heilsgeschichtliche Entwicklungen unserer heutigen Zeit nicht angemessen deuten können. Darum ist gerade in unserer Situation Prüfen angesagt.

„Wächter, wieviel von der Nacht noch, Wächter, wieviel von der Nacht? Spricht der Wächter: Morgen zieht herauf, aber auch Nacht noch." Jes 21,11.12 nach Buber.

Ich bin fest davon überzeugt, dass am Beginn der „Kirchengeschichte" eine im Grundansatz falsche und für die weitere Entwicklung verheerende Weichenstellung erfolgt ist. Die Kirche stellte sich an die Stelle Israels in Gottes Planungen mit der Menschheit. Zum Verständnis ist es vielleicht hilfreich zu wissen, dass die Aufseher und Bischöfe der jungen Kirche sich sehr früh schon bemühten, die jüdischen Wurzeln abzuschneiden. Der immer mehr aussterbende jüdisch-messianische Strang verlor an Bedeutung und sein Einfluss wurde zum Teil zwangsweise zurückgedrängt.

Um dieses Loslösen zu beschleunigen, soll zum Beispiel der Bischof Narziss schon im Jahr 196 auf dem Konzil in Cäsarea verlangt haben, man möge die sich an jüdischen beweglichen Feiertagen orientierenden Festtage der Kirche auf feste Tage verlegen. Also als Beispiel, den Ostertermin aus dem zeitlichen Umfeld des beweglichen 14. Nissan auf einen festzulegenden Sonntag verschieben. Damals scheiterte dieses Verlangen noch; unter Konstantin dem Großen (ca. 272–337) wurde vieles dann Wirklichkeit.

Spätestens nachdem Konstantin das Christentum zur Staatsreligion erklärt hatte und Staat und Kirche eine unheilige Allianz eingingen, wurde dieser Austausch befestigt. Kreuzzüge, Inquisition, Judenverfolgungen über Jahrhunderte haben letzten Endes hier ihren Ausgangspunkt. Jetzt gegen Ende der Geschichte Gottes mit der Gemeinde Jesu Christi merken aufmerksame Beobachter, dass zwischen Gemeinde und Israel im traditionellen Verständnis irgendetwas nicht recht zusammenpasst.

Zu der von mir kritisierten Situation hier ein bildhafter Vergleich: Wer beim Zuknöpfen seines Hemdes in der langen Knopfreihe das erste Loch verfehlt, kommt mit dem Zuknöpfen nicht zurecht. Besonders bei den letzten Knöpfen wird es offenbar, dass da am Anfang etwas schief gelaufen ist. Es hilft nichts, man muss noch einmal alles aufknöpfen und mit dem Zusammenführen neu beginnen.

Die überwiegende Zahl selbst der bibeltreuen Christen scheuen sich aber davor, die „Knopfleiste" noch einmal auf- und dann ganz von vorn neu zusammenzuknöpfen. Allerdings kommen diese Glaubenden dann mit sich heute erfüllender Prophetie in und um Israel in Schwierigkeiten. Ich behaupte, an dieser Stelle ist ein Zurückkehren zur klaren Trennung der biblischen Verheißungen und Ordnungen für Israel und die Gemeinde, beider Gemeinsamkeiten und zu beachtender Unterschiede unabdingbar. Das geht dann allerdings in manchen Bereichen bis an die Grundlagen biblischer Auslegungstraditionen.

Deshalb ist ein Nachdenken und Prüfen dieser Traditionen in der Interpretation biblischer Aussagen dringend erforderlich. Hierbei sollen die in diesem Buch zusammengefassten Argumente und Gedanken Mut machende Hilfestellung und anregende Anstöße geben. Beim Durcharbeiten der vorgetragenen Überlegungen werden Sie bald feststellen, dass hier nicht nur irgendwelche theologisch-theoretische Fragen verhandelt werden. Es geht um Anfragen an den Dienstauftrag der Gemeinden und ihrer Verkündigung. Der eine oder andere mag dann auch ganz persönlich gefordert sein, seine eigene Positionierung im Glaubensverständnis neu zu bedenken.

Ich habe soeben von Durcharbeiten gesprochen. Deshalb sofort hier am Anfang mein Vorschlag, wie Sie die von mir vorgetragenen Gedanken am sinnvollsten prüfen und für sich nutzbringend ausschöpfen können. Lesen Sie zunächst das ganze Buch in einem Durchgang, ohne sich bei einzelnen Fragen oder ungewohnten Aussagen festzubeißen. Markieren Sie gegebenenfalls wesentliche, nochmals kritisch zu prüfende Punkte. Bei diesem ersten Durchgang geht es darum, den Gesamtrahmen der hier vorgetragenen Sicht überschauen zu lernen. Dieser erste Durchgang zielt nicht auf Ihre Zustimmung oder Ablehnung. Stellen Sie die hier vorgetragenen Gedanken zunächst einfach neben Ihr eigenes Verständnis.

Lesen Sie dann noch einmal den Text und prüfen Sie jetzt jedes Argument, insbesondere jede Ihnen fremde Begründung kritisch an Hand der Bibel und zusätzlicher Übersetzungs- und Verständnishilfen. Sein Sie aber auch bei diesen Hilfen kritisch, denn dort ist im Zweifelsfall das von mir reklamierte Vorverständnis eingeflossen. Jetzt kommen Ihre beim ersten Durchgang gegebenenfalls angefügten Randvermerke zu ihrem Recht. Versuchen Sie bei diesem zweiten Durchgang, die beschriebenen großen Linien und entscheidenden Weichenstellungen in Gottes Handeln mit seiner Schöpfung und insbesondere mit Israel schrittweise nachzuvollziehen. Klären sie in diesem Rahmen die für Ihre Meinungsbildung entscheidenden Detailfragen.

Sicher ist Ihnen bei diesem Vorschlag zum Durcharbeiten der hier vorgelegten Gedanken klar geworden, dass dies kein „Lesebuch" zu frommer Erbauung sein soll. Es ist ein „Arbeitsbuch", um Ihrem Glauben festere Fundamente zu verschaffen (2Tim 1,13.14; 1Petr 3,15). Und das unabhängig davon, wie Sie zu den vorgetragenen Überlegungen, nachdem Sie diese geprüft haben, Stellung beziehen.

Aber geben Sie Gottes Geist eine Chance, überkommene Sichtweisen da zu korrigieren, wo es für Ihr persönliches Glaubenswachstum wesentlich ist und wo es hilfreich sein kann zum angemessenen Verstehen der heutigen Situation in der fortschreitenden Realisierung der Pläne und Verheißungen Gottes. Insbesondere wird es dann besser gelingen, die Ereignisse um Israel recht zu verstehen und in Gottes offenbarte Pläne einordnen zu können.

1.1.2 Von den Beröern etwas lernen

Aus dem Bericht über die zweite Missionsreise des Apostel Paulus können wir zu unserem Thema etwas lernen. Paulus kam nach Thessalonich und begann in der Synagoge den dort versammelten Juden das Evangelium von Jesus zu vermitteln. Nachdem eine Verschwörung gegen Paulus und seinen Begleiter Silas angezettelt worden war, berichtet der Text Apg 17,10.11 weiter:

„Die Brüder aber sandten sogleich in der Nacht sowohl Paulus als Silas nach Beröa; die gingen, als sie angekommen waren, in die Synagoge der Juden. Diese aber waren edler als die in Thessalonich; sie nahmen mit aller Bereitwilligkeit das Wort auf und untersuchten täglich die Schriften, ob dies sich so verhielte."

1.1 Von den Voraussetzungen, recht prüfen zu können

Aus diesem Bericht über die „edlen Beröer" möchte ich drei Punkte herausgreifen und daraus einige Nutzanwendung für unsere Überlegungen ableiten.

Diese Juden in der Synagoge zu Beröa hatten sicher schon Kunde über Paulus, diesem gelehrten Rabbiner aus Jerusalem erhalten. Sie hatten bestimmt gehört von dieser seltsamen Begegnung vor Damaskus, die den fanatischen Verfolger derer, „die des Weges waren", völlig verändert hatte. Dass er nun „in Erweisung des Geistes und der Kraft" (1Kor 2,4) und von Gott bestätigt durch mancherlei Zeichen und Wunderwerke (Apg 14,3; 19,11), verkündete, dieser gekreuzigte Jesus aus Nazareth sei nicht nur der ihnen verheißene Messias sondern Gottes Sohn.

Sie hörten sich diese Botschaft mit großer Bereitschaft aufmerksam an. Von dem Ruf, der ihm vorausging, konnte man wohl von seiner Belehrung viel erwarten. Aber vergessen wir nicht: Diese Zusammenkunft fand in der Synagoge unter Juden statt. Was dieser Paulus da verkündete, war für diese frommen Juden teilweise fast lästerlich – Gott soll einen Sohn haben!?

Genau hier ist mein erster Punkt, was wir von denen in Beröa lernen können. Wir sollten zunächst aufmerksam hinhören, wenn uns Auslegung und Deutung biblischer Texte in Verkündigung und Schrifttum geboten wird. In Schulungen zum Thema Kommunikation spricht man vom „aktiven Hören". Aktiv hören meint, ich lasse mich weder vom Umfeld ablenken – „was ist das für ein seltsamer Typ; und überhaupt, wie der redet und agiert!" – noch schließe ich mich zu, sobald mir fremde oder im ersten Hören abwegig klingende Aussagen kommen. Ich bin zunächst bereit, vorurteilslos zuzuhören. Das sollten wir Glaubende lernen, wenn wir etwas hören oder lesen, was uns fremd und abwegig klingt, aber mit der Bibel begründet wird.

Aber dann untersuchten diese Hörer in Beröa anhand des Tenach, und das wäre mein zweiter Punkt, ob das alles von der Schrift her sauber belegt werden konnte. Ob die Auslegung, ob die Argumente des Paulus stichhaltig waren; „ob dies sich so verhielte." Und sie werden ganz bestimmt genau so heiß und heftig mit ihm diskutiert und gestritten haben, wie es uns von anderen Gelegenheiten berichtet wird (Apg 15,2; 28,29; Gal 2,14).

Lassen Sie uns dieses Beispiel aus der Synagoge Beröa auf unsere heutige Situation in Kirche und Gemeinde übertragen. Untersuchen wir eigentlich auch anhand der Schriften, ob das, was uns als Deutung des Willens und der Pläne Gottes geboten wird, wirklich mit der Bibel übereinstimmt, „ob dies sich so verhielte" (Apg 17)? Prüfen wir alle „weissagende" Auslegung biblischer Texte, um „das Gute" von anderem trennen zu können (1Thes 5,21; Phil 1,9.10)? Tun wir das nur bei uns fremden Gedankengängen oder auch bei den uns vertraut tönenden, den üblichen Interpretationen? Bei dieser Frage ist es nicht erlaubt, sich hinter uralte Traditionen und Dogmen, hinter große Namen und deren so überzeugend klingende Worte zu verschanzen und das eigene, geistgeleitete Denken auszuschalten. Ich habe nicht wenige menschlich ganz einfältige Brüder kennen gelernt, die, von Gottes Weisheit geleitet, einen wunderbaren geistlichen Durchblick hatten. Jakobus rät, dass der, dem Weisheit mangelt, Gott darum bitten solle „und sie wird ihm gegeben werden" (Jak 1,5.6).

Mein letzter Punkt zu dem Beispiel Beröa: Wer etwas prüfen will, wer untersuchen will, ob eine Aussage zutreffend ist, benötigt eine zuverlässige Prüf-Vorlage, eine Art geeichten Maßstab, an dem er das, was zu prüfen ist, abgleichen kann. Die aufmerksamen Hörer in Beröa untersuchten das Gehörte anhand der „Schriften", das ist der, wie der Jude sagt, „Tenach", oder wie wir es nennen das Alte Testament.

Zu dem weithin unbekannten Begriff „Tenach", den ich des öfteren verwende, sei hier eine kurze Erklärung eingeschoben. Tenach/TeNaKh ist ein Kunstwort. Es setzt sich aus den Anfangsbuchstaben der drei Teile Thora (Gesetz, Lehre; die 5 Bücher Mose), Neviim (Propheten; die je 4 frühen und späteren Prophetenbücher) und Ketuvim (Schriften; alle anderen Bücher von Psalter bis zu den Chroniken) zusammen. Dabei beachten: Der jüdische Kanon hat eine andere Reihenfolge und Einteilung der Bücher! Der Tenach ist gemeint, wenn im Neuen Testament von „das Gesetz und die Propheten", „Mose und die Propheten" oder „die heiligen Schriften" gesprochen wird. Juden sprechen häufig verkürzt von der Thora, auch wenn sie nicht nur die fünf Bücher Mose sondern ihren gesamten Tenach meinen.

1.1.3 Die Richtschnur zu biblischem Prüfen

Der „geeichte" Maßstab zum Prüfen aller mir begegnenden Erläuterungen zu Gottes Verheißungen und zu seinen Wegen mit der Schöpfung ist auch für mich wie bei denen in Beröa das Reden und Handeln Gottes, wie es uns in der Bibel überliefert ist. Wesentliche Voraussetzung für mein Prüfen muss dabei die Zuverlässigkeit „der Schriften" sein. In der uns heute vorliegenden, durch Paulus auf das „Vollmaß" (so Kol 1,25 wörtlich) ergänzten Form ist es das abgeschlossene Offenbarungswort des Schöpfer-Gottes und seines Sohnes Jesus Christus an uns.

Hier einige grundlegende Aussagen für mein persönliches Fundament im Umgang mit der Bibel, damit Sie meine Aussagen prüfen können. Zwei Bibelstellen können da quasi als Vermessungspunkte gelten. Petrus schreibt in seinem zweiten uns überlieferten Brief zur Begründung seiner Botschaft über Jesus Christus, er habe dies „kundgetan, nicht indem wir ausgeklügelten Fabeln folgten, sondern weil wir Augenzeugen seiner herrlichen Größe gewesen sind." (2Petr 1,16). Sie haben mit Jesus aus Nazareth zusammengelebt, sie haben erlebt, was sie berichten. Sie hatten keine irrlichternden Halluzinationen, die sie als Tatsachen ausgaben.

Dann betont Petrus, dass durch diese Ereignisse um Jesus Christus das alte prophetische Wort für sie eine zusätzliche Befestigung erfahren hat, und fährt fort „...keine Weissagung der Schrift ist aus eigener Deutung. Denn niemals wurde eine Weissagung durch den Willen eines Menschen hervorgebracht, sondern von Gott her redeten Menschen, getrieben vom heiligen Geist." (v 20.21). Mir ist diese Petrus-Aussage zuverlässiger als alle psychologisierende Uminterpretation biblischer Texte.

Paulus schreibt an seinen Mitarbeiter Timotheus in seinem letzten uns überlieferten Brief aus der zweiten Gefangenschaft in Rom: „Du aber bleibe in dem, was du gelernt hast und wovon du völlig überzeugt bist, da du weißt, von wem du gelernt hast, und weil du von Kind auf die heiligen Schriften kennst, die Kraft haben, dich weise zu machen zum Heil durch den Glauben, der in Christus Jesus ist. Alle Schrift, von Gott eingegeben, ist nützlich zur Belehrung, zur Überführung, zur Zurechtweisung, zur Unterweisung in der Gerechtigkeit, damit der Mensch Gottes vollkommen sei, zu jedem guten Werk völlig zugerüstet." (2Tim 3,14–17).

1.1 Von den Voraussetzungen, recht prüfen zu können 7

Diesen Rat an Timotheus lasse ich ganz persönlich auch für mich gelten; genauso auch die Warnungen z.B. in Kol 2,8 und Eph 4,14. Daraus folgern für mich einige einfache Aussagen:

Die uns vorliegenden biblischen Texte sind völlig zureichend, uns das Wesen und Wollen Gottes zu offenbaren und uns verständlich zu machen, soweit das in unserer kreatürlichen Einengung überhaupt möglich ist.

Gottes Offenbarung in seinem Wort bezeugt uns in vielfältigen Aspekten das Wirken des Sohnes Gottes „von Anfang an" (Joh 1,1ff ; 1Mo 1,1) bis zum Abschluss der Menschheits- und schlussendlich der Gesamt-Schöpfungsgeschichte (1Kor 15,28; Eph 1,9.10). Das letzte Kapitel „Perioden in Gottes Plan mit seiner Schöpfung" gibt einen geschlossenen Überblick meiner Sicht der uns in der Bibel übermittelten wesentlichen Aspekte der bereits vergangenen und der noch zukünftigen Geschichte Gottes mit seiner Schöpfung.

Die in der Bibel zusammengefassten Schriften sind ausreichend, das Erlösungswerk Gottes in Jesus Christus zu verstehen, für sich persönlich anzunehmen und Richtschnur für ein Leben im Glauben zu finden (Röm 1,16.17; Joh 5,39.40). Hierzu bedarf es keinerlei zusätzlicher Offenbarungen; ergänzende Schrift kann nur Auslegung des Vorgegebenen und Hinweis auf Zusammenhänge sowie das allgemeine geschichtliche Umfeld sein.

Damit Gottes Wort diese Wirkung entfalten kann, muss Gottes Geist dem Hörer resp. Leser das Verständnis aufschließen und den Text in seine Situation hinein interpretieren (Joh 8,43–45; 14,26; 1Kor 2,10–16). Der Hörer aber muss bereit sein, seine bisherigen Erkenntnisse, sein Vorverständnis und ganz allgemein sein Denken „unter den Gehorsam Christi" zu stellen (2Kor 10,5). Wir werden aber nie tiefer in die Geheimnisse Gottes eindringen können, Gott wird uns nie mehr in seinem Wort aufschließen, als wir bereit sind, in unserem ganz praktischen Leben umzusetzen. Paulus nennt das, geistlich zu werden (1Kor 3,1–4; Gal 5,16.25).

Folgende Bibelstellen verdeutlichen zusätzlich, in welchem Umfang biblische Texte für uns verbindlich sein sollen:

Jesus sagt den Männern auf dem Weg nach Emmaus: „O ihr Unverständigen und trägen Herzens, zu glauben an **alles**, was die Propheten geredet haben. ... Und von Mose und von allen Propheten anfangend, erklärte er ihnen in allen Schriften das, was ihn betraf." (Lk 24, 25.27). Glauben wir wirklich **aller** Prophetie und entsprechend **allen** Verheißungen der Schrift?

Paulus erklärt bei seiner Vernehmung vor dem Statthalter Felix: „Aber dies bekenne ich dir, daß ich nach dem Weg, den sie eine Sekte nennen, so dem Gott meiner Väter diene, indem ich **allem** glaube, was in dem Gesetz und den Propheten geschrieben steht ..." (Apg 24,14)

Paulus ist felsenfest überzeugt von der Möglichkeit, Gott angemessen verstehen zu können. Ich möchte ermuntern, in diesem Zusammenhang das gesamte zweite Kapitel im ersten Brief an die Korinther mit seinen gewaltigen Aussagen zu lesen. Ich kann nur staunen über den Reichtum an Einsicht und Verständnis, der uns durch die Gabe des Geistes Gottes zur Verfügung gestellt ist. Gott setzt uns in die Lage, seine Zielsetzungen mit dieser Schöpfung und sein Planen und Handeln bis zu seinem Endziel verstehen zu können. Ich persönlich möchte mit meinem Festhalten an der Zuverlässigkeit des uns übermittelten Gottes-Wortes lieber für naiv oder weltfremd gelten, als in der Vielfalt heutiger Theologien oder auch unklarer „bibeltreuer" Schriftauslegungen unterzugehen. Wenn das nicht gilt, woran soll ich dann prüfen?

1.1.4 Neu nachdenken über Auslegungstraditionen

Ich möchte Anstoß geben, genau hinzuschauen, was geschrieben steht. Was Gott selbst gesagt oder durch seine Boten hat sagen lassen und was er damit wohl auch gemeint hat. Ich wünsche mir, dass einige etwas angestaubte Verständniskategorien von frischem geistlichem Wind (pneuma!) durchweht werden. Dabei hoffe ich, dass das kein menschliches sondern von Gott gewirktes, geistliches Wünschen ist.

Um Gottes geliebtes Kind, um ein verbindlicher Christ zu sein, ist es nicht erforderlich, alles gedanklich mit vollziehen zu können, was ich hier vortrage. Sie müssen in Ihrem Bibelverständnis auch nicht alle Differenzierungen zwischen den Juden und ihren Verheißungen sowie den Christen und ihrem Hoffnungsgut akzeptieren, um ein zu echter Christus-Nachfolge passendes Leben zu führen.

Diese von mir hier vorgetragenen Überlegungen sollen aber Hilfestellung bieten, manche vorgebliche Ungereimtheit aufzuklären und damit Glaubenshindernisse für zum Mitdenken erzogene Menschen auszuräumen. Außerdem sollen sie Hinweise und Denkanstöße geben, um heilsgeschichtliche Zusammenhänge besser verstehen und damit unsere heutige Zeit besser einordnen und deuten zu können.

Nach meinem Verständnis enthält die Bibel im Wesentlichen zwei große Themenkreise. Der eine ist Gottes Plan, sein Vorhaben mit oder für seine gesamte Schöpfung; sowohl für die sichtbare als auch die für uns unsichtbare Schöpfung. Durch alle Zeiten und Äonen; vom Beginn des ins Dasein-Rufens all dessen, was im Diesseits und Jenseits existiert: „im Anfang schuf Gott ..." (1Mo 1,1); bis hin zum Endziel aller Wege Gottes: „damit Gott alles in allem sei" (1Kor 15,28).

Der zweite große Themenkreis wird exemplarisch in Psalm 8,5.6 von David staunend angesprochen. Buber übersetzt: „Was ist das Menschlein (enosch), daß du sein gedenkst, und des Menschen Sohn (ben adam), daß du dich um ihn kümmerst? Denn du hast ihn wenig geringer gemacht als die Gottwesen, mit Herrlichkeit und Pracht krönst du ihn." Es ist das Thema, das um die entscheidende Frage für den nach seiner Bedeutung oder Berufung fragenden Menschen kreist: „Mein Gott, warum gibt es mich überhaupt; was hast du mit mir vor; was willst du von mir?"

Beide Themenkreise greifen ineinander und lassen sich nicht sauber voneinander trennen und dann separat verhandeln. Insbesondere, weil für beide der Dreh- und Angelpunkt in dem Gottessohn, in Jesus Christus liegt. 2Kor 1,20: „Denn so viele Verheißungen Gottes es gibt, in ihm ist das Ja, und deshalb auch durch ihn das Amen [das bedeutet: Wahrhaftig! Ja – so ist es!], Gott zur Verherrlichung durch uns." Im besseren Verständnis all dessen, was Gott verheißen hat, lernen wir dann auch ihn selber immer besser kennen und verstehen.

In den nachfolgenden Ausführungen wird aus zwei Gründen überwiegend auf den erstgenannten Themenkreis eingegangen. Berufung sowohl des einzelnen Menschen, als auch Aufgabe und Auftrag der Menschheit ganz allgemein ist ohne ein Verständnis der in der Bibel fortschreitenden Offenbarung der Pläne Gottes nicht richtig zu deuten. Im Verständnis der Heilsgeschichte Gottes hat an der Schnittstelle Israel und Gemeinde schon sehr früh in der christlichen Theologie eine unheilvolle Vermischung der zu unterscheidenden Verheißungslinien stattgefunden. Wir leben heute wieder in einer entscheidenden Umbruchzeit. Wir sollten deshalb unsere Zeit in Gottes offenbarten Plänen angemessen lokalisieren können. Darum ist hierbei an einigen Punkten dringend neues Nachdenken und gegebenenfalls Korrektur erforderlich.

Diese Ausführungen erheben nicht den Anspruch, eine wissenschaftliche Studie zu sein; sie sind es nicht und wollen es auch nicht sein. Sie sind auch nicht vordringlich für „Profi-Theologen" geschrieben, für „Geistliche" wie sie bei uns genannt werden. Es sind Gedanken für Geistliche, „pneumatikoi" wie die Schrift den Begriff versteht: Menschen erfüllt mit heiligem Geist, die geistlich leben wollen (Gal 5,25).

Der gemäß Klappentext „weithin gehörte Prediger und Redner, Professor an der Universität Münster und Altbischof von Oldenburg", Wilhelm Stählin, äußert sich in seinem Buch „Die Bitte um den Heiligen Geist" (S. 65/66) genau in diesem Sinn:

„Erst diese Überlegungen machen es uns ganz verständlich, warum und mit welchem Recht im Neuen Testament alle Christen als ‚geistliche' Menschen, als pneumatikoi, angeredet werden. Das Wort hat unter uns eine verengte Bedeutung bekommen, ... und wir verstehen kaum mehr, daß damit ursprünglich ganz allgemein und umfassend der Christenstand gekennzeichnet war. Ja, in bestimmter Situation kann der Apostel seine Leser eben darauf anreden, daß sie ‚Geistliche' sind, und daß sie sich so verhalten sollen, wie es diesem geistlichen Stand entspricht (Gal 6,1)."

Dieses Buch hier ist an solche „pneumatikoi", also an Menschen gerichtet, die Gott begegnet sind und nun nach seinem Wollen fragen. Die nicht nur einer Religion mit unverständlichen Dogmen und heiligen Handlungen zur Beruhigung ihres Gewissens folgen, sondern in einer persönlichen Lebensverbindung mit Jesus Christus stehen. Echte Gottes-Kinder, die nun interessiert sind, wie ihr Vater schon immer mit Menschen geredet und gehandelt hat. Um ihn in seinem innersten Wesen so gut wie irgend möglich zu verstehen. Die wissen wollen, was ihr Vater noch plant; ganz allgemein mit seiner Schöpfung, im besonderen mit seiner Gemeinde, die er heute seinem Sohn zusammenfügt, und dann natürlich ganz persönlich auch für sich selbst. Erbberechtigte (Röm 8,17), die einmal ihm gleich sein werden (1Joh 3,2; Röm 8,29) und die deshalb nicht nur kolportierte Meinung hören wollen, sondern Gottes Reden selber befragen und studieren wollen.

Dieses Buch will Anregungen aber auch Hilfestellung bieten, um konventionelle Interpretationen daraufhin zu prüfen, ob sie den Worten Gottes und dem darin enthaltenen Sinn entsprechen. Wenn aber festgefahrene Denkkategorien und traditionsgebundenes Vorverständnis aufgebrochen werden sollen, sind zuweilen etwas längere Erklärungswege zu gehen, um Klarheit und neues Verständnis schaffen zu können. Dann sollten Sie als Leser nicht zu schnell ungeduldig werden, sondern die angebotenen Denkschritte in Ruhe aufmerksam mitgehen.

1.1.5 Was Sie als Leser erwarten können

Ich habe keine besondere oder neue und schon gar nicht eine fertige Lehre. Ich bin auf dem Weg, Gottes Offenbarung an uns Menschen unter der Leitung seines heiligen Geistes besser verstehen zu lernen. Was ich auf diesem Weg an Wunderbarem in der Bibel entdecken durfte, teilweise vorbei an allem konventionellen (Vor-)Verständnis, davon möchte ich hier einiges weitergeben und damit auch eine Dankesschuld abtragen. Die hier vorgetragenen Überlegungen sind die Quintessenz aus vierzig Jahren Leben im Glauben Jesu Christi und Forschen in seinem Wort.

Es geht mir hierbei weniger um die systematische Darlegung einer besonderen Sicht, sondern mehr darum, nachdenklich zu machen und zum eigenen Erforschen anzuregen. Wenn es dann auch noch gelingt, einige Zusammenhänge aus Gottes herrlichen Plänen mit seiner gesamten Schöpfung neu zu vermitteln, dann ist eigentlich das gelungen, was ich mir von meinen hier vorgelegten Einsichten erhoffe.

Einige Themen und Bibeltexte werden in unterschiedlichen Zusammenhängen mehrfach angesprochen, das lässt sich nicht ganz vermeiden. In einem anderen Zusammenhang kann eine bereits erwähnte Aussage unter einem neuen Blickwinkel eine zusätzliche Bedeutung gewinnen.

Ich berichte auch von manchen persönlichen Erlebnissen und Beobachtungen aus dem ganz alltäglichen Gemeinde- und Gemeinschaftsleben. Hiermit möchte ich zeigen, dass all das, was ich hier zu bedenken gebe, nicht graue Schreibtischtheorie sondern tägliche Praxis in der Verkündigung ist, also unser Grundverständnis und Grunderlebnis als Christen davon tief geprägt wird. Die Beispiele stammen überwiegend aus meinem Umfeld, um nicht vom „Hören-Sagen", sondern aus persönlichem Erleben und Betroffensein zu berichten. Ich weiß allerdings aus vielerlei Gesprächen, dass Geschwister in unterschiedlichsten (Frei-)Kirchen und Gruppierungen ähnliche Erfahrungen gemacht haben.

Natürlich bin auch ich, frei nach Isaac Newton zitiert, „ein Zwerg, der auf den Schultern von Riesen steht" und der schon aus diesem Grund weiter sehen kann, wenn er die Augen recht aufmacht. Für alles, was ich hier schreibe, trage ich die Verantwortung. Wer aufmerksam liest und die Materie kennt, wird von selbst den einen oder anderen Gedankengang, die eine oder andere These und Schlussfolgerung wiedererkennen. Zumindest die etwas andere Zusammenschau mag anregen, neu nachzudenken. Und vergessen Sie dabei die Anregungen durch die Beröer und die Aufforderung durch Paulus an die Thessalonicher nicht!

Ich kenne und schätze eine große Zahl von Verkündigern in der Heimat und weltweit in der Mission, die einen ausgezeichneten Dienst tun, um Außenstehende, um nicht glaubende Mitmenschen zum Glauben an Gott und zur Annahme der Erlösungstat Jesu Christi zu führen. Das Problem ist allerdings weithin, dass diese frisch zum Glauben Gekommenen nur selten weiter zu einem tieferen Verständnis der Pläne und Verheißungen Gottes geführt werden. Das hat dann aber seine Auswirkungen für das Umsetzen ihrer Glaubenserkenntnisse ins praktische Alltagsleben.

1.1 Von den Voraussetzungen, recht prüfen zu können

Ein Teil dieser Brüder werden mit manchem, einige sogar mit dem meisten, was ich hier erkläre, nichts anfangen können. Der Herr segne ihr Mühen! Aber wer diejenigen, die durch ihren Dienst zum Glauben gekommen sind, nicht nur alle Jahre neu evangelisieren und ihnen Gebote und Regeln für den Alltag vermitteln will, sondern sie im Glaubenswachstum weiterführen möchte, der wird nicht umhinkommen, zumindest mitzudenken. Dann sind so manche traditionelle Auslegungen, in denen Israels Pflichten und Verheißungen auf die Gemeinde übertragen werden, neu zu bedenken. Damit verlieren die vielen guten Anwendungen für die Glaubenden heute nicht alle ihre Gültigkeit. „Das Gute haltet fest!" Manche Aussagen sind aber wohl, wenn sie in den richtigen Kontext gestellt werden, neu zu formulieren.

Sie als Leser sollten sich aber auch über die Konsequenzen für sich selbst klar sein, wenn Sie sich mit mir auf diesen Weg begeben. Sie werden für sich selbst Stellung beziehen müssen. Sie werden nach der Beschäftigung mit der hier vorgetragenen biblischen Sicht nicht mehr einfach im großen Meinungsstrom mitschwimmen können, sondern vor Gott Ihre persönliche Position beziehen müssen. Nicht unbedingt meine Position; das wäre nur der Austausch einer Schablone gegen eine andere. Selbst wenn Sie an Ihrem bisherigen Verständnis nicht das kleinste Detail verändern werden, haben Sie damit aber doch Stellung bezogen.

Ein wesentlicher Punkt ist noch anzusprechen; insbesondere auch, damit ich mit allem Nachfolgenden nicht falsch verstanden werde.
Nur Gottes Offenbarung ist fehlerfrei. Aber immer dann, wenn wir interpretieren, ist Irrtum möglich! Deshalb ganz bewusst und ohne Einschränkung: Ich kann mich irren! Trotzdem bin ich fest überzeugt, dass mein Grundanliegen zu Recht besteht. Was Karl Bornhäuser 1928 im Vorwort (S. VI) zu seiner Auslegung des Johannes-Evangeliums schreibt, ist auch meine Überzeugung für die hier vorgelegten Gedanken:
„Im Einzelnen mag ich fehlgreifen. Von der Richtigkeit und Wichtigkeit meiner Hauptthese bin ich fest überzeugt. Ich gehorche mit der Herausgabe des Resultats vieljähriger Arbeit einfach einer Pflicht."

Wer die Möglichkeit eines Irrtums für sich selbst bestreitet, maßt sich an, ex cathedra die einzig richtige Wahrheit zu verkündigen. Damit tötet derjenige aber jedes ernsthafte Gespräch über Schriftverständnis. Wer in seinem Glaubensleben nie gelernt hat oder bereit war, einmal auf anderes als sein eigenes, aber auch in der Bibel gegründetes Schriftverständnis intensiv hinzuhören und zu versuchen, die an Hand der Schrift belegten Gedankengänge der anderen Seite nachzuvollziehen, macht sich selbst arm. Oder hat er nur Angst, seinen bisherigen Standpunkt gegebenenfalls korrigieren und neu orten zu müssen? Erinnern Sie sich an das falsch eingeknüpfte Hemd! Ich wage zu behaupten, wer sich da verweigert, blockiert sich selbst, um im Verständnis des Wollens und Wirkens Gottes durch seinen heiligen Geist weiter und tiefer geführt zu werden.
Bryan Magee bemerkt in seinem kleinen Band „Karl Popper" zu den grundlegenden Gedanken dieses Philosophen und Wissenschaftstheoretikers unter anderem:
„Verbesserung setzt Kritik voraus. Wir sind allerdings daran gewöhnt, Kritik übelzunehmen, und erwarten, daß Kritik übelgenommen wird ... Es mag also schwierig sein, jemanden dazu zu

bringen, daß er Kritik äußert. Aber wer uns zeigt, was an unserem Denken und Handeln falsch ist, tut uns den denkbar größten Gefallen ... Wer Kritik begrüßt und sich nach ihr richtet, wird sie fast höher einschätzen als Freundschaft; wer Kritik aus Sorge um die Erhaltung seiner Position bekämpft, verurteilt sich selbst zum Stillstand." (S. 39)

Lob erfreut die Seele; Kritik erbaut den Geist.

Hans-Joachim Schoeps formuliert den gleichen Gedanken für sich als theologischen Autor in einem Brief an Fritz Rosenthal/Schalom Ben-Chorin 1934 folgendermaßen:
„Sie haben ganz Recht: Aus ablehnenden Besprechungen, deren Ablehnung sachlich fundiert ist, kann ein Autor sehr viel mehr lernen, als aus billiger Zustimmung oder verlegenem Drumrumreden." (Schoeps, S. 9)

Der auf dem Titelblatt zitierte Rabbi Rami M. Shapiro schreibt in seinem Vorwort zu dieser Sammlung rabbinischer Spruchweisheiten und eigener Deutung der „Pirke Avot": „Es steht jedem frei, meine Auffassung zu kritisieren, ich vertraue aber darauf, daß niemand meinen Ernst anzweifeln wird."

Für mich gilt gleiches. Ich bin auf dem Weg und möchte lernen, Gottes Wort und damit sein Wollen und seine Pläne bis hin zum offenbarten Endziel noch viel besser zu verstehen. Für mit Begründung versehene Kritik an den hier vorgelegten Gedanken oder auch weiterführende Ergänzungen bin ich darum dankbar.

In der erklärenden Unterzeile zum Buchtitel wurden „Anstöße, um biblische Begriffe und theologische Traditionen neu zu bedenken," angekündigt. Jemand meinte in ganz anderem Zusammenhang, wer Anstöße zu neuem Nachdenken geben wolle, der müsse bereit sein, zuweilen auch anstößig zu reden. Manche der von mir in diesem Buch vorgetragenen Überlegungen und kritischen Anmerkungen mögen dem einen oder anderen Leser „anstößig" klingen. Aber genau in diesen Situationen erhält das von Paulus übernommene Motto des Buches seine volle Bedeutung: „Prüft alles, das Gute haltet fest!"

1.2 Das Motiv für diese Anregungen zum Forschen und Prüfen – einige Worte zum persönlichen Hintergrund –

Mein Lebensweg, der den persönlichen Hintergrund geprägt und damit die Motivation für dieses Buch geliefert hat, ist für mich entscheidend. Dessen ungeachtet mag er für den Leser nicht unbedingt von Interesse sein. Um jedoch zu verstehen, wie und warum sich die vorliegenden Gedanken ausgeformt haben, sind die folgenden Hinweise auf markante Ereignisse meines Lebens sicher nützlich.

Wer zu Beginn seiner Lektüre meint, diesen persönlichen Hintergrund und die biblischen Anmerkungen dazu vernachlässigen zu dürfen, mag sofort auf Seite 29 zu Abschnitt 1.3 „Hat Gott es wirklich so gesagt?" springen. Wenn der „persönliche Hintergrund" bei Weiterlesen interessant wird, ist immer noch Zeit, hierher zurückzukehren.

1.2.1 Der Normalfall: Vertrauen, nicht prüfen!

Die meisten Christus-Gläubigen wachsen in eine bestimmte, meist fest umrissene Glaubenstradition hinein. Die Verkündigung, die sie hören, ist auch heute noch überwiegend an der Bibel orientiert. Die Verantwortlichen sind in ihren Interpretationen biblischer Texte vertrauenswürdig und können sich innerhalb ihrer Denomination auf eine lange Tradition und allgemein anerkannte Lehrer berufen.

In diesem Umfeld werden nur wenige sich verpflichtet fühlen, „in den Schriften" nachzuforschen, „ob es sich so verhielte". Warum sollten sie „alles prüfen"; das würde doch nur Misstrauen gegenüber der anerkannten Verkündigung und letztlich auch gegenüber den Verkündigern ausdrücken.

Bei mir war das geistlich Umfeld von Beginn meines Glaubenslebens an so gestaltet, dass ich auf eigenes Prüfen nicht verzichten konnte. Um diese sich für mich sofort beim Glaubensstart ergebende problematische Situation in etwa nachvollziehen zu können, sind wohl einige Anmerkungen zu meinem Glaubensweg erforderlich. Letzten Endes war es aber dieser unübliche Weg, warum ich dieses Buch schreibe.

1.2.2 Gott schenkt einem Menschen neues Leben

Eigentlich war von Gott her alles vorzüglich vorbereitet. Ich wurde in Frankfurt/Oder in eine gläubige Familie hineingeboren. Als kleiner Junge bin ich mit der Familie jeden Sonntag über die Oderbrücke in die landeskirchliche Gemeinschaft an der „Seidenfabrik" marschiert. Irgendwann gab es auch eine kurze Zeit im EC-Jugendbund. Aber schon da bewegte sich eigentlich nicht viel.

Es folgte der übliche Lebensweg meines Jahrgangs: vom Luftwaffenhelfer über verschiedene Stationen in amerikanische Gefangenschaft in Frankreich. Von Glauben, wenn es denn je ein kleines Pflänzchen gegeben haben sollte, war da nichts übrig geblieben. Ich habe sehr weit draußen gelebt. Auf seltsamen Wegen hat es mich dann an den Rand des Westerwaldes verschlagen. Dort habe ich meine Frau kennen gelernt. Ende 1947 haben wir geheiratet. Meine Frau stammte aus einer „gut kirchlichen" Familie. Der christliche Glaube hatte in unserer Ehe keine Heimat.

Der Beginn meines Glaubenslebens ist, wenn ich heute auf diesen Anfang zurückblicke, von einigen wunderbaren Eingriffen Gottes geprägt worden. Das erste Wunder war, dass ich überhaupt erkennen konnte, was Gott durch seinen Sohn, Jesus Christus, uns Menschen anbietet. Die ganze Geschichte zu erzählen, ist hier nicht der Platz. Einige Punkte sind aber doch wohl wissenswert, um den Schreiber ein wenig einschätzen zu können.

Wir waren gerade wegen eines Berufswechsels ins Schwäbische umgezogen, als unsere schon längere Zeit kriselnde Ehe endgültig zu zerbrechen drohte. Auch die Kinder konnten die Familie nicht mehr zusammenhalten. Da hinein rief eines Tages ein Herr an. Zu ihm sei über diverse Stationen von meiner Mutter die Information gekommen, dass ich vielleicht mit jemanden über meine ganze verpfuschte Lebenssituation reden wollte. Wenn das stimme, würde er mich gerne aufsuchen.

Auf diesem seltsamen Weg lernte ich Gottes Geburtshelfer für mich kennen. Und so trocken und sachlich, wie seine Einführung verlief, so war er auch insgesamt, der Herr Oberstudiendirektor Hanns Heck. Er hörte sich fast ohne Kommentar meinen Lebensbericht an. Er gab keine „frommen" Redensarten von sich; er betete auch nicht mit mir – alles Dinge, die ich befürchtet hatte. „Bei mir im Haus trifft sich jeden Freitagabend ein Kreis junger Männer. Wenn Sie Ihr Leben wirklich neu ordnen wollen, dann sind Sie herzlich eingeladen, da hinzukommen." Das war es dann auch schon; unsere zur Verfügung stehende Zeit war zu Ende.

Wenige Monate später auf einer Freizeit dieses Kreises habe ich dann erlebt, was Paulus in seinem Brief an die Kolosser (1,13) beschreibt. Gott greift in den Machtbereich der Finsternis hinein und versetzt einen Menschen in das Reich seines Sohnes. Menschen wie mich hatte wohl Paulus im Sinn bei seinen Ausführungen im ersten der uns überlieferten Briefe an die Gemeinde in Korinth, wenn er dort in Kapitel 6, 9.10 einen langen Katalog menschlicher Verfehlungen gegenüber Gott aufzählt.

Dann fährt er fort: „Und das sind manche von euch gewesen; ABER ihr seid abgewaschen, ABER ihr seid geheiligt, ABER ihr seid gerechtfertigt worden in dem Namen des Herrn Jesus und in dem Geist unseres Gottes."

Ich, der ich von Gott her gesehen „tot in meinen Sünden" war (Eph 2,5), bin nun eine „neue Schöpfung" (2Kor 5,17), bin ein „Auserwählter Gottes, Heiliger und Geliebter" (Kol 3,12). Das alles liegt in diesem ABER. Was für ein gewaltiges Handeln Gottes an einem Menschen! Ist uns Glaubende im täglichen Durchwursteln durch den Alltags-Kleinkram eigentlich noch bewusst, in welche kaum angemessen beschreibbare Stellung wir durch Gottes Handeln an uns umgesetzt worden sind?

Für mich war das alles ein wunderbares Erleben. Nur war da nun ein neues Problem. Ich, die Ursache aller Schwierigkeiten war gläubig geworden; und was ist nun mit meiner Frau? Sie fragte schon seit dem Tod unserer Angelika, wo so ein kleines Menschenkind jetzt wohl ist und was überhaupt der Sinn des Lebens sei, wenn es schon mit fünf Jahren abgebrochen sein kann. Wie konnte gerade ich ihr verstehbar machen und einsichtig erklären, was bei mir geschehen war?

Genau zu diesem Zeitpunkt griff Gott wieder in unsere Lebenssituation ein. Wenige Tage nach meiner Rückkehr veranstaltete unsere Kirchengemeinde eine Bibelwoche mit Pfarrer Max Fischer von der Bahnauer Bruderschaft. Um es kurz zu machen; meine Frau ergriff dort das Angebot Gottes, durch Jesus Christus Frieden für alle Fragen und das eigene Leben zu finden.

Ein wunderbares, neues Leben begann für uns. Zunächst mit viel Unsicherheiten des praktischen Lebens, denn alles musste sich von Grund auf neu regulieren. Dann auch mit vielen neuen Fragen. Insbesondere an die neue Richtschnur aller Lebensentscheidungen und an die Grundlagen unseres Glaubens. Fragen an die Bibel, die für uns im wahrsten Sinne ein Buch mit sieben Siegeln war; Fragen an das richtige Verständnis und praktische Umsetzen unseres Glaubens in das Alltagsleben.

1.2 Das Motiv für diese Anregungen zum Forschen und Prüfen

Hier bei der Frage nach dem richtigen Bibel-Verständnis ist die für mich entscheidende geistliche Prägung in diesen damaligen Anfangsjahren festzumachen und hier liegt letzten Endes eine wesentliche Ursache für dieses Buch.

Der Kreis, der sich in Stuttgart in der Wohnung von Hanns Heck traf, war keiner besonderen Denomination zugehörig. Die jungen Männer waren in den verschiedensten Gruppen beheimatet. Er war in seiner geistlichen Prägung an die Bibelkonferenzstätte „Langensteinbacher Höhe" (heute in Karlsbad-Langensteinbach) angelehnt. Aus den Bibelauslegungen und den Gesprächen bei Hanns Heck und von der damaligen Prägung der „LaHö" her habe ich sozusagen mit der geistlichen Muttermilch eine klare Unterscheidung zwischen Gottes Handeln an und mit Israel, der Gemeinde und allgemein der Menschheit aufgenommen. Auch das prophetische Wort und die Zielwege Gottes mit seiner gesamten Schöpfung waren von Anfang an beim Bibellesen ganz selbstverständlich mit im Blickwinkel. Dass dieses Verständnis unter Christen durchaus nicht so selbstverständlich war, kam mir damals überhaupt nicht in den Sinn.

Irgendwann stellte mein Glaubensmentor dann fest, es sei für mein Glaubenswachstum nicht gut, in Stuttgart in einem Kreis Gläubiger mich wohl zu fühlen und 30 Kilometer entfernt zu leben. Ich stand allerdings ziemlich hilflos da, als ich feststellte, dass es in dem kleinen Ort etwa zehn verschiedene Gruppen und Kirchen gab, die alle „christlich" waren. Hanns Heck meinte dann, nachdem er sich meine Aufzählung angehört hatte, ich solle mal zu den „Süddeutschen" gehen. Die wären in ihrer Art sicher der rechte Kontrapunkt für mich.

So marschierte ich nun nicht nur freitags nach Stuttgart sondern auch mittwochs in die Bibelstunde und sonntags in die Gemeinschaftsstunde der landeskirchlichen Gemeinschaft an meinem Wohnort. Die hier übliche Verkündigung war schon ein rechtes Kontrastprogramm zu der konzentrierten biblischen Unterweisung, die ich im Kreis bei Hanns Heck und auf Konferenzen der „Langensteinbacher Höhe" hörte und aufnahm. Auf der anderen Seite lernte ich dort aber auch eine große Zahl Geschwister kennen, die ihre brennende „Liebe zum Heiland" konsequent im Alltag lebten.

Einem Ehepaar hatten wir es besonders zu verdanken, dass wir, die Nicht-Schwaben Zugang zur damals noch sehr dörflichen Gemeinde fanden. Der Ehemann war auch einer der „dienenden Brüder". So kamen wir schnell über vielerlei biblische Fragen ins Gespräch. Er kannte sich in der Bibel ausgezeichnet aus, galt aber – was ich damals nicht wusste – mit seinem Bibelverständnis unter den Geschwistern als Außenseiter. Mit meiner heutigen Erfahrung kann ich rückblickend sagen, dass bei ihm ein ganz starker charismatischer, „pfingstlerischer" Zungenschlag die Richtung angab. Nur war das nun das dritte Schriftverständnis, das ich zu verdauen hatte.

Für mich ist es heute noch ein Wunder Gottes, dass diese geistliche Disharmonie mich nicht gleich wieder aus dem frisch begonnenen Glaubensanfang hinausgeschleudert hat. Nach dem Motto: Wenn die selbst nicht recht wissen, was nun gilt und was wie zu verstehen ist, dann kann wohl an der ganzen Sache nicht viel dran sein!

1.2.3 Die Suche nach dem eigenen Glaubens-Standort

Aber mein Herr, Jesus Christus, hat mich festgehalten und hat in mir den Wunsch festgemacht, es jetzt selber wissen zu wollen. Diese Disharmonien im Bibelverständnis haben mich nicht aus dem Glauben hinaus sondern in die Bibel hinein getrieben. Nächtelang habe ich nicht nur in der Bibel gelesen, sondern auch in Auslegungen und Erläuterungen unterschiedlichster Richtungen. Ich habe sie miteinander verglichen und anhand der Bibel nach der Stichhaltigkeit ihrer Argumente geforscht; habe meine Notizen von Konferenzen und Bibelarbeiten hinzugezogen. Damals war mir das nicht so präzise bewusst; rückschauend kann ich sagen, dass ich den biblischen Vorgaben gefolgt bin: Ich habe geprüft und in den Schriften untersucht, ob es sich so verhielte.

Eigentlich ging es mir dabei um ein paar ganz einfache, pragmatische Fragen:
- Was bedeutet das denn nun in der Alltagspraxis, „Gottes-Kind" zu sein; wie wirkt sich das tatsächlich aus und wie ist dieser Allerwelts-Begriff recht auszufüllen?
- Was heißt das für mich ganz persönlich, wenn Paulus mich auffordert, „würdig der Berufung" zu leben?
- Was hat das überhaupt für eine Bedeutung, berufen zu sein, „Glied am Leib des Christus" zu sein, dieser „Körperschaft", die Gott heute seinem Sohn zubereitet?
- Offensichtlich gibt es in Gottes Heilshandeln mit den Menschen verschiedene Berufungsgruppen; zum Beispiel das Volk Israel und dann die heutige Gemeinde aus Juden und „Heiden"; wo sind da ggf. Abgrenzungen zu mir heute?
- Wie ist das mit der Gültigkeit der Verheißungen Gottes; ändert er sie manchmal ab oder zieht er sie ganz zurück?
- Im Zusammenhang mit Israel wurde das von den meisten auch bibeltreuen Menschen, mit denen ich in meiner örtlichen Gemeinde ins Gespräch kam, immer wieder behauptet. Sie beriefen sich dabei u.a. auf Luther, den großen Reformator. Muss ich für die mir persönlich geltenden Verheißungen auch damit rechnen?
- Vom prophetischen Wort her betrachtet – in welcher Zeit leben wir heute? Wo sind wir in den geschichtlichen Rahmen der Pläne Gottes einzuordnen?
- Was ist eigentlich die oft zitierte „Endzeit"; was bedeutet das: „Wiederkunft Jesu Christi" oder „Entrückung zum Herrn"?

Ich meine, das sind ganz selbstverständliche Fragen für jemand, der sein Leben klar nach Gottes Weisungen ausrichten möchte. Nun stand für mich eines von Anfang an fest: Wenn Glauben in den unterschiedlichsten Anfechtungen, Fragen und Problemen des praktischen Lebens halten soll, muss der Bezugspunkt für alle Glaubensaussagen fest und zuverlässig sein. Wo oder was ist also sozusagen die „Messlatte" für alles, was da an Meinungen, Auslegungen und Interpretationen an mich herangetragen wird?

Wenn christlicher Glaube mehr ist als sonstige Ideologien, Philosophien und Theologien, dann kann es nicht darum gehen, was nachdenkliche Menschen sich für tiefsinnige Gedanken über das Transzendente und über ein Wesen, das sie Gott nennen, machen. Wenn es einen Gott als persönlichen Gegenüber des Menschen gibt, dann muss sich dieser Gott, der hinter allem Sichtbaren und Unsichtbaren, allem Diesseitigen und Jenseitigen steht, von dem alles seinen

Ursprung und Ausgang hat, selbst offenbaren. Es kann also nicht um die Denk-Schiene Mensch zu Gott sondern nur um die Offenbarungs-Schiene Gott zum Menschen gehen. Wenn es denn nun wirklich der in der Bibel bezeugte Gott ist und nicht irgendeine menschliche Fiktion.

Wenn christlicher Glaube sich also auf das Offenbaren Gottes in, um und mit Jesus Christus bezieht, dann kommen wir wohl nicht an den Erlebnisberichten derjenigen vorbei, die damals mit ihm zusammen waren. Eben an den biblischen Berichten darüber und an den Zusammenhängen, in die dieses Ereignis „Jesus von Nazareth" eingebettet ist.

In der Summe heißt dies für mich, verbindlich und völlig ausreichend für alle Glaubensaussagen und „Messlatte" zum Prüfen aller Interpretationen sind die im Kanon der Bibel zusammengefassten Texte, deren Weissagungen nach ihrer Selbstaussage „Menschen Gottes, geleitet vom heiligen Geist" (2Petr 1,21) geschrieben und überliefert haben. Paulus bestärkt seinen Mitarbeiter Timotheus im Vertrauen auf Gottes Wort (2Tim 3,15–17), dass alle diese heiligen Schriften von Gott zu vielerlei Nutzen eingegeben sind: „damit der Mensch Gottes vollkommen sei, zu jedem guten Werk völlig zugerüstet" (v 17).

Die meisten, wenn nicht sogar alle Gruppen und Ausleger, die sich als wiedergeboren oder bibelorientiert, evangelikal oder pietistisch oder ähnliches verstehen, stimmen mit dem vorstehend von mir und für mich als Basis aller Glaubensaussagen Beschriebenen wohl im Grundsatz überein. Woher dann aber die zu Trennungen führenden Differenzen; warum die zu Diffamierung und Beschimpfung gewordenen Bezeichnungen wie Fundamentalist, Charismatiker, Philosemit, Dispensationalist, Chiliast, Allversöhner, Wiedertäufer und was es da sonst noch gibt?

Weil ich von Anfang meines Glaubens an in die Spannung gestellt war, dass die mir beim Glaubensstart hilfreichen Brüder und Gruppen zum Teil völlig entgegengesetzter Meinung bei der Auslegung von Texten wie auch beim Verständnis von grundsätzlichen Zusammenhängen der Bibel waren, habe ich mir einen eigenen Weg suchen müssen. Ich bin überzeugt, dass Gott mich bei dieser Suche durch seinen Geist geleitet hat.

Auf zuweilen seltsamen Wegen, gezielt gesucht oder „zufällig" gefunden, sind mir immer wieder neue und antiquarische Bücher zum erweiterten Schriftverständnis in die Hände gekommen. Da war vom orthodoxen bis zum kaum noch dem Väterglauben nahestehenden Juden, von Papst-Meditationen bis zu engster pietistischer Literatur, von wirklich tiefschürfender Gemeinde-Theologie bis zu abstrakter wissenschaftlicher Auseinandersetzung mit der Bibel ein breites Spektrum abgedeckt.

Dabei habe ich auch etwas für mich Wesentliches gelernt. Die vielen kleinen Differenzen zwischen Bibel-Text und Auslegung, die mir auffielen, machten mir irgendwann klar, dass am üblicherweise vermittelten Verständnis einzelner Texte und am sich daraus ergebenden Gesamt-Bild etwas nicht stimmen konnte. Irgendwie passte da manches nicht zusammen. Um eine in sich stimmige Gesamtschau des göttlichen Plans für seine Schöpfung in den Blick zu bekommen, mussten wohl diverse zunächst unwichtig erscheinende Details neu durchdacht und eingeordnet werden.

Wir werden in unseren Erdentagen alle Aspekte der göttlichen Pläne und Ziele nie bis ins letzte Detail erkennen können. Gott hat uns in seinem Wort kein Gesamtpanorama beschrieben, das für jeden oberflächlichen Leser sofort offen liegt; auch keines, das der in den Schriften forschende Theologe oder Geisteswissenschaftler mit wissenschaftlicher Akribie und logischem Schritt-für-Schritt-Folgern nachvollziehen kann. Unsere Erkenntnis bleibt hier Stückwerk, bis wir in die Vollkommenheit eingegangen sein werden. Das ändert aber nichts daran, dass wir uns bemühen sollten, jedes Teilstück an Erkenntnis, jeden von Gott geschenkten Einblick in sein Wollen in den rechten Zusammenhang, an den ihm zukommenden Platz zu stellen. Bei diesen Überlegungen möchte ich noch einmal auf 1Kor 2,6–16 verweisen.

Stückweise, teilweise Erkenntnis darf nicht gleichgesetzt werden mit falschem Verständnis, wie das zuweilen im Zusammenhang mit 1Kor 13,9–12 gesagt wird. Wir sollten uns vielmehr bemühen, die vielen verschiedenen Teile, die Gott anderen Suchenden aufgeschlossen hat, mit unseren persönlichen Einsichten zusammenzuführen. Je mehr Teile so am rechten Platz eingefügt sind, desto mehr vom göttlichen Gesamtplan werden wir dann erahnen können. Das spornt an, nicht aufzugeben und vermittelt Freude an den von Gott geschenkten Einblicken in sein Werk.

1.2.4 Der alles entscheidende Faktor – Leben aus Gott

Johannes hat uns den Bericht von der Heilung eines seit 38 Jahren kranken Mannes durch Jesus am Teich Bethesda gegeben (Joh 5,1–16). Jesus hatte diesem Mann auch geboten, sein Bett aufzunehmen und zu gehen. Gesetzesstrenge Juden (Mt 23,13 ff.) sind über diesen Bruch der Sabbat-Heilung durch den Geheilten und noch mehr über den Veranlasser dieser Übertretung des Gesetzes empört. Daraus ergibt sich ein längerer Disput und eine Belehrung durch Jesus (Joh 5,17–47).

Gegen Ende seiner Rede (v 39.40) fasst er dann, vielleicht darf man sagen als Konzentrat seiner Vorwürfe und Erklärungen, das Entscheidende in einem Satz zusammen: „Ihr erforscht die Schriften, denn ihr meint, in ihnen ewiges Leben zu haben, und sie sind es, die von mir zeugen; aber ihr wollt nicht zu mir kommen, damit ihr Leben habt."

In diesem Satz spricht Jesus zwei zusammenhängende Themen an: Zunächst ihr Forschen in den Schriften und dann das „ewige", von Gott geschenkte Leben.

Diese Diskussionspartner Jesu sind Menschen, für die der Umgang mit „den Schriften" etwas Selbstverständliches ist; sie forschen darin, stellt Jesus ganz sachlich fest. Insofern ähneln sie denen in Beröa (siehe 1.1.2). In ihrem Bemühen um Verständnis der Schriften dürfen sie wohl zunächst nebeneinander gestellt werden. Im griechischen Urtext stehen aber in Apg 17,11 und hier in Joh 5,39 zwei verschiedene Worte, die für das Forschen oder Untersuchen verschiedene Akzente setzen und damit etwas über die zu unterscheidende Motivation beider Gruppen sagen.

Bei dem in Apg 17 verwendeten Begriff (anakrino) geht es mehr um das Erforschen oder Untersuchen der Übereinstimmung dessen, was Paulus über den Gottessohn verkündet, mit dem was die Propheten gesagt hatten. „Sie untersuchten die Schriften, ob dies sich so verhielte". Hier in Beröa suchte man Bestätigung des Gehörten.

Mit dem Begriff in Joh 5 (ereunao) ist mehr das Nachforschen, das Nachspüren nach den genauen Details, eine Spurensuche angesprochen. Das deckt sich mit Jesu Vorwürfen an die

1.2 Das Motiv für diese Anregungen zum Forschen und Prüfen

Schriftgelehrten und Pharisäer. Sie wenden den Buchstaben des Gesetzes hin und her, um möglichst noch eine Ausführungsvorschrift hinzufügen zu können. Sie verlieren dabei aber das Entscheidende aus den Augen. Sie seihen noch die Mücke heraus und verschlucken dabei ein Kamel. Sie verlangen selbst von Minze, Anis und Kümmel den Zehnten und vergessen die wichtigeren Dinge des Gesetzes. Sie bleiben beim Äußeren stehen und gehen dabei des Wesentlichen verlustig (Mt 23,23–26).

Die Schriften, sagt Jesus, geben Zeugnis von ihm; sie weisen auf ihn hin. Also ist das Forschen darin nicht nur legitim sondern unumgänglich, wenn man ihn und seinen von Gott gegebenen Auftrag recht verstehen will. Aber diese eifrigen Schriftforscher in Joh 5 ziehen einen falschen Schluss. Sie meinen, weil sie die von Gott gegebenen Weisungen besitzen, besäßen sie auch schon das ihnen von Gott verheißene Leben. Sie verwechseln Gefäß und Inhalt.

Und genau über diesen falschen Ansatzpunkt, diese unzulässige Schlussfolgerung versäumen sie das Entscheidende. Sie verbauen sich den Zugang zu dem, in dem allein das ewige Leben begründet ist. Ein folgenschwerer Irrtum! Paulus schreibt in Röm 10,2 mit großer Traurigkeit von seinen „Brüdern nach dem Fleische" (9,3): „Ich gebe ihnen Zeugnis, daß sie Eifer für Gott haben, aber nicht nach rechter Erkenntnis." Sie finden immer noch keinen Zugang zum Sohn Gottes, weil sie eigene Vorstellungen haben, wie man vor Gott gerechtfertigt wird. Man kann vor lauter „Rechtgläubigkeit" am eigentlichen Inhalt des Redens Gottes vorbeilaufen. Traditionen können gut und hilfreich sein; sie können aber auch gewaltige Hindernisse zum rechten Zugang zu Gottes Offenbarungen aufbauen. Was können oder sollten wir aus dieser Aussage Jesu lernen?

Paulus betont, die heiligen Schriften seien von Gott eingegeben; „theopneustos", „gottgehaucht" ist vielleicht noch treffender und eindringlicher (2Tim 3,16). Nur dadurch sind „die Schriften" Gottes Wort und nur darum ist die Bibel Gefäß des durch den Geist geoffenbarten Wollens und Handelns Gottes.

Das heißt dann aber wohl auch für die in der Schrift Forschenden und Belehrung Suchenden, dass nur unter der Leitung des gleichen Heiligen Geistes, der die Schreiber geleitet hat, Schrift recht verstanden und ausgelegt werden kann (1Kor 2,12.14). Die Bibel, das Wort Gottes kann man eben nicht allein vom Intellekt geschult und geleitet – sozusagen mit wissenschaftlicher Akribie am Buchstaben entlang – studieren und so zu verstehen suchen. Sie will und muss vom Geist Gottes von innen heraus in ihren Zusammenhängen und wechselseitigen Bezügen aufgeschlossen werden.

Die damaligen geistlichen Lehrer, die Schriftgelehrten und Pharisäer drehten jedes Wort und jeden Buchstaben vielmals hin und her; sie klärten und sinnierten und forschten, was JHWH denn wohl meine. Sie bauten um das Gesetz noch eine Art Schutzzaun; die „Mischna" genannten mündlichen Überlieferungen. Nur vergaß man darüber das Entscheidende.

Was sollten und konnten diese Schriftforscher denn damals in ihren Schriften erkennen? Da konnten sie den verheißenen Davids-Sohn, den Messias oder auch den Menschensohn insbesondere bei den Propheten und in den sogenannten messianischen Psalmen als Weissagungen auf ihn hin entdecken. Die Schriften „zeugen von mir", sagte Jesus. Aber sie fanden nicht die

Verbindung von diesen Weissagungen hin zu dem Rabbi Jesus aus Nazareth. Sie erkannten nicht den Zusammenhang zwischen ihm und dem in den Schriften Verheißenen (Joh 7,40–52).

Deshalb verstanden sie auch nicht seinen Ruf zur Volks-Buße, durch die das ihnen verheißene, mit ihm nahe gekommene Reich hätte aufgerichtet werden können (Mt 4,17.23). Sie waren so in ihrer eigenen Meinung, wie das mit dem Messias und dem Königreich zu verstehen sei, eingebunden und festgelegt, dass sie den Schritt zu ihm hin nicht fanden. „Und ihr wollt nicht zu mir kommen, damit ihr Leben habt." Aber nur da, bei Jesus war das mit dem verheißenen Reich angekündigte neue, ewige Leben zu empfangen (Hes 11,17–20; 36,25–27). Sie meinten, durch den Besitz von Gottes Wort und Weisung Leben zu haben und versäumten darüber das eigentliche Leben.

Wer heute in den Schriften forscht, kann alles Entscheidende aus dem Erdenleben Jesu (Joh 20,30) in den Evangelien aufnehmen; von der Jungfrauen-Geburt beginnend bis zu seinem Sterben, seinem Auferstehen und dem Hingerücktwerden zu Gott, seinem Vater. Johannes schreibt in 20,31, dass er das, was er aufgeschrieben hat, mit einer Zielsetzung berichtet. Johannes wünscht, dass das, was Jesus dort in 5,40 seinen Gesprächspartnern als Mangel attestiert hatte, „zu mir wollt ihr nicht kommen, damit ihr Leben habt", nun endlich von ihnen in rechter Weise erkannt und angenommen wird.

Jesus hatte damals zu seinen Gesprächspartnern gesagt: „Ihr erforscht die Schriften ... sie sind es, die von mir zeugen." Wir können heute das, was unter „die Schriften", die von ihm zeugen, zu verstehen ist, erweitern um das von ihm und über ihn im neuen Testament berichtete. Die Evangelien sagen uns, wer Jesus Christus war in seinem Reden und Handeln auf Erden; die Apostelgeschichte, die Offenbarung Jesu Christi und die Briefe beschreiben uns, wer Jesus Christus ist von seiner Präexistenz bis zur Vollendung aller Verheißungen Gottes. Stellen wir heute für uns die richtige Verbindung her zwischen den Texten, die wir in den Schriften haben, und dem lebendigen, vom Thron Gottes aus wirkenden Jesus Christus? Oder meinen auch wir, Christentum als Schrift-Religion sei Leben genug?

Die heutigen hauptberuflichen „Schriftverständigen" forschen durchaus engagiert in den Schriften und sie entdecken zusätzlich aus außerbiblischen Quellen viel Interessantes und Bedenkenswertes über das biblische Umfeld. Aber wenn auch auf sie die Feststellung Jesu an die damaligen Schriftverständigen zutrifft: „... aber zu mir wollt ihr nicht kommen, damit ihr Leben habt ...", dann können auch sie das entscheidende Verständnis der Botschaft Gottes an uns Menschen nicht finden.

Wenn aber der lebendige Herr durch seinen heiligen Geist einem heutigen Schriftforscher das nun „auf sein Vollmaß" (Kol 1,25 wörtlich) gebrachte Wort Gottes, „die Schriften" aufschließt, dann tun sich Schätze auf, die jeder rein wissenschaftlichen Theologie verborgen bleiben; Schätze, die keine Institution trotz dogmatischer Richtigkeiten in ihre Rituale und in heilige Handlungen einfangen kann.

Ich habe gelernt, als Glaubender überall dort, wo Gott in seinem Wort Unschärfen gelassen hat, seine Entscheidung zu akzeptieren. Um meinem Gott vertrauen zu können, muss ich nicht alles verstehen. Und überall dort, wo mein kluger, in analytischem Denken geschulter Verstand oder „die Wissenschaft" meint, Widersprüche zu entdecken, kann ich solche Texte in Ruhe stehen lassen. Da muss ich nicht Teile der Schrift für ungültig erklären. Jemand hat einmal davon gesprochen, manche Christen würden die Bibel nur noch in „ausgebeinter Gestalt" gelten lassen und versuchen, sie auf ein von ihnen definiertes, passables Minimum zurückzustutzen.

Ich akzeptiere für mich auch beim Bibelstudium die ganz generelle Erfahrung: Je größer die Insel meines Verstehens sich ausbreitet, desto länger wird die Küste zum Noch-nicht-Wissen. Diese Erfahrung hält dann auch entsprechend bescheiden. Im Vertrauen auf Gottes Wahrhaftigkeit kann ich aber warten, ob er mir zu seiner Zeit Verständnis schenken will, oder ob er meint, das mir Unverständliche sei für mich unwichtig. Wir sollen unseren Verstand, unsere Vernunft beim Bibelstudium nicht „an der Garderobe" ablegen. Aber wir sollen jeden Gedanken unter den Gehorsam Christi gefangen nehmen (2Kor 10,5). Das heißt für mich dann ganz schlicht: Die Glaubwürdigkeit der Bibel steht nicht zur Disposition.

Was meinen wir denn in den Schriften zu haben, an Hand derer wir untersuchen sollen, ob das, was man uns verkündigt, schriftgemäß ist? Wir heute, die wir überhaupt noch in den Schriften forschen, wie können wir prüfen, was es zu behalten und was es abzulehnen gilt? Und was meinen insbesondere alle diejenigen, die Wort Gottes verkündigen; die also Schrift für die noch Unkundigen auslegen.

Vieles, was heute unter Jesu Namen verkündigt und in Bewegung gesetzt wird, hat mit seiner eigentlichen Botschaft nur noch am Rande zu tun. Wenn „Gottessohn" nur noch ein von einem Gott an einen beispielhaften Menschen verliehener Titel ohne konkreten Gehalt ist, dann sind er und seine Botschaft eigentlich belanglos. Er selbst ist dann zu einer Galionsfigur für alle möglichen Aktivitäten zusammengeschrumpft. Dann darf auch jedermann autonom entscheiden, was er meinen will und meinen darf, was denn wohl die Schriften von Jesus bezeugen.

Was meinen nun wir, die wir Jesus Christus als echten, einzig gezeugten Sohn Gottes und Sünderheiland anerkennen? Was meinen wir, was die Schriften für uns bedeuten und was sie uns lehren können? Meinen auch wir, in ihnen bereits Leben zu haben – Leben, wie die Juden aus Joh 5,39? Wir sollten festhalten: Der entscheidende Kernpunkt unseres Glaubens ist nicht die Bibel sondern ihr „Autor", Jesus Christus selbst. Das lebendige Wort Gottes ist wirksam und schärfer als jedes zweischneidige Schwert, es dringt durch, um Seele und Geist zu scheiden und es ist nicht zuletzt ein Richter (kritikos) der Gedanken und Gesinnungen des Herzens (Hebr 4,12). Das Wort Gottes ist die unteilbare Grundlage unseres Glaubens, aber nicht sein Inhalt. Es zeugt von ihm, in dem uns Menschen das Heil und das Leben gegeben ist und will den Sünder zu ihm führen; aber abgesondert vom Gottes Sohn ist in ihm kein Leben zeugendes Leben. 1Petr 1,23 ist hier durchaus kein Widerspruch; siehe Verse 18.19.

Das war ja der Irrtum dieser Gesprächspartner damals bei Jesus. Ich habe zuweilen den Eindruck, das ist auch das Problem bei vielen heutigen theologischen Diskussionen um angemessene Schriftauslegung.

1.2.5 ... damit ihr Leben habt!

Das war für mich von Anfang an eine der entscheidenden Fragen: Was meint denn „neues Leben aus Gott", wenn es mehr als nur eine fromme Redewendung ist. Hier ist das meiste, was gesagt wird, unklar und verschwommen. Wie oder wodurch kann ein Mensch wiedergeboren werden (Joh 3,3)? Wie kann jemand eine neue Schöpfung (2Kor 5,17) werden und was meint dieses „eine neue Schöpfung sein" eigentlich? Luth verwendet das vom Lateinischen abgeleitete Kreatur; mir ist das in Elb gebräuchliche, deutsche „Schöpfung" lieber, weil damit sofort gedanklich eine Verbindung zum Schöpfer hergestellt wird. Zu dem Schöpfer-Gott, der allein Unsterblichkeit hat (1Tim 6,16) und von dem alles Leben ausgeht (Joh 5,26; 1,4).

Wenn wir Jesu Erlösungswerk auf Golgatha betrachten, müssen wir, davon bin ich fest überzeugt, zwei sich ergänzende, aber doch zu unterscheidende Auswirkungen für uns Menschen im Blick behalten.

Die eine, vielleicht darf man sagen, die durch die übliche Verkündigung mehr im Bewusstsein der Glaubenden verankerte und damit vordergründige Auswirkung des Opfers Jesu auf Golgatha hat zu tun mit meinen ganz persönlichen Sünden, mit meinen ganz eigenen Verfehlungen Gottes Ordnungen gegenüber:
- 1Kor 15,3: „Christus ist für unsere Sünden gestorben ..."
- Gal 1,4: Unser Herr, Jesus Christus, „der sich selbst für unsere Sünden hingegeben hat"
- 2Kor 5,21: „Den, der Sünde nicht kannte, hat er für uns zur Sünde gemacht ..."
- Kol 1,14: „In ihm [Jesus Christus] haben wir die Erlösung, die Vergebung der Sünden".

Im Zusammenhang mit dem Opferdienst im alten Bund steht Hebr 9,22: „Ohne Blutvergießen gibt es keine Vergebung." Dann heißt es dort weiter, im Gegensatz zu den ständigen Tieropfern: „... jetzt aber ist er einmal wegen der Vollendung der Zeitalter offenbar geworden, um durch sein Opfer die Sünde aufzuheben." (v 26).

Jesu Gegenüber dort in Johannes 5, diese in der Schrift bewanderten Juden, kannten das Thema Sündenvergebung für sich, das auserwählte Gottesvolk, aus ihren Schriften. In ihrem mosaisch-religiös geprägten Leben waren sie eingebunden in ihre ihnen von Gott hierzu gegebenen Ordnungen und Rituale, wie auch immer die einzelnen damals existierenden geistlichen Strömungen diese auslegten.

Jetzt nach Kreuzigung und Auferstehung ist für alle Menschen, „Juden und Griechen", und ein für alle Mal das Problem gelöst, wie Sünden, wie Verfehlungen gegen Gottes Gebote und Ordnungen gelöscht werden können, ohne dass dabei Gottes Gerechtigkeit Schaden erleiden würde. Das ist darin begründet, dass der sein Blut als einmaliges Schlachtopfer vergossen hat, der, wie Paulus schreibt, Sünde nicht kannte (2Kor 5,21).

Darum konnte er, Jesus, den Rechtsanspruch Satans an Sünder ablösen, den dieser auf Grund von Sünde hatte. Gott ist gerecht. Er lässt nicht bei einigen Gnade vor Recht ergehen. Sein Sohn hat das vollgültige Opfer für Sünde erbracht. Deshalb kann Gott auch Satan gegenüber zu Recht jedem Gnade gewähren, der im Glauben dieses Opfer für sich in Anspruch nimmt. Es geht wohl in Rö 3,21–31 nicht vordringlich um unser Gerecht-Werden, sondern um Gottes eigene Gerechtigkeit, die er auch nicht für uns zur Disposition stellen kann.

Jesus erklärt diesen gesetzestreuen Juden, das Entscheidende fehlt euch, selbst wenn ihr ganz schriftgemäß in den mosaischen Ordnungen zur Bedeckung von Sünde lebt. Darin ist noch kein „neues Leben". Und wenn ihr das so meint, dann seid ihr in einem Irrtum befangen. Euch fehlt Leben aus Gott, das nur bei mir zu finden ist. „Aber ihr wollt nicht zu mir kommen." (Joh 5,39.40).

Hier wird nun die andere Seite des Opfers von Gottes Sohn wesentlich. Sie hat Auswirkungen auf die generelle Stellung aller Menschen seit Adams Gehorsamsverweigerung und Autonomiebestrebung in Eden: Das Urteil Gottes darauf führte zur Verdammnis (katakrima = Verurteilung) für alle Menschen und alle Generationen (Rö 5,16.18), bis der verheißene Schlangenzertreter sein Werk getan haben würde (1Mo 3,15). Seit Adams Fall wird jeder Mensch in die Trennung von Gott und damit in einen geistlichen Todeszustand hineingeboren (Rö 5,12).

In seiner rechtlichen Stellung vor Gott gilt somit jeder Mensch als Sünder. Aber beachten: In diesem Zusammenhang nicht wegen persönlicher Sünden, sondern als Folge der Trennung von Gott. Luther übersetzt ganz korrekt Rö 3,23 mit „sie sind allzumal Sünder". Zum Prüfen genau auf den Text achten! Da steht „**sie** sind". Diese „sie" meint alle Menschen ohne Rücksicht darauf, ob sie als Juden oder als „Griechen" geboren wurden (v 9). Diese „sie" in Vers 23 sind alle Menschen einschließlich der gesetzestreuen Juden. Menschen, die noch getrennt sind von der Rechtfertigung durch Gott auf Grund des Opfers Jesu Christi. Also der „normale" Zustand außerhalb der Gnade. Aber Paulus schließt dann im Textzusammenhang „die umsonst Gerechtfertigten" aus diesen „sie" aus; das ist die neue Stellung in Jesus Christus.

Es ist nicht korrekt und sogar gefährlich, wenn durch Christus gerecht Gesprochene diesen Vers 23 mit „wir" zitieren. Leider wird so immer wieder falsch zitiert und von diesem falschen Zitat her dann auch behauptet: „Wir sind (und bleiben) halt allzumal Sünder". Das ist natürlich eine wunderbare Basis zur Entschuldigung bei persönlichem Fehlverhalten. Dass ein Sünder immer wieder einmal sündigt, ist nicht besonders tragisch; es ist doch eigentlich zu erwarten und ganz normal. Ich werde auf dieses Thema in anderem Zusammenhang noch einmal zurückkommen.

Nun hat Jesus Christus „den Tod zunichte gemacht, aber Leben und Unvergänglichkeit ans Licht gebracht" (2Tim 1,10). Hier ist mit Tod nicht zu vorderst das menschliche Sterben gemeint. Alle Menschen, auch die Wiedergeborenen sterben immer noch den leiblichen Tod. Gottes Sohn hat die Möglichkeit geschaffen, diesen grundsätzlichen Todeszustand der Trennung von Gott zu überwinden. Auf Grund dieser Auswirkung seines Gehorsams bis zum Tod am Kreuz (Phil 2,8) kann es nun geschehen, dass Gott Menschen „errettet aus der Macht der Finsternis und versetzt in das Reich des Sohnes seiner Liebe" (Kol 1,13).

Vor Gott wird ein solcher Mensch aus der Stellung eines Sünders „in die Stellung eines Gerechten gesetzt" (Rö 5,19). Von Rechts wegen (de jure) bin ich kein Sünder mehr. In der Praxis (de facto) kann ich immer noch sündigen, muss und sollte aber nicht mehr in „Sünde fallen" (Rö 6,12–14; Gal 5,16.17.25; 1Joh 2,1.2). Ich kann noch „von einem Fehltritt übereilt werden", meint Paulus in Gal 6,1; aber das sollte dann die völlig überraschende Ausnahme sein. Mit meinem falschen, sündigen Handeln falle ich aber nicht „automatisch" wieder in die (de jure) Stellung eines Sünders zurück. Ich „tue" nicht mehr aktiv Sünde (1Joh 3,9)! Ich habe mich mit diesem Leben in und mit Sünde nicht irgendwie arrangiert: „Wir sind halt allzumal Sünder." Ich lebe nicht mehr bewusst mit einer Sünde.

Paulus bringt diese durch Gott geschehene Identifikation eines Menschen mit Jesus Christus anlässlich seines Opfertodes am Kreuz in Gal 2,20 auf den entscheidenden Punkt: „Zusammen mit Christus bin ich gekreuzigt; ich lebe aber, doch nicht mehr ich, sondern in mir lebt Christus. Was ich aber von nun an im Fleisch lebe, das lebe ich im Glauben, dem des Sohnes Gottes, der mich liebt und Sich Selbst für mich dahingegeben hat." (Konk) Das ist das ausgetauschte, das neue Leben aus und in Jesus Christus; das sollte mir eines Tages auch ganz klar bewusst werden. „... da wir dies erkennen, daß unser alter Mensch mitgekreuzigt worden ist ..." (Rö 6,6).

Dieses Thema, die grundsätzliche Trennung des Menschen von Gott seit Adams Fall sollte in der Verkündigung viel mehr und deutlicher herausgestellt werden. Eigentlich muss der einzelne Mensch erst aus der insgesamt sündigen Struktur des Menschen in seiner Gottferne herausgelöst werden. Das ist mehr als nur Anerkenntnis meiner persönlichen Sünde. Um diese gottlose Basis zu verändern, um mich auf eine völlig neue Grundlage zu stellen, dafür reicht Vergebung meiner mehr oder weniger großen Sünden nicht aus. Da hilft auch keine wie immer biblisch begründete „christliche Ethik und Moral" oder „christliche Lebensführung" weiter.

Sicher ist es heute etwas schwierig, von Adams konkreter Schuld wegen seines Ungehorsams gegenüber Gott zu sprechen. Wir müssten ja Adam als eine reale, geschichtliche Figur anerkennen. Und dann bekommen wir Probleme mit allen Weltentstehungstheorien und mit der angeblich wissenschaftlich längst bewiesenen langsamen Aufwärtsentwicklung des Menschen; mit Evolution und Darwinismus. Also redet man besser erst gar nicht davon, damit man nicht als rückständiger Hinterwäldler belächelt, oder, was fast noch schlimmer wäre, als Fundamentalist in die entsprechende Schublade einsortiert wird. Also bleibt man lieber bei dem Thema „unsere Sünden" oder, etwas moderner, bei der moralischen Schuld und wie sie vergeben und vergessen werden kann. Hören Sie einmal genau hin, ob dieses Thema von Adams Fall und seinen Auswirkungen in einer Predigt zum Beispiel über 1Kor 15,22.45 oder 1Tim 2,13.14 noch als Faktum eine Rolle spielt oder nur als mythischer Hintergrund. Fragen Sie gegebenenfalls beim Verkündiger nach, wie er den Text versteht.

Als Ergebnis dieser Überlegungen bleibt also festzuhalten: Christi Blut ist für meine Sünden vergossen worden. Doch erst durch seinen Lebensgeist werde ich eine neue Schöpfung; bin ich Gottes Kind. Hier sind wir bei dem Leben, das Jesus seinen Gesprächspartnern so gern nahe bringen wollte. Das Leben, das nur er, der Gottessohn vermitteln kann; das auf überhaupt keinem anderen Weg zu erhalten ist. „Ich bin gekommen, damit sie Leben und es in Überfluß haben." (Joh 10,10). Davon handelt auch Jesu Nachtgespräch mit Nikodemus (Joh 3,1–15).

Dazu muss mein totes, steinernes Herz durch Gottes Geist in ein lebendiges, fleischernes Herz verwandelt werden (Hes 36,26). In diesem Punkt verwirklicht sich bei uns heute im ganz persönlichen Leben eine Israel für ihre Wiedergeburt als Volk gegebene Verheißung. Mein Todeszustand von Adam her wird aufgehoben. Durch Gottes Geist werde ich neu gezeugt, neu geboren, wiedergeboren; er ist mein echter Vater. „Ihr habt nicht einen Geist der Sklaverei empfangen, wiederum zur Furcht, einen Geist der Sohnschaft habt ihr empfangen, in dem wir rufen

Abba, Vater! Der Geist selbst zeugt mit unserem Geist, daß wir Söhne Gottes sind." (Rö 8,15.16)

1.2.6 Was hat das alles mit dem Thema des Buches zu tun?

Im Kapitel 1.1.2 habe ich davon gesprochen, das Hauptanliegen meines Buches sei es, Hilfestellung zu geben beim Erforschen der Schrift. Ich möchte anregen, über vieles für selbstverständlich Gehaltenes einmal neu nachzudenken. Ich möchte Anstoß geben, alte, in der nicht hinterfragten Tradition begründete Denkstrukturen aufzubrechen.

Dabei sollten wir aber ganz tief in uns festhalten, was Heinrich Ott prägnant so formuliert hat: „Gott erschließt, Er offenbart eigentlich nicht ‚etwas' (was dann notwendigerweise eine Mitteilung von Sachverhalten wäre, als Information), sondern Er erschließt sich selbst. Offenbarung bedeutet Selbsterschließung Gottes. ... nun muß die Frage gestellt werden: Was geschieht denn da konkret, wo ‚Gott sich selbst erschließt'?" (Apologetik des Glaubens, S. 40/41). Die persönliche Begegnung mit dem Verursacher der biblischen Botschaft ist die unerlässliche Grundlage für alles weitere.

In diesem ersten Hauptteil geht es mir darum, vor allen nachfolgenden, mehr lehrmäßigen Ausführungen ganz deutlich darauf hinzuweisen, dass diese Themen nicht das Glaubens- und damit auch Lebensentscheidende sind. Vor Gott und für die Ewigkeit bei ihm ist etwas anderes für uns und unser Leben entscheidend. Ich muss eine neue Schöpfung werden.

Die Frage meiner persönlichen Schuld vor Gott, also all dessen, was die Bibel als Sünden definiert, und die Frage, wie ich aus dem Todeszustand der Trennung von Gott herauskommen kann: Beides ist im Sterben und Auferstehen Jesu Christi beantwortet. „Wer den Sohn hat, hat das Leben; wer den Sohn Gottes nicht hat, hat das Leben nicht." (1Joh 5,12). Jesus musste damals feststellen: „...zu mir wollt ihr nicht kommen."

Ist auch uns wie denen damals das Eingebundensein in die Segen und Heil versprechenden Institutionen und ihre seit Jahrhunderten überlieferten Traditionen und Rituale wichtiger als ER selbst, der Herr? Oswald Chambers fragt in dem Andachtsbuch „Mein Äußerstes für sein Höchstes" (S.88): „Viele unter uns sind ihren Ansichten über Jesus Christus treu; aber wie viele von uns sind Ihm Selbst treu?" Paulus fordert Timotheus ausdrücklich auf, sich von Menschen zu trennen, die zwar noch „eine Form der Gottseligkeit" haben, aber deren Kraft verleugnen (2Tim 3,5); eben diese Kraft des lebendig machenden Geistes.

Wenn das Vorstehende das wirklich Entscheidende im menschlichen Leben ausmacht, wozu kann oder soll dann alles Nachfolgende dienen und gut sein? Ich möchte nur zwei Begründungen dafür anführen.

Zunächst stärkt die Beschäftigung mit Gottes offenbartem Vorhaben und den damit zusammenhängenden Verheißungen unser Vertrauen in das Hoffnungsgut für Gemeinde, Israel und die gesamte Schöpfung.

Wenn wir Schriftzusammenhänge über die beiden Heilslinien „Gemeinde" und „Israel" in rechter Weise auseinanderhalten und gleichzeitig erkennen können, wie sie aufeinander bezogen sind, dann sehen wir, wie sich heute alte Prophetie für Israel vor unseren Augen erfüllt.

Damit wird uns aber das Hoffnungsgut, das uns als Gemeinde betrifft, umso gewisser. Voraussetzung dafür aber ist, dass wir das unterschiedliche Hoffnungsgut kennen; nur so können wir das uns betreffende für uns in Anspruch nehmen.

Johannes schreibt in 1Joh 3,2.3 von der nach meinem Verständnis großartigsten Verheißung und der fast nicht vorstellbaren Hoffnung für uns Christus Zugehörende: „Wir wissen, daß wir, wenn er offenbar werden wird, ihm gleich sein werden, denn wir werden ihn sehen, wie er ist." Dann gibt er einen kleinen aber ganz entscheidenden Nachsatz: „Und jeder, der diese Hoffnung auf ihn hat, reinigt sich selbst, wie er rein ist." Wem also solch großartiges Hoffnungsgut Realität bedeutet und nicht nur ferne Fata Morgana ist, die sich letztendlich in Luft auflöst, für den hat dieses Wissen ganz praktische Auswirkungen auf sein Alltagsleben.

Also hat mein Verständnis für all das, was Gott in seinem Ratschluss für das Heil der Menschheit und seine gesamte Schöpfung noch geplant hat, Rückwirkungen darauf, wie ich mein neues Leben aus Gott lebe. Deshalb sollte dieses Thema kein Randthema sondern Grundton aller Verkündigung sein.

Hier ein zweiter Gesichtspunkt und ich denke, beide sind gleich gewichtig. Paulus schreibt von seinem Wunsch, „Christus und die Kraft seiner Auferstehung" besser erkennen und in sein Leben übertragen zu können (Phil 3,10). Er betet darum, dass den Glaubenden doch der Geist der Weisheit und Offenbarung in der Erkenntnis Jesu Christi geschenkt würde und die Augen ihrer Herzen geöffnet würden, um den Reichtum dessen zu verstehen, was Christi gesamtes Wirken betrifft (Eph 1,17–20).

Warum betet er um Öffnung der Herzensaugen? Warum sollen die Glaubenden um diese Heilstatsachen wissen? Sicher doch auch, damit dadurch Gottes und Christi Planen und Wirken in ihrem Leben sichtbar wird und darin die Herrlichkeit und Weisheit, die Liebe und Treue Gottes umso heller aufstrahlt.

In Kol 1,9–11 spricht Paulus diese Schlussfolgerungen direkt an: „Deshalb hören wir nicht auf ..., für euch zu beten und zu bitten, dass ihr mit der Erkenntnis seines Willens erfüllt werdet in aller Weisheit und geistlichem Verständnis, um [und nun folgt eine ganze Reihe von Auswirkungen, die diese Erkenntnis im Gefolge haben soll, nämlich:] des Herrn <u>würdig zu wandeln</u> zu allem Wohlgefallen, <u>fruchtbringend</u> in jedem guten Werk und <u>wachsend</u> durch die Erkenntnis Gottes, <u>gekräftigt</u> mit aller Kraft nach der Macht seiner Herrlichkeit, zu allem Ausharren und aller Langmut, mit Freuden <u>dem Vater danksagend</u>." Es geht Paulus nicht um Kopf-Wissen sondern um Lebens-Praxis.

Über diese mehr lehrmäßigen Themen muss gewiss nicht ständig gesprochen werden. Sie sollten aber die Basis aller Schriftauslegung sein. Deshalb sollte gerade bei den Lehrenden und Leitenden in der Gemeinde Jesu Christi dieses Wissen ihr Verständnis und ihre Denkungsart prägen und bis in ihre Gesinnung hinein wirken.

Das gilt für den akademischen Lehrer genau so wie für den „Laien-Prediger", für den Pfarrer wie für den Leiter eines Hauskreises. Ihre Belehrung wird einen anderen Akzent bekommen. Das hat dann Auswirkungen darauf, wie der einzelne Predigthörer und Bibelleser neue Zusammenhänge innerhalb der Schrift erkennen kann und Verbindungen zwischen seinem Bibeltext und dem aktuellen Weltgeschehen entdeckt. Das alles wirkt dann zusammen, um den Urheber der biblischen Botschaft immer intensiver kennen zu lernen.

Je größer mir Gott wird, desto mehr staune ich über meine Erwählung. Je mehr ich die gedanklich überhaupt nicht auszuschöpfenden Auswirkungen der Erlösung durch den Gottessohn auf Golgatha erkennen kann, desto mehr verstehe ich, was das meint: Gott ist Liebe und er hat nur Liebesgedanken mit seiner Schöpfung im Sinn. Da lassen sich dann sogar die sogenannten Theodizee-Probleme, die Fragen nach der Gerechtigkeit Gottes und des Übels, des Bösen in der Welt zumindest ansatzweise lösen. Fragen, die gerade nach Holocaust und weltweiten Katastrophen heute aktuell sind.

„O Tiefe des Reichtums, sowohl der Weisheit als auch der Erkenntnis Gottes! Wie unausforschlich sind seine Gerichte und unausspürbar seine Wege! Denn **wer hat des Herrn Sinn erkannt**, oder wer ist sein Mitberater gewesen? Oder wer hat ihm vorher gegeben, und es wird ihm vergolten werden? Denn von ihm und durch ihn und für ihn sind alle Dinge! Ihm sei die Herrlichkeit in alle Zeitalter! Amen." (Rö 11,33–36).

„Wir aber haben nicht den Geist der Welt empfangen, sondern den Geist, der aus Gott ist, damit wir die Dinge kennen, die uns von Gott geschenkt sind. Davon reden wir auch, nicht in Worten, gelehrt durch menschliche Weisheit, sondern in Worten, gelehrt durch den Geist, indem wir Geistliches durch Geistliches deuten. ... Denn ‚wer hat den Sinn des Herrn erkannt, daß er ihn unterweisen könnte?' **Wir aber haben Christi Sinn.**" (1Kor 2,12.13.16).

1.2.7 Brüder als Wegbegleiter und Gehilfen im Glauben

Um all das, von dem ich hier schreibe, kennen und verstehen zu lernen, hat Gott mir auch unterschiedlichst geprägte Brüder in den Weg geschickt, von denen ich neue Verständnisaspekte lernen konnte; die mich in meiner Sicht ergänzten, korrigierten oder auch bestärkten. Zwei von ihnen, mit denen ich Nächte und Tage hindurch über biblische Fragen nachgedacht und Gott gemäße Antworten gesucht habe, sollen neben dem schon genannten Hanns Heck hier erwähnt werden.

Da war Aladar (Andi) Ungar; ein aus dem ungarischen Judentum stammender Vater in Christo. Er hatte seinen Glaubensweg 1937 anlässlich einer Evangelisation durch den schottischen Missionsgründer James Stewart in Budapest begonnen. In einer Lebensgeschichte dieses Evangelisten wird Andi Ungar im Zusammenhang mit Stewarts Evangelisationsreise durch Ungarn im Jahr 1946 (!) wie folgt erwähnt:

„Noch einmal traf sich James mit den vier Glaubensbrüdern, die er als die tragenden Persönlichkeiten der ungarischen Erweckungsbewegung erkannt hatte. Es waren ein Universitätsprofessor, ein praktischer Arzt, ein Adliger und Andy, ein jüdischer Buchverkäufer von den Offenen Brüdern in Budapest. Andy beherrschte die englische Sprache und war in allen Evangelisationen James' Übersetzer."

„Wenn James dann manchmal mit seinen Kräften restlos am Ende war und nicht mehr dienen konnte, machte Andy einfach Fortsetzung. Und das dauerte nicht selten bis Tagesanbruch. Der junge Jude erwies sich als hingebungsvoller, ausdauernder Nachfolger seines Messias' und kämpfte mit ganzer Liebe für die Verbreitung des Evangeliums. James hatte immer wieder Grund, Gott für diesen Glaubensbruder und Mitstreiter zu danken." (Zöller, S. 158/159)

Andi Ungar war lange Jahre im kommunistischen Ungarn Buchhändler und gegenüber den Behörden Repräsentant freikirchlicher Gruppen. Gott hat ihn tief hinein blicken lassen in die göttliche Weisheit und Weite der Geheimnisse, die Paulus im Auftrag des erhöhten Herrn offenbaren durfte. Nach dem Aufstand 1956 siedelte er mehr unter Druck als freiwillig nach Deutschland über, da seine Frau aus dem Schwarzwald stammte. Von hier aus diente er Ungarn im Exil auf Freizeiten und durch Druckschriften aber auch hin und her in deutschen Kreisen unterschiedlichster Prägung. So habe dann auch ich Andi Ungar kennen gelernt.

Eine zu diesem Juden Aladar Ungar passende, beachtenswerte Aussage fand ich in der 1923 erschienen Auslegung zum Galaterbrief von Prof. E.F. Ströter:

„Es sei uns gestattet, bei dieser Gelegenheit ein Wort zu zitieren, das einer der bedeutendsten Männer der englischen Kirche vor mehr als fünfzig Jahren an den berühmten Judenchristen Adolph Saphir schrieb, nämlich Charles Kingsley. (...) In einem Briefe vom 1. November 1852 legte er dem damaligen Studenten der Theologie die folgenden Worte ans Herz:

‚... Sie scheinen vor dem christlichen Pfarramt zu stehen. Dann sollten Sie uns, kraft Ihrer Doppelentwicklung als Deutscher und Hebräer, geben, was wir fast so sehr bedürfen als jene Juden, unter denen Ihr Bruder so heldenmütig arbeitet: ich meine eine rechte Erklärung des Alten Testamentes und seines unzertrennbaren Zusammenhanges mit dem Neuen. Dazu bedarf es nicht nur eines Orientalisten, dazu bedarf es des hebräischen Geistes und eines rechten Israeliten; und zwar bald, sonst geht uns das Alte mit samt dem Neuen Testament verloren. Verlieren wir den Glauben an jenes, so verflüchtigt sich uns der Glaube an dieses zu dem Spiritualismus von Frank Newman und den deutschen Philosophastern ...

Nun habe ich immer gehalten, ein christlicher Jude müsse den Schlüssel für uns finden, weil er mit den Augen der Verfasser seine Bücher zu lesen, weil er die nationalen Sympathien, Leiden und Hoffnungen zu verstehen vermag; gar nicht der Menge antiquarischer Winke zu gedenken, die er für dunkle Stellen geben könnte, wenn er als Jude, nicht als Rabbinist lesen wollte.

Ich möchte darum Sie und jeden anderen Juden inständig bitten, Ihre Nationalität nicht abzustreifen, weil Sie Glieder der allgemeinen Kirche geworden sind, sondern mit den ersten Bekehrten in Jerusalem zu glauben, dass Sie rechte Israeliten, weil Christen sind, dass Sie als solche Ihren besonderen Beruf und Dienst am Glauben haben und an der Entwicklung der Kirche, die kein Engländer und kein Heide ausüben kann. So hüten Sie sich Deutscher oder Schotte zu werden, und versuchen Sie, den Himmel und die Erde mit den Augen Abrahams, Davids und Pauli anzusehen.'

Das sind goldene Worte, die wir gern jedem Bekehrten aus Israel ins Herz und Gewissen rufen möchten. Ihre Nichtbeachtung hat einen großen Verlust bedeutet für die Gemeinde Gottes." (S. 108/109)

Wir hier in unseren Gemeinden kennen ja kaum noch Glieder mit jüdischem Hintergrund. Noch zu Zeiten des „eisernen Vorhangs" bin ich über viele Jahre zu Diensten in die Gemeinden der Offenen Brüder in Ungarn gekommen. Den Kontakt hatte Andi Ungar hergestellt. Ein hoher

Prozentsatz der Geschwister in der Gemeinde in Budapest war aus dem Judentum gekommen. Allerdings standen wohl nur wenige in der von Kingsley beschworenen Doppelverantwortung.

Ich danke Gott für das Vorrecht, in Andi Ungar solch einem Bruder begegnet zu sein, um von ihm lernen zu dürfen. Als Bruder mit hebräischem Denken las und verstand er die von Juden geschriebenen Bibel-Bücher in besonderer Weise. Er gab mir insbesondere im Verständnis des alten Gottesbundes mit Israel und der Einheit und gleichzeitig auch Abgrenzung zur Gemeinde wesentliche Impulse.

Auf einer ganz anders gearteten, aber wunderbar ergänzenden geistlichen Ebene stand mein Kontakt zu Willy Schirrmacher. Er hat nach seiner Ausbildung als Schiffsbauer in Ostpreußen und anschließender theologischer Ausbildung in einem Bibelseminar in Hamburg vor dem letzten Krieg viele Jahre als Missionar der Baseler Mission im Busch in Kamerun gedient. Er hat noch das reale Wirken der Finsternismächte im Zauberritual der Medizinmänner und deren magische Naturverbundenheit erlebt. Damit hatte Gott ihn vorbereitet auf ein besonderes Verständnis der Realitäten der jenseitigen Welt und der Wechselwirkungen zwischen Diesseits und Jenseits.

Er hat mir unter anderem den Blick geöffnet für die Hintergründe der für uns heute weithin unverständlichen Berichte der Kämpfe JHWH's mit den „elohim" der Völker um Israel. In dem Exkurs „Jakobs Kampf am Jabbok" (Abschnitt 2.2) wird zu dieser Thematik einiges ausgeführt. Mit diesen Einsichten ist mir ein weiterer Schlüssel gegeben worden, um Gottes Handeln mit Israel besser verstehen und die Messias-Verheißungen mit dem Geschehen um Golgatha und in der Gemeinde angemessener einordnen zu können.

1.3 Hat Gott es wirklich so gesagt?

1.3.1 Die Frage nach dem Fundament

Jeder denkende Mensch, der sich zu einem Thema seine eigene Überzeugung bilden will, der zur Beurteilung von Fragen theoretischer oder auch praktischer Art einen Standpunkt bezieht, benötigt für diesen Stand-Punkt eine Grundlage, ein Fundament. Worauf stehe ich eigentlich? Worauf baue ich auf? Mein Stand-Punkt kann nicht sicherer sein als sein Fundament.

Jesus erzählt in der sogenannten Bergrede (Mt 7,24ff) von den zwei Männern, die auf unterschiedlichem Grund ihre Gebäude errichteten. Beide wandten sicher gleichviel Mühe, Arbeit und Investitionen auf. Beide Gebäude waren ganz bestimmt in sich stimmig, die Statik war sauber berechnet und sie waren auch handwerklich gut ausgeführt. Bestimmt sahen beide prächtig aus. Nur ihre Gründung war verschieden. Das eine Gebäude stand auf Fels; das andere auf Schwemmsand. Stürmische Zeiten kann solch ein auf Sand errichtetes Haus nicht überstehen. Jesu Schlussfolgerung: „... es fiel, und sein Fall war groß!"

Dieses Bild darf wohl auch auf unsere Gedanken-Gebäude übertragen werden. Sie können in ihrer inneren Logik stimmig sein. Je nachdem welches „Material" dieser Gedanken- und Visionen-Architekt einbaut und welche Erfahrungen für die Gestaltung derartiger Bauten er mitbringt, wird dieses Gebäude auch von den Fachleuten anerkannt sein. Bewunderer werden nicht ausbleiben, je mehr das Gebäude sich dem Geschmack der Zeit, dem sog. Zeitgeist, anpasst, und der Architekt wird mit Lob und Auszeichnungen bedacht werden.

Wenn ich nun aufgefordert werde, in dieses Haus einzuziehen, mich diesem Gedanken-Gebäude anzuvertrauen, dann sollte ich sein Fundament prüfen. Sonst kann es lebensgefährlich werden. Siehe Jesu Gleichnis. Konkret auf unser Thema bezogen heißt das, jeder, der mir sein theologisches Gedankengebäude anbietet, muss sich nach seinem Fundament befragen lassen. Im christlichen Umfeld wird dann auf den Felsengrund Bibel verwiesen. Dies sei die Grundlage der geäußerten Gedanken. Wirklich?

Dass und warum für mich und damit auch für die hier vorgetragenen Überlegungen das Wort Gottes ohne jede Einschränkung als Fundament dient, habe ich weiter vorn schon ausführlich begründet.

1.3.2   Die von Satan eingebrachte Zweifelsfrage

Die alte biblische Geschichte von der ersten Versuchung eines Menschen neu zu bedenken, ist in unserem Zusammenhang lehrreich. Um den Überblick über das Geschehen präsent zu haben, ist es sinnvoll, jetzt einmal in einem Durchgang zu lesen, was uns in 1. Mose 2 und 3 berichtet wird.

Gott erteilt Adam seinen Auftrag, weist ihm seinen Verantwortungsbereich in der Schöpfung zu und gibt ihm dann eine große Freiheit mit einer kleinen Einschränkung. „Von jedem Baum des Gartens darfst du essen – aber von dem Baum der Erkenntnis des Guten und des Bösen, davon darfst du nicht essen!" Und um Unklarheiten auszuschließen, fügte Gott auch noch eine Begründung für diese Einschränkung oder die Folge ihrer Nichtbeachtung an, die Adam von sich aus nicht wissen konnte: „Denn an dem Tag, da du davon ißt, mußt du sterben."

Es ist hier nicht der Platz, eine Auslegung dieser ganzen Geschichte zu geben. Zwei Anmerkungen jedoch, um anzudeuten, wie viel Nachdenken herausfordernde und zum Bibelstudium anregende Fragestellungen in solch einem kleinen Bericht verborgen liegen.

Offensichtlich war Adam zu dieser Zeit in Eden das Essen vom Baum des Lebens erlaubt. Er war Teil der generellen Erlaubnis in 1Mo 2,16: „...von jedem Baum des Gartens darfst du essen ..." Aber nach Übertreten der einzigen Einschränkung Gottes für den Baum der Erkenntnis war dieser Baum Anlass, ihn gemeinsam mit Eva aus dem Garten Eden und das heißt, aus der Gegenwart Gottes auszuschließen (3,22–24).

Was für ein Leben war das wohl, das dieser Baum vermitteln konnte und das Adam jetzt verwehrt werden musste? (3,22): „... daß er nicht etwa seine Hand ausstrecke und auch von dem Baum des Lebens nehme und esse und ewig lebe!". Hatte Adam vor dem „Sündenfall" kein ewiges Leben, wenn das jetzt zum Problem wird? War er körperlich sterblich?

Was hatte es dann mit dem angekündigten Tot-Sein beim Essen vom Baum der Erkenntnis wirklich auf sich? „... Tod wirst du getötet!" So steht 1Mo 2,17 wörtlich. Im hebräischen Sprachgebrauch bedeutet solch eine Verdoppelung eine besondere Verstärkung der Aussage. Außerdem sollte diese Strafe, sollte dieses „zum Tode getötet werden" sofort nach der Tat, „an dem Tag, da du davon ißt", vollzogen werden. Gestorben ist Adam gemäß dem später gegebenen Geschlechtsregister aber erst etwa 900 Jahre später. Sollte hier nur ausgesagt werden, dass Adam von nun an sterblich sei?

Oder ist das hier Berichtete der Hintergrund zu dem bei Paulus oft erwähnten Todeszustand des Menschen in der Trennung von Gott. Dieser Tod trat sofort ein: Adam wurde von Eden ausgeschlossen und damit von Gottes direkter Gegenwart getrennt. Er war, von Gott her gesehen, als sein Gegenüber gestorben; er war tot.

Dann hätte dieses Ereignis, das wir den Sündenfall nennen eine zweifache Folge: Adam behält die körperliche, leibliche Sterblichkeit und wird in der Trennung von Gott zusätzlich mit geistlichem Tod bestraft.

Dieser Todeszustand ist nun durch das ganze Menschengeschlecht wie eine Erbkrankheit weitergereicht worden. In diesen Zustand, in diese Stellung als Sünder vor Gott gerate ich nicht durch meine Sünden, sondern darin bin ich von Geburt an. So erhält für mich der Begriff von der „Erbsünde" seinen Sinn (Röm 5,12–21). Nur durch Gottes Handeln auf Grund der Erlösung durch das Opfer Jesu Christi kann ich aus diesem Zustand heraus und in das vollgültige Leben hineinkommen; kann ich eine neue Schöpfung werden (2Kor 5,17).

An dieser oben zitierten, kleinen Einschränkung im großen Freiraum Adams setzt nun der Versucher an. „Hat Gott wirklich gesagt" oder wie Luther übersetzt „Sollte Gott gesagt haben?" Dann geht er genauso vor wie Interviewer oder Journalisten heute, wenn sie zum Gespräch provozieren wollen. Er gibt eine Behauptung zum Thema, die so ganz offensichtlich falsch ist, dass der Gegenüber sich dadurch zu einer Stellungnahme fast gezwungen fühlt. „Stimmt das wirklich, daß ihr von den Baumfrüchten nicht essen dürft?" Und Eva klärt auch sofort auf: „Nein, nein, wir essen von den Früchten der Bäume. Da gibt es nur eine einzige Ausnahme ..."

Eva war eigentlich nicht kompetent, zu Gottes Anweisungen nähere Auskünfte zu geben. Sie hätte nicht Stellung beziehen, sondern den Fragenden an Adam verweisen sollen. Mit ihm hatte Gott über das Thema geredet; er trug auch vor Gott die Verantwortung für alles Geschehen in Eden. Durch Evas auch noch ausschmückende Stellungnahme konnte Satan überhaupt erst seinen Zielpunkt ins Gespräch bringen.

Hier kann man zwei Seiten eines immer wieder ablaufenden Schemas beobachten. Auf der einen Seite die in verschiedensten Variationen wiederkehrende Fragestellung des Versuchers: „Hat Gott wirklich gesagt?"

Ist die Bibel wirklich Offenbarungsrede des einen und einzigen Gottes zum Menschen hin und Bericht göttlichen Handelns an und durch Menschen? Sind das nicht nur menschliche Gedanken und Reflexionen über ein numinoses, eigentlich gestaltloses Wesen, eine irgendwie unbegreifliche, fromme Schauer auslösende Macht? Projektionen in einen leeren Raum, um manchem Nicht-Erklärbaren in dieser Welt einen Sinn beilegen zu können. Um damit umgehen zu können, macht man sich ein Gegenüber, das man Gott nennt; drum herum bilden sich dann im Laufe der Jahrhunderte die verschiedensten Mythen.

Zur Begründung dieser These wird dann auf das „anthropomorphe" Reden vom Wirken Gottes und von seinen Regungen verwiesen. Dass also an den menschlichen Begriffen wie z.B.

„Gott formt etwas mit seinen Händen", oder „ihn gereut sein Zorn" mit denen in der Bibel umgegangen wird, sehr schnell deutlich würde, dass hier Menschen-Gedanken kolportiert werden. Der Mensch schafft sich seinen Gott; im Bilde des Menschen schafft er ihn.

Ich selber staune immer wieder über Gott. Welche Mühe hat er sich gegeben, um sich uns in unserer in die Diesseitigkeit eingegrenzten Begriffswelt verständlich zu machen. Wie anders hätte er sich uns Menschen denn offenbaren sollen? Gott transformiert sein Wollen und seine Ziele in unseren in Raum und Zeit eingeschränkten Denkhorizont herunter! Das Argument vom „anthropomorphen Reden" in der Bibel klingt aber so wunderbar wissenschaftlich, dass der arglos Dastehende nur ehrfurchtsvoll staunen kann und kaum bemerkt, dass es von Gott her wohl genau umgekehrt erst Sinn gibt.

Die andere Seite, die Satan Ansatzpunkte für seine Verwirrungen liefert, ist die übertreibende und Gottes Wort nach Bedarf ausschmückende, eigenes Verständnis hineininterpretierende Reaktion der Empfänger göttlicher Botschaft. Hiermit wird oft erst eine offene Flanke für Satans und der Menschen Herumdeuteln an Gottes Wort geboten, wie in dieser Versuchungsgeschichte der Eva. Von „nicht berühren dürfen" (3,3) war bei Gottes Verbot nicht die Rede.
Satans Frage zielte überhaupt nicht darauf festzustellen, was Gott denn nun wirklich gesagt hatte. Er wollte schlicht Misstrauen gegen Gott und an seiner Begründung für das Verbot säen und damit Zweifel an Gottes Zuverlässigkeit bewirken. Sein Gespräch mit Eva zielte nur darauf, Auflehnung gegen Gott zu provozieren.
„Keineswegs werdet ihr sterben! Sondern Gott weiß, daß an dem Tag, da ihr davon eßt, eure Augen aufgetan werden und ihr sein werdet wie Gott, erkennend Gutes und Böses." (1Mo 3,4.5). Genau genommen war Satans lügnerische Rede eine Anklage gegen Gott. Gott will euch nur in Abhängigkeit halten; ihr sollt nicht differenzieren können, wie er es kann. Dann hätte er ja diesen Vorsprung nicht mehr vor euch; ihr wäret wie Gott. Und nur darum jagt er euch mit dem Sterben Angst ein. Werdet doch von Zwängen befreite, autonome Menschen; emanzipiert euch endlich, würde er heute uns gegenüber formulieren.

Adam ließ sich auf den von Satan initiierten, von Eva vermittelten und auch heute noch genauso angebotenen und ebenso gefährlichen Versuchungsweg ein: Wissen ist besser als Gehorsam. Die Vielfältigkeit der Schöpfung erkennen, etwas zu wissen um die Widersprüchlichkeiten, die Antinomien des Lebens, das scheint erstrebenswerter, als in der Einfalt vor Gott zu ruhen. Einfalt hier nicht als Dummheit, sondern als Gegensatz zu der Vielfalt der Denk- und Verständnis-Angebote der Welt außerhalb von Gott gemeint.
Im Gehorsam gegenüber Gott, im Vertrauen auf seine Wegweisung muss ich nicht alles erkennen, wissen und durchschauen. ER weiß um die Zusammenhänge; er kennt die Zukunft. Was nützt das vom Verführer angekündigte und dann auch durch die Übertretung des göttlichen Verbotes erhaltene Unterscheiden-Können zwischen Gutem und Bösem, wenn mir aus der Auflehnung gegen Gott die Kraft fehlt, das Gute zu tun und das Böse zu lassen?

1.3.3 Das beschädigte Fundament – eine fragwürdige Interpretation

Sie sollten sich spätestens jetzt Ihre Bibel neben dieses Buch legen. Mein Rat ist, angegebene Texte wirklich aufzuschlagen und mitzulesen. Nur so können Sie prüfen, ob das wirklich da steht, was ich zitiere; und erinnern Sie sich an die in Beröa, die in den Schriften nachprüften, was Paulus ihnen vortrug. Dazu ist aber die geöffnete Bibel erforderlich.

Seien Sie in dem Punkt nicht zu vertrauensselig. Ich habe erlebt, wie Bibelausleger sofort beim angeblichen Zitieren ihre Auslegung, ihr Verständnis in den eigentlichen Text hineinlesen oder wesentliche Teile weglassen, sodass die eigentliche Aussage des biblischen Textes im Sinne des Auslegers mindestens verändert, zuweilen sogar entscheidend verfälscht wurde.

Diese ungute Praxis findet man bedauerlicherweise auch bei Predigern mit ansonsten ganz enger Optik bis hin zum von vielen bewunderten Pastor aus Korea. Dr. Paul Yonggi Cho steht (einer) der größten Kirchengemeinde(n) der Welt vor (lt. Text auf der Buchrückseite), da muss doch seine Botschaft schriftgemäß sein! Aber wenn man seine biblischen Belege für die Grundlage seiner Theologie der „vierten Dimension" in der Bibel mitliest, ist man erschrocken. Hier wird nicht nur frei nacherzählt, sondern Inhalte werden in ihrer Aussage auf den Kopf gestellt.

Nur ein Beispiel als Beleg für das, was ich meine, aus „Die vierte Dimension", (Abschnitt „Inkubation: Ein Glaubensgesetz", Seite 22):

„Abram war 100 Jahre alt und Sarai 90. Sie hatten ein ganz klares Ziel vor Augen, nämlich einen Sohn zu haben. Sie hatten ein brennendes Verlangen danach und beteten schon 25 Jahre darum. Schließlich gab Gott ihnen ein Versprechen; und als sie die Zusicherung erhielten, änderte Gott sofort ihren Namen."

Der Text steht in dem Buch im Zusammenhang mit Visionen, die wir haben müssen. Sie benötigen eine „Inkubationszeit", in der wir ihre Verwirklichung herbeibeten sollen und können. Mit dieser Geschichte von Abram und Sarai soll ein biblischer Beleg geliefert werden.

Nun hat jeder auch nur oberflächliche Bibelleser diese Geschichte in groben Umrissen im Gedächtnis. Dass beide lange Jahre auf den Sohn gewartet hatten; dass Abraham bei der Geburt Isaaks 100 Jahre alt war; und dass da irgendwie auch diese Namensänderung war. Der Buchschreiber schmückt dieses Thema im folgenden Text sehr nett und eingängig aus.

Nur wenige werden stutzen und sich fragen, irgendwie war das doch aber anders? Wer seine Bibel zur Hand nimmt und aufmerksam in 1.Mose die Kapitel 12 bis 21 liest, wird schnell feststellen, dass die Bibel etwas grundsätzlich anderes berichtet.

Nicht Abram und Sarai hatten zuerst ein eigengesetztes Ziel und haben dann 25 Jahre anhaltend um Verwirklichung gebetet, bis dann Gott ein Versprechen und eine Zusicherung auf ihr klares Ziel, auf ihre Vision gab. Gott hatte sofort bei Abrams Berufung die Verheißung gegeben: „... ich will dich zu einer großen Nation machen und dich segnen ..." (1.Mo 12,2) und „... deinem Samen will ich dieses Land geben ..." (1.Mo 12,7). Inhaltlich gleich in 13,15 und 17,8.

Als Abram wegen seiner Kinderlosigkeit Elieser als Erben vorschlägt, erklärt ihm Gott: „... der aus deinem Leib hervorgehen wird, der wird dich beerben." (1Mo 15,4). Vers 6 heißt es dann: „Und er glaubte JHWH; und er rechnete es ihm als Gerechtigkeit an." Gott gab Abram eine Verheißung; nicht er hatte eine Vision und bedrängte Gott im Gebet, bis der zustimmte. Abram glaubte Gottes Verheißung „gegen Hoffnung auf Hoffnung hin" und „zweifelte nicht durch Unglauben an der Verheißung Gottes" (Röm 4,18.20).

Es ist hoch interessant und belehrend, diese Geschichte Abrahams nach zu verfolgen. Hier hat ein Mann volles Vertrauen zu Gottes Verheißungen, aber er versucht mit menschlichen Ideen zur Realisierung beizutragen. Das geht dann aber sowohl mit dem Vorschlag, Elieser als Erben einzusetzen, als auch mit der Zeugung Ismaels in die falsche Richtung. An Ismael hat Israel noch heute zu leiden. Am Ende zeigt Gott seine Souveränität über alle kreatürlichen Unmöglichkeiten. Er, Gott selbst „ruft das Nichtseiende, wie wenn es wäre" (Röm 4,17), um seine göttliche Verheißung zu verwirklichen.

Es ging bei Abram/Abraham also nicht um die vom Buchschreiber suggerierte Reihenfolge: Ein Ziel, eine Vision haben; ausdauernd diese Vision gedanklich konkretisieren und betend aussprechen; dann gibt Gott seine Zusicherung der Realisierung und meine Vision verwirklicht sich. Dr. Yonggi Cho's persönliche Erlebnisse sollen das ja belegen und er bastelt sich aus der Abram-Geschichte seine biblische Rechtfertigung. Wenn aber diese von ihm vorgetragene Abfolge von Vision, Verheißung und Verwirklichung unkorrekt ist, dann stimmt sein ganzes Konzept nicht mehr.

Für den Glaubenden geht es darum, Gottes Verheißungen zu erkennen und ihnen zu vertrauen. Dann warten zu können, bis Gottes Zeit (sein „kairos") zur Verwirklichung gekommen ist, um nicht durch menschlich noch so gut gedachtes Handeln zur Unzeit die Zielwege Gottes zu behindern. Es geht nicht darum, Gott unsere Ideen aufzwingen zu wollen, sondern in den von Gott zuvor bereiteten Werken zu wandeln (Eph 2,10); das heißt, sie zu erkennen und in dieser sichtbaren Welt zu verwirklichen.

So geht es wirklich nicht; so darf biblischer Bericht nicht gewaltsam uminterpretiert werden, um eigene Vorstellungen zu begründen. Insbesondere die Geschichte zwischen Gott und Abram/Abraham sollte klar bleiben, da dieses Verhältnis den Glaubenden der Gemeinde-Zeit als Beispiel und Vorbild gegeben ist. (Röm 4,9–25; Gal 3,6.7.28.29).

Ich bin hier etwas ausführlicher geworden, um einmal beispielhaft zu zeigen, wie biblischer Text, ein Bericht über Gottes Handeln und menschliches Reagieren darauf vergewaltigt wird, um eigene, ganz vorsichtig formuliert, menschliche Ideen mit göttlichem Anstrich zu versehen. Eine eindeutige Mogelpackung! So wird das biblische Fundament erheblich beschädigt. Deshalb ist das Prüfen so wichtig, auch wenn das zunächst etwas Mühe macht.

Jemand sagte mir auf meine Kritik: Hier müssten wir westlichen Menschen eben lernen, dass fernöstliches, asiatisches Denken anders geprägt sei. Nun ist es sicher interessant, fernöstliches Denken kennen zu lernen. Bei der Bibelauslegung ist aber weder fernöstliches noch abendländisches sondern biblisches Denken gefragt. Hebräisches Denken zu verstehen, ist dabei sicher hilfreich. Zum Beispiel nicht nur zweidimensional, alternativ „entweder – oder" sondern mehrdimensional „sowohl als auch" denken zu lernen (Eph 3,10; Abschnitt 4.7.2).

1.3.4 Kleine Auslegungsirrtümer mit weitreichenden Folgerungen

Solches Uminterpretieren biblischer Texte findet sich nun leider nicht nur in derartigem Schrifttum, sondern auch bei Autoren, die zum Glaubenswachstum Nützliches und Hilfreiches geschrieben haben. Der von mir geschätzte, vom Benziger-Verlag unter die Klassiker der Meditation eingereihte Thomas Merton gibt in dem dort erschienenen Bändchen „Meditationen eines Einsiedlers" beachtenswerte Hinweise zum sich „Losschälen" von den geschöpflichen Dingen, um den Schöpfer in dem Geschaffenen erblicken zu können (S. 67 ff). Er berichtet von den Wüstenvätern und dem kostbaren Wert der Wüste, der paradoxerweise in ihrer äußeren Sinnlosigkeit für den Menschen liegt. Dann führt er aus:

„Vierzig Jahre hatte die Wanderung des auserwählten Volkes durch die Wüste gedauert; einzig Gott allein war diesem Volk zur sorgenden Mutter geworden. Innerhalb weniger Monate hätten die Israeliter das Gelobte Land erreichen können, wenn sie auf dem direkten Weg dorthin gegangen wären. Doch Gott wollte es anders: Er wollte, daß sie Ihn in dieser Einöde lieben lernten und daß sie auf diese Wanderung durch die Wüste als auf eine erinnerungssüße Zeit der Einsamkeit, der Vereinigung mit Ihm – einzig und allein mit Ihm – zurückblicken sollten." (S. 68)

Eine wunderbar eingängige Erklärung, warum „Wüstenzeiten" auch für uns heute geistlich bereichernde Zeiten sein können. Nur stimmt die Auslegung der vierzig Jahre Wüstenwanderung nicht; es war genau entgegengesetzt. Sie sollten nach relativ kurzer Zeit von Kadesch-Barnea aus direkt ins verheißene Land ziehen; aber zehn der Kundschafter brachten Horrornachrichten von den Bewohnern des Landes. Daraufhin vertrauten die Verantwortlichen und das Volk mehr ihren menschlichen, „strategisch-militärischen" Überlegungen der Machtlosigkeit als den Verheißungen Gottes und nahmen das ihnen von Gott zugesagte Land nicht in Besitz. Aus diesem Grund mussten sie so lange durch die Wüste marschieren, bis die wehrfähige Generation der von Gott unter Machttaten aus Ägypten Herausgeführten in der Wüste verstorben war (4Mo 14,29). Dieser restliche Weg bis zu vierzig Jahren war keinesfalls „erinnerungssüße Zeit der Einsamkeit in der Vereinigung mit Ihm". Es war Strafe Gottes wegen ihres Unglaubens (Hebr 3,16–4,6; 4Mo 32,8–11; 5Mo 8,2.5).

Was mache ich denn nun als interessierter Leser und nach geistlicher Stärkung und Bereicherung Suchender mit dem Lobpreis der Erfahrungen in der Wüste, wenn dieser Einstieg nicht nur ungenau ist, sondern in eine eindeutig falsche Richtung weist? Manches Mal sehne ich mich dann direkt nach mehr vertrauensvoller Naivität.

Mir wird bei solchen Gelegenheiten eindringlich bewusst, dass von Gott geschenkte Einsicht in biblische Zusammenhänge und die Gabe eines guten Erinnerungsvermögens mit sich bringt, dass Meinungen und Auslegungen anderer nicht einfach übernommen werden können. Es verlangt immer wieder neu, sich selbst intensiv in Gottes Wort hineinzubegeben und sich Verständnis von Gott her schenken zu lassen. Und eigene Fehlbarkeit einzukalkulieren!

Aber nicht nur wegen solcher negativen Möglichkeiten sollte man beim Studieren von Auslegungen seine Bibel in Reichweite halten. Das Lesen altbekannter Texte unter einem neuen Betrachtungswinkel kann zusätzliche Einblicke vermitteln, die bisher unserem Verständnis verborgen waren. Dabei wird man dann vielleicht mit mir feststellen, dass auch manche geheiligte Auslegungstradition auf sehr schwachen Füßen steht, wenn man neu genau hinschaut, was wirklich geschrieben steht.

Außerdem ist unserem Gedächtnis nicht unbedingt zu trauen. Wir haben da manche Bibelstelle gespeichert, die so nirgendwo zu finden ist. Ich verweise noch einmal auf dieses in unseren Köpfen fest einprogrammierte: „Wir sind allzumal Sünder". Weil diese Behauptung, auch wir Glaubende blieben immer weiter Sünder, so fest in vielen Köpfen und leider auch Herzen verankert ist, hier ein zum Thema passendes Erlebnis.

Ich war zur Bibelarbeit auf einer Tagung von Predigern und Gemeindeältesten eingeladen. Ich weiß nicht mehr, welchen Text ich zugrunde gelegt hatte; aber ich sprach auch von unserer neuen Stellung in Christo: Gerechtfertigt durch sein vollkommenes Opfer, „ich bin vor Gott kein Sünder mehr"; eine neue Schöpfung von Gott her durch die Gabe seines Lebensgeistes; kein nur angenommenes, sondern ein durch den Geist gezeugtes Gottes-Kind …

In der Pause nahm mich der verantwortliche Tagungsleiter auf die Seite und meinte, so betont dürfe man das doch nicht sagen. Paulus hätte doch von sich selbst gesagt, dass er unter den Sündern sogar der erste sei; er bezog sich dabei auf 1Tim 1,15. Ihm war nicht zu vermitteln, dass der Text dann mit einem ABER fortfährt (v 16) und Paulus von seiner Begnadigung zum Vorbild für andere spricht.

Analog dazu schreibt er in 1Kor 15,9 von seiner Unwürdigkeit, ein Apostel und Verkündiger der Auferstehung Jesu Christi zu sein. Vers 10 beginnt dann wiederum mit diesem großartigen ABER, das in 1Kor 6,11 von Paulus gleich drei Mal zur Darstellung der veränderten Lebenssituation der Glaubenden gegenüber ihrer vorherigen Stellung im Machtbereich der Finsternis angeführt ist. Warum wollen oder können so viele Christen dieses ABER nicht sehen? Haben sie diese klare Situationsveränderung nie erlebt? Ist ihnen dieses „Wir sind (und das heißt dann auch: ‚wir bleiben') allzumal Sünder" so fest eingeprägt, fast kann man sagen, einprogrammiert worden?

Ein falsches Gedächtnis kann also eine ganze falsche Theologie hinter sich herziehen und als Folge eine fatale Belehrung der Glaubenden! Deshalb mein eindringlicher Hinweis auf die Ermahnung durch Paulus: „Prüft aber alles – das Gute haltet fest." Einige solcher kritischen Punkte sollen ja in diesem Buch behandelt werden. Hierbei geht es nicht darum, an kleinen Differenzen herumzumäkeln. Ich möchte zeigen, dass einige unserer festgemauerten Auslegungstraditionen schon vom Grundansatz her nicht korrekt sind; dass teilweise das Fundament nicht tragfähig ist für das darauf aufgebaute Verständnisgebäude.

Ein anderes Beispiel aus meinem persönlichen Erleben genau zu dem, was ich hier reklamiere. Eine unkorrekt aus der Erinnerung zitierte Bibelstelle zieht einen ganzen Schweif schlimmer Auslegungsfehler nach sich.

Auf der überregionale Tagung von verantwortlichen Mitgliedern und Mitarbeitern einer bibelorientierten, pietistischen Vereinigung hält ein in vielfältiger Verantwortung stehender Pfarrer, dem wegen seiner Bibeltreue in der Gemeinde ein besonderes Vertrauen entgegengebracht

1.3 Hat Gott es wirklich so gesagt?

wird, die grundlegende, themenbezogene Bibelarbeit. Er zitiert unter anderem aus dem Galaterbrief:

„Ehe aber der Glaube kam, waret ihr unter dem Gesetz verwahrt und verschlossen auf den Glauben hin ... So ist das Gesetz unser Zuchtmeister gewesen auf Christus hin ... Nachdem aber der Glaube gekommen ist, sind wir nicht mehr unter dem Zuchtmeister ..." (3,23ff; es wurde nach der Luther-Übersetzung zitiert).

Auslegung sinngemäß: Uns Menschen war das Gesetz von Gott gegeben, als eine Art Notverordnung; es sollte uns zu Christus weisen; nun sind wir als Glaubende von diesem Zuchtmeister durch Jesu Opfer befreit usw, usw.

Ich stutzte erst bei dieser Auslegung. Das konnte nach meinem Verständnis so nicht im Brief an die Galater von Paulus formuliert sein; das widersprach für mich der gesamten Diktion des Briefes und paulinischer Belehrung ganz allgemein. Also Bibel aufschlagen und nachschauen, was da denn steht, wieso die falsche Weichenstellung zustande kommen konnte.

Zunächst steht in 3,23 nicht „... wurdet **ihr** (die Briefempfänger = Galater, also wohl überwiegend Nicht-Juden und auch einige Diaspora-Juden) unter dem Gesetz verwahrt ..." Der Text lautet „... wurden **wir** (und da meint Paulus sich selbst und allgemein die Juden) unter dem Gesetz verwahrt." Ich finde es verwunderlich, wenn so freizügig zitiert wird. Im Zweifelsfall sogar ganz unbewusst, weil man ein bestimmtes Verständnis im Hinterkopf hat.

Die Verwirrung in den Auslegungen zum Galater-Brief beruht wohl zum Teil in dem Verständnis und damit der Interpretation der verschiedenen „wir/uns" und „ihr/euch". Es kommt ganz schnell Ordnung hinein, wenn man eine ganz einfache Unterscheidung beachtet.

Mit „wir/uns" meint Paulus in diesem Brief an die Galater im Grundsatz (!), immer wenn er „lehrmäßig" den Unterschied zwischen Gesetz und Gnade oder Gesetz und „meinem Evangelium" herausarbeitet, sich selbst und die Brüder, die bei ihm sind, oder aber die Juden ganz allgemein. Mit der Anrede „ihr/euch" sind die Glieder der Gemeinden in Galatien angesprochen; also überwiegend Nicht-Juden, Menschen die nicht zu Gottes auserwähltem Volk gehörten.

Eigentlich hätte man ja nun wohl aufstehen und etwas sagen müssen. Denn hier wurde doch wieder einmal eine biblisch nicht haltbare These festgeklopft: Das von Gott dem Auswahl-Volk Israel gegebene Gesetz wäre auch Anweisung für die Nationen, die Nicht-Juden gewesen. „Ihr waret unter dem Gesetz eingeschlossen ..." Nur, bewirkt ein Einspruch an solch einer Stelle wirklich Nachdenken; stört man nicht wieder lediglich den „guten brüderlichen Frieden"?

Dieser Textabschnitt Gal 3,21–29 ist für mich ein ganz wesentlicher Aufschluss über die neue Botschaft, die der zum Thron Gottes erhöhte Herr der Gemeinde seinem Botschafter Paulus anvertraut hat:

Alles war von der Schrift her, diese (hebräische) Formulierung bedeutet von Gott her, unter die Sünde eingeschlossen. Das war die als Folge der Auflehnung Adams gegen Gott vollzogene Trennung zwischen Gott und den Menschen. Den Glaubenden ganz allgemein (Gal 3,11; Hab 2,4) galt aber eine Verheißung, die mit dem Glauben Jesu Christi verbunden war.

„Bevor aber der Glaube kam, wurden **wir [die Juden]** unter Gesetz verwahrt, eingeschlossen [die Nationen, d.h. die Nicht-Juden waren nie unter dem Gesetz eingeschlossen und verwahrt] auf den Glauben hin, der geoffenbart werden sollte. Also ist das Gesetz **unser [der Juden]** Zuchtmeister auf Christus [den Messias] hin geworden, damit **wir [Juden]** aus Glauben [und eben nicht aus dem Gesetz] gerechtfertigt würden. Nachdem aber der Glaube gekommen ist, sind **wir [immer noch die Juden]** nicht mehr unter einem Zuchtmeister; denn **ihr alle [die wiedergeborenen Galater, also Nicht-Juden!]** seid Söhne Gottes durch den Glauben an Jesus Christus [ohne Gesetz, am Gesetz vorbei]."

Bei denen, die Christus angezogen haben (Gal 3,27.28), spielt bei ihrem Sein in Christus der kreatürliche Status, die Herkunft der Geburt überhaupt keine Rolle mehr. Alle, „Juden und Griechen", sind eins in Christus Jesus.

„Wenn ihr aber des Christus seid, so seid **ihr [die Nicht-Juden]** damit Abrahams Same und nach Verheißung Erben." Wohl gemerkt Miterben an Abrahams Verheißungen. Wir sind bei ihm, der Wurzel Abraham (Röm 11,17.18) eingepfropft, nicht in das unter Gesetz verwahrte Israel. Wir haben etwas mit dem Gnadenbund Gottes mit Abraham zu tun; nicht mit dem Gesetzesbund Israels. Unsere Verbindung hin zu Abraham führt nicht über die fleischliche Jakobs-Linie sondern über „den Samen, Christus" (v 16). Welch folgenschwerer Irrtum zieht sich da durch die ganze Kirchengeschichte.

In einem späteren Abschnitt ist über die Adressaten göttlicher Reden, Anweisungen, Verheißungen und Strafandrohungen noch Wesentliches zu sagen. An dieser Stelle geht es zunächst nur um das falsche oder aus dem Zusammenhang gerissene Zitieren biblischer Texte und welche Folgen das dann in der Auslegung und damit im Verständnis auch für uns ganz persönlich haben kann. Beim Prüfen, was zum Behalten gut ist und was abzulehnen, oder zumindest zu korrigieren ist, sollten wir uns weder auf Zitierer oder Ausleger noch auf unser Gedächtnis verlassen.

1.3.5   Kirche ohne Fundament im Wort Gottes ist hohl und belanglos

Wir heute können nicht mehr zurück in einen Zustand einfältiger Unschuld. Wir leben jenseits von Eden. Wir müssen mit dem von Adam erwirkten Unterscheidungs-Vermögen leben. Sechstausend Jahre Erleben, Erkennen und Wissen sind nicht mehr zu streichen. Das ist Last und Chance zugleich.

„Hat Gott wirklich gesagt?" – das war immer wieder, oft kaschiert aber auch offen angesprochen, eine entscheidende Frage in der fast 2000–jährigen Verständnis- und Auslegungsgeschichte innerhalb der Gemeinde, in den Kirchen und unter Menschen, die sich mit ihren ethischen, gesellschaftlichen und Allgemeingültigkeit beanspruchenden Aussagen auf die Bibel beriefen. Sobald Zeitgeist und gerade aktuelle Denkströme mit dem Gotteswort harmonisiert werden sollen, überall da, wo eigenes Meinen und Denken, Schlussfolgern und Handeln nachträglich biblisch begründet werden will, kann Gottes Offenbarung missdeutet und vergewaltigt werden.

Soweit das außerhalb von Institutionen und Organisationen geschieht, die sich auf Jesus Christus als ihren Herrn berufen, mag man das Ergebnis kopfschüttelnd zur Kenntnis nehmen.

Innerhalb der Kirche und innerhalb von Gruppen und Werken, die Christus als Herrn der Gemeinde bekennen, wird es zum Ärgernis.

Wenn Bischöfe, die über den von Gott verordneten geistlichen Aufbau der Gemeinden wachen sollen, oder Professoren, die theologischen Nachwuchs zum Dienst in der Gemeinde ausbilden sollen, leugnen, dass Jesus durch die Macht Gottes leiblich auferstanden ist, dann ist unter dieser Prämisse jede sich auf ihn berufende Glaubensverkündigung Nonsens, leeres Geschwätz (1Kor 15,12–19). Was wollen diese Menschen eigentlich noch als Glaubensinhalt vermitteln?

Sicher, es ist nicht immer ganz einfach zu erkennen und zu klären, ob es sich nur um partielle Unterschiede in der Erkenntnis handelt oder ob hier falsche Lehre geboten wird. Geht es um unterschiedliche heilsgeschichtliche Einordnung biblischer Aussagen oder um Gegensätze in der Grundlage? Wird hier Wahrheit verkündigt, wenn auch in seltsamer Ausprägung, oder Lüge in frommem Gewand?

Wenn Synoden und sonstige Gemeinde leitende Gremien und Personen Homosexualität und lesbische Praktiken nicht nur schweigend übergehen, sondern sie sogar als spezielle Variante der von Gott geschenkten Sexualität definieren und damit akzeptieren, dann müssen Gottes klare Aussagen, zum Beispiel in 3Mo 18,22.23 und 20,13 oder in Röm 1,26.27 und 1Kor 6,9–11, außer Kraft gesetzt werden: „Sollte Gott gesagt haben?"

Jetzt könnte über Seiten fortgefahren werden, über sich wissenschaftlich aufzäumende und dabei abenteuerlichste Interpretationen bis zu dümmlichen und schlicht albernen Verdrehungen der biblischen, göttlichen Offenbarung zu klagen. Ich habe bewusst nur ein an die Substanz christlichen Glaubens gehendes und ein ganz typisch mit dem Zeitgeist schwimmendes Thema ausgewählt.

Es ist jedermanns gutes Recht, sich eine Religion zusammenzubrauen, in der eigene Ideen, Wünsche und Meinungen sowie ein selbst komponiertes Gemisch verschiedenster religiöser Aussagen und übersinnlicher, esoterischer Erfahrungen eingebracht werden. Niemand kann diesen Menschen auch verwehren, sich passende Versatzstücke der Bibel einzuverleiben. Nur mit Glauben an den Gott Abrahams, Isaaks und Jakobs und Vertrauen in die einzig zu diesem Gott führende Erlösungstat durch den Sohn Gottes, Jesus Christus, hat das nicht mehr auch nur das Geringste zu tun. Hier sind ganz separate, neue Religionen erdacht worden. So „christlich" sich das auch immer nennen und damit tarnen mag.

Als Älteste und Lehrer, als Seelsorger oder sonst irgendwie Tonangebende haben diese Menschen in der Gemeinde nichts zu suchen. Wo sie in Ämtern geduldet oder sogar gefördert und bestärkt werden, ist der Tod im Topf und kann Satan triumphieren. Dann verkommt – ich weiß leider nicht mehr, wo ich das mitgenommen habe – christlicher Glaube und Christentum zu einer „immanenten Religion in einer immanenten Welt". Satans zersetzendes „Sollte Gott gesagt haben?" ist voll zur Wirkung gekommen. Leider ist das weithin schon Tatsache. Gott sei es geklagt!

2. Die Einheit beachten, aber erkennen, was zu trennen ist

In diesem zweiten Hauptteil sollen Sie in einige bedenkenswerte Überlegungen mit hineingenommen werden, die zu einem besseren Verständnis biblischer Texte führen können. Die hier zusammengestellten Gedanken sollen auch dazu beitragen, die in den beiden folgenden Teilen vorgetragenen Schlussfolgerungen über biblische Zusammenhänge besser nachvollziehen zu können.

Begriffe sind für uns mit Verständnis-Inhalten gefüllt. Deshalb ist es außerordentlich wichtig, dass beim Übersetzen Worte ausgewählt werden, die den vom Urheber des Textes gewollten Sinn möglichst genau transportieren. Die israelitische Literatur-Übersetzerin und Lektorin Naomi Saunders hat einmal gesagt, es ginge beim „Nachschaffen eines Werks in der Fremdsprache" darum „die Aussage eines Wortes oder Ausdrucks in seinen unterschiedlichen Sinnebenen zu erfühlen". (NAI Nr.284,S.19). Deshalb wird zunächst (Abschnitt 2.1) versucht, einige Schlüssel-Begriffe angemessener zu deuten, damit biblische Aussagen klarer werden.

In dem Exkurs zu Jakobs Kampf am Jabbok (Abschnitt 2.2) können Sie erkennen, wie durch zwei inhaltlich richtiger gefüllte Worte die übliche Übersetzungs- und Auslegungstradition eine völlige Sinnveränderung erfährt. Es bietet sich dabei auch Gelegenheit, eine kleine Einführung in das jüdisch-hebräische Verständnis ihres Gottes und der Gottheiten anderer Völker zu geben und damit manchen alten Text für uns heute verständlicher zu machen.

Zuletzt (Abschnitt 2.3) soll ein für viele engagierte Christen schreckliches Thema seiner anstößigen Bedeutung entkleidet werden. Schriftteilung – richtig verstanden – ist für eine dem Gesamtzusammenhang der Schrift gerecht werdende Auslegung überhaupt nicht zu umgehen. Sie sollen durch Ihr Mit- und Nach-Denken dieser Überlegungen verstehen können, was mit der Überschrift zu diesem Hauptteil gemeint ist: „Die Einheit beachten, aber erkennen, was zu trennen ist."

2.1 Übersetzen – eine verantwortungsvolle Aufgabe

2.1.1 Die legitime Klärungsfrage – Was hat Gott denn wirklich gesagt?

Satan wollte mit seiner harmlos klingenden Frage: „Hat Gott wirklich gesagt ...?" Gottes Aussagen in Zweifel ziehen und damit fragwürdig und für den Menschen bestreitbar machen. Der Mensch soll autonom entscheiden, inwieweit Gottes Anordnungen für ihn verbindlich sind:
- „Muss man das denn so genau nehmen?"
- „Das wissen wir doch heute viel besser als diese Schreiber damals mit ihren rückständigen Anschauungen über Welt, Natur und Mensch."
- „Die Wissenschaft hat doch schon längst bewiesen, dass..."

Nun gibt es aber einige legitime Klärungsfragen als Anfrage auch an ganz schriftorientierte Auslegung und Verkündigung:
- Was hat Gott denn wirklich gesagt?

- Meint der Text bei genauem Hinschauen das, was hier als Interpretation geboten wird?
- Wird Text völlig aus dem Kontext gerissen, um das gewünschte Ergebnis belegen zu können?
- Oder hat der Ausleger gar traditionelles Verständnis so fest im Unterbewusstsein verankert, dass er gar nicht mehr erkennt, was der Text sagt und was inhaltlich wirklich gemeint ist?

Hier geht es nicht um die Glaubwürdigkeit und Zuverlässigkeit biblischer Aussagen. Wir sind hier dem schwierigen Thema der unterschiedlichen Interpretation und Auslegung der biblischen Texte durch in der Bibel forschende Menschen konfrontiert, die wirklich das von Gott Offenbarte unter der Leitung des heiligen Geistes richtig verstehen wollen. Hierbei stehen wir uns durch unser jeweiliges Vorverständnis gegebenenfalls selber im Weg. Gottes Geist kann sich nicht voll entfalten; mein Verständnis wirkt wie eine Barriere. Diese meist gar nicht mehr bewusste und damit auch nicht in Frage gestellte Vorprägung filtert und färbt die biblische Botschaft entsprechend.

Wir müssen wieder zurück zur Quelle; das war schon Luthers Anliegen: „O das gott wollt, meyn und aller lerer außlegung untergiengen, unnd eyn iglicher Christenn selbs die blosse schrifft und lautter gottis wortt fur sich nehme! ... last meyn und aller lerer außlegen nur ein gerust seyn zum rechten baw, das wyr das blosse, lautter gottis wort selbs fassen, schmecken undd da bleyben; denn da wonet gott alleyn ynn Zion. AMEN." (Luth-orig; Erläuterungen zu Luthers Septembertestament; S.3)

Auf der anderen Seite war Luther selbst aber fest in die römische Auslegungstradition, in das überlieferte Bibelverständnis eingebunden, dass die Kirche an die Stelle Israels getreten sei. Damit blieb er in der für jedes klare Gemeindeverständnis verheerenden schiefen Sicht über Israels unverlierbare Berufung (Röm 9–11; 11,11–32!) gefangen. Damit konnte er aber auch mit allen noch ausstehenden biblischen Verheißungen über Israel nichts anfangen. Manche bis heute wirksame irrige Lehre über die wechselseitigen Beziehungen zwischen Israel und Kirche mit den entsprechenden verhängnisvollen Auswirkungen bis in die Politik hinein wäre uns erspart geblieben, wenn die Reformatoren sich aus dieser Vätertradition hätten lösen können.

Die Problematik beginnt schon bei der Übersetzung der Ursprachen in unsere heutige Sprache. Jeder, der überhaupt eine Fremdsprache kennt, weiß, dass man nicht Wort für Wort übersetzen kann. Selbst innerhalb einer Sprache haben ja manche gleichen Worte unterschiedliche Bedeutungen, die erst vom Sinnzusammenhang des Textes her genau definiert werden können.

Hinzu kommt, dass das Denken im hebräischen Kulturkreis ein völlig unterschiedliches zu dem im griechisch geprägten Umfeld war. Unser heutiges europäisches Verstehen nach der Aufklärung ist davon noch einmal weit entfernt. Der Enkel des Jesus Sirach, der die Spruchsammlung seines Großvaters (Vorrede, v 3) aus dem Hebräischen ins Griechische übersetzte, bemerkte bereits diese Problematik bei seiner Übersetzungsarbeit. In seinem Vorwort zu den Sprüchen erklärt er zur Schwierigkeit einer angemessenen Übertragung:

„Darum bitte ich euch, dies Buch freundlich aufzunehmen und aufmerksam zu lesen und dort Nachsicht zu üben, wo wir etwa einige Worte nicht recht getroffen haben, obwohl wir uns bemühten, gut zu übersetzen. Denn was in hebräischer Sprache geschrieben ist, verliert viel, wenn man's in einer anderen Sprache wiedergibt. Sogar das Gesetz selber und die Propheten und die übrigen Bücher lauten oft recht anders, wenn sie in ihrer eignen Sprache gelesen werden." (Luth „Die Apokryphen"; „Das Buch Jesus Sirach", Vorrede, Verse 5–7).

Hier geht es also nicht um ein Hinterfragen der göttlichen Aussagen, sondern der traditionellen Übersetzungen und Auslegungen biblischer Texte. Zum Teil sind das aber so „geheiligte" Traditionen, dass man zumindest als Störenfried angesehen wird, wenn man nur schlichte Rückfragen vom biblischen Text her stellt. Ich gebe wieder ein persönlich erlebtes Beispiel aus der Anfangszeit meines Glaubenslebens.

Der Prediger legt in der Bibelstunde 1Mo 32 aus; Jakobs Kampf am Jabbok. Kurz gefasst: Gott stellt sich Jakob in den Weg und kämpft mit ihm, um ihm eine Lektion zu erteilen, ehe er ins verheißene Land gehen darf. Er verrenkt ihm die Hüfte als ständige Erinnerung an diese Nacht; usw. Also die zum Text übliche Auslegung wie z.B. in der Wuppertaler Studienbibel oder bei C.H. Mackintosh. Ich habe interessiert mitgelesen und mir fehlte da einiges vom Text in der Auslegung.

Meine Frage an den Prediger war sinngemäß: Warum wollte Gott, als es hell wurde, mit Gewalt weg und bittet Jakob inständig, ihn loszulassen; und insbesondere erklärt doch der andere Kämpfer am Ende von Vers 29 „du hast gewonnen". Danach hat doch dann aber Jakob Gott, der mit ihm kämpfte, besiegt. Das könne ich mir zunächst einmal grundsätzlich nicht vorstellen; insbesondere gäbe dann doch aber die ganze Auslegung keinen rechten Sinn mehr.

Reaktion darauf war Hilflosigkeit beim Prediger. Anscheinend war ihm das, wonach ich hier fragte, bisher wirklich nicht so klar ins Bewusstsein gekommen. Er schwamm halt in der traditionellen Auslegung mit. Ein Bruder verließ empört die Bibelstunde; ihm sei jetzt der ganze Segen dieser ergreifenden Auslegung genommen worden.

Mich hat das Thema dieses Kampfes am Jabbok weiter beschäftigt. Im Exkurs „Jakobs Kampf am Jabbok" in Abschnitt 2.2 versuche ich eine Erklärung nach meinem derzeitigen Verständnis. Wer neugierig geworden ist, mag jetzt dort nachlesen. Es ist aber ein separates Thema, das zum Verfolgen des laufenden Gedankenganges nicht benötigt wird. Ich habe diese Interpretation von 1Mo 32 aufgenommen, weil anhand dieses Textes einiges zum besseren Verständnis mancher im Tenach berichteten Ereignisse erläutert werden kann. Das Zusammenwirken diesseitiger und jenseitiger Realitäten auf Israels Berufungs- und Verheißungsweg sollte gerade uns heute wieder mehr bewusst werden.

Es ist interessant, dass der Inhalt von Auslegungen, dass Sekundärliteratur oft fester in den Köpfen verankert ist als der biblische Text selbst. Leider lesen im Vertrauen auf den Ausleger nur wenige den Originaltext in ihrer Bibel mit. Nun liegt unser Problem des richtigen Verstehens, was Gott gesagt hat, aber oft noch eine Schicht tiefer.

Ich habe schon die Frage der angemessenen Übersetzung aus den Ursprachen angesprochen. Die wenigsten von denen, die aus der Bibel erfahren möchten, was Gott denn wirklich gesagt und damit gewollt hat, die in den Schriften untersuchen möchten, „ob es sich so verhielte" (Apg 17), können die Texte in den Ursprachen Hebräisch und Griechisch lesen. Sie sind also auf Übersetzungen und andere Verständnishilfen angewiesen. Die beste Hilfe bietet Kontakt mit

Kennern der biblischen Sprachen. Mir ist auf diesen Wegen vielerlei Unterstützung zuteil geworden.

Für die ersten Glaubensschritte mögen recht frei in die heutige Sprache übertragene Ausgaben hilfreich sein. Wenn ich als Glaubender aber etwas genauer wissen will, was ich glaube, wo die Fundamente liegen, wie denn die Verheißungen Gottes für mich wirklich lauten, dann muss ich mich schon um näher am Urtext orientierte Übersetzungen bemühen.

Aber auch für diese Übersetzungen gilt: Wer übersetzt, interpretiert, und er tut dies selbstverständlich entsprechend seinem Vorverständnis. In welchem direkten oder auch weiter greifendem, umfassenden Sinnzusammenhang versteht er den Text? Damit lenkt er dann aber auch die Gedanken des Lesers in eine bestimmte, von ihm vorgegebene Richtung. Auf diese Art wird dieses Verständnis weiter zu den Lesern transportiert und vervielfältigt. So verfestigt es sich immer mehr.

Selbst wenn nicht ein Einzelner sondern ein Team gemeinsam am Text arbeitet, bleibt diese Aussage bestehen. Auch die Mitglieder dieses Teams stehen in der Jahrhunderte alten Verständnis- und Übersetzungstradition. Im Zweifelsfall muss man sich dann auf eine Formulierung einigen. In manchen Übersetzungen ist zumindest in einer Fußnote vermerkt „oder", „wörtlich" oder „eigentlich". Dadurch sollte man sich anregen lassen, noch einmal in anderen Übersetzungen nachzulesen und bei entscheidenden Texten jemand, der die Ursprache beherrscht, zu befragen.

Was öfter gesagt wird, was in einer langen Tradition immer wiederholt worden ist, wird damit zwar nicht richtiger, es scheint aber gültiger zu sein. Hinzu kommt bei unserem Thema noch, was ein russisches Sprichwort wunderbar formuliert: „Wenn der Starke zu reden beginnt, ist der Schwache sofort im Unrecht."

Ein Beispiel, wie Übersetzungstradition gegen besseres Wissen beibehalten und damit die eigentliche Aussage verschoben wird, soll hier aus der revidierten (1984) Luther-Übersetzung gegeben werden.

Joh 16,33 ist wohl eines der bekanntesten Jesus Worte: „In der Welt habt ihr Angst; aber seid getrost, ich habe die Welt überwunden." Diesen Wortlaut haben auch die meisten Bibelleser, die eine andere Übersetzung benutzen, so in Erinnerung. Eben, hier ist eine so fest geprägte Tradition, dass man gar nicht anders liest und versteht.

In den 90er Jahren war dieses Wort Jahreslosung. In wie vielen Auslegungen der Jahreslosung konnte man da sinngemäß lesen: So sei das nun einmal in unserer Welt. Da haben wir Angst. Wie sollte man auch anders auf diese verdrehte Welt reagieren. Und der Herr stellt das ja hier in seiner Rede selbst so ganz lakonisch fest: „In der Welt habt ihr Angst!" So ist das nun einmal.

Nur ist die Übersetzung nicht ganz korrekt. Das griechische Wort „thlipsis" bedeutet nicht Angst, sondern Bedrängnis, Trübsal. Die Elberfelder übersetzt durchgehend Drangsal. Auch Luther 1984 übersetzt, bis auf eine zweite Stelle kurz vor dem Zitat in Vers 21, bei allen anderen Vorkommen nicht „Angst" sondern überwiegend Bedrängnis und Trübsal oder auch Verfolgung und Leiden.

Man mag mir entgegen halten: Es ist doch unerheblich, ob da Angst oder Bedrängnis/ Drangsal steht? Ich meine allerdings, es ist ein ganz wesentlicher Unterschied. Angst ist meine innere Antwort, ist meine Reaktion auf Schwierigkeiten, über die ich nicht mehr hinaussehe, für die ich keine für mich tragbare Lösung sehe. Ich fühle mich eingeengt; unser Wort Angst stammt ja auch in der Sprachentwicklung von Enge her. Nun gibt der Herr aber die göttliche Antwort für solch schwierige Lebenssituationen: „Seid getrost, ich habe die Welt überwunden." Im gleichen Vers noch davor: „Das habe ich mit euch geredet, damit ihr in mir Frieden habt."

Ja, solange ihr in dieser Welt lebt, werdet ihr Schwierigkeiten, Alltagsprobleme bis hin zu echter Trübsal und Verfolgung haben. Das ist normal in einer gefallenen, von Gott sich lossagenden Welt. Aber eure Reaktion, eure innere Haltung soll jetzt nicht Angst sondern Vertrauen widerspiegeln. Ich trage euch durch. Mit der Übersetzung „Angst" wird Kleinglaube suggeriert; wird Angst als Normalzustand gut geheißen. Der Herr hat etwas ganz anderes gesagt. Paulus stellt in Röm 8,28 fest: „Wir wissen aber, daß denen, die Gott lieben, alle Dinge zum Guten mitwirken, denen, die nach seinem Vorsatz berufen sind."

Deshalb, weil solche Texte aber so festsitzen und eine lange Auslegungstradition besitzen, ist es heute fast unmöglich geworden, in Gemeinden und Bibelkreisen die Blickrichtung wieder neu auf das Geschriebene auszurichten. Man wird automatisch zum Sektierer und Beckmesser gestempelt und häufig genug sogar von der Mitarbeit ausgeschlossen.

Im „Brennpunkt Seelsorge" der OJC/ABS habe ich folgenden einprägsamen, dieses Thema genau treffenden Ausspruch gefunden:

Ein antiker Weiser aus Asien wurde gefragt, was er als Herr der Welt vordringlich tun würde. Seine Antwort: „Ich würde den Sinn der Worte wiederherstellen."

Wir sollten bereit sein, sowohl bei der Klärung einzelner Begriffe, als auch bei der Sinndeutung längerer Texte unser Vorverständnis in Frage stellen zu lassen. Wer sich hierzu bereit findet, wird manchen altbekannten Text mit neuem Blick lesen und lernen, manche Zusammenhänge klarer zu sehen. Ich gebe einige Beispiele von veränderten Wort-Bedeutungen, die sich bei Verständnisfragen entscheidend auswirken können. Das ist kein Ersatz für eine gute biblische Begriffskonkordanz. Ich will mit diesen Hinweisen anregen, selbst nachzuforschen und als Ergebnis Gottes Wort besser zu verstehen.

2.1.2 Ein ausgetauschtes Wort verändert ein Grundverständnis

Ein besonders gravierendes Beispiel, wie Übersetzung den Gehalt eines Textes völlig verändern kann, ist für mich Röm 5,12: „Darum, wie durch einen Menschen die Sünde in die Welt gekommen ist und durch die Sünde der Tod und so der Tod zu allen Menschen durchgedrungen ist, weil sie alle gesündigt haben ...".

Die Elberfelder Übersetzung gibt bei „weil" eine Fußnote: „o. woraufhin". Das Konkordante NT hat „worauf" direkt im Text! Setzt man aber im Text für „weil" „woraufhin" ein, stellt diese kleine Änderung die Aussage des Textes auf den Kopf.

Wird „weil" übersetzt, dann ist der Todeszustand eines Menschen die Folge seines persönlichen Sündigens. Das Sündigen jedes einzelnen Menschen, nicht Adams! „... und so der Tod zu allen Menschen durchgedrungen ist, weil sie alle gesündigt haben ..." schließt jeden Einzelnen persönlich mit ein.

Meint Paulus dort aber „woraufhin", oder „infolge wovon", dann ist das Sündigen des Menschen eine Folge des Todeszustandes jedes Menschen seit Adam. Dieser geistliche Tod der Trennung von Gott seit Adams Ungehorsam hat uns Menschen in die Stellung von Sündern versetzt (Röm 5,19). Alles was in der Trennung von Gott geschieht, was der Mensch als „autonom" unternimmt, verfehlt das von Gott dem Menschen gesetzte Ziel. Das bedeutet letzten Endes „Sündigen". Aus diesem Todeszustand herausgenommen, wiedergeboren zu werden, das ist der erste Schritt, mit dem der wunderbare, lange gemeinsame Weg mit Jesus Christus beginnt.

Für mich war und ist dieser Vers eine Schlüsselaussage, um bei Paulus seine mit verschiedenen Begriffen beschriebenen Gegenüberstellungen der alten und der neuen, veränderten Situation des dem Christus gehörenden Menschen recht einordnen zu können. Deshalb habe ich neben anderen auch den Brockhaus-Verlag wegen der Fußnote „o. woraufhin" angefragt. Die schriftliche Antwort bestätigt mir, dass das Vorverständnis die Übersetzung präjudiziert oder zumindest beeinflusst:

„Die präpositionale Verbindung, um die es hier geht, lautet im Griechischen: eph'ho. Diese Verbindung bedeutet in der griechischen Literatur oft ‚weil'. Sie kann aber auch bedeuten: ‚daraufhin, daß...' oder: ‚auf welchen hin...' In den Kommentaren zum Römerbrief werden häufig beide Möglichkeiten erörtert, und die Kommentatoren entscheiden sich dann in ihrer Übersetzung für eine dieser Möglichkeiten.
... ...
A. Schlatter und P. Althaus entscheiden sich in ihrem Kommentar für die Übersetzung ‚weil', aber erst, nachdem sie vorher auch die anderen Übersetzungsmöglichkeiten als möglich erwogen haben.

Ein Übersetzer hat immer die Aufgabe, aus den jeweils vorliegenden Übersetzungsmöglichkeiten diejenige herauszufinden, die der Autor wahrscheinlich gemeint hat. Ein gewissenhafter Übersetzer wird seine Entscheidung immer so unvoreingenommen wie möglich treffen. Aber es ist eben oft so, daß ein Rest an Unsicherheit bleibt."

Ich meine, dass diese zweite, als Übersetzung durchaus mögliche Wortwahl von „woraufhin" viel mehr der gesamten paulinischen Denkweise und seiner Sicht vom Zustand des unerlösten Menschen entspricht. Man ziehe nur das in Vers 21 Ausgeführte hinzu: „... wie die Sünde geherrscht hat im Tod ..." Allerdings muss bei diesem Verständnis beachtet werden, dass bei Paulus mit „Tod" an den meisten Stellen nicht das Sterblich-Sein oder der Zustand nach dem Sterben gemeint ist, sondern das Getrennt-Sein von Gott; der Todeszustand des Menschen seit Adams Fall; z.B. Röm 6,13; Eph 2,1; 5,14; Kol 2,13.

Diese Sicht scheint aber bei den meisten Kommentatoren außerhalb ihres Blickwinkels und ihrer Verständnismöglichkeiten zu liegen. Pfarrer Erich Schnepel, der unter anderem in der Pfarrer-Gebets-Bruderschaft engagiert gewirkt hat, ist eine der seltenen Ausnahmen. In seiner Auslegung zu Römer 5 (S. 51) übersetzt er direkt: „... und so drang zu allen Menschen der Tod hindurch – auf Grund dieser Tatsache sündigten alle (wurden alle zwangsläufig schuldig)."

Schiefes wird durch häufiges Wiederholen keinen Millimeter gerader. Es muss umgebaut werden, wenn es wieder lotrecht werden soll. Gegebenenfalls von Grund auf. Mir hat ein Bruder, der in der Leitung eines großen „Glaubenswerkes" stand – nicht als „Laienbruder" sondern als theologischer Profi –, einmal direkt gesagt: Wenn man bei der Schriftauslegung so konsequent verfahren würde, wie ich das fordere, müsste man aber vieles an traditionellem Verständnis über Bord werfen. Ich habe ihm damals sinngemäß geantwortet, das müsse er nun ganz persönlich für sich selbst entscheiden, ob er zugunsten seiner bisherigen Theologie lieber in der Schriftauslegung inkonsequent bleiben wolle oder ob es nicht angebracht sei, dann das konventionelle Verständnis einer sorgfältigen Prüfung und angemessenen Korrektur zu unterziehen.

Bevollmächtigte Gottes, Botschafter an Christi statt (2Kor 5,20) sollten den Rahmen ihrer Botschaft genau kennen. Als Botschafter kann ich nicht einfach erklären: Ich verstehe meinen Auftrag nun einmal so! Ich habe mich genau zu erkundigen, was der Beauftragende wirklich gesagt hat und will. Ich habe alle Mühe aufzuwenden, um seine Intentionen, seine Absichten, sein Wollen zu erkennen. Sein Auftrag ist entscheidend und nicht mein Verständnis.

Eine gewisse Portion Mühe und Zeitaufwand ist schon zu investieren, wenn ich etwas genauer Einblick in die Offenbarungen Gottes gewinnen möchte, um meine Berufung und meine Stellung darin besser erkennen zu können. Aber diese Mühe wird von Gott übermäßig belohnt. Bei diesem Forschen und Prüfen geht es zunächst nicht um großartige theologische Gedankengebäude, sondern um das Beachten ganz einfacher Überlegungen. Das beginnt beim Neubedenken einzelner, uns ganz geläufiger Worte und Begriffe.

Alle Worte und Begriffe, die Aussagen über unseren Glauben enthalten, sind für uns mit einem bestimmten Inhalt gefüllt. Wenn wir einen dieser Begriffe lesen oder hören, legt ihm unser Verständnis für uns ganz unbewusst eine bestimmte Bedeutung bei. Das ist zunächst völlig in Ordnung, sonst müsste jede neue Aussage jeweils erst genau definiert werden und Verständigung würde außerordentlich erschwert.

Die Problematik liegt nur darin, dass wir zuweilen in einen Begriff, der einen sehr weit gefächerten Bedeutungsinhalt hat, einen verkürzten Sinn hineinlegen und damit in alle Aussagen, die diesen Begriff enthalten, auch diesen verkürzten Inhalt hineinlesen. Damit können wir uns aber das rechte Verständnis eines Textes verstellen. Gleichlaut eines Wortes ist nicht unbedingt auch Gleichlaut des Bedeutungsinhaltes. In unterschiedlichem Zusammenhang kann das gleiche Wort etwas anderes meinen und damit kann sich dann die Aussage eines Textes völlig verändern.

2.1.3 „gae" – ein unscheinbares Wort mit weitreichender Bedeutung

Hierzu ein Beispiel, bei dem der zu unterscheidende Bedeutungsinhalt weitreichende Konsequenzen hat: Das griechische Wort „gae" kann je nach dem Kontext verschiedenen Inhalt annehmen.

[Anmerkung für Fachkundige: Ich halte mich bei der Schreibweise „gae" statt des auch üblichen „ge" an Adolf Kaegis „Griechische Schulgrammatik" (Erster Teil: Lautlehre – Schrift und Aussprache S. 1). Das „Theologische Begriffslexikon zum Neuen Testament" (Coenen, S. 238) verwendet unter dem Stichwort „Erde, Ökumene" als Umschrift ebenfalls „gae".]

Aus diesem theologischen Begriffslexikon vor meinen eigenen Überlegungen und Folgerungen hier ein kurzer Auszug (S. 238/239) zur Begriffsauslegung:

„I 1) ... gae ist die Erde (Weltkörper, ...); dann das Land im Unterschied zum Wasser; dann als Teil der Erde = Landstück; daraus wird Acker, der gegeben ist, wenn Erdboden da ist, d.h. Erde als Stoff. Neben diese naturhafte tritt die analoge geschichtliche Bedeutung: Land als Bereich einer einzelnen Staatsmacht...

III 1) Die geschichtliche Verwendung des Begriffs haben wir an all den Stellen vor uns, wo das geographische ‚Land' zum politischen Bereich wird (Land Juda Mt 2,6; Land Israel Mt 2,20; Land Midian und Land Ägypten Apg 7,29.36 usw.). Oftmals ist an einzelnen Stellen sehr schwer zu entscheiden, ob von einem einzelnen Land, vor allem vom Land Israel, oder von der ganzen bewohnten Erde (...) die Rede ist. Wir haben nach unserem Weltverständnis immer die Tendenz, ‚global' zu denken, universalistisch. Das NT dagegen kann sehr partikularistisch von ‚der Erde' reden. ... (Mt 24,30 und Offb 1,7) heißt im Anschluß an Sach 12,10–14 wörtlich übersetzt eigentlich zunächst ‚alle Stämme des Landes.' "

In Joh 12,24 meint „gae" also schlicht Erde, Erdboden, Erdkrume; da muss das Weizenkorn hineinfallen und sterben, um Frucht zu bringen. Gleiche Bedeutung in Mt 13,8.

„gae" in der Bedeutung von festem Land im Gegensatz zum Wasser haben wir dann z.B. Mk 6,47 und auch Joh 21,8. Zuweilen ist aber auch die Erde (Erdkugel) im Gegenüber zum Himmel gemeint, wie in Mt 5,18, Apg 2,19 oder Offb 21,1.

„gae" meint häufig auch das Land, den Bereich oder Landstrich mit einer bestimmten Gruppe Menschen, einem Stamm, einem Volk. Hier einige Beispiele:
- Mt 9,31 „... und machten ihn bekannt in jener ganzen Gegend (gae)." (Elb)
- „... in diesem ganzen Lande." (Luth)
- Hebr 11,9 „Durch Glauben siedelte er sich im Land (gae) der Verheißung an ..."
- Apg 7,3 „Geh aus deinem Land (gae) ... und komm in das Land (gae), das ich dir zeigen werde ..."
- ebenso in den Versen 7,4.6
- Apg 13,19 „Nachdem er sieben Nationen im Land (gae) Kanaan vertilgt hatte, ließ er sie deren Land (gae) erben."

David H. Stern schreibt zu diesem Thema in der Einleitung zu „Das jüdische Neue Testament" (S. XXVIII):

„Erez Jisrael im Neuen Bund: Das griechische Substantiv hae gae wird gewöhnlich mit ‚Erde' übersetzt, doch achtzehnmal im Neuen Testament bezieht es sich auf das geographische Israel. ... In einer Zeit, in der sich in der christlichen Theologie immer mehr die Auffassung durchsetzt, daß die christliche Kirche die Juden als Volk Gottes abgelöst habe – in dem Versuch, zu beweisen, daß das Land Israel nicht mehr das dem Volk Israel von Gott verheißene Land sei –, ist es um so wichtiger festzuhalten, daß das geographische Israel in der neutestamentlichen Darstellung des göttlichen Heilsplans für die Juden im besonderen und für die gesamte Menschheit eine wichtige Rolle spielt, und zwar in Vergangenheit, Gegenwart und Zukunft."

Eine etwas seltsame Übersetzung ist z.B. in Jak 5,17.18 im Bericht über Elias Gebetsmacht zu entdecken: „... er betete ernstlich, daß es nicht regnen möge, und es regnete nicht auf der Erde (gae) drei Jahre und sechs Monate. Und wieder betete er, und der Himmel gab Regen, und die Erde (gae) brachte ihre Frucht hervor."

Durch Elias Gebet überzog keinesfalls den gesamten Erdkreis Trockenheit als Strafgericht für dreieinhalb Jahre, wie diese Übersetzung suggeriert. Das betraf nur Israel, das von Gott gestraft wurde (1Kö 17,1; 18,1.41–45). Also muss es doch richtig heißen: „... es regnete nicht im Land ...". Wenn man so in v 17 übersetzt, könnte in v 18 Erde stehen bleiben; hier eben dann als Erdboden verstanden. Hier ist etwas von der im Theologischen Begriffslexikon angesprochenen Problematik der richtigen Wortwahl zu erkennen.

Eine besonders problematische Stelle in der Übersetzung dieses Wortes „gae" ist nun Apg 1,8. Deshalb habe ich zu diesem letzten Punkt der Bedeutung eine ganze Reihe Belegstellen angeführt.

Der Herr sagt seinen Jüngern neben anderem „... und ihr werdet meine Zeugen sein, sowohl in Jerusalem als auch in Judäa und Samaria und bis an das Ende der ‚gae'." Die übliche Übersetzung lautet „bis an das Ende der Erde". Ist das korrekt?

Schon diese Frage so zu formulieren, ist für viele engagierte Missionsfreunde unter Bezugnahme auf Mt 28,18–20 unzulässig. Missionswerke und Missionare finden doch u.a. aus diesem so übersetzten Text in Apg 1,8 ihre Motivation. Trotzdem noch einmal die Frage: Ist das die korrekte, dem eigentlichen, vom auferstandenen Herrn gemeinten Verständnis angemessene Wortwahl und damit die richtige Grundlage für die übliche Auslegung?

Wo soll dieser Zeugendienst geschehen? Vers 8b führt dazu aus: „In Jerusalem" – ganz klar, hier ist der geistliche Mittelpunkt Israels; „in ganz Judäa" – das ist die Umgebung, sozusagen das Kernland; „in Samaria" – zu Jesu Zeit die Bezeichnung für den nördlich anschließenden Bereich; und „bis an das Ende vom gae". Wir müssen jetzt vom Textzusammenhang, vom Kontext her klären, was an dieser Stelle mit „gae" gemeint ist. Gibt dieser Sprung von Jerusalem, Judäa und Samaria bis zum Ende der gesamten Erde eigentlich Sinn?

Eine Karte des verheißenen Landes zur Zeit Jesu und auch die Aufzählungen in Mt 4,25 und Mk 3,7.8 zeigen eindeutig, dass einige, zum Teil wesentliche Gebiete in der Aufzählung Jesu zum 12–Stämme–Land Israel hier in Apg 1,8 fehlen:

Insbesondere fehlt Jesu vordringliches Wirkungsgebiet Galiläa, nördlich von Samaria mit Nazareth und Kapernaum. Dann aber auch Idumäa, südlich von Judäa mit Beerseba und Masada; Peräa, östlich des Jordan mit dem Jabbok; die Dekapolis im Nordosten (das „Zehnstädtegebiet" aus Mt 4,25). Wenn man alle Landstriche nimmt, gehört auch noch die Tetrarchie des Philippus dazu.

Wer diese Aufzählung bedenkt, muss sich doch fragen, ist dann nach „Jerusalem, Judäa, Samaria" der Sprung „bis an das Ende der Erde" wirklich angemessen übersetzt? Muss eine sinngebende, dem Zusammenhang gerecht werdende Übersetzung von „gae" hier nicht „bis an das Ende des Landes", nämlich bis an die Grenzen Israels heißen? Der Herr hat nach meinem

Verständnis hier ganz offensichtlich die von mir aufgeführten, zum gesamten Land Israel gehörenden Gebiete in diesem „bis an das Ende des Landes" zusammengefasst.

Bei diesem Text gibt es ein unausgesprochenes aber konsequentes Denkverbot. Das Vorverständnis sitzt so fest, dass die Aufforderung „Prüfet!" überhaupt nicht mehr ankommt. Wer so denkt und auslegt, setzt sich ohne Diskussion fast dem Vorwurf der Häresie aus.

Gibt diese Übersetzung und damit natürlich auch zugleich die dann sich fast zwangsläufig ergebende Auslegung nicht einen vollen Sinn, wenn man Mt 10,23 mit in die Betrachtung einbeziehe und ernst nimmt: „... denn wahrlich ich sage euch, ihr werdet mit den Städten Israels nicht zu Ende sein, bis der Sohn des Menschen gekommen sein wird." Bei diesem Auftrag des Herrn kurz vor seiner Himmelfahrt ging es noch nicht um Weltmission. Zunächst ging es um Israels Buße, damit sie „zu den Nationen gehen und sie zu Jüngern machen" (Mt 28,19) konnten.

Seine Zeugen in Israel sind damals und bis heute mit dieser Botschaft vom Reich (vergl. Mt 10,7 mit Apg 1,3) nicht zum Ende gekommen. Gottes erwähltes Volk hat als Gesamtheit nicht Buße über seine eigenen, gottlosen Wege getan. Diese Volksbuße ist aber Voraussetzung zur Realisierung aller Israel für ihr Friedensreich gegebenen Verheißungen. Erst wenn „der Sohn des Menschen", ihr Messias wieder kommt, wird diese Buße in vollem Umfang geschehen. (Sach 12,10–14; 14,4.5 in Verbindung mit Apg 1,10–12).

In diesen Zusammenhang gehört dann auch die Frage des Herrn in Lk 18,8:"... Doch wird wohl der Sohn des Menschen, wenn er kommt, Glauben finden auf der Erde (gae)?" Wenn der Herr vom Kommen des Sohnes des Menschen redet, dann meint er doch eindeutig sein Kommen zu Israel. Also geht es doch hier im zitierten Vers nicht um die Frage eines weltweiten Glaubens „auf der Erde", sondern um den Glauben in Israel, dem Volk des Menschen-Sohns.

Warum ist dann hier nicht besser, oder zum angemessenen Verständnis sogar richtiger übersetzt: „.... wird wohl der Sohn des Menschen, wenn er kommt, Glauben finden im Land?"

Über die im geschichtlichen Rahmen für Israel wesentlich werdende Bedeutung der angemessenen Übersetzung dieses „gae" wird noch ganz eingehend zu reden sein (Abschnitt 3.3.5).

2.1.4 Wer sind eigentlich die Heiden und das Volk Gottes

Wenn unter Christen von „Heiden" die Rede ist, dann sind im Normalfall Nicht-Christen gemeint. Das ist der Bedeutungsinhalt, den das Wort Heide heute transportiert. Dieses Verständnis lesen wir dann wie selbstverständlich in den entsprechenden biblischen Text hinein.

(Zitate in diesem Zusammenhang nach der rev. Lutherbibel; die Elberfelder Bibel hat das Wort „Heiden" nicht, sondern übersetzt durchgehend „Nationen".)

Ps 2,1 „Warum toben die Heiden ..." und das entsprechende Zitat im Gebet der Gemeinde (Juden!) in Jerusalem in Apg 4,25; für den normalen Bibelleser sind hier mit „Heiden" Menschen gemeint, die nicht zum Herrn Jesus gehören.

In diesem Sinn werden dann auch prophetische Texte verstanden, soweit man sie überhaupt real nimmt. Z.B. Joel 4,1.2 „Denn siehe, in jenen Tagen ... will ich alle Heiden zusammenbringen und will sie ins Tal Joschafat hinabführen ..."

Auch die Aussagen des Apostel Paulus über seinen Auftrag werden dieser gedanklichen Vorprägung entsprechend verstanden und der Inhalt interpretiert: Er soll das Evangelium von der Gnade Gottes in Jesus Christus zu allen tragen, die noch nicht Christus als Erlöser erkannt und als Herrn anerkannt haben; die noch nicht Christen geworden sind. Als Beispiele:
- Röm 1,5: „... in seinem Namen den Gehorsam des Glaubens aufzurichten unter allen Heiden."
- Eph 3,8: „Mir, dem allergeringsten unter allen Heiligen, ist die Gnade gegeben worden, den Heiden zu verkündigen den unausforschlichen Reichtum Christi ..."
- Gal 1,16: „... damit ich ihn durchs Evangelium verkündigen sollte unter den Heiden ..."

Der hebräische Begriff „goi/gojim" meint aber alle nicht-jüdischen Völker und das griechische „ethnos" allgemein Völker. An einigen Stellen übersetzt Luther auch „Völker"; die Elberfelder Bibel übersetzt, wie schon gesagt, durchgehend „Nationen".

In manchen Texten mag diese Richtigstellung unerheblich sein. Aber in prophetischen Abschnitten des alten Testamentes ist es zur richtigen Interpretation der Zukunft Israels doch wichtig zu beachten, dass bei dem Wort Heiden, „goi", nicht von Nicht-Christen sondern von Nicht-Juden die Rede ist; eigentlich eine Selbstverständlichkeit! Wesentlich wird die Unterscheidung im neuen Testament, wenn dort Juden und Heiden gegenübergestellt werden. Das mit „Heiden" übersetzte „ethnos" meint hier Menschen, die nicht zum Volk Israel gehören; aber nicht Menschen, die noch keine Christen geworden sind.

Bei Paulus kommt dieser Differenzierung dann entscheidende Bedeutung zu. Er, Paulus hat von Gott einen besonderen Auftrag an die Nationen/Heiden; an Menschen, die nicht zum Volk Israel zählen. Das ist auch der Hintergrund der Arbeitsteilung gemäß Galater 2,6–9. Die Säulen aus Jerusalem, also Petrus, Johannes, Jakobus usw., verkündigen das Evangelium für die Juden, an die „Beschnittenen"; Paulus und Barnabas aber an die Nationen, an die „Unbeschnittenen" und das sind die Nicht-Juden.

In diesem Zusammenhang muss noch ein anderer Begriff geklärt werden. Wir bezeichnen uns, die Christen auch gern als „Volk Gottes". Das ist zunächst völlig in Ordnung. Wir müssen in unserem deutschen Sprachgebrauch nur aufpassen, dass wir zwei Bedeutungen des deutschen Wortes „Volk" nicht miteinander verwechseln.

Volk ist für uns vordringlich die Bezeichnung für eine Volksgemeinschaft in einem Staat, eine Gesellschaft mit gleicher Sprache, Geschichte oder Kultur; das deutsche Volk, das Volk der Franzosen, Engländer oder Italiener, usw. Vielleicht kann man auch sagen ein Staats-Volk. In der Bibel geht es dann immer wieder um das Volk Israel im Gegenüber zu anderen Völkern.

Wir verwenden das Wort „Volk" aber auch ganz allgemein für eine nicht weiter spezifizierte Volksmenge. Volk, das aus welchen Gründen auch immer jetzt beieinander, jetzt hier zusammengekommen ist. Menschen, die irgendetwas Gemeinsames an Interessen oder Zielsetzungen haben. Dieses „Volk" ist also eindeutig nicht deckungsgleich mit einem Volk aus staatlicher Zusammengehörigkeit. Die hier Vereinigten können unterschiedlichsten Staatsvölkern und Nationen zugehören.

Das griechische Wort „laos" kann genau diese doppelte Bedeutung haben. Vom Volk (laos) Israel ist eindeutig die Rede in den Geburtsberichten Mt 2,6 und Lk 2,32 und in der Endzeitrede des Herrn in Lk 21,23; desgleichen in den Berichten über die Anfänge der Taten der Apostel in Jerusalem Apg 4,10.27. Auch das Volk Gottes bei Paulus in Röm 11,1.2 ist eindeutig das Volk Israel.

Bei manchen Stellen muss man wieder genau in den Text schauen, um zu erkennen, wer da gemeint ist. Zum Beispiel wird Mt 1,21: „... er wird sein Volk erretten von seinen Sünden ..." gern auf das sogenannte „neutestamentliche Gottes-Volk" gedeutet. Hier ist aber das Bundesvolk Israel gemeint; ebenfalls in Hebr 2,17 „... um die Sünden des Volkes zu sühnen ..." Es geht um die Volks-Buße Israels und die Sühnung seiner Sünden. Das ist die Predigt Johannes des Täufers in Mt 3,1–12!

Eindeutig ist eine aus speziellen Gründen zusammengekommene allgemeine Volksmenge mit „laos" z.B. in Joh 8,2 oder Apg 18,10 gemeint.

Ein von Gott aus unterschiedlichsten Völkern zusammengerufenes Volk ist angesprochen, wenn in Apg 15,14 und Tit 2,14 von „laos" die Rede ist:

„Simon hat erzählt, wie Gott zuerst darauf gesehen hat, aus den Nationen ein Volk zu nehmen für seinen Namen."

„Der (Jesus Christus) hat sich selbst für uns gegeben, damit er uns loskaufte von aller Gesetzlosigkeit und sich selbst ein Eigentumsvolk [Luth.: ein Volk zum Eigentum] reinigte, eifrig in guten Werken."

Hier dürfen wir das ethnische Gottes-Volk, nämlich Israel, das Gott für sich aus allen anderen Völkern ausgesondert hat, nicht mit dem von Gott zu besonderen Aufgaben zusammengerufenen „Volk" aus allen Völkern verwechseln oder austauschen. Israel bleibt das speziell erwählte Volk Gottes mit allen ihnen gegebenen noch zukünftigen Aufgaben und Verheißungen (z.B. Röm 9–11).

Gemeinde ist in diesem Sinn kein „Volk Gottes" und ganz gewiss nicht im Austausch mit Israel. Wir sind eine anders geartete Körperschaft, eine andere Volksmenge. Wenn man auf uns bezogen von „Gottesvolk" redet, hat das nichts mit Volk als völkische Einheit zu tun. Die Rede von „christlichen Völkern" im Gegenüber zu „nicht christlichen" oder sogar „heidnischen Völkern" entbehrt jeder biblischen Grundlage.

2.1.5 Einige Überlegungen zur Ekklesia

Dieses Thema hängt mit dem vorstehend zum „Volk Gottes" Gesagten eng zusammen. Unser Begriff „Ekklesia" stammt von dem griechischen Wort „ecclesia" her, das „Herausgerufene" bedeutet. Als in unsere Sprache übernommenes Fremd- bzw. Fachwort schreibt man es mit „kk". Für unser heutiges Gemeinde-Verständnis und die Einordnung in Gottes Pläne ist dieser Begriff, der insbesondere in den Paulus Briefen eine ganz wesentliche Bedeutung bekommt, von Wichtigkeit. Was meint „ecclesia"?

Die ursprüngliche Bedeutung des Wortes ist ganz neutral: Aus einem anderen, größeren Zusammenhang werden Menschen für einen bestimmten Zweck herausgerufen. Das ist exakt das, was Gemeinde heute meint. Hier sind aus der gesamten Menschheit, aus allen Völkern einzelne Menschen zu einer Körperschaft, „Leib Christi", von Gott herausgerufen worden. Gott hat diese

Einzelnen aus dem Machtbereich der Finsternis herausgerettet und in den Machtbereich seines Sohnes versetzt (Kol 1,13).

Gemeinde heute setzt sich zusammen aus einzelnen, von Gott wiedergeborenen Menschen, die in ihren jeweiligen Völkern leben. Sie sind weithin eine Minderheit. Aber selbst da, wo sie Mehrheit in einem Volk oder Staat sind, wird daraus immer noch kein „christliches Volk". Das ist der schlimme Irrtum seit Konstantin I. (288–337 n.Chr.); in Abschnitt 1.1.1 wurde dieses Thema bereits angesprochen.

Damals erfolgte eine falsche und in der Folge verhängnisvolle Weichenstellung: Christlicher Glaube, der eine direkte Lebensverbindung mit dem Gottessohn als Basis hat, wurde zu einer (Staats-)Religion mit Dogmen und Ritualen degradiert und dann im politischen Machtkampf eingesetzt und damit völlig pervertiert. Die erst beim Augsburger Religionsfrieden (1555) festgeschriebene, aber schon vorher wirksame Regel, dass die Religionszugehörigkeit des Herrschers für sein ganzes Volk verbindlich war – *cuius regio, eius religio* –, konnte auch Luther im Machtpoker seiner vor diesem Religionsfrieden liegenden Zeit nicht in Frage stellen.

Von daher gibt es eigentlich auch keine christlichen Staatsordnungen. Christen in politischer Verantwortung können sich darum bemühen, ihrem Glauben entsprechend die staatliche Gesetzgebung zu beeinflussen. Das tun sie, weil sie überzeugt sind, dass Ordnungen, die Gott für seine Leute für gut befindet, wohl für jedermann von Nutzen sind. Aber können politisch aktive Christen in einem demokratischen Staat ihr Verständnis von Lebensordnungen unter Gott anderen Menschen, die diesen Gott gar nicht anerkennen, per Gesetz aufzwingen? Eine schwierige Frage, die wohl generell und pauschal nicht zu beantworten ist.

Der Begriff „Ekklesia" wird in der Apostelgeschichte auch in seiner ganz neutralen, aus dem antiken griechischen Staatswesen kommenden Bedeutung verwendet. Die stimmberechtigten Bürger im klassischen Athen waren die „ecclesia", die zusammengerufen wurde, um Entscheidungen im Einzelfall oder auch von weiter reichender Bedeutung zu treffen. Sie bestimmten über alle Belange völlig frei; allein die gesamt-staatlichen Gesetze gaben den Rahmen vor.

In Apg 19,23–40 wird von dem durch den Silberschmied Demetrius in Ephesus angezettelten Aufstand gegen Paulus und die Jünger berichtet. In den Versen 32, 39 und 40 steht drei Mal unser Begriff „ecclesia". In den Versen 32 und 40 wird damit die aus der Gesamtbevölkerung zusammengelaufene, durch den Aufruhr aus ihr „herausgerufene" Volksmenge bezeichnet. Mit der „gesetzlichen Ekklesia" in Vers 39 ist dann eine noch engere Gruppe, wohl eine staatliche oder städtische Ratsversammlung gemeint; offensichtlich die Statthalter aus Vers 38.

Es ist also nicht korrekt zu behaupten, überall, wo im neuen Testament von der Ekklesia die Rede ist, würde etwas über die heutige Gemeinde ausgesagt. Es kann auch von einer ganz anderen Menschengruppe als Ekklesia berichtet werden; einfach einer Gruppe, die aus einer größeren Gemeinschaft, aus welchen Gründen auch immer, herausgehoben ist.

Das ist ganz offensichtlich der Fall in Mt 18,15–18. Dort belehrt Jesus seine Zuhörer, jüdische Bewohner von Kapernaum, wie man mit einem Menschen aus dem Gottes-Volk Israel verfahren soll, von dessen Sündigen man erfahren hat. Dort heißt es nun Vers 17, wenn alle persönlichen Gespräche nichts bewirken, soll man den Fall vor die „ecclesia" bringen. Wenn auch hier keine Einsicht vermittelt werden kann, soll dieser Sünder wie ein Heide, wie ein Nicht-Jude

2.1 Übersetzen – eine verantwortungsvolle Aufgabe

(ethnikos) behandelt werden. Das heißt zum Beispiel, dass man mit ihm keinerlei Tischgemeinschaft mehr haben kann.

Wer oder was ist diese Ekklesia, vor die er gestellt werden soll? Doch keinesfalls eine örtliche „Gemeinde aus Juden und Griechen", die sogenannte Leibesgemeinde. Eine derartige Körperschaft gibt es noch gar nicht. Diese Ekklesia muss irgendein besonderes Verhandlungsgremium innerhalb Israels, vermutlich im Rahmen der örtlichen Synagoge sein. Hier ist die Bedeutung auch ganz klar.

Nur in einer Stelle (Apg 7,38) wird im Zusammenhang mit Israel als Volksgesamtheit von Ekklesia geredet. Dort spricht Stephanus von der „Ekklesia in der Wüste". Hier wird „ecclesia" = Herausgerufene völlig zu Recht verwendet, denn er spricht von den durch Gott aus Ägypten Herausgeführten (v 36). Ansonsten wird im ganzen neuen Testament bei Zusammenkünften von Juden folgerichtig von Synagoge geredet. In Jak 2,2 hat die Elberfelder sehr richtig „Synagoge" stehen. Luther hat irreführenderweise „Versammlung". Jakobus schreibt an Juden aus den zwölf Stämmen in der Zerstreuung (Jak 1,1), die sich noch in der Synagoge versammeln (2,2!). Im Zweifelsfall also noch nicht einmal unbedingt (5,14?) messias-gläubige Juden.

Was ist aber mit der Ekklesia in Mt 16,18 gemeint? „... auf diesem Felsen werde ich meine „ecclesia" bauen ..."? Das ist die Antwort Jesu auf das Bekenntnis des Petrus: „Du bist der Messias, der Sohn des lebendigen Gottes". Ist hier schon diese „Leibesgemeinde" gemeint, herausgerufen aus allen Völkern?

Paulus schreibt, dieses Thema einer Jesus Christus zugehörenden Gemeinde aus Juden und Nationen sei ein Geheimnis gewesen, bis der auf den Thron Gottes erhöhte Herr diese besondere „ecclesia" durch ihn hat verkündigen lassen (Eph 3,1–11; Kol 1,24–29). Wenn wir das ernst nehmen, kann dort in Mt 16 von dieser Körperschaft noch nicht die Rede sein.

Hat diese Ekklesia hier in Mt 16 etwas zu tun mit den „Tausenden gläubig gewordener Juden" in Apg 21,20? Sie sind von Gott zum Verwirklichen seiner Pläne aus der Gesamtheit des Gottes-Volkes Israel Herausgerufene, Abgesonderte; eine gläubige Auswahl (Mt 22,14)! Juden, denen gemäß ihrer Absprache mit Paulus (Gal 2,7–9) Petrus samt den „Säulen in Jerusalem" das Evangelium gebracht haben. Sie halten sich zu der Zeit immer noch zum Tempel und sind Eiferer für das Gesetz, obwohl sie Jesu Christi Opfer für ihre Gerechtigkeit vor Gott angenommen haben. Ist hier in Mt 16 diese Ekklesia, diese „Erstlingsernte" aus Israel gemeint; die Herde, Lämmer, Schafe, die zu weiden Petrus später vom Herrn beauftragt wird (Joh 21,15–17)? In anderem Zusammenhang wird über diese Frage noch intensiv nachgedacht werden (Abschnitt 4.4.1/4.4.2).

Als Ergebnis dieser Überlegungen wäre also festzuhalten, dass der Begriff Ekklesia im neuen Testament drei verschiedene Bedeutungen haben kann:

Zunächst eine ganz neutrale, das normale Zusammenleben irgendeiner Volksgruppe (ethnos) betreffende und regelnde, aus der Ordnung im Stadt-Staat Athen abgeleitete Bedeutung.

Dann zweitens auf Israel bezogen, als von Gott aus allen anderen Völkern herausgerufenes Volk, in das man hineingeboren wird. Gegebenenfalls können dann innerhalb Israels noch einmal gesondert Herausgerufene gemeint sein; ganz allgemein der Gott vertrauende Überrest und nach Pfingsten die sogenannte „Erstlingsernte" aus Israel.

Drittens ist Ekklesia die Bezeichnung für die von Gott aus allen Völkern, einschließlich Israel herausgerufenen und seinem Sohn zugeordneten Menschen. Die Ekklesia, in der Jesus Christus das Haupt ist und die einzelnen Herausgerufenen die Glieder seines Leibes bilden. Also eine „Körperschaft" im wahrsten Sinne des Wortes (1Kor 12,12–27). In diese Ekklesia wird man nicht wie ins Volk Israel hineingeboren oder durch irgendwelche Kult-Handlungen, wie zum Beispiel Beschneidung oder Wasser-Taufe hinzugetan, sondern allein durch das Eingreifen Gottes eingefügt.

Der Kontext wird zur Bestimmung der richtigen inhaltlichen Bedeutung des Wortes wieder einmal entscheidend. Bei der Frage nach den echten Adressaten biblischer Texte ganz allgemein und der Anweisungen Jesu in seinen Erdentagen mitten in Israel gewinnt dieses Thema dann aber entscheidende Bedeutung.

2.1.6 Woran denken wir, wenn wir „Christus" hören oder lesen?

In Abschnitt 2.1.1 habe ich schon über die Problematik mit dem Vorverständnis der Übersetzer gesprochen. Es ist wohl zu ergänzen, dass der Übersetzer auch das Vorverständnis der Leser für bestimmte Begriffe bei seiner Übersetzungsarbeit in Betracht ziehen muss, da sonst der korrekte Sinn eines Textes für den Leser der Übersetzung verloren gehen kann.

Zum Nachdenken über Begriffe und ihre inhaltliche Deutung hier ein Thema, das nur schwer verständlich zu machen ist. Ich bin aber fest davon überzeugt, dass Klärungsbedarf besteht, um heilsgeschichtliche Zusammenhänge insbesondere im neuen Testament besser einordnen zu können.

Christus ist unser vom griechischen „christos" abgeleitetes Fremdwort für Gesalbter. Die hebräische Entsprechung ist „maschiach", was bei uns als Messias verwendet wird. Das heißt: „Gesalbter", „maschiach", „christos" ist zunächst die inhaltlich völlig gleiche Bezeichnung für einen Menschen, den Gott mit einem besonderen Auftrag betraut.

In Israel wurde diese Salbung mit besonders bereitetem, heiligem Öl vollzogen (2Mo 30,22–25). Man sah wohl einen Zusammenhang zwischen dieser heiligen Handlung und der göttlichen Begnadung für das Amt (2Mo 30,29.30). Gesalbt wurden Propheten (1Kö 19,16b), Hohepriester (2Mo 30,30 u. 40,13; 4Mo 35,25b), Priester (2Mo 40,14.15; 3Mo 4,3.5) und insbesondere Könige (1Sam 10,1; 2Sam 2,4; 1Kö 19,16a).

Solch ein von Gott Beauftragter, ein „maschiach" kann im Ausnahmefall sogar ein heidnischer, ein nicht jüdischer König sein, den Gott für seine Ziele einsetzt. In Jes 45,1–7 wird berichtet: „So spricht JHWH zu seinem ‚maschiach', seinem Gesalbten, zu Kyrus ..." Dieser Kyrus war kein äußerlich mit Öl „Gesalbter"; er war König von Persien. Allein die Berufung durch JHWH zur Erfüllung eines Auftrags war für diesen Titel entscheidend.

An diversen Stellen wird von Israels Königen als den Gesalbten geredet (z.B.: 1Sam 12,3.5; 2Sam 1,16; 1Chr 16,22). In der hebräischen Bibel steht hier jeweils „maschiach". Es ist in unseren Übersetzungen meist nicht üblich, an diesen Stellen das Fremdwort Messias zu verwenden; man übersetzt ganz korrekt „Gesalbter".

2.1 Übersetzen – eine verantwortungsvolle Aufgabe

Ganz anders nun im NT, in dem eine gewisse Unterscheidung zum rechten Verständnis wichtig wäre. Hier wird bis auf zwei Stellen (Elb) immer das vom griechischen „christos" = Gesalbter abgeleitete Fremdwort Christus verwendet. Die zwei Ausnahmen haben aus dem griechischen Text das „Messias" auch in der Übersetzung stehen gelassen. Andreas erklärt seinem Bruder Petrus: „Wir haben den Messias gefunden" – „was übersetzt ist: Christus" ergänzt dann Johannes (Joh 1,41). Luth übersetzt hier sinngemäßer „das heißt übersetzt: der Gesalbte." Die andere Stelle ist in Joh 4,25 beim Gespräch Jesu mit der Frau am Jakobs Brunnen: „Ich weiß, daß der Messias kommt, der Christus genannt wird." Alb übersetzt an beiden Stellen von Gedankenstrichen eingerahmt: „... – dies Wort bedeutet: Gesalbter – ...".

Zu Jesu Zeit sprach man in Israel überwiegend aramäisch, was zuweilen als hebräische Mundart bezeichnet wurde. Das Hebräisch selbst war schon so eine Art „heilige Sprache" geworden. Schriftlesungen in Tempel und Synagoge waren streng an den hebräischen Text gebunden. Von Jugend an lernte der Jude, die heiligen Schriften hebräisch zu lesen und zu memorieren. Es war aber üblich, dass in Tempel und Synagoge neben dem, der den hebräischen Text aus der Schriftrolle vorlas, ein Übersetzer („methurgeman") stand, der für den des Hebräischen Unkundigen, und das war inzwischen ein hoher Prozentsatz, direkt ins Aramäische übersetzte.

Bei Juden in der Diaspora war griechisch als „Weltsprache" im Mittelmeer-Raum durchaus üblich. Von daher brachten die Handelsverbindungen und insbesondere die Festpilger die Sprache auch mit nach Israel. Das sind dann zum Beispiel die Griechen in Joh 12,20. Der weit herumgekommene, „weltläufige" und der gebildete Jude sprachen selbstverständlich auch griechisch, denn damit konnte man sich fast in der gesamten „Asia" verständlich machen. Aber beim allgemeinen Volk war zu der Zeit aramäisch und nicht griechisch die Umgangssprache.

Der Herr sprach im Umgang mit den Menschen mit Sicherheit aramäisch. Das zeigen unter anderem die bis in unsere Übersetzungen hinein erhalten gebliebenen Worte, wie z.B. talitha kum Mk 5,41, ephata Mk 7,34, abba Mk 14,36. Dann auch die letzten Worte des Herrn am Kreuz „eli, eli, lemá sabachtháni" (Mt 27,46), die er bestimmt in seinem ihm geläufigen Dialekt rief. Sogar Paulus übernimmt des Herrn abba in Röm 8,15 und 1Kor 16,22 das aramäische maranatha. Jesus verstand und sprach aber mit Sicherheit auch Hebräisch und Griechisch. (Bornhäuser, S. 187 ff).

In diesem Zusammenhang mag eine weithin unbekannte Tatsache interessant sein. Hier ein Zitat aus der Einleitung zum Matthäus-Evangelium bei Albrecht: „Daß Matthäus sein Evangelium wirklich in hebräischer Sprache aufgezeichnet hat, dies wird uns auch durch die Kirchenväter der ersten Jahrhunderte so bestimmt und einmütig bezeugt, daß jeder Zweifel schweigen muß." Albrecht führt dann diverse Belege für seine Aussage an.

Der gleiche Hinweis findet sich bei verschiedenen Auslegern; z.B. bei E. Aebi „Kurze Einführung in die Bibel" (S. 153) oder in dem „Bibelwerk für die Gemeinde" von R.F. Grau (S. 15). Der aus jüdischer Familie stammende evangelische Theologie-Professor Hans-Joachim Schoeps führt in „Theologie und Geschichte des Judenchristentums" aus: „Der kirchliche Kanon des Neuen Testaments enthält keine spezifisch judenchristliche Schriften im Sinne des späteren Trennungsebionitismus. ... Das altkirchliche Zeugnis (Papias, Irenäus, Origenes, Eusebius) läßt Matthäus sein Evangelium in hebräischer Sprache für Gläubige aus der Beschneidung geschrieben haben." (S. 64)

Papias war Schüler des Apostel Johannes und in der ersten Hälfte des 2. Jahrhunderts Bischof von Hierapolis; also ein vertrauenswürdiger, zeitnaher Zeuge.

Der unbekannte Übersetzer dieser hebräischen Fassung ins Griechische setzte für das hebräische „maschiach" das griechische „christos" ein. Genau so hatten es schon die Verfasser der Septuaginta, der Übersetzung des hebräischen Tenach ins Griechische gehalten. Sie übersetzten zum Beispiel in Ps 2,2 „maschiach" ganz selbstverständlich mit „christoy/christos". Das sonstige, überwiegend in griechisch geschriebene neue Testament verwendet genau so selbstverständlich überall, wo von dem Gesalbten, von dem Messias Israels die Rede ist, das griechische Wort „christos" und nicht das hebräische „maschiach". Nur an den zwei erwähnten Stellen bleibt das Fremdwort „maschiach" stehen. Das heißt, man hat damals ganz konsequent die eigene Sprache sowohl beim Schreiben als auch beim Übersetzen eingesetzt.

Wenn nun dieser griechische Text des neuen Testaments eine Stufe weiter ins Deutsche übersetzt wird, hat der Übersetzer verschiedene Möglichkeiten, mit der Wiedergabe besonderer Wörter umzugehen.

Er kann generell in die deutsche Sprache übersetzen und nur da, wo das griechische Original Fremdworte benutzt, diese ebenfalls bestehen lassen. Also die aramäischen oder hebräischen Worte und Texte, bei denen die Schreiber dieses besondere sprachliche Kolorit erhalten wollten. Die griechisch schreibenden Verfasser der überlieferten Texte hielten offensichtlich nur weniges dafür geeignet oder wichtig.

Was macht der Übersetzer nun sinnvollerweise mit dem griechischen Wort „christos"? Wenn er genauso konsequent aus dem Griechischen ins Deutsche übersetzen würde wie damals seine Kollegen aus dem Hebräischen ins Griechische, hieße das, für das griechische „christos" wird Gesalbter und nicht Christus übersetzt.

Es geht um die schon weiter vorn angesprochene Problematik, mit welchem Inhalt der Leser Worte füllt. Bibelleser, die nicht vom Alten Testament her mit dem deutschen Wort „Gesalbter" vertraut sind, könnten damit im Neuen Testament kaum etwas anfangen. Die zwei Fremdwörter „Messias" und „Christus" sind dagegen jedem geläufig. Für den heutigen Bibelleser verbindet sich mit dem aus dem Hebräischen stammenden „Messias" die Prophetie und das Verheißungsgut für Israel; mit dem aus dem Griechischen abgeleiteten „Christus" die sogenannte „Neutestamentliche Gemeinde" oder ganz allgemein die Christen.

Zumindest die in den Evangelien und am Anfang der Apostelgeschichte wirkenden und redenden Personen waren Juden. Sie haben von ihrem „maschiach", vom Messias geredet, wenn sie von ihrem mit dem Gesalbten verbundenen Verheißungsgut und der damit in Zusammenhang stehenden Person geredet haben. Wenn man also in unserer deutschen Übersetzung zum besseren Verständnis dessen, was dort berichtet wird, eines der beiden Fremdworte einsetzen will, müsste in den vier Evangelien und in der Apostelgeschichte, soweit sie in Israel zwischen Juden handeln, eigentlich statt dem griechischen „Christus" das vom Hebräischen abgeleitete „Messias" stehen. Hier nur einige markante Beispiele, was ich meine.

Die Engel haben den Hirten (Lk 2,11) verkündigt: „Euch ist heute ein Retter geboren; er ist der Messias, der Herr, in Davids Stadt."

2.1 Übersetzen – eine verantwortungsvolle Aufgabe

Simeon wartete „auf den Trost Israels"; das ist der „maschiach adonai", der Gesalbte des Herrn (Lk 2,25.26; zu „adonai" siehe auch Abschnitt 2.2.4.2).

Wenn der Täufer in Joh 1,19–25 gefragt wird, wer er denn sei, gibt das Gespräch überhaupt nur einen Sinn, wenn er erklärt, er sei nicht der Messias. Mit der Übersetzung, der Täufer habe gesagt: „Ich bin nicht der Christus!" wird doch der eigentliche Gehalt der Diskussion dort unverständlich. Dann folgt auch die vorwurfsvolle Nachfrage: „Was taufst du denn, wenn du nicht der Messias bist, noch Elia, noch der Prophet?" Der Messias gehört für die Fragenden in die Reihe der Propheten mit Elia.

Fast noch deutlicher kommt das zum Ausdruck bei der Diskussion und den Fragen der „Bewohner Jerusalems" in Joh 7,14–53 beim Laubhüttenfest:

- „Siehe, er redet öffentlich, und sie sagen ihm nichts. Haben etwa die Obersten wahrhaftig erkannt, daß dieser der Messias ist? Diesen aber kennen wir, woher er ist; wenn aber der Messias kommt, so weiß niemand, woher er ist." (v 26.27).
- „Viele aber von der Volksmenge glaubten an ihn und sprachen: Wenn der Messias kommt, wird er wohl mehr Zeichen tun als die, welche dieser getan hat." (v 31).
- „Einige nun aus der Volksmenge sagten, als sie diese Worte hörten: Dieser ist wahrhaftig der Prophet. Andere sagten: Dieser ist der Messias. Andere sagten: Der Messias kommt doch nicht aus Galiläa? Hat nicht die Schrift gesagt: Aus der Nachkommenschaft Davids und aus Bethlehem, dem Dorf, wo David war, kommt der Messias?" (v 40–42).

Der im täglichen Gespräch mit hoher Sicherheit nicht griechisch sprechende Fischer Petrus hat doch bestimmt erklärt: „Du bist der Messias, der Sohn des lebendigen Gottes." (Mt 16,16). Und im von Matthäus hebräisch verfassten Text kann gar nichts anderes gestanden haben. Aber dann steckt im Verständnis auch dieses Textes auf einmal die ganze alte, Israel betreffende Prophetie über seinen Messias.

Jesu Diskussionen mit den Pharisäern über den Messias bekommt nur so realen Hintergrund. Z.B. Mt 22,41–46 wenn Jesus sie fragt: „Was haltet ihr von dem Messias?" dann geht es um die Geschichte Israels, um David und die ihm gegebenen Verheißungen.

Nicht zuletzt die Verhandlung vor dem Hohen Rat (Mt 26,64), wenn Jesus gefragt wird: „daß du uns sagst, ob du der Messias bist, der Sohn Gottes! Jesus spricht zu ihm: Du hast es gesagt. Doch ich sage euch: Von nun an werdet ihr den Sohn des Menschen sitzen sehen zur Rechten der Macht und kommen auf den Wolken des Himmels." Hier schlägt der Herr in seiner Antwort den Bogen hin zu den alten Menschensohn-Verheißungen Israels.

Besonders seltsam mutet im Kreuzigungsbericht bei Markus die Übersetzung der Spottrede der Pharisäer und Schriftgelehrten an: „Andere hat er gerettet, sich selbst kann er nicht retten. Der Christus, der König Israels, steige jetzt herab vom Kreuz, damit wir sehen und glauben." (Mk 15,32) Hier gehörte doch unbedingt hin: „Der Messias, der König Israels"!

Wie tief müssen die Übersetzer in ihrem Vorverständnis feststecken, wenn sie selbst an solch einer Stelle keine klare Zuordnung des zutreffenden Begriffs vornehmen können!? Eine der wenigen Ausnahmen ist die Evangelien-Synopse von Josef Schmid, der durchgehend Messias übersetzt. David H. Stern hat in seinem „jüdischen neuen Testament" bei allen Begriffen mit besonderem hebräischen Hintergrund diesen erhalten; z.B. Adonai/Herr, Jeschua/ Jesus, Schechina Adonais/Herrlichkeit des Herrn und natürlich auch Maschiach/Messias/Christus.

Ich fühlte mich bestätigt, dass meine Überlegungen wohl nicht so abwegig sind, als ich in der „Companion Bible" im Appendix 98, IX fand:
„CHRIST – This is the Greek translation of the Heb. Mashiah. ... Hence, the Noun is used of and for the Messiah, and in the Gospels should always be translated „Messiah", as well as in the Acts, and sometimes in the later books of the New Testament."
(CHRISTUS – Dies ist die griechische Übersetzung des hebräischen maschiach ... Folglich, das Substantiv wird verwendet anstatt und für Messias, und in den Evangelien sollte immer „Messias" übersetzt werden, genauso in der Apostelgeschichte, und zuweilen auch in den späteren Büchern des Neuen Testaments.)

Ich habe Sie soeben auf einen abgekürzten Gedankengang zu sprachlichen Überlegungen mitgenommen. Mir scheint dieser Hintergrund aber wesentlich zu sein, um mein Anliegen deutlich zu machen. Ich bin der festen Überzeugung, dass ein angemessener Austausch der zwei Fremdwörter „Messias" und „Christus" für das griechische „christos" = Gesalbter ein verändertes Verständnis der Evangelien und damit des Erdenwirkens Jesu bringt. Wir würden aufhören, in alle Reden und Gleichnisse Jesu uns, die Gemeinde, „die Kirche Christi" hineinzudeuten und uns zu suchen und zu entdecken. Wir würden zurückkehren zum wahren Inhalt. Dass nämlich mit Jesus der verheißene Messias zu seinem Volk gekommen ist, um mit ihm, als dem Sohn Davids, das von Gott vorausgesagte Friedensreich aufzurichten.

In Kapitel 3. „Das gedankliche Verwirrspiel um das „(König-)Reich Gottes" wird dieser Gedankengang ausführlich entwickelt und vertieft.
Durch den Austausch dieser zwei Wörter würde der nahtlose Übergang von Maleachi zu Matthäus besser erkannt werden. Das Reich der Himmel würde nicht mehr ins Jenseits oder sonst einen irrealen, „geistlich interpretierten" Zusammenhang verschoben. Wir würden deutlicher sehen, wie Johannes der Täufer (Mt 3,1.2) und der Herr selbst (Mt 4,17.23) anknüpfen an die alte Prophetie, wenn sie das Reich der Himmel als nahe herbeigekommen verkündigen und Israel zur Buße auffordern.
Der tiefe gedankliche Graben zwischen altem und neuem Testament – das alte betrifft Israel und das neue uns – könnte durch die angemessenere Übertragung des griechischen Wortes „christos" sicher ein Stück weit aufgehoben werden.

Noch einmal ganz deutlich: Mit Mt 1,1 beginnt nicht Geschichte der Kirche oder der Gemeinde Jesu Christi. Dort sind wir mitten im Beginn des Verwirklichens der für Israel von ihrem Gott gegebenen Verheißungen. Jesus, der durch Gottes Geist gezeugte Sohn der Maria, wird zur bestimmten Zeit (Gal 4,4) in den von den Propheten geweissagten Umständen (1Mo 49,10: aus Juda, nicht aus einem der anderen Stämme; Jes 11,1.2: aus dem Geschlecht Isais; Jer 23,5.6: Davids Same; Mi 5,1: in Bethlehem) als Mensch geboren. Das ist das Drama, das uns in den Evangelien und der Apostelgeschichte berichtet wird: Israel in seiner überwiegenden Mehrheit lehnt den von Gott in seinen Erdentagen bestätigten Messias, auch nach seiner Auferstehung, der Himmelfahrt und der Geistausgießung ab.
Mit solch einer den Sinn besser wiedergebenden differenzierten Übersetzung wäre der Blick auch freier für die von Gott veränderte Situation, wenn der auf Gottes Thron erhobene Herr, Jesus Christus, nun durch Paulus seinen bisher verborgenen Ratschluss offenbaren lässt (Eph 3,3–5; Kol 1,25–27): Über seinen Leib, die Fülle des Christus (Eph 1,22.23); über die „ecclesia", in

der „weder Beschneidung noch Unbeschnittensein etwas gilt, sondern eine neue Schöpfung" (Gal 6,15).

Ich bin mir durchaus bewusst, dass sich selbst bei Zustimmung zu diesen Gedanken und meiner Beweisführung an der üblichen Übersetzungspraxis nichts verändern wird. Vielleicht würde man den normalen Bibelleser mit solch einer Änderung auch nur verwirren, wenn er nicht angemessene Belehrung erfährt. Aber der wirklich am rechten Verständnis biblischer Zusammenhänge Interessierte sollte diese Überlegungen beim Lesen der üblichen Übersetzungen „im Hinterkopf" bereithalten.

2.1.7 Versöhnung resp. Neuordnung Gottes

Über diese Thematik nachzudenken und mich mit dem betreffenden Begriff zu beschäftigen, wurde ich angeregt durch einen Bibel-Kommentar. Der Schweizer Jurist Dr. Martin Schacke hat eine Auslegung zum Brief an die Kolosser geschrieben, die auf 60 Radiosendungen zurückgeht. In der 18. Sendung heißt es dort zu Kol 1,19.20 unter anderem: „... ist es unmöglich, das in unserem Text stehende griechische Wort einfach mit ‚versöhnen' zu übersetzen. Schon aus sprachlichen Gründen scheint uns das nicht ganz richtig zu sein. Weiter aber erhebt sich allen Ernstes doch die Frage, was es im Himmel und Überhimmel zu versöhnen gab."

Eine Verständnis-Anmerkung: Für die meisten Leser mag der von Schacke verwendete Begriff „Überhimmel" seltsam klingen. Außer im Konkordanten NT (z.B. in 1Kor 15,48.49; Eph 1,3; 2,6) habe ich diesen Begriff in keiner Übersetzung gefunden. Übersetzer und Ausleger, die dieses Wort verwenden, wollen wohl den Unterschied zwischen dem griechischen „ouranion", das ist himmlisch, und „epouranios/epourania" verdeutlichen. Das kann „den Himmeln zugehörig", aber auch „epi" = „über" den Himmeln bedeuten. Insofern gibt das Wort „Überhimmel" durchaus Sinn.

Dann stieß ich in der Companion Bible unter Appendix 196 auf eine umfassende Auseinandersetzung mit den verschiedenen mit „versöhnen" und „Versöhnung" übersetzten griechischen Begriffen. Hier werden Schackes Überlegungen voll bestätigt und recht umfassend begründet. Mit dieser veränderten Übersetzung verschiebt sich aber der Inhalt des dort in Kol 1,19.20 von Paulus ausgeführten Gedankenganges; oder vielleicht besser, er erhält eine wesentlich tiefer führende Dimension. (zum Begriff „apokatallassein" siehe auch Prof. D. Wilhelm Michaelis „Versöhnung des Alls", S. 21, 1. Absatz u. S. 24/25).

Dieses veränderte Wortverständnis scheint mir der paulinischen Aussage, ihm seien von seinem Herrn bis dahin verborgene Geheimnisse offenbart worden, einen besonders zu beachtenden Akzent zu geben. Bei diesen „Geheimnissen" handelt es sich nicht nur um eine Ergänzung der bekannten prophetischen Aussagen. Sie offenbaren eine völlige Neuordnung der Beziehungen Gottes zu seiner Schöpfung. Das Geheimnis des Willens Gottes für die Fülle der Zeiten (Eph 1,9.10) und das Geheimnis des Christus und seines Leibes, der Ekklesia Gottes, (Eph 3,3–6) sind Thema dieser Neuordnung. Wenn Gott etwas neu ordnet, werden seine alten Verheißungen nicht ungültig. Sie werden in einen erweiterten Rahmen gestellt. Gott offenbart uns mehr von seinen vor Urzeiten in Christus gefassten Plänen.

Das Nachfolgende habe ich in Anlehnung an diesen App. 196 der Companion Bible zusammengestellt. Ich bleibe bewusst bei der sehr detaillierten Darstellung, damit der besonders interessierte Leser die feinen Unterschiede erkennen kann.

Die Begriffe „versöhnen" und „Versöhnung" haben in unserem Sprachgebrauch und -verständnis überwiegend den Sinn von erneuerter Freundschaft oder mehr allgemein von gegenseitigem Wieder-Miteinander-Verkehren nach einem Streit oder nach einer Entfremdung aus welchen Gründen immer. Man hat sich miteinander versöhnt; man „kann es wieder miteinander".

An einigen wesentlichen Stellen gibt diese deutsche Wortbedeutung aber den im griechischen Urtext gemeinten Sinn nicht ganz korrekt wieder. Die griechischen Worte im NT zu diesem Thema und ihre Bedeutung im Kontext des jeweiligen Vorkommens hier nun im einzelnen.

(a) **allasso**, verändern; etwas anders („allos") machen, als es ist; es neu ordnen. Die Elb verwendet verschiedene Begriffe; z.B.: Apg 6,14 verändern; Röm 1,23 und 1Kor 15,51.52 verwandeln; Gal 4,20 wandeln; Hebr 1,12 wechseln.

(b) **diallassomai** (passiv); „dia" und „allasso"; wechselseitig verwandelt oder geändert werden; von einem Zustand in einen anderen neu zueinander geordnet werden; ein Geschehen von mir zu einem anderen hin und zurück.

Mt 5,24: In dieser Anweisung Jesu findet man eine grundsätzliche Erläuterung zum üblichen Verständnis von „versöhnt sein" und „Versöhnung": Es ist der Wechsel sowohl der mehr emotional bestimmten Empfindungen als auch des konkreten Umgangs zwischen entzweiten Menschen. Eine wechselseitige Veränderung der Gefühle und des Verhältnisses zwischen Gleichwertigen (ein Mann und sein „Bruder" heißt es hier) ist angestrebt. Der Opfernde soll der sein, der diesen Wechsel anzustoßen hat; das ist Jesu Forderung. Unser Kontakt miteinander ist wieder geordnet. Die eigene Aktivität, das persönliche Handeln ist betont.

(c) **katallasso**; „kata" und „allasso"; etwas (alles) eigenverantwortlich/eigenmächtig verändern, austauschen oder neu zuordnen; nicht wie (b) durch gegenseitige Übereinstimmung sondern durch Handeln einer Seite.

Röm 5,10: Hier findet sich die korrekte Bedeutung des griechischen Wortes; wieder-vereint oder wieder-verbunden mit Gott. Wir sind „versöhnt mit Gott", das meint eigentlich, wir sind „durch den Tod seines Sohnes" mit ihm wieder-verbunden. Diese alte, von Adam zerbrochene Lebensverbindung hat Gott von sich aus wiederhergestellt und damit neu in die rechte Ordnung gebracht. Das einseitige Handeln Gottes steht im Vordergrund.

katallage ist das zugehörige Substantiv: eine Veränderung, ein Austausch gegen etwas anderes.

Röm 11,15: Hier wird „die Versöhnung der Welt" antithetisch „der Verwerfung Israels" gegenübergestellt. Der Sinn ist völlig klar. Dennoch meine ich, der gewaltige Umfang dessen, was mit der Annahme Israels zusammenhängt, würde noch klarer herauskommen, wenn hier näher am Urtext übersetzt wird: „Denn wenn ihre (Israels) Verwerfung die Neu-Ordnung des Kosmos bewirkt hat, was wird ihre Annahme anderes sein als Leben aus den Toten?"

2.1 Übersetzen – eine verantwortungsvolle Aufgabe 61

2Kor 5,17.18.19.20; diese vier Verse sind bis zum Rand gefüllt mit der Neu-Ordnungs-Tat Gottes und ihrer Auswirkungen.

Gott hat in Christus alles neu geordnet, es ist sein einseitiges Handeln. Mit dem Opfer des Gottes-Sohnes ist die Neuordnung vollendet. Gott „drückt nicht beide Augen zu"; sein Sohn ist einen schweren Weg dafür gegangen. Dieses Neuordnen meint auch nicht, „alles nicht so schlimm", „alles vergeben und vergessen". Es ergeht an jedermann die Aufforderung, sich in seiner alten Zuordnung (zu den Finsternismächten gemäß Kol 1,13) zu erkennen und sich durch Jesus Christus neu mit Gott in Verbindung bringen zu lassen.

(d) apokatallasso; das dem „katallasso" vorangestellte „apo" will die hier gegebenen Aussagen bekräftigen; also eine verstärkte Form von „katallasso". Es weist darauf hin, dass das, was unter (c) gemeint ist, endgültig getan ist; etwas hat sich vom ursprünglichen Status weg bewegt. Für Gott ist alles perfekt und komplett. Seinem Wirken kann in diesem Punkt nichts hinzugefügt werden.

Eph 2,16 betont, dass in „einem Leib", nämlich dem Leib, den Gott jetzt seinem Sohn zusammenfügt (1,23), das Verhältnis zwischen Juden und Nationen auf der neuen Basis des Friedens durch Christi Kreuz neu geordnet wurde. Hier gibt es keine „Zwischenwand der Umzäunung" mehr.

Kol 1,19.20.21 beschreibt die zwei Seiten des göttlichen Neuordnens.

„Denn es gefiel (es war das Wohlgefallen) der ganzen Fülle, in ihm zu wohnen und durch ihn alles (das All) auf ihn hin neu zu ordnen – indem er Frieden gemacht hat durch das Blut seines Kreuzes -, durch ihn, sei es, was auf der Erde oder was im Himmel ist." (v 19.20).

In diesen beiden Versen geht es um die neue Ordnung in der gesamten Schöpfung. Himmel und Erde, Diesseits und Jenseits sind mit einbezogen. Hier ist wohl eine Verbindung zu ziehen zu dem, was Paulus in Eph 1,9.10 schreibt; beide Texte reden vom Wohlgefallen Gottes, wenn er Himmel und Erde neu ordnet.

v 21 bezieht sich nun wieder persönlich auf die in Kolossä oder vielleicht auch ganz generell auf alle die, die als Nationen bisher in keinerlei konkreter Verbindung zu dem Gott und Vater Jesu Christi standen: „Und euch, die ihr einst entfremdet wart ... hat er nun mit sich wiedervereint." Gott hat das Verhältnis zwischen ihnen, die ihm entfremdet und ihrer ganzen Gesinnung nach Feinde waren, und sich selbst neu geordnet. „apo", das meint endgültig und abschließend; und „kata", von sich aus, ohne ihr Zutun.

Das alles beschreibt das gnädige Handeln Gottes an der gesamten Schöpfung, Himmel und Erde und an uns als einzelne Menschen vor Gott. Letzteres unabhängig davon, ob wir nun zu dem von Gott auserwählten Volk, zu Israel gehören oder zu den von Gott „Entfremdeten", den Nationen. Beides auf der einen Grundlage des in seinem Sterben am Kreuz vergossenen Blutes Jesu Christi.

Für mich ist auch beachtenswert, dass die beiden Begriffe „katallasso/katallage" und „apokatallasso" in unserem neuen Testament nur bei Paulus auftauchen. Ist das nun nur sein besonderer Schreib- oder Sprachstil, wie manche sagen? Oder hat das nicht doch etwas zu tun mit dem besonderen Auftrag, den Jesus Christus, der auf Gottes Thron erhöhte Herr, ihm, Paulus anvertraut hat?

2.1.8 Welcher Ort oder Zustand ist mit Hölle gemeint?

Lassen Sie uns zum Abschluss dieser Neu-Definitionen von Begriffen auch den Ausdruck „Hölle" etwas genauer ansehen. Im Vorverständnis der meisten Bibelleser ist das der Ort der ewigen Verdammnis. Ist das biblisch korrekt?

Luth setzt für verschiedene Urtextworte den Begriff Hölle ein: für „gehenna" in Mt 5,22.29.30; 10,28; 18,9; 23,15.33; Mk 9,43.45.47; Lk 12,5; Jak 3,6 (das sind alle 12 Vorkommen); für „tartaros" 2Petr 2,4 und „hades" z.B. in Mt 11,23; 16,18; Lk 16,23.

Elb bringt für „gehenna" Hölle, für „tartaros" Abgrund mit Fußnote und lässt „hades" als Fremdwort stehen.

Der Begriff „tartaros", Abgrund kommt allein in 2Petr 2,4 vor und meint dort eindeutig einen Aufenthaltsort für sündigende Engel bis zu ihrem Gericht. Dieser Begriff wird im Zusammenhang mit Menschen in der Bibel nicht erwähnt.

Gehenna ist aus „gae-hinnom" entstanden, was Tal oder Land des Hinnom bedeutet. Das Tal umgibt Jerusalem vom Jaffator aus im Westen und Süden bis zum Kidrontal. Teile davon waren zeitweilig eine Art Müllkippe.

Nach 2Chr 28,3 brachte hier der König Ahas von Juda dem Moloch Rauchopfer dar und „verbrannte seine Söhne im Feuer nach den Greuel der Nationen" (so auch Jer 32,35). König Josia zerstört diese Gräuelstätte, die Tophet genannt wurde (2Kö 23,10). Der Prophet Jeremia weissagt, dass dieses Tal eines Tages Gerichtsstätte Gottes für das abgefallene Volk, „Tal des Schlachtens" werden soll (Jer 7,31–33 u. 19,6). Die Leichen werden hier unbestattet zum Fraß der Vögel und wilder Tiere herumliegen.

Wer einmal sorgfältig alle Stellen liest, an denen der Herr von der Gehenna oder dem Feuer der Gehenna spricht, wird bemerken, dass hier immer vom Gericht über abgefallene Angehörige des Volkes Israel gehandelt wird. Also genau um das Thema des Propheten Jeremia. Von einem Ort der ewigen Verdammnis ganz allgemein für Gott ferne Menschen zu sprechen, verbietet eigentlich der Kontext.

Hiervon noch einmal unterschieden ist der von Luther und vielen anderen Übersetzern mit Hölle übersetzte Begriff „hades", der dem hebräischen „scheol" entspricht.

Das deutsche Wort Hölle hat seinen Ursprung in dem altnordischen „hel"; das war ein Totenwohnort der germanischen Mythologie. Luther übersetzte „Helle"; da war der alte Begriff mit seinem Inhalt noch erkennbar. „hades" ist ganz einfach das Totenreich; der Aufenthaltsort aller Verstorbenen, die nicht durch die Erlösungstat Jesu Christi herausgenommen sind aus dem Machtbereich des Todes, das ist des Teufels (Hebr 2,14; Offb 1,18).

Da wir heute den Begriff „Hölle" gedanklich anders füllen, als es Luther mit „Helle" getan und wohl auch gemeint hatte, halte ich die kleine sprachliche Veränderung im Glaubensbekenntnis in der offiziellen ökumenischen Übersetzung für sehr angemessen. In der alten Form hieß es: „... gekreuzigt, gestorben und begraben; niedergefahren zur Hölle; am dritten Tage auferstanden von den Toten ..." Jetzt wurde hier übersetzt: „... hinabgestiegen in das Reich des To-

2.1 Übersetzen – eine verantwortungsvolle Aufgabe

des ..." Für Bibel bezogenes Verständnis trifft „Reich des Todes" oder „Totenreich" als Übersetzung für „hades" den Inhalt besser.

Die Jesus Christus zugehörenden Glieder der Ekklesia gehen beim Sterben nicht in den Machtbereich des Todes. Sie legen ihren irdischen Leib ab (2Kor 5,1–9). Aber weil sie hier schon Leben aus Gott empfangen haben, ruhen sie bis zum Tag der Entrückung und Verwandlung (1Thes 4,14–17; Phil 3,21) in Christo (Phil 1,23); wie immer man das deutet oder versteht.

Inwieweit die Heiligen des alten Bundes nicht im Scheol sondern abgesondert verwahrt wurden, soll in unserem Zusammenhang offen bleiben. Die Hoffnungen sind dort noch sehr vage; mehr verlangend und hoffend, dass Gott sie nicht im „scheol", im „Reich der Schatten" belassen wird. An einigen wenigen Stellen wird schon klarer von einer Auferstehungshoffnung für Gottes auserwähltes Volk und seine Treuen gesprochen; z.B.: 1Sam 2,6; Hi 19,25–27; Jes 26,14.19; Hes 37,11–13; Dan 12,2; Hos 13,14. Aber vor Jesu Sterben und Auferstehen und damit dem Machtverlust des Teufels über das Totenreich, bleibt solche Hoffnung noch ohne gesicherte Basis.

Was in diesem Zusammenhang Abrahams Schoß (Luk 16,22.23) und auch das Paradies für den Schächer (Luk 23,43) inhaltlich bedeuten, ist aus diesen zwei allein davon redenden Stellen wohl kaum eindeutig zu beantworten. Spekulationen will ich vermeiden. Aber man sollte bei diesem Themenkomplex sicher auch nachdenken über das, was in Mt 27,52.53 berichtet wird. Der Kontext redet von den Ereignissen anlässlich der Kreuzigung Jesu: „... und die Erde bebte, und die Felsen zerrissen, und die Grüfte taten sich auf, und viele Leiber der entschlafenen Heiligen wurden auferweckt, und sie gingen nach seiner Auferweckung aus den Grüften und gingen in die heilige Stadt und erschienen vielen." Der Gottes-Sohn hat dem Teufel, der die Macht des Todes hatte (Hebr 2,14), die Schlüssel des Hades abgenommen (Offb 1,18). Hat damals im Hades, dem Herrschaftsbereich des Todes, ein „Aussortieren" begonnen? Nach Jesu Auferstehung verlassen „entschlafene Heilige" den Todes-Hades!

Über diesen gesamten Themenkreis des Aufenthalts der Toten bis zu ihrem jeweiligen Gericht (siehe Abschnitt 4.7.2) ist die Bibel sehr zurückhaltend. Selbst in dem Bericht in Luk 16,19–31 will der Herr ja nicht eine Deutung der Zustände im Hades geben. Er greift lediglich zur Veranschaulichung die im Volk aus der jüdischen Apokalyptik bekannte Vorstellung von verschiedenen Aufenthaltsorten der Toten auf. In des Herrn Rede geht es jedoch vordringlich darum, dass bei Mose und den Propheten alles bezeugt ist, um als Jude vor Gott recht zu leben. Was da so an Ausschmückungen zur Hölle in den Köpfen vieler Menschen existiert, stammt wohl mehr aus Dantes „Göttliche Komödie" als aus der Bibel.

Der Hades bleibt bis zum Gericht am großen weißen Thron (Abschnitt 4.7.2) immer noch ein schrecklicher Aufenthaltsort der unerlösten Toten; auch wenn der Verwalter des Totenreiches nicht mehr abschließen kann und damit kein unbeschränkter Herrscher ist. In der Trennung von Gott zu existieren; ohne Körper den Begierden und Süchten eines sündigen Charakters ausgeliefert sein, ohne sie befriedigen zu können – das wünsche ich auch meinem härtesten Gegner nicht!

Interessant ist es, einmal den Textstellen nachzugehen, in denen auch Luth Hades nicht mit Hölle übersetzt. In der Pfingstpredigt redet Petrus an zwei Stellen von dem Aufenthalt Jesu im Totenreich nach seiner Kreuzigung. Sowohl im Zitat des David als auch in seiner Erläuterung (Apg 2,27.31) wird „hades" hier schlicht mit Tod übersetzt. Hölle klang wohl in diesem Zusammenhang nicht angemessen? Aber, wenn man Hölle vermeiden wollte, warum dann nicht wenigstens den Hades besser wiedergebenden Begriff Totenreich oder Reich des Todes?

Besonders seltsam ist die Übersetzungspraxis in der Offenbarung. Auf der einen Seite wird übersetzt: „die Schlüssel des Todes und der Hölle (hades)" Offb 1,18 und „der Tod und die Hölle (hades) folgte ihm nach" Offb 6,8. Anderseits wird dann aber anders formuliert in Offb 20,13.14 „und der Tod und sein Reich (hades) gaben die Toten heraus ... und der Tod und sein Reich (hades) wurden geworfen in den feurigen Pfuhl". Hier setzt man „Reich des Todes" für Hades ein.

Natürlich ist Hades mit „Reich des Todes" sinngemäß richtig übersetzt. Nur wenn an den anderen Textstellen der Offenbarung Hölle eingesetzt wurde, warum dann nicht auch hier? Soll verdunkelt werden, dass hier die „ewige Hölle" alle Einsitzenden zum Gericht herausgeben muss und damit ihren Auftrag, nämlich Aufenthaltsort für Tote zu sein, erfüllt hat? Dass sie nun leer ist und ganz einfach aufhört, einen Dienst zu tun; sie wird zusammen mit ihrem Herrscher, dem Tod, in den feurigen Pfuhl geworfen (Offb 20,14).

Ist diese Übersetzungspraxis bewusst gewollt, um eine beliebte Auslegung zu stützen? Wenn von den Konsequenzen eines sündigen, Gott verleugnenden Lebens und Handelns gepredigt wird, genügt doch von seinem Zorn und von seinen Gerichten zu reden. Da müssen doch nicht Höllenszenarien ausgeschmückt werden. Diese Angst vor der ewigen Hölle als Druckmittel für Evangelisation einzusetzen, ist doch wohl kaum angemessen, um „Frohe Botschaft" zu verkündigen.

Wer von ewiger Verdammnis redet, sollte wohl biblisch angemessen vom feurigen Pfuhl oder Feuersee sprechen, auch wenn das dann nicht so schön griffig klingt. Noch besser wäre es bestimmt, vom zweiten Tod zu reden, wie es in Offb 20,14 heißt: „Das ist der zweite Tod: der feurige Pfuhl". Eben, der zweite Tod als Zustand in der Trennung von Gott; analog dem heutigen Todeszustand des Menschen ohne Erlösung durch Jesus Christus. Damit könnte man endlich mit den vielen unbiblischen Vorstellungen über die Hölle in den Köpfen der Hörer aufräumen.

Wir sollten uns bei solch einem mit viel Emotionen und Voreinstellungen belasteten Thema der Ermahnung erinnern, die Paulus seinem Mitarbeiter Timotheus in seinem wohl letzten Brief als eine Art Vermächtnis mitgibt: „Halte fest das Vorbild [das Muster] der gesunden Worte, die du von mir gehört hast!" (2Tim 1,13).

2.2 Exkurs: Jakobs Kampf am Jabbok

Versuch einer Deutung der in 1.Mose 32 und 33 berichteten Ereignisse und einer Übertragung in unsere heutige Situation.

2.2.1 Einführung in das Thema

Die übliche Auslegung dieses Kampfes am Jabbok kann Bibelleser, die den berichteten Ablauf anhand des Textes Schritt für Schritt verfolgen, nicht zufrieden stellen. Irgendetwas stimmt da meist nicht zwischen Text und Auslegung (siehe auch 2.1.1). Gott ringt mit Jakob; er wird, obwohl er diesem die Hüfte ausrenkt, von Jakob besiegt und erkennt das auch an. Er muss fliehen, sobald der Tag beginnt, weil es hell wird. Gott segnet Jakob dann auf dessen Forderung hin und verleiht ihm den neuen Namen Israel. Einige Zeit später weiß Gott von dieser Namensverleihung offensichtlich nichts mehr (1Mo 35,10).

„Ich lasse dich nicht, du segnest mich denn!" (32,27), das ist für viele Ausleger der Kernpunkt dieses Berichts und daraus abgeleitet die Belehrung, sich genau so wie Jakob an Gott anzuklammern. Aber irgendwie passt das alles nicht zusammen, wenn man mitdenkt und den Zusammenhang zu verstehen sucht.

Vor allen Dingen ist unverständlich, wie man diese Auslegung mit der Macht und Größe JHWH's, des Gottes Israels in Deckung bringen kann; mit dem Gottes-Verständnis, wie es aus allen Schriften zu Recht herausgelesen und verstanden wird. Für einen orthodoxen Juden ist diese unter Christen übliche Deutung überhaupt gotteslästerlich.

Aber da steht doch nun, dass Gott mit Jakob kämpft und dieser siegreich ist. Und da steht auch die Segnung und die Namensgebung durch diesen besiegten Gott. Für mich kam ein neues Verständnis, als ich von jüdischen Bibelauslegern und von meinen beiden in 1.2.7 genannten Brüdern lernte, dass das mit Gott übersetzte hebräische Wort „elohim", und das mit segnen übersetzte „barak" oder „berek" jeweils mehrfache Bedeutung haben. Eine Übersetzung, die diese erweiterten Wortbedeutungen berücksichtigt, verändert dann die Deutung des Berichteten entscheidend. Das Grundverständnis des Übersetzers spielt auch hier eine wesentliche Rolle.

Dazu muss man allerdings bereit sein, die Grenzen alter Auslegungstraditionen zu überschreiten. Man gewinnt aber eine überraschende Horizonterweiterung, die nicht nur für den Bericht über diesen Kampf am Jabbok Bedeutung hat, sondern viele neue Einsichten zu im Tenach berichteten Ereignissen vermitteln kann. Für diesen Kampf zwischen Jakob und dem „elohim" eröffnet sich damit eine diesem Bericht besser gerecht werdende, veränderte Möglichkeit für Auslegung und Anwendung.

2.2.2 Die bedeutsamen Ereignisse in der Vorgeschichte

Die Berichte über Jakob beginnen in 1Mo 25,21 mit der Schwangerschaft seiner Mutter Rebekka, der Frau Isaaks, und schließen ab mit 1Mo 50,13.14, als seine Söhne ihn in dem von Abraham gekauften Erbbegräbnis in der Höhle Machpela begraben. Um den Mann, der dort am Jabbok kämpft, in seiner Art und seinem Handeln sowie sein Umfeld gut kennen zu lernen, ist es eigentlich erforderlich, die vorausgegangenen Begebenheiten, also Jakobs Geschichte vom

Beginn mindestens bis 32,3 zu lesen. Hier einige für das Verständnis bedeutsame Ereignisse aus dem geschichtlichen Vorlauf.

Isaaks Frau Rebekka war fast zwanzig Ehejahre lang unfruchtbar. Gott öffnet auf Isaaks Gebet hin ihren Leib; sie wird schwanger. Als sie feststellt, dass nun gleich Zwillinge in ihr wachsen, befragt sie JHWH darüber und er spricht zu ihr:

„Zwei Nationen sind in deinem Leib, und zwei Volksstämme scheiden sich aus deinem Inneren; und ein Volksstamm wird stärker sein als der andere; und der Ältere wird dem Jüngeren dienen." (1Mo 25,23).

Esau, der Erstgeborene war ein Mann der Jagd; er liebte die freie Natur. Jakob, der Jüngere war ein „gesitteter Mann"; er war Rebekkas Liebling. In keinem der Berichte wird überliefert, die von Gott empfangene Weissagung habe ihr Verhalten gegenüber den Söhnen beeinflusst, noch dass sie Jakob etwas von der speziellen, ihn betreffenden Verheißung gesagt hätte. Aber sie agiert wohl stillschweigend entsprechend ihrem Verstehen. Das scheint auch unausgesprochen die Motivation zum Betrug an Isaak zu sein. Sie will Gott und seiner Verheißung ein wenig nachhelfen!

Als Esau einmal erschöpft und hungrig ins Zelt zurückkommt, bereitet Jakob gerade ein Essen „von dem Roten" vor. Im üblichen Sprachgebrauch wird hier von einem Linsengericht gesprochen. Von dieser Gier auf das „Rote" (hebr. „adom") her kommt der Name Edom. Esau ist so gierig auf etwas Essbares, dass er auf Jakobs Forderung eingeht, ihm dafür sein Erstgeburtsrecht abzutreten. Der gewitzte Jakob lässt seinen älteren Bruder ausdrücklich den Verzicht beschwören (1Mo 25,29–34).

Die Zwillinge Esau und Jakob sind inzwischen mehr als vierzig Jahre alt geworden (1Mo 26,34); das bedeutet, dass Isaak zu der Zeit bereits über einhundert Jahre alt war (25,26). Er war entsprechend gebrechlich, konnte nicht mehr richtig sehen und hören. Er meinte, dass sein irdisches Ende nahe wäre. Er bittet darum seinen älteren Sohn Esau, ihm noch einmal ein Wildbret zu erjagen „und bereite mir einen Leckerbissen, wie ich ihn liebe, und bring ihn mir her, daß ich esse, damit meine Seele dich segnet, bevor ich sterbe!" (1Mo 27,4). In Wirklichkeit starb er aber noch lange nicht. Isaak wurde 180 Jahre alt (1Mo 35,28)!

Rebekka hat das mitgehört und startet – mit Jakob als Ausführendem – den großen Betrug an Isaak (27,5–27). Der meint Esau zu segnen und legt seinen Verheißungssegen auf den Betrüger Jakob: „ Siehe, der Geruch meines Sohnes ist wie der Geruch eines Feldes, das JHWH gesegnet hat. So gebe dir Gott vom Tau des Himmels und vom Fett der Erde und von Korn und Most die Fülle! Völker sollen dir dienen und Völkerschaften sich vor dir niederbeugen! Sei Herr über deine Brüder, und vor dir sollen sich niederbeugen die Söhne deiner Mutter! Die dir fluchen, seien verflucht, und die dich segnen, seien gesegnet!" (27,27–29). ==Damit legt Isaak den von seinem Vater Abraham ererbten Segen ungewollt auf seinen Sohn Jakob und zieht die durch JHWH bei seinem Vater Abraham begonnene Auswahl-, Segens- und Verheißungslinie über sich hinaus zu seinem Sohn Jakob weiter und schreibt sie fest.==

Der erschlichene Segen ist kaum ausgesprochen, da kommt Esau von der Jagd zurück und bereitet seinem Vater den gewünschten Leckerbissen. Als er den seinem Vater vorsetzt, wird

2.2 Exkurs: Jakobs Kampf am Jabbok

der Betrug offenbar. Das die Situation und die Folgen klärende, gramvolle Gespräch zwischen Vater und Sohn ist in 27,30–40 berichtet. Mir sind darin zwei Punkte besonders bemerkenswert.

Beiden, Isaak und Esau ist bewusst, dass dieser in Abraham begründete Segen nicht zurückgenommen werden kann; dass er gültig ist, auch wenn er hinterlistig erschlichen wurde. „Wer war denn der ... und ich ihn gesegnet habe? Er wird auch gesegnet bleiben." (27,33) „Dein Bruder ist mit Betrug gekommen und hat deinen Segen weggenommen." So noch einmal in Vers 35; und in 37 schildert Isaak, welche Folgen das für Esau und die gesamte Familie haben wird.

Nehmen wir Segen, den wir im Namen Gottes auf einen Menschen legen, eigentlich auch so ernst? Wir hätten wohl Jakob zurückgerufen und ihm erklärt, das mit dem Segen sei ein durch seinen Betrug verursachter Irrtum gewesen und wir zögen ihn wieder zurück. Es lohnt sich bestimmt, einmal neu nachzudenken, was wir aus dem Handeln in Gottes Namen, speziell dem Segnen im Namen Jesu Christi gemacht haben. Ist das nur noch tote, traditionelle Handlungsweise ohne lebendige Kraft und ohne Wirkung (2Tim 3,5)?

Esau wird sich voller Schrecken bewusst: „... Mein Erstgeburtsrecht hat er genommen, und siehe, jetzt hat er auch meinen Segen genommen!" (27,36). Er sinnt auf Rache und darauf, den nun das Erstgeburtsrecht und den väterlichen Segen besitzenden Bruder völlig auszuschalten, um so selber an dessen Stelle treten zu können. „... und Esau sagte in seinem Herzen: Es nahen die Tage der Trauer um meinen Vater, dann werde ich meinen Bruder Jakob erschlagen." (27,41). Hier sitzt für mich der eigentliche Hintergrund des erst Jahre später stattfindenden Kampfes am Jabbok. Letzten Endes geht es darum, wer in der Segenslinie und damit im Kraftfeld JHWH's steht. Und wem daraus folgernd auch die Verheißung des Landbesitzes gilt.

Rebekka wird wieder einmal aktiv, alles für ihren Lieblings-Sohn Jakob zu arrangieren, damit er mit Isaaks Billigung und Segen zu ihrem Bruder Laban ziehen kann und somit vor Esau sicher ist. In 1.Mose 28,10 beginnt die weite und lange Reise Jakobs nach Paddan-Aram, ins Land Mesopotamien; in das Land, woher seine Mutter stammte und in dem der Weg Abra(ha)ms mit seinem Gott JHWH begann. Erst nach zwanzig Jahren wird er zurückkehren und dort am Jabbok wieder das mit dem Abrahams-Segen verbundene Land betreten.

Schon auf dem Weg nach Paddan-Aram, aber noch im verheißenen Land begegnet ihm JHWH im Traum (1Mo 28,12–16). In einer Vision steht JHWH am Kopf einer Leiter, die von Jakob bis in den Himmel ragt. „Ich bin JHWH, der Gott deines Vaters Abraham und der Gott Isaaks" stellt er sich ihm erstmals vor und spricht ihm die gleichen Verheißungen zu, die schon Abraham erhalten hatte. Und dann ergänzt Gott für Jakob ganz persönlich: „... ich bin mit dir, und ich will dich behüten überall, wohin du gehst, und ich werde dich in dieses Land zurückbringen; denn ich werde dich nicht verlassen, bis ich getan habe, was ich zu dir geredet habe."

Jakob ist erschreckt über dieses Gesicht. Er stellt einen Gedenkstein auf und benennt diese Begegnungsstätte Bethel, Haus Gottes, weil JHWH ihm hier begegnet ist. An dieser denkwürdigen Stätte legt er dann ein uns merkwürdig klingendes Gelöbnis ab: „**Wenn** Gott mit mir ist und [**wenn**] er mich behütet auf diesem Weg, den ich gehe, und [**wenn er**] mir Brot zu essen und Kleidung anzuziehen gibt und [**wenn**] ich in Frieden zurückkehre zum Haus meines Vaters, **dann** soll JHWH mein Gott sein." (1Mo 28,20.21) Dieses „wenn – dann" ist kein Vorbild für uns und sollte uns nicht zur Nachahmung verleiten. Hier ist im Verhältnis zwischen Gott und einem Menschen im Vergleich mit uns heute noch eine völlig andere Situation.

1. Mose 29 und 30 berichten von den zwanzig Jahren, die Jakob bei Laban, dem ihm an Gerissenheit ebenbürtigen Bruder seiner Mutter, verbringt. Sie berichten von Labans Betrug an Jakob wegen Rahel und davon, wie dieser zu vier Frauen und elf Söhnen kommt. Sie berichten, wie der listige Jakob die ihm von Laban aufgezwungene Verweildauer in Haran zum Aufbau einer großen Herde nutzt. Insbesondere die Söhne Labans, aber auch er selbst werden immer gereizter über diese wundersame Mehrung der Herden und den Reichtum Jakobs.

In diese Situation hinein kommt Gottes Aufforderung an Jakob: „Kehre zurück in das Land deiner Väter und deiner Verwandtschaft! Ich werde mit dir sein."(1Mo 31,3.13). Er sammelt seine große Familie, seine Knechte und Mägde und seine Herden und macht sich auf den Weg zurück zu seinem Vater Isaak in das Land Kanaan. Das ganze geschieht heimlich, ohne Laban zu verständigen, der unterwegs war, um seine Schafe zu scheren. Genauso heimlich nutzt Rahel die Gelegenheit und stiehlt die Teraphim, die Hausgötter ihres Vaters (31,19).

Nach drei Tagen erfährt Laban von Jakobs Flucht; er jagt diesem riesigen Zug nach und erreicht ihn nach sieben Tagesreisen. Gott macht seine Verheißung an Jakob wahr, indem er Laban in einem Traum warnt: „Hüte dich, daß du mit Jakob vom Guten bis zum Bösen redest!" (1Mo 31,24.29). Damit werden Labans Zorn Grenzen aufgezeigt. Aber er sucht wütend nach den ihm gestohlenen Hausgöttern, die Rahel ohne Jakobs Wissen mitgenommen hatte. Sie täuscht ihren Vater raffiniert, sodass der nichts finden kann. Nach heftiger wechselseitiger Beschuldigung, wie jeder den anderen ausgenutzt, wenn nicht sogar betrogen hätte, schließen sie Frieden. Sie bauen neben dem Gedenkstein noch einen großen Steinhaufen als Grenze zwischen sich auf und besiegeln diesen Frieden mit einem Bundesschluss.

Interessant, wie Laban seinen Spruch beschließt: „Der Gott Abrahams und der Gott Nahors sollen zwischen uns richten, der Gott ihres Vaters." (1Mo 31,53) Wer ist denn dieser Gott Nahors, den Laban noch näher definiert als den Gott des gemeinsamen Vaters von Abraham und Nahor? Ihr gemeinsamer Vater war Terach; siehe Stammbaum in 1Mo 11,27. Josua nimmt in seiner Mahnrede an Israel kurz vor seinem Tod darauf Bezug: „.... Jenseits des Stroms haben eure Väter vorzeiten gewohnt, Terach, der Vater Abrahams und der Vater Nahors, und sie dienten anderen Göttern." (Jos 24,2). Dort in Ur in Chaldäa diente diese gesamte Familie Terachs nicht JHWH sondern anderen, in diesem Land zuständigen Göttern.

Laban ruft seine von Terach über Nahor auf ihn gekommene Gottheit und den Gott Abrahams als Richter bei Streit zwischen ihnen auf. Von Jakob heißt es dann: „Da schwor Jakob bei dem Schrecken seines Vaters Isaak." Seines Vaters Gott, JHWH, ist für ihn der, der seinem Schwur Gültigkeit verleiht. Rahel hat aber immer noch die Teraphim ihres Vaters bei sich.

Jakob ist sich bewusst, dass Esau über die große Karawane, mit der sein Bruder auf dem Weg ist, längst Bescheid erhalten hat. Und er ist sich darüber im klaren, dass Esau ihm nach zwanzig Jahren das Land nicht problemlos überlassen wird. Darum schickt Jakob Boten voraus, die die Lage erkunden und, wenn sie Esau begegnen, „um Gunst in seinen Augen" bitten sollen. Diese berichten bei ihrer Rückkehr, dass Esau ihm mit 400 Mann entgegen zieht; „da fürchtete sich Jakob sehr, und ihm wurde angst." (32,4–8). In den Versen 10–13 wird uns sein Hilferuf zu seinem Gott JHWH berichte. In seiner Auslegung zu diesem Text schreibt Benno Jakob: „Jakob hatte (v 12) Gott angefleht: errette mich aus der Hand meines Bruder, aus der Hand Esaus! Es war das erste Gebet, das jemand für sich selbst an Gott richtete." (S. 642).

Er disponiert strategisch klug, um zumindest einen Teil seiner Habe durch den zu erwartenden Konflikt hindurch zu retten. In der letzten Nacht vor der entscheidenden Begegnung führt er schließlich die vier Frauen und seine elf Söhne samt dem Rest seiner Habe über die Furt des Jabbok. „Und Jakob blieb allein zurück." (32,25).

2.2.3 Was der Text über diesen nächtlichen Kampf berichtet

Ein Mann (isch) ringt mit Jakob, bis die Morgenröte anbricht; also bis es dämmert. Als dieser Mann merkt, dass er Jakob nicht überwältigen kann, verrenkt er diesem das Hüftgelenk. Es findet demgemäß hier kein irgendwie geartetes geistiges Ringen statt, sondern ein echter körperlicher Kampf. Später wird direkt gesagt, dass Jakob nach dem Kampf hinkt. Dazu noch einmal Benno Jakob: „Nach Maim. [Maimonides] ... ist auch dieses Erlebnis ein Traumgesicht gewesen ... Das scheitert an der bestimmten Aussage, dass Jakob am anderen Morgen tatsächlich hinke (v 32). Eben dieser Umstand macht auch die Deutung unmöglich, dass der Kampf nur ein inneres Ringen im Gebet gewesen sei." (S. 641). Es ist sogar Sitte geworden, dass man in Israel wegen dieser körperlichen Folge des nächtlichen Kampfes den Hüftmuskel der Tiere nicht isst (1Mo 32,32.33).

So lahm geschlagen klammert sich Jakob an diesen Kämpfer fest, dass der ihn mit der Begründung: „denn die Morgenröte ist aufgegangen" bittet, er möge ihn doch loslassen. Jakob stellt dafür eine Bedingung: der Mann müsse ihn vorher segnen. Ehe der dies tut, fragt er Jakob nach seinem Namen und erklärt auf dessen Antwort: „Nicht mehr Jakob soll dein Name heißen, sondern Israel; denn du hast mit Gott und mit Menschen gekämpft und hast überwältigt." (32,29). Buber übersetzt in ‚Die fünf Bücher der Weisung': „Nicht Jaakob werde fürder dein Name gesprochen, sondern Jissrael, Fechter Gottes, denn du fichtst mit Gottheit und mit Menschheit und übermagst." Diese letzte Feststellung wird unter anderem übersetzt mit: „du hast obsiegt", „du warst überlegen", „du hast gewonnen". Sein Gegner erkennt Jakobs eindeutigen Sieg über ihn an.

Zum Schluss fragt Jakob noch seinen Gegner nach seinem Namen; der wird ihm aber verweigert. „Und er segnete ihn dort." Dieser Mann erfüllt also Jakobs Bedingung und darf sich entfernen. Damit findet diese Begegnung ihr Ende. Jakob prägt für diese Stätte des Kampfes den Namen Pnuel/Pniel; das heißt verdolmetscht „Angesicht Gottes". Er begründet das: „Ich habe Gott von Angesicht zu Angesicht gesehen, und meine Seele ist gerettet worden."

Soweit der eigentlich dürre Inhalt dieser neun Verse (32,25–33), wenn man versucht, den Text ohne Ausschmückungen nachzuerzählen. Jakob hat einen nächtlichen Kampf mit einem irgendwie seltsamen Mann (isch), mit Gott / mit einer Gottheit (elohim) bestanden und ist bis auf die verrenkte Hüfte dabei recht gut weggekommen.

Interessant ist im Hinblick auf den Aufmarsch der Heerestruppe Esaus und den begründeten Befürchtungen Jakobs vielleicht noch, was in Kapitel 33 berichtet wird. Wie nämlich am Tag nach diesem nächtlichen Kampf die Begegnung Jakobs mit Esau und seiner Streitmacht von

400 Männern ausgeht. Esau ist überhaupt nicht auf Kampf aus. Er will nicht einmal die Geschenke annehmen, die ihm Jakob zur Begrüßung fast aufdrängt, um ihn friedlich zu stimmen. Es sieht fast so aus, als verstünde Esau überhaupt nicht, warum Jakob so ängstlich ist. Man trennt sich; Esau kehrt nach Seir zurück, und Jakob bricht auf nach Sukkot (33,16.17).

Nun hat diese Erzählung aber zumindest zwei problematische Aussagen, die das Verstehen schwierig machen, wenn man nicht nur oberflächlich liest. Zunächst erklärt der Mann, Jakobs Gegenüber im Kampf: Du hast mit Gott gekämpft. Jakob selbst stellt nach dem Kampf fest: „Ich habe Gott von Angesicht zu Angesicht gesehen." Wie kann Jakob Gott besiegen? Das stellt sein Gegner aber eindeutig fest. Und wenn das wirklich der Gott war, den wir als den Gott Abrahams, Isaaks und Jakobs anerkennen, wieso konnte er nur während der Finsternis kämpfen und wollte bei der Morgendämmerung mit Gewalt verschwinden?

Außerdem verlangt Jakob von dem Verlierer, dass der ihn segnet, bevor er bereit ist, ihn wegen des Hellwerdens loszulassen. Jakob ist der Sieger. Wieso will er vom Verlierer gesegnet werden? Der hat noch dazu ganz offensichtlich Nöte, wegzukommen, weil Jakob ihn festhält. In Hebr 7,7 wird im Zusammenhang von Melchisedek und Abraham festgestellt: „Ohne jeden Widerspruch aber wird das Geringere von dem Besseren gesegnet." Es ist doch wohl erlaubt zu übertragen: das Schwächere von dem Stärkeren; hier geschieht es aber genau umgekehrt. Seltsam!

Das sind Fragen, die sich aufdrängen, wenn man nicht Teile des Berichts ausklammert. Wenn man bei Gläubigen, die von ihrem „Pniel-Erlebnis" berichten, oder bei traditionellen Auslegern zu diesen Aussagen des Berichts Rückfrage hält, kommen sie meist in Verlegenheit. Wie oft haben sie in Auslegungen zu diesem Bericht gehört oder gelesen, in schwierigen Situationen sollten sie sich genau wie Jakob an Gott festklammern: „Ich lasse dich nicht, du habest mich denn gesegnet!" Was machen wir also mit diesem Text?

2.2.4 Was hat sich am Jabbok wirklich ereignet? Versuch einer Deutung

2.2.4.1 Jakobs Gegner im Kampf

Um das Nachfolgende recht mitbedenken und die Bedeutung zwei entscheidender Begriffe richtig verstehen zu können, ist es ratsam, noch einmal nachzulesen, was in 1Mo 32,23–33 berichtet wird. Einige zusätzliche Einzelheiten dieses Kampfes werden in Hos 12,4–7 berichtet. Ich ergänze hierbei in eckigen Klammern [...], wie Buber in seiner Übersetzung entscheidende Worte in diesem Hosea-Text verdeutscht:

„Im Mutterleib hielt er seines Bruders Ferse, und in seiner Manneskraft kämpfte er mit Gott [Gottheit] (elohim). Er kämpfte mit dem Engel (malak) und war überlegen! Er weinte und flehte ihn [Ihn] um Gnade an. In Bethel fand er ihn [Ihn], und dort redete er [Er] mit ihm. Und JHWH, der Gott der Heerscharen (Zebaoth) – Jahwe [ER IST DA] ist sein Name – Ja, du darfst mit Hilfe deines Gottes zurückkehren! Bewahre Treue und Recht und hoffe ständig auf deinen Gott!"

2.2 Exkurs: Jakobs Kampf am Jabbok

Ganz entscheidend ist zunächst zu klären, mit wem Jakob in dieser Nacht wirklich gekämpft hat. Hierbei werden in 1.Mose und Hosea drei verschiedene hebräische Wörter benutzt:

In 1Mo 32,25 heißt es: „ein Mann", „isch", rang mit ihm bis zur Morgenröte. Ein „isch" ist ganz allgemein im menschlichen Bereich ein Mann. So kann aber auch ein Jenseitiger genannt werden. Josua begegnet bei Jericho einem „isch", „ein Mann stand ihm gegenüber" und der gibt sich dann zu erkennen als „der Oberste des Heeres JHWH's" (Jos 5,13.14). „isch" ist hier ein zunächst undefinierter Jenseitiger, der ins Diesseits herübertritt. In Dan 9,21 überbringt der „isch" Gabriel dem Daniel die Botschaft über die zukünftigen 70 Jahrwochen.

In Hos 12,5 wird dieser Kämpfer gegen Jakob als Engel „malak" bezeichnet: „Er kämpfte mit dem Engel und war überlegen." Auch „malak" kann im ganz irdisch, menschlichen Bereich angewandt werden. Dann ist das ein Bote für unterschiedlichste Aufträge; wie zum Beispiel die Boten hier in unserem Text in 1Mo 32,4.

In 1Mo 32,29.31 und Hos 12,4 steht für Jakobs Gegenüber je einmal „elohim", in Vers 7 zweimal. In den üblichen (christlichen) Bibeln wird mit Gott übersetzt. Interessant ist, dass der Jude Buber in 1Mo 32,29 und Hos 12,4 mit Gottheit übersetzt. An den anderen Stellen hat er auch Gott stehen. Er macht also ganz offensichtlich und bewusst einen Unterschied zwischen Gott und einer wie auch immer zu verstehenden Gottheit. Daraus ergibt sich die Frage: Wenn dieser alttestamentliche „elohim" nicht oder nicht immer der Gott Abrahams, Isaaks und Jakobs ist, wer ist er dann?

2.2.4.2 „JHWH elohim" – der Gott Abrahams, Isaaks und Jakobs

Hier sind wir bei der für das Verständnis entscheidenden Bezeichnung, wer oder was dieser Gegner Jakobs war. Aber dazu müssen wir uns zunächst mit diesem Begriff „elohim" ganz allgemein etwas genauer auseinandersetzen.

Schriftausleger erklären zuweilen, „elohim" sei einer der vielen Namen Gottes im alten Testament. Hier ein in seinem Grundtenor wohl typisches Beispiel: In seinem „Arbeitsbuch zum Bibelstudium" führt Abraham Meister unter den „drei Hauptgruppen der heiligen Namen" auf: 347 „Namen Gottes", 250 „Christologische Hoheitstitel" und 98 „Namen und Bezeichnungen des Heiligen Geistes". Einer der 347 Namen sei dann auch „elohim" (#108), der „2500 mal in der hebräischen Bibel" vorkommt. Unter #416 ist dann ausgeführt: „Jahwe ist nächst ‚Elohim' der meistgenannte Gottesname im Alten Testament ..."

Nun betont aber H. I. Grünewald, der Rabbiner der Israelitischen Kultusgemeinde München, in seiner „Lehre Israels" im Abschnitt „Name des Ewigen" (S. 73/74): „Der Name, unter dem G'tt den Vätern geläufig gewesen war, mußte ihnen erklärt werden. Dieses Tetragramm [Bezeichnung für das aus den vier hebräischen Konsonanten J-H-W-H gebildete ‚Vierbuchstaben-Wort'] ist nach überlieferter jüdischer Auffassung der einzige Name, mit dem wir G'tt benennen. Jede andere Bezeichnung ist nur die Benennung einer Eigenschaft, eines Attributes, das wir G'tt zulegen. Ein Name im eigentlichen Sinn dieses Wortes existiert außer diesem vierbuchstabigen nicht. ...

Nach Auffassung der jüdischen Denker aller Zeiten sind alle anderen Namen, mit denen wir G'tt benennen, nichts als Ausdrücke für das, was er in seiner Welt wirkt, es sind Attribute seiner Manifestationen. So kennen wir den ‚Namen', der G'tt als obersten Richter in dieser Welt kennzeichnet, den, der seine Allgegenwart zum Ausdruck bringt und viele andere mehr. Siebzig Namen dieser Art zählt der Midrasch auf ...".

Die gleiche Auffassung vertritt auch M. Friedländer in „Die jüdische Religion". Das 1922 erstmals in deutscher Übersetzung erschienene Werk wurde auf Wunsch der deutschen Rabbinerkonferenz im Jahr 1971 wieder herausgegeben. Hier kommt also nicht nur eine einzelne Meinung zum Ausdruck. „In ihm wird das Judentum so dargestellt, wie es in seinen Quellen erscheint, ohne Hinzufügungen und ohne moderne Interpretationen. Es kann deshalb als ideales Lehrbuch des Judentums angesehen werden." (S. VII)

„Aus demselben Grunde wurde das Wort, das ausschließlich als Gottesname verwandt wird, das Tetragrammaton, selten ausgesprochen und beim Lesen der Bibel durch ‚Adonai', mein Herr, ersetzt. Ausgesprochen wurde es vom Hohenpriester im Tempel am Versöhnungstage im Sündenbekenntnisse und im Gebete um Vergebung; und von den Priestern, wenn sie das Volk gemäß den göttlichen Vorschriften segneten (Num. 6,24–26). Seit der Zerstörung des Tempels wurde das Tetragrammaton nicht ausgesprochen, und so ist es gekommen, daß die richtige Aussprache des Wortes jetzt unbekannt ist." (S. 224)

„Entweihung des Gottesnamens ist sogar eine größere Sünde als Götzendienst (Babyl. Talm. Sanhedr. 106a)." (S. 226)

Auf diesen „vierbuchstabigen" Namen und nicht auf das Wort „Gott", hebräisch „elohim", bezog sich auch das Gebot: „Du sollst den Namen JHWH's, deines Gottes, nicht zu Nichtigem [Lügenhaftem, nicht Angemessenem] aussprechen, denn JHWH wird den nicht ungestraft lassen, der seinen Namen zu Nichtigem ausspricht." (2Mo 20,7).

Wir sind bei der Frage, welch inhaltlicher Hintergrund kommt dem Wort „elohim" zu. Es ist wohl klar geworden, der Name des Gottes Israels ist allein JHWH; der sich Mose erstmals dort am Dornbusch als der „Ich-will-sein, der Ich-sein-will", bekannt gemacht hat (2Mo 3,14). Er ist der „JHWH elohim". Alle anderen sogenannten Namen für den Gott des von ihm erwählten Volkes sind Bezeichnungen für mehr oder weniger bedeutsame Auswirkungen seines Seins oder für ihm zugedachte Eigenschaften. Sie sind Lobpreis ihres Gottes für seine Beziehungen und Handlungen an ihnen als Einzelnen und als Volk. Insofern ist er dann Gott der Heerscharen, Gott der Allmächtige, der Gott Abrahams, Isaaks und Jakobs, der Gott der Treue, usw.

In Abschnitt 4.1.2 wird erläutert, dass und warum nach meinem Verständnis der Gegenüber der Schöpfung und der Geschöpfe immer Gott der Sohn ist. (1Tim 6,16; 4Mo 14,14!; 1Joh 4,12; Joh 1,3.10). Im Tenach gibt es auch für den heutigen Juden keine Unterscheidung zwischen Gott dem Vater und Gott dem Sohn. In seiner Menschwerdung erst hat sich der Sohn als solcher offenbart; und er ist wiederum der, der uns Menschen den Vater bekannt gemacht hat (Joh 1,18).

So verstanden offenbart sich für mich zumindest ab 1Mo 12 im „JHWH elohim" der Gottes-Sohn in seiner Präexistenz, bevor er durch die Kraft des Geistes Gottes gezeugter Mensch in seiner diesseitigen Schöpfung wird. Johannes zitiert in 12,37–43 im Zusammenhang mit dem Unglauben der Juden in Jerusalem Stellen aus Jes 6 und 53, die dort von JHWH sprechen, und erläutert dann: „Dies sprach Jesaja, weil er seine Herrlichkeit sah und von ihm redete." (v 41). Man vergleiche auch die Aussage aus der Rede des Herrn in Mt 25,31.32 mit Joe 4,12 und aus der Rede des Petrus in Apg 2,21 mit Joe 3,5. Für einen orthodoxen Juden sind das alles unmögliche Aussagen.

Zu diesen Überlegungen fand ich in der als Band 1 der „Schriften der Hochschule für jüdische Studien, Heidelberg" erschienenen Dissertation von Christiane Dithmar eine interessante Aussage. Sie führt darin über das „Heilsgeschichtliche Denken" des Nikolaus Graf von Zinzendorf, der sowohl den Pietismus als auch die Herrnhuter Brüdergemeinde stark prägte, unter anderem aus: „Zinzendorf ging bei seinem Verständnis der Heilsgeschichte Gottes von zwei Prämissen aus. Erstens: der im Alten Testament wandelnde und wirkende Gott ist Christus. Er hat sich bereits im Alten Testament den Menschen offenbart, allerdings ist er zu unterschiedlichen Zeiten auf unterschiedliche Weise aufgetreten ...". (Zinzendorfs ...; S. 237)

Wir halten also fest: Der Name des Gottes Israels ist JHWH. „elohim" ist ganz eindeutig kein Name, sondern eine Art Gattungsbegriff „Gott" oder neutraler „Gottheit". Weiter habe ich ausgeführt, dass JHWH, der Gott, der sich Abra[ha]m auserwählt, der sich den anderen Vätern Israels bis hin zu Mose offenbart und Israel zu seinem Volk aus allen anderen Völkern erwählt, der Sohn Gottes ist. Seit seiner Erniedrigung als Mensch und seiner Selbstoffenbarung können wir in JHWH den Sohn erkennen.

Nun gibt es bei unserem Thema wieder ein Übersetzungs- und damit Verständnisproblem. Sobald in der hebräischen Bibel von dem „elohim" eines anderen Volkes als Israel die Rede ist, übersetzen fast alle Bibeln nicht „Gott" sondern „Götter". Götter sind im allgemeinen Verständnis diese dummen Bildnisse und Natur-Heiligtümer, also gleichzusetzen mit Götzen ohne jeden realen Machthintergrund.

Es ist richtig, dass Gott sich immer wieder lustig macht über die Standbilder für irgend eine Gottheit. Jes 44,9–20 ist ein typisches Beispiel: „Teils heizt er und bäckt Brot, teils verarbeitet er es zu einem Gott und wirft sich nieder, macht ein Götzenbild daraus und beugt sich vor ihm. Die Hälfte davon verbrennt er im Feuer. Auf dieser seiner Hälfte brät er Fleisch, ißt den Braten und sättigt sich. ... Und den Rest davon macht er zu einem Gott, zu einem Götterbild. Er beugt sich vor ihm und wirft sich nieder, und er betet zu ihm und sagt: Errette mich, denn du bist mein Gott – Sie haben keine Erkenntnis und keine Einsicht. ..." (v 15–18).

Aber wenn das alles nur Menschengebilde aus Holz, Stein oder Erz sind, warum führt JHWH dann solch einen erbitterten Kampf dagegen? Anlässlich der Strafgerichte JHWH's an Ägypten erklärt dieser vor der zehnten Plage: „Auch an allen Göttern (elohim) Ägyptens werde ich ein Strafgericht vollstrecken, ich, JHWH." (2Mo 12,12). „JHWH ist ein Mann des Kampfes ..." singen sie im Lied Moses (2Mo 15,3) nach Gottes Kampf gegen die Ägypter und ihre „elohim". Gegen wen kämpft er denn da?

2.2.4.3 Die „elohim" der Völker

So, wie hinter dem Volk Israel ihr „JHWH elohim", ihr Gott als Schutz und Machtfaktor steht, genau so stehen auch hinter anderen Völkern jenseitige Machthaber, „elohim". Buber übersetzt dann „Gottheiten" in Abgrenzung zum Gott Israels. Für die meisten Gläubigen ist diese Aussage sicher überraschend.

Aber Paulus redet auch von „Gewalten (arche), Mächten (exousia – Autoritäten), Weltbeherrschern (kosmokrator) der Finsternis, Geister der Bosheit im Himmlischen" (Eph 6,12). Christus hat nach Tod und Auferstehung über Gewalten und Mächte einen Triumph gehalten, als er sie entwaffnete und öffentlich zur Schau stellte (Kol 2,15). Wo hat er sie denn zur Schau im Triumphzug herumgeführt? Doch nicht hier auf Erden sondern im Himmlischen, in der uns nicht sichtbaren jenseitigen Welt. Throne oder Herrschaften, Gewalten oder Mächte im Unsichtbaren sind durch den Gottessohn erschaffen (Kol 1,16).

Von Heinrich Schlier ist ein kleines Bändchen „Mächte und Gewalten im neuen Testament" erschienen. Im Kapitel „Wesen und Wirken der Mächte" (S. 11/12) zählt er 34 Bezeichnungen für diese „Mächte und Gewalten" auf, deren Vorkommen er mit ca. 100 Bibelstellen belegt. Er schließt die Aufzählung ab mit: „Es gibt also eine Fülle von Namen für die Mächte und besonders für den Satan. Diese Fülle zeigt aber noch einmal, wie stark dieses Phänomen die Christen der Urkirche beschäftigte."

Ohne alle Ausdeutungen Schliers nachvollziehen zu können, fand ich doch die umfangreichen Erläuterungen zu den verschiedenen Begriffen für diese jenseitigen Mächte und seine Gedanken über ihren Wirkbereich sehr anregend zum eigenen Weiterdenken. Unter all diesen Gewalten sind für mein Verständnis auch diese anderen Gottwesen, diese „elohim" im hebräischen alten Testament einzuordnen.

In „Biblisches ABC – Wider das unbiblische Bibellesen" von K.H. Miskotte fand ich: „Der Name *unterscheidet* Gott von *anderen* Wesen, Göttern und Dämonen. Die Bibel hat nicht zuerst einen allgemeinen Gottesbegriff, um diesem sodann besondere Namen, Bilder, Eigenschaften hinzuzufügen. Sie spricht von Gott zunächst als von *einem* Gott zwischen anderen Göttern. Wie fremdartig uns das auch vorkommen, wie primitiv es uns scheinen mag, wir können nicht daran vorbei, denn dieses Primitive verbirgt ein Geheimnis." (S. 37)

„Also wohlverstanden: ob es nur *einen* Gott gibt, das ist eine Frage *zweiten* Ranges; aber daß *dieser* Gott *unser* Gott ist, das ist ein Heil ersten Ranges. *Darum* geht es in der Bibel: um die Art, den Charakter, die Qualität dessen, der sich uns wahrhaft und in Treue geoffenbart hat. ...

Darum dürfen wir dieser Erkenntnis, diesem Bekenntnis und Zeugnis vor allem nicht eine Stütze unterschieben wollen, die in der vermeintlichen Selbstverständlichkeit bestünde, daß es ‚natürlich nur *einen* Gott gibt'. So einfach liegen die Dinge in der heiligen Lehre nicht.

Monotheismus ist keine Sache der Besonderheit, d.h. dafür bedarf es keiner besonderen Offenbarung. Aber das, was höher ist als der Monotheismus, bietet sich dar in dem Schein des Niederen: eines Gottes unter Göttern. Neben Baal usw. – *gegen* Baal, aber doch *neben* Baal erscheint Jahwe, erscheint Jehova als ein Gott, der in die Geschichte eingetreten ist. ...

Die Existenz jener Götter wird also nicht geleugnet, die Art ihrer Existenz wird nicht reflektiert, ihr Machtgebiet nicht abgesteckt." (S. 39 – kursive Hervorhebungen im Original).

Offenbar haben kulturell-religös zusammengehörige Menschengruppen mit gleicher Gottesvorstellung, hat ein Volk des Tenach, das sich von einem der alten Stammväter herleitet – wie zum Beispiel die Edomiter von Esau, oder die Ammoniter und die Moabiter von den beiden durch Inzucht gezeugten Söhnen Lots Ben-Ammi und Moab (1Mo 19,37.38) –, einen speziel-

2.2 Exkurs: Jakobs Kampf am Jabbok

len, ihnen zugeordneten metaphysischen Hintergrund mit einem Herrscher oder Thron, wie Paulus das nennt; einem „elohim" wie der Tenach sagt (z.B.: Ri 11,24).

Hat das etwas zu tun mit 5Mo 32,8: „Als der Höchste den Nationen das Erbe austeilte, als er die Menschenkinder voneinander schied, da legte er fest die Grenzen der Völker nach der Zahl der Söhne Israel."? Die Septuaginta übersetzt hier „Zahl der Engel Gottes". Das griechische neue Testament hat bei Zitaten aus dem Tenach oft „aggelos" = Engel stehen, wo im hebräischen Text „elohim" stand (z.B.: Hebr 2,7 und Ps 8,6).

Noch einmal Miskotte (S. 40): „Auch Paulus sagt noch: ‚Wiewohl solche sind, die Götter genannt werden, es sei im Himmel oder auf Erden, wie es ja viele Götter und viele Herren gibt, so haben *wir* doch nur *einen* Gott, den Vater, von welchem alle Dinge sind und *wir zu ihm*, und *einen* Herrn, Jesus Christus, durch welchen alle Dinge sind und *wir durch ihn*' (1.Kor. 8,5 f.).

Das ist dieselbe *Struktur* wie im Alten Testament, das ist, sozusagen, die *Methode des Namens*, nämlich: zuerst: dieser Gott ist unser Gott – und dann: dieser Gott ist der einzige, der allmächtige, der allgegenwärtige usw.

Also, wohlverstanden (an zweiter Stelle): ob nur *ein* Gott *denkbar* ist, ist eine Frage von untergeordneter Wichtigkeit, daß aber *dieser* Gott so erkannt wird und so angeredet, angerufen werden, daß man so zu ihm nahen kann, das ist das Entscheidende für das ganze menschliche Dasein."

==Gegen diese Gewalten und Mächte, gegen diese Kosmokratoren== oder „elohim" kämpft der ==„JHWH elohim"==. Über sie macht er sich nicht lustig, sondern gegen sie führt er einen erbitterten Krieg. Wenn man das nicht annehmen will, muss man viele Berichte über reale Geschehnisse als mythologische, psychologische oder irgendwie metaphorische Erzählungen der Alten wegerklären. Damit gehen aber wesentliche Aussagen über die jenseitige Welt und ihr Einwirken auf das Sichtbare verloren. Die Religionen der alten ethnischen Völker haben zum Teil einen durchaus realen, wenn auch mit Mythen ausgeschmückten und pervertierten Hintergrund.

Im Bericht vom Auszug Israels aus Ägypten in 2Mo 7–12 geht es um solch einen Kampf, der seinen Höhepunkt im Sterben aller Erstgeburt im Land findet.

„Und ich werde in dieser Nacht durch das Land Ägypten gehen und alle Erstgeburt im Land Ägypten erschlagen vom Menschen bis zum Vieh. Auch an allen Göttern („elohim") Ägyptens werde ich ein Strafgericht vollstrecken, ich, JHWH." (2Mo 12,12; vergl. 2Sam 7,23).

Er kann solch ein Strafgericht vollziehen, denn er „JHWH, euer *elohim*, er ist der *elohim* der *elohim* und der Herr der Herren ..." (5Mo 10,17).

„... denn ein großer Gott (el) ist JHWH, ein großer König über alle *elohim*" (Ps 95,3).

„Keiner ist wie du, Herr, unter den *elohim*" (Ps 86,8).

„Denn du, JHWH, bist der Höchste über die ganze Erde. Du bist sehr erhaben über alle *elohim*." (Ps 97,9).

Er kann diese Gottheiten über ihr Tun zur Rechenschaft ziehen: „*elohim* steht in der el-Versammlung, inmitten der *elohim* [Buber: Gottwesen] richtet er ..." (Ps 82,1).

Jes 24,21: „Und an jenem Tag wird es geschehen, da wird JHWH das Heer der Höhe heimsuchen in der Höhe und die Könige der Erde auf der Erde." Dazu erklärt Eduard König in seinem Hebräischen und aramäischen Wörterbuch zum Alten Testament (1936; S. 381): „ ‚das

Heer in der Höhe', die vorausgesetzten überirdischen Schutzmächte der gegen Gott sich auflehnenden Nationen."

Als Jitro, Moses Schwiegervater, der Priester in Midian war, ihm seine Frau und seine zwei Söhne zum Sinai brachte, erfuhr er alles, was JHWH an Mose und Israel getan hatte. Dieser Priester einer anderen Gottheit stellt daraufhin fest: „Gepriesen sei JHWH, der euch errettet hat aus der Hand der Ägypter und aus der Hand des Pharao ... Nun habe ich erkannt, daß JHWH größer ist als alle elohim, denn worin sie vermessen handelten, das kam über sie." (2Mo 18,10.11.)

2.2.4.4 Begegnungen Israels mit fremden „elohim"

Für den Tenach ist es selbstverständlich, dass neben „JHWH elohim", dem elohim Abrahams, Isaaks und Jakobs und seines Auswahl-Volkes Israel, dem „el schaddai" (Gott der Allmächtige), dem „JHWH, elohim zebaoth" (Gott der Heerscharen) noch andere elohim existieren. Er, der Gottessohn hat sich an einen Auserwählten, an Abraham und damit an ein Volk und Land gebunden, hat sich damit freiwillig in die Ordnungen der „elohim" eingebunden, die für ein Volk und Land zuständig sind. Aber er bleibt Gottes Sohn und damit auch als „JHWH elohim" eine Art „primus inter pares", der Erste unter Gleichen. In ähnlicher Weise wie er auch später in seiner freiwilligen Erniedrigung als Mensch doch der Sohn Gottes bleibt.

Viele im Tenach berichtete Ereignisse sind überhaupt nicht zu verstehen, wenn man diesen Hintergrund nicht als Realität einbezieht. Der Gott Israels verliert Kriege. Wenn Mose den Elohim-Stab nicht hochhalten kann, siegen die Amalekiter. Das ist überhaupt ein wundersames, völlig außerhalb unserer Vorstellungswelt liegendes Utensil (2Mo 4,2–4; 7,9–12; 14,16; 17,5.6.9). Die Philister erbeuten die Bundeslade und im Haus ihres Gottes Dagon ereignen sich seltsame Dinge, als sie die Lade dort aufstellen (1Sam 5). Hier etwas ausführlicher zwei Berichte, die, wenn man sie als Bericht realer Geschehnisse nimmt, nur unter solch einem Verständnis eine Erklärung finden können.

Zunächst zu den in 2Kö 17,24–41 berichteten Ereignissen. Hier ist zu beachten, dass die Verse 34–40 als Einschub eine Strafpredigt an Israel sind; Vers 41 gehört vom hier interessierenden Bericht her direkt anschließend an Vers 33. Was ist hier passiert?

Das Zehn-Stämme-Reich Israel hat durch ihre Abgötterei das Strafgericht JHWH's über sich heraufbeschworen; sie sind vom assyrischen König in Gefangenschaft verschleppt worden. Dieser siedelt nun in dem von den Israeliten verlassenen Land Samaria Leute aus verschiedensten Stämmen an; ein buntes Völkergemisch mit ihren nationalen Gottheiten lässt sich im JHWH gehörenden Land nieder, ohne von ihm zu wissen. Wenn sie aber vom Ertrag des Landes leben, das sein Eigentum ist, steht ihm als Dank ein Minimum an Verehrung zu. Er erinnert sie daran, indem er Löwen unter ihnen wildern lässt. Sie verstehen auch sofort, was das zu bedeuten hat. Sie erbitten von ihrem König nicht „Großwild-Jäger", um der Löwenplage Herr zu werden. Sie verlangen nach Priestern des weggeführten Volkes, um zu lernen, wie dieser Gott, dem das Land gehört, zu verehren ist.

2.2 Exkurs: Jakobs Kampf am Jabbok

Höchst beachtenswert ist dabei, dass JHWH nicht verlangt, dass sie ihren Volks-Gottheiten abschwören. Sie sind nicht sein Volk; also stellt er an sie keinen absoluten Anspruch (17,33.41). Wir würden vermuten, dass sie nun das Gesetz oder doch zumindest die zehn Gebote erfüllen müssten. Aber die haben für diese fremden Stämme keine Verbindlichkeit; anders als es für Israel der Fall ist gemäß v 34–40. JHWH elohim hat ein Volk und ein Land zu seinem Eigentum erwählt. Die anderen Völker leben getrennt von dieser Auswahl. Sie werden nicht missioniert! Einzelne Menschen können unter bestimmten Bedingungen in JHWH's Volk eingegliedert werden. Aber das sind Ausnahmen.

Der Bericht in 2Kö 3,21–27 ist noch unverständlicher. Joram, der König von Israel, führt Krieg gegen Mescha, den König der Moabiter. Er verbündet sich mit Joschafat, dem König Judas und mit dem König der Edomiter. „Die Hand JHWH's" kommt auf Elisa; er gibt göttlichen Rat. Moab wird vernichtend geschlagen (v 24). Kir-Heres, die letzte Bastion ist umzingelt und wird von Steinschleudern beschossen.

Dann heißt es (v 26.27): „Als aber der König von Moab sah, daß ihm der Kampf zu heftig war, nahm er 700 Mann mit sich, die das Schwert zogen, um zum König von Aram durchzubrechen; aber es gelang ihnen nicht. Da nahm er seinen erstgeborenen Sohn, der an seiner Stelle König werden sollte, und opferte ihn als Brandopfer auf der Mauer. Da kam ein großer Zorn über Israel; und sie zogen von ihm ab und kehrten in ihr Land zurück."

Moab ist vernichtend geschlagen; der Rest des Volkes ist in der letzten Stadt eingeschlossen. Der Ausbruchsversuch scheitert. Da opfert der König in seiner Hoffnungslosigkeit und Verzweiflung seinen Erstgeborenen als Brandopfer seiner Gottheit Kemosch (1Kö 11,7). Anstatt nun diesen siegreichen Kampf endgültig für sich zu entscheiden und damit Frieden zu haben, zieht Israels Streitmacht ab und kehrt um nach Hause. Seltsam!?

Mit diesem Opfer des Erstgeborenen für seinen „elohim" Kemosch kann der König der Moabiter in dem diesem Gottwesen untergeordneten Land eine Machtwirkung auslösen, so gewaltig, dass Israel „von ihm hinweg mußte". Sie durchschauen auch genau wie diese umgesiedelten Stämme sofort die Situation, dass es hier um jenseitigen, von einem „elohim" zu erwartenden „Wutgrimm" (Buber) geht und ziehen sich in ihr Land zurück. Bibelkennern fallen bei dieser Erzählung noch andere Berichte ein, die mit dem Opfern eines Erstgeborenen ihren Höhepunkt finden.

Der Tenach, die hebräische jüdische Bibel berichtet zumindest ab 1Mo 12 fast ausschließlich über das von JHWH auserwählte Volk. Andere Völker kommen eigentlich nur in den Blick, soweit sie mit Israel in Kontakt stehen; insbesondere wenn ihnen Gottes-Gerichte angekündigt werden wie zum Beispiel Hes 25 ff. Deshalb spricht der Tenach auch fast ausschließlich von dem Gott Israels, dem „JHWH elohim". Die Fürstentümer und Gewalten hinter den anderen Völkern, ihre „elohim", treten nur in solchen Einzelfällen ins Blickfeld, wie die angeführten Beispiele. Aber, dass diese „elohim", diese Gottwesen der anderen Völker real existieren, wird als selbstverständlich vorausgesetzt und dessen war man sich in Israel bewusst.

Ich unterstelle, dass der Schüler Gamaliels (Apg 22,3) und Beauftragte des Synedriums, Saulus, durchaus auch in diesem Rahmen dachte. Ihm war wohl auch deshalb besonders bewusst, was Christi Sieg über diese Mächtigen der jenseitigen Welt für Veränderungen bewirkte.

Der Gottessohn hatte sich als „JHWH elohim" freiwillig in die Ordnungen der Elohim eingefügt. Im weiteren Herabsteigen „in Gleichgestalt des Fleisches der Sünde" (Röm 8,3) erniedrigte er sich gehorsam bis „zum Tod am Kreuz. Darum hat Gott ihn hocherhoben" (Phil 2,8.9), „hoch über jede Gewalt und Macht und Kraft und Herrschaft und jeden Namen ..." (Eph 1,21). Nun wurden auch im Jenseits Neuordnungen wirksam (siehe 2.1.7!), sodass jetzt Menschen aus dem bisherigen Zuständigkeitsbereich dieser Machthaber und des „Gottes dieses bösen Äons" (2Kor 4,4) herausgerufen und dem Gottessohn zugeordnet werden können.

2.2.4.5 Jakob kämpft mit dem „elohim" der Edomiter

Was bringen diese Überlegungen nun für das Verständnis des Kampfes am Jabbok? Zunächst geben sie einen völlig neuen Akzent in den Bericht über den Ablauf des Kampfes und die Beteiligten. Wie stellt sich dieses Geschehen nun dar?

Jakobs Gott, JHWH elohim, hatte zu ihm gesprochen: „Kehre zurück in das Land deiner Väter und zu deiner Verwandtschaft! Ich werde mit dir sein." (1Mo 31,3) Nun steht Jakob am Grenzfluss zum verheißenen Land, in dem sich in den letzten zwanzig Jahren Esau ausgebreitet hat. Wenn Gottes Verheißungen sich verwirklichen sollen, musste Esau sich zurückziehen und Jakob das Land in Besitz nehmen.

Wer hatte Interesse, das zu verhindern und damit Gottes Pläne zu hintertreiben? In vorderster Linie der jenseitige Machthaber hinter Esau. Wir können jetzt sagen, der „elohim" der Edomiter wird alles unternehmen, um diesen Besitzwechsel zu verhindern. Dieser mit „isch", „malak" und „elohim" bezeichnete Kämpfer steht auf Esaus Seite und stellt sich Jakob in den Weg. Jakobs einsames Zurückbleiben in dieser Nacht zeigt, dass er eine Konfrontation, welcher Art auch immer, erahnte. Er war Begegnungen mit Jenseitigen durchaus gewohnt.

Damit wird auch einsehbar, warum dieser Kämpfer weg will, als die Morgenröte herauf kommt; dieser „elohim" zählt zu den Finsternismächten. Jakob lässt ihn nicht los, weil die Auseinandersetzung noch nicht abgeschlossen ist. Der Sieger ist noch nicht proklamiert. Sein Gegner schlägt ihm aufs Hüftgelenk und macht ihn kampfunfähig.

Jetzt gibt uns Hosea 12,4–7 einen kurzen Hinweis auf das Geschehen. „... in seiner Manneskraft kämpfte er mit Gott (elohim). Er kämpfte mit dem Engel (malak) und war überlegen! Er weinte und flehte ihn um Gnade an." Hier wird nichts gesagt, warum Jakob weinte; wir wissen aber, sein Hüftgelenk war schmerzhaft verrenkt worden. Aber zu wem flehte er in dieser Situation („um Gnade" ist Übersetzungszusatz, man könnte ebenso gut sagen „um Hilfe")? Wer ist dieser „ihn"? Die Antwort liegt erst im folgenden Text: „In Bethel fand er ihn, und dort redete er mit ihm. Und JHWH, der Gott (elohim) der Heerscharen – JHWH ist sein Name." Interessant ist wieder einmal Bubers Übersetzung. „elohim" in v 4 übersetzt er mit Gottheit, in den Versen 6.7 mit Gott; und die beiden „Ihn" in v 5 schreibt er als Jude mit großem Anfangsbuchstaben.

Mit diesen Überlegungen zu 1Mo 32 und Hos 12 können wir den nächtlichen Kampf in seinem Hintergrund und Ablauf verstehen. Dieser „isch, malak, elohim" will Jakob an der Besitznahme des Landes hindern, kann ihn aber bis zur Morgendämmerung nicht besiegen. Als er Jakob die Hüfte verrenkt, kann dieser nicht mehr kämpfen, aber er kann den Gegner festhalten. Er

2.2 Exkurs: Jakobs Kampf am Jabbok

schreit vor Schmerzen und fleht zu seinem JHWH elohim um Hilfe, die ihm gewährt wird. „Ich habe Gott von Angesicht zu Angesicht gesehen, und meine Seele (nephesch) ist gerettet worden!" 1Mo 32,31.

Jakob entlässt seinen Gegner trotz dessen eindringlicher Bitte nicht: „Ich lasse dich nicht los, es sei denn, du hast mich gesegnet." (32,27) Hier haben wir die zweite Verständnisklippe. Sie ist eigentlich nur eine Übersetzungsfrage. Das hebräische Wort „barak" hat mehrfache Bedeutung, die sich im konkreten Einzelfall aus dem jeweiligen Zusammenhang erschließen muss. Das wesentliche Bedeutungspaar ist auf der einen Seite: segnen, beglückwünschen (mit Segensworten); auf der anderen Seite: loben, preisen, anerkennen. Interessanterweise verhält es sich mit dem entsprechenden griechischen „eulogeo" genau gleich.

Zuweilen findet man die verschiedenen Übersetzungen „segnen" und „preisen" für das gleiche hebräische Wort direkt nebeneinander: „Und er segnete ihn und sprach: Gesegnet sei Abram von Gott, dem Höchsten, der Himmel und Erde besitzt! Und gepriesen sei Gott der Höchste, der deine Feinde in deine Hand geliefert hat." (1Mo 14,19.20; unrev. Elb). Die revidierte Fassung hat hier drei Mal „gesegnet" und schreibt dann in der Fußnote „o. gepriesen". Als Übersetzungsprinzip kann man wohl sagen: vom Höheren zum Niederen gilt „segnen": „JHWH hat meinen Herrn gesegnet" (1Mo 24,35; Hebr 7,7); von unten nach oben „preisen/ loben"; z.B.: „Gepriesen sei JHWH, der Gott Sems" (1Mo 9,26).

Es ist also zulässig, diesen Vers 32,27 anders zu übersetzen: „Ich lasse dich nicht los, es sei denn, du hast mich gepriesen!" Das heiß, du anerkennst, dass du überwältigt bist, dass ich der Sieger bin. Vorher ist die Entscheidung über den Besitz des Landes nicht perfekt. Diese Anerkennung spricht dieser „elohim" dann auch aus: „Du hast mit elohim und mit Menschen gekämpft und warst überlegen" (v 29); „Und er pries ihn dort!", wie wir diesen Satz übersetzen können (v 30). Zusätzlich drückt sein Gegner dies in der Namensänderung von Jakob in Israel aus (v 29). Das kann bedeuten: Gottesstreiter, Ringer mit Gott; aber auch: der, für den Gott streitet; Buber übersetzt „Fechter Gottes".

Bleiben noch zwei abschließende Anmerkungen zu diesem nächtlichen Kampf am Jabbok. Nachdem der Kampf um die jenseitige Herrschaft entschieden ist, fällt der diesseitige Kampf aus. Der Finsternis-Elohim war durch die Jakob stärkende Macht JHWH's besiegt; nun hat Esau keinerlei Chance mehr, im diesseitig Irdischen den Besitz des Landes festzuschreiben (1Mo 33).

Die den Sieg Jakobs anerkennende Namengebung durch den besiegten Elohim ist für JHWH nicht verbindlich. Als er Jakob in Bethel begegnet, stellt er ganz lapidar fest: „Dein Name ist Jakob!" (35,10) Vor seinem Gott hat sich bis hier in Bethel daran noch nichts geändert. Aber dann spricht Gott weiter: „Dein Name soll nicht mehr Jakob heißen, sondern Israel soll dein Name sein!" Hier gibt es keinen Kommentar zu dieser Namengebung und von Gott her auch keine Verbindung zu diesem nächtlichen Kampf. „So gab er ihm den Namen Israel". Aber dann folgt eine großartige, an die alten Väterverheißungen anknüpfende, aber doch ganz persönliche Verheißung für Jakob-Israel (1Mo 35,11.12):

„Ich bin Gott, der Allmächtige („el schaddai"), sei fruchtbar und mehre dich; eine Nation und eine Schar von Nationen soll aus dir entstehen, und Könige sollen aus deinen Lenden hervorkommen! Und das Land, das ich Abraham und Isaak gegeben habe, dir will ich es geben, und deinen Nachkommen nach dir will ich das Land geben."

2.2.5 Die prophetische Perspektive dieses Kampfes

Schriftausleger haben immer wieder Verbindungen aufgezeigt zwischen Personen oder Ereignissen in den biblischen Berichten, die als eine Art typologische Vor-Bilder über sich selbst hinausgewiesen haben auf andere Persönlichkeiten und Geschehnisse sowohl der göttlichen, als auch der ganz persönlichen Heilsgeschichte. Zum Beispiel kehren Grundmuster, die in der Josef-Geschichte in 1. Mose zu erkennen sind, in den Berichten über Jesus in Vollkommenheit wieder. Israels Auszug aus Ägypten wurde und wird immer wieder beispielhaft für den Beginn eines Glaubenswegs mit Jesus Christus herangezogen.

Ich meine, dass wir aus diesem Bericht über den Kampf am Jabbok einen prophetischen Hinweis auf die Situation heute in Israel ableiten können. Israels Verheißungen sind immer noch mit dem von Gott für sich beschlagnahmten Land und dem zwölfstämmigen Auswahlvolk verbunden. Diesen Segen kann niemand von Israel wegnehmen und auf ein anderes Volk oder Nichtjuden übertragen. Gott hat sich mit einem Eid gebunden (5Mo 29,11.12; Jes 54,9.10; Lk 1,73; Hebr 6,16.17). Deshalb konnte Israel nach seiner Vertreibung in keinem anderen Land wieder zusammengeführt und angesiedelt werden, wie immer wieder einmal vorgeschlagen wurde.

So wie bei Jakob ein für die damalige Situation großes Volk, seine Knechte und Mägde die mit ihm von Laban aufgebrochen waren, samt allem Hausrat und Vieh schon ins verheißne Land vorgestoßen waren, haben sich auch heute Teile aller zwölf Stämme unter dramatischen Umständen im Land angesiedelt. Aber ihr Status und insbesondere die Grenzen Israels und die Legitimation des Staates als Ganzes werden von den Anrainerstaaten massiv in Frage gestellt. „Esaus vierhundert Mann" ziehen in der heutigen Realität nicht nur Jakob entgegen; sie haben schon viele Male versucht, diesem sich mehr und mehr befestigenden „Fremdkörper im islamischen Land" ein Ende zu bereiten.

Noch taktiert Jakob auf verschiedensten diplomatischen Ebenen; versucht auf legalen und zweifelhaften Wegen herauszufinden, was Esau plant. Diplomatische Aktivitäten, geschicktes Taktieren soll Vertrauen schaffen und Freunde gewinnen. Militärische Aufrüstung und kluge strategische Planung soll für potentielle Angreifer das Risiko erhöhen. Man vertraut noch auf Heeresmacht und Menschentüchtigkeit (Sach 4,6), aber ihren Gott und seine nur durch ihn zu realisierenden Verheißungen haben wenige im Blick. Rahel, Jakobs Lieblingsfrau hat sich von den fremden Göttern noch nicht getrennt; das geschieht erst in Bethel (1Mo 35,2–5). Dieses sich Lossagen von alten, widergöttlichen Bindungen durch Jakobs gesamtes Haus hatte dann gewaltige Auswirkungen (v 5!). Wirkliches Vertrauen zu dem Gott der Väter hatte damals eigentlich nur Jakob. Auch später war es in Israel immer nur ein kleiner Rest, eine Auswahl; eine „ecclesia", wie der griechische Begriff für eine Herauswahl aus dem Volksganzen heißt.

2.2 Exkurs: Jakobs Kampf am Jabbok

Irgendeine dumpfe Ahnung ist latent vorhanden, dass die Existenz als Volk in einem geschlossenen islamischen Umfeld noch nicht recht gesichert ist. Sie klammern sich an dieses Land fest, obwohl Volk-Sein in JHWH's Land ohne ihren Gott und ohne die Verheißung des Frieden bringenden Messias eigentlich ohne Fundament ist. Ganz säkulare Juden, auch in der Politik, berufen sich immer wieder auf ihre in der Thora begründeten Rechte. Aber von der Bibel her ist das bisher weithin nur eine geschichtliche, traditionsbeladene Hülse ohne geistlichen Gehalt.

Jakob ahnte auch, mehr als er wusste, dass noch das Entscheidende fehlte, ehe er in seine Erstgeburtsrechte voll eintreten konnte. Bis dann diese feindliche Macht über ihn herfiel; da war klar, dass jetzt alles auf dem Spiel stand. Siegen oder untergehen war die einzige Alternative. So kämpft er dann mit aller ihm zur Verfügung stehenden Kraft, bis der gegnerische Schlag auf die Hüfte alle eigene Anstrengung zunichte macht. Der Kampf ist jetzt eigentlich verloren. Da schreit Jakob zu seinem Gott. Der entscheidet den Kampf und Jakob darf ins Land. Bereichert mit der persönlichen Erfahrung, dass er die ihm geschenkten Verheißungen nicht mit eigener Macht an sich reißen kann. Ohne den Gott, der die Verheißungen gegeben hat, sind seine Kraftanstrengungen ohne Aussicht auf Erfolg.

So wird Israel auch noch erleben, dass alles politische Bemühen und Taktieren nicht zum Ziel führt. „Land für Frieden" ist eine wohlklingende Täuschung. Israel kann keinen Fußbreit von Gottes Land als „Tauschobjekt" hergeben. Spätestens beim Versuch, den Status von Jerusalem zu definieren, wird das Verhandeln ein Ende finden (Sach 12,2.3). Dann wird Jakob-Israel ganz allein dastehen, wie dort am Jabbok.

Die vereinigte arabische Machtfront, aber dann auch der aufgestaute Antisemitismus vieler Völker, zusammengebunden unter einem weltweit anerkannten Führer, einem Anti-Messias, wird über Israel herfallen (siehe Abschnitt 4.6).

Der als „Endlösung" gedachte Schlag auf die Hüfte (Einsatz von ABC-Waffen?) wird in Israel den Schrei nach ihrem Messias, ihrem „goel" auslösen. Ein „goel", das war in Israel jemand, der einen Verschuldeten, der in einer mit eigenen Mitteln und Möglichkeiten nicht einzulösenden Verpflichtung stand, erlösen konnte. Hiob erklärt, dass er sicher sei, dass es für ihn solch einen „goel" geben müsse (Hi 19,25). Jes 59,20 steht die Verheißung: „Und ein Erlöser, ein ‚goel' wird kommen für Zion und für die, die in Jakob vom Treubruch umkehren." Dieser „goel" wird wie dort am Jabbok die Wende im Kampf herbeiführen (Sach 13,8.9; 14,4.5; Offb 19,19–21).

So wird Jakob-Israel den von Gott verheißenen Frieden im zugesagten Land finden. Gottes Wirken wird sie von innen heraus völlig verändern: „Ich werde euch ein neues Herz geben und einen neuen Geist in euer Inneres geben ... und ich werde meinen Geist in euer Inneres geben; und ich werde machen, daß ihr in meinen Ordnungen lebt und meine Rechtsbestimmungen bewahrt und tut." (Hes 36,26.27).

Dann werden sie endlich bereit und befähigt sein, den göttlichen Auftrag zu erfüllen, der ja Zielpunkt aller Berufung und Erwählung von Abraham über Jakob bis zum heutigen Volk Israel war und immer noch ist: „... in dir sollen gesegnet werden alle Geschlechter der Erde!" (1Mo 12,3)

2.2.6 Was fange ich mit diesem Verständnis persönlich an?

Bei diesem Verständnis ist nun allerdings der Stoßseufzer „Ich lasse dich nicht, du habest mich denn gesegnet!" seines bisher vermuteten und erwünschten Gehaltes entleert worden. Bleibt dann aus dieser dramatischen Jakob-Erfahrung am Jabbok für uns keine direkt anwendbare Belehrung übrig? Ich meine doch; und zwar existentieller als die alte, recht sentimentale oder emotionale Deutung.

Wir Jesus Christus gehörende Menschen in der heutigen technisierten und digitalisierten Welt sollten uns wieder einmal bewusst machen und sollten das im unbewussten Hintergrund unseres bewussten Denkens festschreiben: Diese sichtbare, diesseitige Welt, in der wir uns so vordergründig bewegen, ist nur Teil der umfassenden Wirklichkeit Gottes, nur die uns sichtbare Seite seiner Schöpfung. Sie ist eingebettet in diese ganz anderen Dimensionen Gottes. Diesseits und Jenseits sind unvermischt, also ganz voneinander geschieden; gleichzeitig sind sie aber so miteinander verwoben, dass sie nicht separiert sondern ineinander verschachtelt sind. Das ist der Hintergrund dieser alttestamentlichen Berichte.

Paulus schreibt: „Unser Kampf ist nicht gegen Fleisch und Blut, sondern gegen die Gewalten, gegen die Mächte, gegen die Weltbeherrscher dieser Finsternis, gegen die Geister der Bosheit im Himmlischen." (Eph 6,12). In Kol 1,13 erklärt er uns, dass Gott uns gerade aus diesem Machtbereich der Finsternis herausgerissen und seinem Sohn zugeordnet hat. Der „Gott dieses Äons" (2Kor 4,4) kämpft darum, uns aus diesem neuen Zustand wieder für sich herauszubrechen.

Dieser „isch, malak, elohim" bei Jakob gehört in diesen Bereich. Auch wir befinden uns in solch einem Kampf und auch wir können diesen Kampf nicht aus eigener Kraft bestehen. Wir sollten uns allerdings rechtzeitig dieser Tatsache bewusst sein; nicht erst wenn wir schon halb am Versinken sind.

Martin Luther hat in seinem Lied „Ein feste Burg ist unser Gott" unser Thema wunderbar zusammengefasst:

> Der alt böse Feind mit Ernst er's jetzt meint;
> groß Macht und viel List sein grausam Rüstung ist;
> auf Erd ist nicht seins gleichen.
> Mit unsrer Macht ist nichts getan, wir sind gar bald verloren;
> es streit für uns der rechte Mann, den Gott selbst hat erkoren.
> Fragst du, wer der ist? Er heißt Jesus Christ,
> der HErr Zebaoth, und ist kein andrer Gott;
> das Feld muß er behalten.

Das singen wir bei mancherlei festlichen Anlässen mit voller Stimme; aber sind wir davon auch in unserem ganz persönlichen alltäglichen Kleinkrieg überzeugt?

Paulus fordert uns in Eph 6 auf, die ganze Waffenrüstung Gottes anzuziehen, damit wir gegen die Listen des Teufels bestehen können. Der sich sogar als ein Engel des Lichts tarnen kann

(2Kor 11,14), um durch angebliche „Diener der Gerechtigkeit" mitten in der Gemeinde die Glieder Christi zu verführen. Die Botschaften dieser „Lichtsengel" sind dann für uns genau so gefährlich wie der alle Kampfkraft lähmende Schlag auf die Hüfte. In Röm 13,14 fasst Paulus diese Waffenrüstung ganz knapp zusammen: „... zieht den Herrn Jesus Christus an ..."

Paulus fordert uns Glaubende immer wieder auf, aus unserer fleischlichen, das meint aus unserer kreatürlichen, auf menschliche Möglichkeiten vertrauenden Gesinnung durch den uns geschenkten Geist Gottes herauszuwachsen und geistlich zu werden. Wir sollen am neuen inneren Menschen mit der erforderlichen Kraft gestärkt werden, um unseren Glaubenskampf bestehen zu können (Eph 3,16). Wir sollen lernen, uns nicht mehr einfangen zu lassen durch alle möglichen Philosophien, Ideologien und inhaltslose menschliche Traditionen, die letztlich in begrenzte weltliche Denkkategorien eingebunden sind (Kol 2,8; Eph 2,2).

Ich sehe unsere heutige christlich-abendländisch-religiös geprägte Frömmigkeit als solch einen Jabbok, den es zu überschreiten gilt, wenn man wieder Verheißungs- und damit Segensland einnehmen will. Nur aus eigener Kraft wird das nicht gelingen. Allein neue äußerlich wirkende Methoden und Strategien der Kirchen und Gemeinden werden da zuschanden werden. Nicht vordringlich „Wohlfühl-Atmosphäre" ist gefordert. Christi Geist muss wieder vermehrt Raum gegeben werden. Es ist hohe Zeit, in der Kirche wieder zu lernen, nach der Hilfe des Herrn der Kirche zu schreien. Endlich den Kairos zu erkennen, dass die Zeit drängt; dass es letzte, höchste Zeit ist, vom Schlaf aufzuwachen (Rö 13,11.12; 1Thes 5,4.5).

2.3 Schriftteilung – ein schreckliches Wort!?

2.3.1 Annäherung an ein schwieriges Thema

Für viele Bibelleser, die für sich aus der Bibel Belehrung beziehen wollen, ist Gottes Wort eine Art Steinbruch. Jeder einzelne „Brocken", jedes einzelne Teilstück, das in das ihnen überlieferte Grundverständnis des Glaubens hineinzupassen scheint, vermittelt ihnen je nach Situation Trost, Ermunterung oder auch Zurechtweisung.

Das haben sie so in Predigten und Bibelstunden, aus Andachtsbüchern und nicht zuletzt aus dem Herrnhuter Losungsbüchlein gelernt. Zu inhaltlich in sich abgeschlossenen, meist sehr kurzen Bibelabschnitten oder auch nur zu einzelnen Versen werden Auslegungen gegeben. Dabei geht aber meist das Gesamtverständnis, in dem dieser Vers oder Text erst seine eigentliche Aussage findet, verloren.

Leider ersetzt das Losungsbuch, das ja eigentlich nur einen Merkspruch für den Tag mitgeben will, für viele Leser ihr Bibelstudium. Durch das tägliche Springen von einem Bibelvers zu einem in einem ganz anderen Zusammenhang stehenden Vers geht aber jegliches Verständnis für von Gott zur Belehrung gegebene Zusammenhänge verloren. Schon der Prälat F.Ch. Oetinger, einer der schwäbischen Glaubensväter, sprach in dem Zusammenhang davon, Zinzendorf habe „aus der Heiligen Schrift nur ein Spruchkästlein gemacht" und bekam darüber Ärger mit dem Grafen. Es gibt leider zu viele Bibelleser und -ausleger, die einzelne, aus dem Kontext herausgelöste Bibelstellen ohne Berücksichtigung des diesen Text interpretierenden Sinnzusammenhangs für ihre Auslegungen zugrunde legen.

Ich kann nicht an irgendeiner Stelle in die Bibel greifen und sagen: Es steht doch geschrieben! Lassen Sie mich das an einer ganz einfachen Frage demonstrieren, deren Gedankengang jeder am Bibeltext mit nachvollziehen kann. Was darf ein nach Gottes Weisungen fragender Mensch essen? Das mag für manchen Leser eine etwas weit hergeholte Frage sein. Ich kenne aber genügend Gläubige, für die das eine ernsthafte Frage war. Und nach Gottes Weisungen zubereitetes koscheres Essen ist auch noch heute nicht nur für orthodoxe Juden alltägliche Pflicht! Mir geht es in unserem Zusammenhang nur darum, an diesem Beispiel etwas prinzipiell Geltendes zu verdeutlichen.

Nach 1Mo 1,29 ist „alles samentragende Kraut" und „alle samentragende Baumfrucht" Adam und Eva zur Nahrung gegeben; wir wissen, bis auf die eine berühmte Ausnahme (1Mo 2,17).

Erst nach der Sintflut erhält Noah die Erlaubnis (1Mo 9,3): „Alles, was sich regt, was da lebt, soll euch zur Speise sein; wie das grüne Kraut gebe ich es euch alles." Allerdings erhält er auch Anweisung, das Blut sorgfältig aus dem Fleisch der Tiere zu entfernen, weil darin „seine Seele" verborgen ist. Diese Anweisung ist der schlichte Hintergrund des Schächtens bei allen semitischen Völkern.

Für das Volk Israel wird diese allgemeine Erlaubnis im Gesetz wesentlich eingeschränkt (z.B. 3Mo 11). Ganze Tiergruppen werden dem Juden als Speise verboten. Das alles hat nicht vordringlich gesundheitliche Gründe, wie es heute gern interpretiert wird. Es geht um Reinheit und Heiligung! Hier das Beispiel ‚Kleingetier' (3Mo 11,43.44): „Macht euch selbst nicht zu etwas Abscheulichem durch all das wimmelnde Kleingetier und macht euch nicht unrein durch sie, so daß ihr dadurch unrein würdet! Denn ich bin JHWH, euer Gott. So heiligt euch und seid heilig, denn ich bin heilig! Und ihr sollt eure Seelen nicht unrein machen durch all das Kleingetier ...".

In 3Mo 17,10–14 wird das genaue Ausfließen des Blutes ausführlich begründet. Da heißt es in Vers 10: „Und jedermann aus dem Hause Israel und von den Fremden, die in ihrer Mitte als Fremde wohnen, der irgendwelches Blut ißt, – gegen die Seele, die das Blut ißt, werde ich mein Angesicht richten und sie aus der Mitte ihres Volkes ausrotten." 5Mo 12,20–28 steht das gleiche Gebot mit einer Verheißung (v 25.28).

Ich zitiere das so ausführlich, damit uns „vom Gesetz Befreiten" etwas davon aufdämmert, wie ernst diese Speisegebote von Gott her für sein Volk gesehen wurden. Dann wird uns auch etwas bewusster, wie schockierend für den treu an das Gesetz gebundenen Petrus das Gesicht dort auf dem Dach in Joppe war (Apg 10,9–15). Darüber hinaus gibt es für den Juden in den Speisegesetzen noch vielerlei andere Gebote und Verbote. Koscheres Essen auf den Tisch zu bringen, bedeutet für die an das Gesetz gebundene jüdische Hausfrau große Mühen!

Apg 15 berichtet von dem Apostelkonzil in Jerusalem. Die unter anderem zu klärende Frage ist, müssen die aus den Nationen, also Nicht-Juden, die an Jesus Messias zum Glauben gekommen sind, auch das mosaische Gesetz halten? Hierzu muss man wissen und beachten, dass die

2.3 Schriftteilung – ein schreckliches Wort!?

Apostel und die gesamte aus Juden bestehende, Jesus Messias und seiner Erlösung anhängende Gemeinde in Jerusalem voll das Gesetz einhielt (Apg 21,20).

In diesem Zusammenhang hier interessiert jetzt nur das Speisegebot, das den Glaubenden aus den Nationen auferlegt wurde. Jakobus stellt abschließend fest (Apg 15,20): „... daß sie sich enthalten ... und vom Erstickten und vom Blut." So schreiben sie dann auch: „ Denn es hat dem Heiligen Geist und uns gut geschienen, keine größere Last auf euch zu legen als diese notwendigen Stücke: euch zu enthalten von Götzenopfern und von Blut und von Ersticktem ..." (v 28.29).

Klingt hier noachitisches (siehe oben) Gesetzesminimum an? Jedenfalls war das offensichtlich das Mindesterfordernis, damit die an ihren Messias gläubig gewordenen und gleichzeitig gesetzestreuen Juden mit Gläubigen aus den Nationen Tischgemeinschaft halten konnten.

Nun kommt schlussendlich Paulus und schreibt der Gemeinde in Korinth: „Alles, was auf dem Fleischmarkt verkauft wird, eßt, ohne es um des Gewissens willen zu untersuchen!" (1Kor 10,25). Einzige Einschränkung für Paulus ist die Rücksichtnahme auf andere um der Liebe willen; z.B. 1Kor 8,1–13; 10,23–33; Röm 14,1–23.

Was darf ich also essen, wenn ich mich streng an Gottes Weisungen halten will? Offensichtlich hat Gott zu bestimmten Zeiten unterschiedliche Anweisungen gegeben. Wenn ich nicht willkürlich entscheiden will, was mache ich dann?

Paulus wäre wohl der bequemste Weg; „alles, was es beim Metzger gibt". Aber, ist das Apostelkonzil nicht gewichtiger als Paulus allein? Und was ist vor allem mit dem grundsätzlichen Verbot, Fleisch zu essen, das nicht geschächtet wurde; was ist mit Blutwurst und ähnlichem?

Mir geht es, wie schon gesagt, überhaupt nicht darum, aus Eßgewohnheiten ein Problem zu machen. Ich wollte an diesem jedermann verständlichen, nachvollziehbaren und anhand der Bibelstellen nachprüfbaren Beispiel demonstrieren: Ich kann nicht irgendwo in die Bibel hinein greifen und erklären, „es steht aber geschrieben!" Hier, bei diesen Speisegeboten ist das sofort einsehbar. Aber viele andere Aussagen sind nicht so klar trennbar. Noch schwieriger wird es, sobald verschiedene Aussagen im Wort Gottes miteinander kombiniert werden.

Hier ein nicht ganz seriöses Beispiel, das aber die Problematik deutlich aufzeigt:
Was steht Matthäus 27,5 geschrieben? „Und Judas ging hin und erhängte sich."
Und was sagt der Herr? „Geh hin und tu du desgleichen." Lk 10,37.
Und weiter sagt er: „Was du tust, tu schnell!" Joh 13,27.

Klar, so geht es nicht. Da ist jeweils etwas aus dem Zusammenhang gerissen und willkürlich zusammengehängt. Aber wie ist das bei sogenannten „geistlichen" Aussagen, Anweisungen oder Verheißungen, bei denen die Unzulässigkeit des Zusammenbindens nicht so auf der Hand liegt?

Ich meine, es ist eines deutlich geworden. Wenn ich nicht jeder möglichen Willkür ausgeliefert sein will, muss es irgendeine Richtschnur geben, nach der ich trennen, aber auch verknüpfen darf. Aus der Bibel abgeleitet so eine Art Maßstab oder System, das mich in die Lage versetzt zu erkennen, was für mich heute als Glied am Leib des Christus und als an die Schrift gebundener Gegenüber zu Gott in meinem ganz praktischen Alltagsleben unabdingbar verbindlich ist.

2.3.2 Alle Ausleger praktizieren „Schriftteilung"

Das heißt dann aber, dass ich offensichtlich wie bei den verschiedenen Speisegeboten unterschiedliche Abschnitte in Gottes Handeln mit der Schöpfung und speziell mit uns Menschen erkennen und die Zuordnung seiner Anweisungen zu verschiedenen Gruppierungen der Menschen anerkennen muss. Bei der Bibelauslegung zu unterscheidende, von Gott vorgegebene Heilszeiten und „Heilskörperschaften" nennen manche Ausleger diese Gruppierungen. Und genau diese Form des Einteilens wird dann als „Schriftteilung" bezeichnet, oder mit dem aus dem Englischen kommenden Begriff „Dispensationalismus".

Im theologischen Sprachgebrauch meint man damit das Einteilen des Ratschluss Gottes (Jes 46,10; Apg 20,27; Hebr 6,17) mit seiner Schöpfung in verschiedene Abschnitte mit zum Teil unterschiedlichen Ordnungen. Dieses Einteilen praktizieren im Grundsatz alle bibelorientierten Ausleger. Sie unterscheiden alle z.B. den Abschnitt vor der Flut von dem der Patriarchen, mit dem gewichtigen Einschnitt zwischen 1Mo 11 und 12. Oder etwas naheliegender einen Zeitabschnitt unter dem Gesetz vom Sinai und unsere heutige Gemeindezeit unter dem Angebot der Gnade Gottes in Jesus Christus.

Hier gibt es nun unterschiedlich viele und auch verschieden benannte Einteilungen. Manche nennen diese Abschnitte in Anlehnung an das griechische Wort „Ökonomien"; manche „Haushaltungen", das entspricht dem englischen „dispensations"; andere wieder sprechen von „göttlichen Offenbarungsperioden". Sachlich unterscheiden sie sich darin, an welcher Stelle göttlichen Handelns an und mit den Menschen sie meinen, einen wesentlichen Einschnitt mit veränderten Bedingungen feststellen zu müssen.

Da die Obertitel nur eine Art sprachliche Geschmacksache und damit auch austauschbar sind, dürfte man wohl alle, die überhaupt in der Bibel von Gottes Handeln her unterschiedene Abschnitte sehen, Dispensationalisten nennen. Nur würden einige wohl vehement protestieren, so bezeichnet zu werden, denn „Dispensationalismus", „Schriftteilung" scheint für eine ganze Reihe engagierter Ausleger ein Teufelszeug zu sein. Wird da nicht Wort Gottes zerrissen und manches für ungültig erklärt? Relativieren diese Leute nicht Gottes für alle und immer gültige Wahrheiten?

Wenn man sich manche Auslegungen oder die Praxis dieser Streiter dann genauer anschaut, muss man allerdings feststellen, dass sie selbst kontinuierlich ihnen nicht in das eigene Verständnis passende Passagen streichen oder umdeuten. Sie merken wohl selbst, dass manche Aussagen voneinander geschieden werden müssen. Nur darf man darum doch den Text nicht vergewaltigen.

Hier ein Beispiel für das, was ich meine:
Man lehrt in der Gemeinde, die sogenannte Bergpredigt des Herrn, wie sie in Matthäus 5 bis 7 überliefert ist, sei Richtschnur für uns heute in Kirche und Gemeinde. Nun lehrt Jesus darin aber unter anderem (Mt 5,17–19):

2.3 Schriftteilung – ein schreckliches Wort!?

„Meint nicht, daß ich gekommen sei, das Gesetz oder die Propheten aufzulösen; ich bin nicht gekommen, aufzulösen, sondern zu erfüllen."

Paulus sieht diese Unterordnung Jesu unter das Gesetz z.B. in Gal 4,4: „... sandte Gott seinen Sohn, geboren von einer Frau, geworden unter Gesetz ...".

Jesus aus Nazareth stellt sich ganz in sein irdisches Geburtsvolk hinein; auch in der Erfüllung der diesem Volk von ihrem Gott gegebenen Gesetzesvorschriften. Das beweist er schon bei der Taufe durch Johannes (Mt 3,13–15), als der meint, er, Johannes, gehöre doch eher in die Bußtaufe des Volkes hinein. Da antwortet ihm Jesus: „Laß es jetzt; denn so gebührt es uns, alle Gerechtigkeit zu erfüllen."

Aber weiter mit unserem Text in Mt 5,18: „Denn wahrlich ich sage euch: Bis der Himmel und die Erde vergehen, soll auch nicht ein Jota oder ein Strichlein von dem Gesetz vergehen, bis alles geschehen ist. Wer nun eins dieser geringsten Gebote auflöst und so die Menschen lehrt, wird der Geringste heißen im Reich der Himmel; wer sie aber tut und lehrt, dieser wird groß heißen im Reich der Himmel."

Lehren wir aber nicht genau das, was der Herr hier ganz kategorisch verwirft? Wir deklarieren doch im Gegenteil schon Gruppen als abwegige Sektierer, die meinen, sie müssten den im Dekalog 2Mo 20,8–11 vorgeschriebenen Sabbat halten. Der Herr verlangt aber von den ihm zuhörenden Jüngern eindeutig nicht nur das Einhalten der zehn Gebote, sondern des gesamten Gesetzes.

Am Ende seiner Rede (Mt 7,24–27) bringt der Herr dann den schon weiter vorn eingebrachten Vergleich von den zwei Männern und ihrem Haus auf unterschiedlichem Grund. Dort ist der kluge Mann der, der „meine Worte hört und sie tut" (v 24) und der törichte Mann der, der „meine Worte hört und sie nicht tut" (v 26). Ich möchte ein „kluger Mann" sein. Was muss ich denn nun tun und wohl auch einüben?

Als allgemeine Belehrung sind Teile der Bergrede gern verwendete Themen als Hinweis dafür, was der Herr von seinen Jüngern wollte. Daraus sind sicher manche ausgezeichnete und hilfreiche Ermahnungen für die Gemeinden abgeleitet worden. Aber wenn diese Aussagen Jesu in den kompletten Rede- und Textzusammenhang gestellt werden, ergeben sich eigentlich für uns heute eine Reihe Fragen an unser Verständnis, was Jesus-Nachfolge entsprechend den Evangelien denn sei. Was hat Jesus damals von seinen Nachfolgern wirklich verlangt? Was meint Jesus denn wirklich, wenn wir alle seine einzelnen Anweisungen in den Zusammenhang der strikten Gesetzeserfüllung stellen?

Wieso die Bergrede des Herrn Richtschnur für uns heute in der Gemeinde sei, aber dieser vom Herrn so betont vorgetragene Passus daraus „... wer sie [die Anordnungen des Gesetzes] aber tut und lehrt ..." nicht mehr Gültigkeit habe, wird nicht aufgeklärt.

In seinen Erdentagen hat der Herr jedenfalls nie die Befreiung der ihm Nachfolgenden vom Gesetz gelehrt. Alle noch so beredten Erläuterungen bleiben äußerst fragwürdig, wenn man sie sich etwas genauer anschaut. Das gilt insbesondere für Jesu Rede nach Mk 7,1–23, die gerne als Beispiel dafür angeführt wird, dass es Jesus nur um die rechte innere Haltung zum Gesetz ging. „Gottes Gesetz innerlich zu gehorchen ist entscheidender als äußere Erfüllung", so schreibt man dann zum Beispiel. Natürlich ist das im Grundsatz richtig! Nur ist in dem Text von etwas ganz anderem die Rede, gegen das sich der Herr wendet. Es geht um die „Überlieferungen der Ältesten", die die Schriftgelehrten immer weiter ins tägliche Leben ausdehnen und deren konsequente Einhaltung die Pharisäer fordern. Mk 7,8.13: „Ihr gebt das Gebot Gottes preis und haltet die Überlieferung der Menschen fest. ... indem ihr das Wort Gottes ungültig macht durch eure Überlieferung, die ihr überliefert habt ...".

In den Evangelien lesen wir sogar, dass Jesus seinen zwölf Jüngern bei der Aussendung ausdrücklich verbietet, zu irgend jemand anderen zu gehen, als „zu den verlorenen Schafen des Hauses Israel" (Mt 10,5.6). Als er seine zum Heilsvolk Israel gehörenden Jünger nach Mt 28,19.20 beauftragt, „alle Nationen zu Jüngern" zu machen, verlangt er ausdrücklich „lehrt sie alles zu bewahren, was ich euch geboten habe". Jesus hat aber in seinen Erdentagen eindeutig das strikte Einhalten des mosaischen Gesetzes geboten und sich nur gegen die verengenden und das Wesentliche übersehenden Auslegungen der Schriftgelehrten gewandt.

Nun wird argumentiert, nach Jesu Kreuzestod und seiner Auferstehung habe sich das mit dem Gesetz erledigt, weil der Gottessohn ja dort für alle an ihn Glaubenden das Gesetz ein für allemal erfüllt habe. Wo ist diese Behauptung in der Bibel zu finden? Laut Apg 21,20 gibt es unter den Aposteln in Jerusalem noch ca. 30 Jahre nach diesen Ereignissen und der großen heilsgeschichtlichen Wende „viele Tausende der Juden, die gläubig geworden sind, und alle sind Eiferer für das Gesetz.".

Hatten sie wohl nicht verstanden, was der Herr wollte? Die Jünger waren drei Jahre unter der intensiven Belehrung des Herrn gewesen und er hat mit ihnen nach seiner Auferstehung noch 40 Tage über die Dinge geredet, „die das Reich Gottes betreffen" (Apg 1,3). Dieser Bericht über die Begegnung Pauli mit den Ältesten in Jerusalem in Apg 21 liegt doch auch einige Jahre nach dem Gesicht, das Petrus vor seinem Besuch bei Kornelius auf dem Dach des Gerbers Simon in Joppe hatte (Apg 10,9ff). Noch einmal die Frage: Haben sie ihren Herrn völlig missverstanden? Waren sie so fanatisch verbohrt auf Gesetzeserfüllung festgelegt, dass sie nicht bereit oder in der Lage waren, die Veränderung der Situation zu begreifen?

Aber – so mag man einwenden – Paulus schreibt doch an vielen Stellen etwas ganz anderes; man könnte fast meinen etwas Entgegengesetztes. Zum Beispiel erinnert er im Brief an die Galater an seinen Streit mit Petrus genau um dieses Thema und formuliert ganz eindeutig: „... aber wir wissen, daß der Mensch nicht aus Gesetzeswerken gerechtfertigt wird, sondern nur durch den Glauben Christi Jesu ..." (Gal 2,16).

Und in 5,1.4 betont er nochmals: „Für die Freiheit hat Christus uns freigemacht ... Ihr seid von Christus abgetrennt, die ihr im Gesetz gerechtfertigt werden wollt; ihr seid aus der Gnade gefallen."

Das zieht sich doch – so mag man weiter argumentieren – quer durch alle Aussagen des Apostel Paulus hindurch! Was ist denn nun gültig? Auch hier gilt, dass Argumente aus zu unterscheidenden Zusammenhängen und Zeitabschnitten nicht einfach als nicht vereinbar gegenüber gestellt werden dürfen. Es muss wieder einmal sorgfältig sortiert werden.

Zunächst muss genau geschaut werden, wovon denn hier jeweils inhaltlich die Rede ist. Es geht überhaupt nicht um die Frage, ob irgend eine Gruppe von Menschen noch das Gesetz be-

2.3 Schriftteilung – ein schreckliches Wort!?

obachten sollte. Paulus stellt fest, dass niemand durch das Einhalten des Gesetzes vor Gott gerechtfertigt werden kann. Diese Aussage ist aber etwas ganz anderes als die mögliche Festlegung, dass ein Volk – die Juden – das ihnen von Gott vorgegebene Gesetz als interne Ordnung ihres Zusammenlebens und als Kultusregel zur Verherrlichung ihres Gottes beachten sollte.

So bekäme die oben geschilderte Situation aus Apg 21,18 ff eine schlüssige Deutung und es wäre zu verstehen, warum Tausende messiasgläubiger Juden immer noch für das Gesetz eifern. Das gäbe auch eine Begründung dafür, warum heute in Israel messianische Juden sich wieder voll dem mosaischen Gesetz einordnen, obwohl sie ihre Gerechtigkeit vor Gott nicht aus dem Einhalten des Gesetzes sondern aus der Erlösungstat ihres Messias ableiten. Und es wäre eine einleuchtende Lösung, die sich anscheinend widersprechenden Aussagen zusammenzubringen.

Im Zusammenhang mit dem hier verhandelten Thema interessieren aber zwei andere Punkte. Erstens sind wir wieder bei einer Aufteilung der Schrift in Aussagen, die für uns heute nur eine Art Informationscharakter tragen (Apg 21) und solche, die konkrete Verbindlichkeit für uns haben (Paulus). Man hat Schriftteilung betrieben. Was soll also das Zeter und Mordio Schreien gegen die Schriftteilung?!

Zweitens ist immer noch nicht geklärt, nach welcher Methode man diese Aufteilung vornehmen darf. Ist der geschilderte Umgang mit der Bergrede nicht irgendwie willkürlich; zwei Verse auszusortieren, den Rest aber für verbindlich zu erklären? Wenn man mir nicht sagen kann, nach welchem Prinzip solches Trennen erfolgt, fühle ich mich diesen „Schrift-Teilern" hilflos ausgeliefert.

Genau um die Klärung solcher Fragen und um den Versuch, angemessene Antworten zu finden, geht es mir mit meinen in diesem Buch vorgelegten „Anstößen, biblische Begriffe und theologische Traditionen neu zu bedenken". Ist in unserer Bibel, oder wohl richtiger, ist in Gottes inspiriertem Wort so ein furchtbares Durcheinander? Ist es so schwierig, hier Durchblick zu erhalten? Ich meine Nein.

Eine Voraussetzung ist allerdings die Bereitschaft, traditionellen Auslegungsballast abzulegen, der sich wie ein Filter zwischen Bibel-Aussage und angemessenem Verständnis schieben kann. Dazu gehört unter anderem anzuerkennen, dass sich schon in ganz früher Zeit der Kirchengeschichte eine falsche Weichenstellung eingeschlichen hat, als man sich als das „neue Volk Gottes" an die Stelle Israels setzte. Dieses Thema wurde in anderem Zusammenhang schon angesprochen. Damit ist ein im Grundansatz falscher Akzent in das gesamte Verständnis biblischer Zusammenhänge hineingetragen worden.

Diese frühe falsche Weichenstellung ist nun einmal Geschichte. An dieser schiefen Sicht haben weder Luther noch der Pietismus etwas Wesentliches geändert. Zur ursprünglichen, der biblischen Sicht haben leider nur wenige wieder zurückgefunden.

Ich staune immer wieder über die ganz klaren Zusammenhänge und eindeutigen Aussagen im Wort Gottes. Die heilige Schrift enthält keine Widersprüche, keine sich widersprechenden Anweisungen für uns Menschen. Sie ist eine von Gott gewirkte Einheit mit einer durchgehenden, einheitlichen Wahrheit.

Eigentlich ist das auch zu erwarten! Gott wird doch die Leser seiner Weisungen nicht in die Irre führen und noch viel weniger seine Kinder absichtlich verwirren wollen. Petrus schreibt im 2Petr 1,19: „... so besitzen wir das prophetische Wort fester, und ihr tut gut, darauf zu achten als auf eine Lampe, die an einem dunklen Ort leuchtet ...". Ist prophetisches Wort, ist Gottes Wort wirklich ein deutliches Licht in dunkler Zeit, oder ist es ein Irrlicht in schwierigem Gelände?

2.3.3 Ein beachtenswerter Merksatz

Man benötigt nur den rechten Schlüssel, um ganz eindeutige, klare Linien zu sehen und scheinbar entgegengesetzte Anweisungen in die richtigen Zusammenhänge zu stellen. Ich habe diesen Schlüssel neben anderem in einem Merksatz gefunden, den mir der weiter vorn erwähnte Andi Ungar mitgegeben hat. Vielleicht darf man ihn als eine Art Grundthese zu rechtem Schriftverständnis ansehen:

> **Das gesamte Wort Gottes redet zu mir;**
> **aber nicht jedes Wort der Bibel redet von mir!**

Was meint das für meinen Umgang mit der Bibel? Lassen Sie uns diese Frage zunächst einmal ganz pragmatisch angehen, ehe wir dann in einem zweiten Schritt versuchen, das Generelle herauszuarbeiten.

Ein eigentlich unzulässig verkürzter Bibel-Vers hat Generationen von Christen im Glauben gestärkt und besonders in persönlich angefochtenen Zeiten Vertrauen vermittelt und Mut zugesprochen:

„So spricht der Herr, der dich geschaffen hat: Fürchte dich nicht, denn ich habe dich erlöst! Ich habe dich bei deinem Namen gerufen, du bist mein." (Jes 43,1)

„Herr Jesus, habe Lob und Dank und Anbetung! Du hast mich ganz persönlich gerufen; nicht im Kollektiv, sondern ganz direkt mich, mit meinem Namen. Deine gewaltige Erlösungstat auf Golgatha gilt für mich, trotz aller Schwachheit und allem Versagen auf meiner Seite. Dein Zuspruch kann mir alle Furcht nehmen. Du sagst: Fürchte dich nicht! Und darum will ich in aller Not und Bedrängnis mich in deine Hände fallen lassen und aller Angst und Furcht eine Absage erteilen. Danke für diese Stärkung in meiner Schwachheit!"

Gottes Wort redet zu mir; jetzt, hier und heute ganz direkt und persönlich. Ich beziehe dieses Wort auf mich und meine derzeitige, ganz persönliche Situation. Das ist legitime persönliche Anwendung eines rund zweitausendsechshundert Jahre alten, in eine ganz andere Situation hinein gesprochenen Verheißungswortes auf mich und meine heutige Glaubens-Befindlichkeit. „Das gesamte Wort Gottes redet zu mir."

Wenn ich mir den Vers aber genau anschaue, steht da der eigentliche Adressat, der von Gott angesprochene Empfänger dieser göttlichen Verheißung gleich im Anfang des Verses: „Aber jetzt, so spricht JHWH, der dich geschaffen, Jakob, und der dich gebildet hat, Israel: Fürchte dich nicht, denn ich habe dich erlöst. Ich habe dich bei deinem Namen gerufen, du bist mein."

2.3 Schriftteilung – ein schreckliches Wort!?

Das ist der korrekte Vers. Ich halte es nicht für zulässig, wenn unter dem Zusatz „Jesaja 43,1" die zitierte Kurzfassung in Losungsbüchern oder auf Spruchkarten abgedruckt wird. Der Zitierende darf doch nicht Gottes Wort nach Belieben zurechtstutzen und damit seiner wahren, Leben spendenden Verheißung berauben.

Dieses Verheißungswort spricht zunächst einmal nicht von mir, sondern von Gottes auserwähltem Volk Israel. Er hat es für sich, mit Abraham beginnend, über die Befreiung aus Ägypten unter Mose für seine Pläne aus allen Völkern herausgelöst (2Mo 19,6.7; 3Mo 20,24). Er hat es bei seinem Namen gerufen; es gehört ihm.

Das Zehnstämmereich (Israel) ist bereits in assyrischer Gefangenschaft. Das im Land verbliebene Zweistämmereich (Juda) wird in wenigen Jahren nach Babylon verschleppt werden. In diese geschichtliche Situation hinein lässt Israels Gott durch Jesaja dieses „Fürchte dich nicht" sagen. In dieser Zeit gibt er schon die Verheißung: „Fürchte dich nicht, denn ich bin mit dir ... Ich werde zum Norden sagen: Gib her! und zum Süden: Halte nicht zurück! Bring meine Söhne von fern her und meine Töchter vom Ende der Erde. ..." (Jes 43,5.6).

Ich habe erklärt, es sei durchaus legitim, dieses Jesaja-Wort in direkter persönlicher Anwendung zu sich sprechen zu lassen. Ich meine aber, dass mir diese Legitimität von Gott her nur zukommt, wenn ich die Verheißung an den eigentlichen Adressaten auch ernst nehme. Wie kann ich mich auf eine Verheißung berufen und verlassen, wenn ich nicht tief im Inneren überzeugt bin, dass der Verheißungsgeber diese dem eigentlichen Empfänger, dem Adressaten der Verheißung auch erfüllen wird?

Ich denke, hier wird ein wenig klar, wie alles Gotteswort ineinander verzahnt ist. Ich kann nicht nach Belieben ein Teilstück herausbrechen und für mich persönlich nehmen, aber im gleichen Atemzug den von Gott ursächlich gemeinten Gehalt für nicht mehr gültig erklären. Das gesamte Wort Gottes redet zu mir, das bedeutet nicht nur, dass ich die gesamte Bibel im Blickwinkel zu behalten habe. Das verlangt auch, dass ich alle Aussagen gleich gewichtig als Gottes Wort nehme.

Mir hat einmal ein mir sehr nahe stehender Bruder im Zusammenhang mit der Diskussion um Schöpfungsbericht und Evolutionslehre sinngemäß gesagt: Das mit dem Schöpfungsbericht müsse man doch nicht so wichtig nehmen. „Was Christum treibet, das ist wichtig!" Das klingt gut lutherisch; nur so billig kann man sich nicht davonstehlen. Außerdem, wenn man genau hinschaut, hat der Schöpfungsbericht eine Menge mit „Christum" zu tun (z.B. 1Kor 15,22.45–47). Das Luther-Wort „sola scriptura – allein die Schrift" müsste wohl für manchen Bibelausleger ergänzt werden mit „tota scriptura – die ganze Schrift".

Das „alte Testament" ist für viele Christen allein durch seinen Titel disqualifiziert. Das ist doch alt! und dann wird „alt" in Gedanken gleichgesetzt mit „nicht mehr wichtig"; oder sogar „nicht mehr gültig". Nun gibt es im neuen Testament aber Hunderte von Bezügen auf und Zitaten aus diesem Teil der Bibel. Vieles ist gar nicht verständlich, ohne eine zumindest grobe Kenntnis der Inhalte und Zusammenhänge, ja eigentlich des Denkens im Tenach – dem alten Testament.

Wie ist der Hebräerbrief überhaupt verständlich ohne die Bibel der „Hebräer"? Wie wollen wir Glaubende heute nachvollziehen können, was es mit dem besonderen Amt des Hohepriesters nach der Ordnung Melchisedeks auf sich hat (Hebr 5,5–10; 6,19–7,17)? Oder wie können wir die in die Tiefe führenden Gegenüberstellungen des „Blutes von Böcken und Stieren" und des Blutes Jesu wirklich verstehen (Hebr 9,11–10,18), ohne ein wenig von Opfer und Sündenvergebung im „alten Bund" zu wissen? Man vergleiche in diesem Zusammenhang einmal das, was Hebr 9,22 steht („fast alle Dinge") mit der Paulus Rede in der Synagoge zu Antiochien Apg 13,39.

Noch schwieriger zu beantworten ist dann die Frage, was es mit der Asche der jungen Kuh auf sich hat (Hebr 9,13), die außerhalb des Lagers geschlachtet werden musste. Die Asche dieser jungen, roten Kuh ist zur Bereitung des „Entsündigungswassers" unentbehrlich (4Mo 19,1–10). In den Vorschriften für das Wasser der Reinigung sehen einige orthodoxe Juden heute, die ihr Gesetz genau erfüllen wollen, ein großes Problem. Man hat inzwischen wieder rote Kühe gezüchtet. Man kann also wieder Asche einer jungen roten Kuh herstellen. Aber um diese Asche einsammeln zu können, ist ein „reiner Mann" von Nöten (4Mo 19,9). Der Priester hat aber kein Reinigungswasser für diesen Mann zur Verfügung und kann auch keines bereiten, da keine gemäß den Vorschriften hergestellte Asche vorhanden ist. Also kann auch niemand entsprechend den gesetzlichen Vorschriften für diesen Dienst gereinigt werden. Und damit hat man ein schier unlösbares Problem, wenn man das Gesetz vollkommen erfüllen will. Deshalb suchen orthodoxe Juden heute nach Resten von alter Asche aus der Tempelzeit, weil nach ihrem Verständnis nur so ein Gott angenehmer Opferdienst in einem neuen Tempel wieder beginnen kann. (Vendyl Jones, The Search for the Ashes of the Red Heifer; S. 15–22).

2.3.4 Altes und neues Testament ergänzen sich gegenseitig

Beim Hebräerbrief leuchtet das schnell ein, dass ohne angemessene Kenntnis des alten Testamentes vieles im Dunklen bleibt. Aber gerade zum Prüfen auch vieler ganz geläufiger Interpretationen neutestamentlicher Texte sind die Aussagen des Tenach unabdingbar. So ist auch der Schlüssel zum rechten Einordnen der Ereignisse um Jesu Kreuzigung und Auferstehung und damit der biblisch korrekten Ordnung unserer Karwoche ohne die alten israelitischen Festordnungen nicht zu finden. Hier einige Anmerkungen zu dieser Problematik.

Für biblische Zeitangaben ist zu beachten, dass für den Juden der Tag am Abend beginnt. Das geht zurück auf das in 1Mo 1,3–31 berichtete Sechs-Tage-Werk. Dort heißt es jeweils „Und es wurde Abend und es wurde Morgen: ein ... Tag." Friedländer erläutert die jüdische Sicht: „Der Tag beginnt nach Sonnenuntergang in dem Augenblicke, wo die Sterne bei normalen Verhältnissen der Atmosphäre sichtbar werden: ... mit dem Hervorkommen der Sterne', d.h. von wenigstens drei Sternen mittlerer Größe." (S. 285)

Ganz korrekt mit unseren Chronometern gemessen, heißt das, die Tage beginnen zum Teil zu unterschiedlichen Uhrzeiten und die zeitliche Länge von Tag und Nacht kann voneinander abweichen. Zum einfacheren Verständnis darf man wohl etwas vergröbert sagen, ein Tag reicht von 18.00 Uhr bis 18.00 Uhr des für unsere Zeitrechnung folgenden Tages.

Die hebräische Bezeichnung der Wochentage ist nur ein Durchnumerieren: „Jom Rischon", Tag Eins ist unser Sonntag; „Jom Scheni", Tag Zwei unser Montag, usw. bis „Jom Schischi", Tag Sechs gleich Freitag; und dann schließt der Sabbat, unser Samstag die Woche ab.

Nach biblischer Wocheneinteilung ist der erste Tag der Woche nicht der Montag sondern unser Sonntag. Nur wenige haben bemerkt, dass in den siebziger Jahren alle unsere Kalender eine Veränderung erfahren haben und seitdem den Montag und nicht mehr den Sonntag als ersten Tag der Woche auffühlen. Auch so ein Stück christlich-abendländischer Kultur, das still und leise abhanden kam.

Am ersten Tag der Woche ist unser Herr auferstanden (Mt 28,1; Mk 16,2). Deshalb feiern wir nicht den Sabbat / Samstag sondern den Sonntag als wöchentlichen Fest- und Ruhetag. Das heißt, wir feiern recht verstanden jeden Sonntag Gedächtnis der Auferstehung Jesu. Der Jude darf im Gedenken an die Schöpfungsordnung nach sechs Werktagen am siebenten Wochentag zur Sabbatruhe eingehen. Wir Christen starten vom Auferstehungstag des Herrn, vom Sonntag her in unsere sechs Tage Arbeitswoche. Ich denke, wir haben mit diesem verschobenen Wochenanfang leichtfertig eine wunderbare Symbolik innerhalb des Wochenrhythmus aufgegeben.

Nun spielt der Sabbattag aber in der zeitlichen Einordnung von Kreuzigung und Auferstehung eine wesentliche Rolle. Deshalb ist es wichtig, aus dem alten Testament zu lernen, was denn der Begriff „Sabbat" korrekt beinhaltet. Das hebräische „schabbath" bedeutet so viel wie: Stillstand, Unterbrechung, Aufhören oder ganz einfach Pause, Ruhetag.

Als siebenter Tag der Woche, als Ruhetag nach sechs Werktagen ist der Sabbat allgemein bekannt (2Mo 20,8–11; 3Mo 23,3). Weniger geläufig ist aber, dass auch der erste und letzte Tag der großen jüdischen Feste (3Mo 23,11), und ebenso bewegliche, an einen festen Kalendertag gebundene und damit an jedem Wochentag mögliche Feiertage (3Mo 23,32; 16,31) als „schabbath" bezeichnet werden. Umgangssprachlich redet man dann vom Fest-Sabbat im Gegenüber zum Wochen-Sabbat. Beide, Wochen-Sabbat (3Mo 23,3) und Festsabbat (2Mo 12,16; 3Mo 23, 21.24.27. 35–37; 4Mo 28,26) werden auch als „heilige Versammlung" bezeichnet.

Der Vollständigkeit halber muss dann noch das Sabbatjahr erwähnt werden: „Aber im siebenten Jahr soll ein Sabbat der Sabbatfeier für das Land sein; ein Sabbat dem JHWH:" (3Mo 25,4) Es ist wohl klar geworden, dass der Sabbat mehr ist als nur der letzte Tag in der jüdischen Wocheneinteilung.

In den Berichten über die Tage der Verhaftung, der Kreuzigung und der Auferstehung Jesu wird nun mehrfach auf einen Sabbat Bezug genommen. Da diese Ereignisse in einer jüdischen Festperiode stattfanden, ist also anhand der alten Festordnungen zu klären, ob und wo in den Berichten ein Wochen-Sabbat und wo ein Fest-Sabbat gemeint sein könnte. In Mt 28,1 ist eindeutig der Wochen-Sabbat angesprochen, denn der nächste Tag wird als erster Wochentag bezeichnet. Das ist der einzige eindeutig fixierte Wochentag, der uns im Zusammenhang mit diesen Ereignissen genannt ist. Außerdem ist klar, dass Jesus am Rüsttag gekreuzigt wurde (Mt 27,62; Mk 15,42).

An diesem Rüsttag, dem 14. Nisan werden die Passah-Lämmer geschlachtet. An diesem Tag wurde Jesus gekreuzigt und noch rechtzeitig vor Beginn des Passah vom Kreuz abgenommen und in die Gruft gelegt (Joh 19,31). Am Abend, also mit Beginn des 15. Nisan feierte Israel den „Sederabend", das eigentliche Passah.

Am 15. Nisan beginnt das sieben Tage, bis zum 21. Nisan dauernde Fest der ungesäuerten Brote. Zuweilen nennen die Juden auch die acht Tage vom 15. bis zum 22. Nisan ihr „Peßach" (Friedländer, S. 295). Der erste und siebente Tag dieser Festwoche sind Vollfeiertage (2Mo 12,16). Das heißt dann aber, dass der dem Rüsttag und damit der dem Kreuzigungstag folgende Tag ein Feiertag, also ein Fest-Sabbat war.

Wenn also dieser 15. Nisan kein Wochen- sondern ein Fest-Sabbat war, könnten sowohl Markus, als auch Lukas und Johannes (Mk 15,42; Lk 23,54; Joh 19,31) genau das gemeint haben. Einem in seine Ordnungen eingebundenen Juden musste man das nicht definieren. Im Johannes-Evangelium ist auch ausdrücklich noch beigefügt „denn der Tag jenes Sabbat war groß". Dann muss aber Jesus nicht unbedingt an einem Freitag, dem Tag vor dem Wochen-Sabbat gekreuzigt worden sein.

Wir sind bei der Frage der Wichtigkeit des alten Testamentes für das Verstehen neutestamentlicher Berichte. Zur angemessenen zeitlichen Ordnung von Kreuzigung und Auferstehung haben wir aber noch eine weitere wesentliche Hilfe in der Schrift, die die vorstehende Überlegung bestätigt.

In Mt 12,40 spricht der Herr von seinem Sterben als Zeichen für Israel. In Gegenüberstellung zu Jona sagt er, dass „der Sohn des Menschen drei Tage und drei Nächte in Herzen der Erde sein" werde. Von dem Fixpunkt „erster Tag der Woche", für die Auferstehung Jesu, also vom Sonntag drei Nächte zurückgerechnet ergibt die Nacht von Donnerstag auf Freitag als die erste der vom Herrn angekündigten drei Nächte im „Herzen der Erde". Also war die Kreuzigung und Grablegung in der damaligen Woche keinesfalls an einem Freitag, sondern (mit an Sicherheit grenzender Wahrscheinlichkeit) an einem Donnerstag.

Wer prüfen will, kann anhand dieser eindeutigen Fakten jetzt seine Schlüsse ziehen. Entweder hat der Herr sich mit seiner Voraussage geirrt; oder mit unserer Tradition stimmt etwas nicht. Es fehlt ganz einfach eine Nacht. Wer nicht aus dem alten Testament gelernt hat, zwischen Wochen- und Fest-Sabbat zu unterscheiden, kann mit den Zeitangaben in den Berichten um Kreuz und Auferstehung nicht zurecht kommen und hat dann Einordnungsprobleme für die Ereignisse.

Zum Verständnis ist es vielleicht hilfreich, sich an das zu erinnern, worauf ich bereits unter 1.1.1 hingewiesen habe. Schon in der ganz jungen Kirche haben die Aufseher und Bischöfe sich intensiv bemüht, die jüdischen Wurzeln abzuschneiden. Dazu gehörte auch das Verschieben der Zeitordnung um das Passah-Fest.

Neben den mehr „Erklärungsfragen", um neutestamentliche Aussagen vom alttestamentlichen Kontext her richtig verstehen und einordnen zu können, werden auch Aussagen des alten Testamentes im neuen erklärt, erweitert und in einen größeren Zusammenhang gestellt. Hier nur einige beispielhafte Aussagen, um anzudeuten, welche neuen Perspektiven sich damit ergeben können.

2.3 Schriftteilung – ein schreckliches Wort!?

In 1Mo 1,1 steht kurz und knapp: „Im Anfang schuf Gott die Himmel und die Erde." Erst in den Evangelien und in den Paulus-Briefen wird uns erläutert, dass hier der Sohn im Auftrag des Vaters gewirkt hat.

Joh 1,3: „Alles wurde durch dasselbe [hier ist vom „logos", dem Sohn Gottes, die Rede], und ohne dasselbe wurde auch nicht eines, das geworden ist." Vers 10: „Er war in der Welt, und die Welt wurde durch ihn ..."

Kol 1,15.16: „Er ist das Bild des unsichtbaren Gottes, der Erstgeborene aller Schöpfung. Denn in ihm ist alles in den Himmeln und auf der Erde geschaffen worden, das Sichtbare und das Unsichtbare, es seien Throne oder Herrschaften oder Gewalten oder Mächte: alles ist durch ihn und für ihn geschaffen; und er ist vor allem, und alles besteht durch ihn."

Bibel-Kennern ist geläufig, dass die prophetischen Menschensohn-Aussagen des Tenach auf den Messias und damit auf Jesus hinweisen. Er selbst deutet sie auch auf sich. Weniger bekannt dürfte sein, dass auch JHWH betreffende Worte auf ihn bezogen werden.

Man vergleiche zum Beispiel Joe 4,12: „Die Nationen sollen sich aufmachen und hinaufziehen in die Talebene Joschafat! Denn dort werde ich [JHWH!] sitzen, um alle Nationen ringsum zu richten." mit des Herrn Rede in Mt 25,31.32: „Wenn aber der Sohn des Menschen kommen wird in seiner Herrlichkeit und alle Engel mit ihm, dann wird er auf seinem Thron der Herrlichkeit sitzen; und vor ihm werden versammelt werden alle Nationen und er wird sie voneinander scheiden".

In Jes 6,1.5.10 ist berichtet, was Jesaja sieht und was er von JHWH als Gerichtswort über Israel hört. Ein Vergleich mit Joh 12,37–41, insbesondere mit Johannes Kommentar in Vers 41 bestätigt diese Verbindungslinie: „Dies sprach Jesaja, weil er seine [Jesu!] Herrlichkeit sah und von ihm redete".

Die „Offenbarung Jesu Christi ... die er seinem Knecht Johannes kundgetan" hat, ist nur in den rechten prophetischen Zusammenhang zu stellen, wenn von dem „dem Herrn gehörenden Tag" (Offb 1,10) die Verbindung zum Tag JHWH's hergestellt wird; z.B. in Jes 13,6.9; Joe 1,15; 2,1.11; 4,14; Zeph 1,7.14. Johannes wurde im Geist in diesen verheißenen Tag JHWH's versetzt und beschreibt, was er sah und hörte. In Offb 1 ist zu beachten, dass die im Griechischen benutzte adjektivische Form des Wortes Herr „kyriake" im Deutschen nicht möglich ist. Wer von daher den „dem Herrn gehörenden Tag" zum Sonntag erklärt, dass Johannes also an einem Sonntag eine Vision hatte, wird das gesamte Buch nicht richtig einordnen und damit auslegen können.

Hier ist ein tiefgehendes Verständnisproblem, weil immer wieder Offb 1,10 als erste Belegstelle für die Bezeichnung des ersten Wochentages als „Tag des Herrn" angeführt wird. Das ELThG vermerkt unter dem Stichwort Sonntag (S. 1856): „In den Anfängen des Christentums begingen die judenchristlichen Gemeinden neben dem Sabbat, dem siebenten Tag der Woche, den ersten Tag der Woche durch gottesdienstliche Zusammenkünfte als ‚Tag des Herrn' (Apg 20,7; Offb 1,10; vgl. 1Kor 16,2; Did 14,1), da der Sonntag der Tag der Auferstehung Jesu war."

Die beiden zur Begründung angeführten Stellen in Apg und in 1Kor sprechen aber nicht vom „Tag des Herrn", sondern vom ersten Tag der Woche. Did 14,1 steht: „Am Herrntag des Herrn aber versammelt euch, brecht das Brot und saget Dank, nachdem ihr zuvor eure Sünden bekannt habt, damit euer Opfer rein sei." (Rordorf; S. 135) Das ist offensichtlich die erste außerbiblische Erwähnung des Herrntags. Die „Didache", das ist die Lehre der Apostel, entstand aber erst in der ersten Hälfte des zweiten Jahrhunderts.

Bleibt also nur Offb 1,10 als einzige innerbiblische und frühere Belegstelle. Das ist aber der verhängnisvolle Zirkelschluss der Ausleger: Weil das die erste Erwähnung von „Tag des Herrn" für Sonntag sei, spräche der Text von einer Vision des Johannes an einem Sonntag auf Patmos. Damit wird aber der Zugang zur Verbindung alter Prophetie des Tenach mit dieser Offenbarung Jesu Christi, die er seinem Knecht Johannes kundgetan hat (Offb 1,1), verbaut. Dadurch entfällt auch die Bestätigung an Israel, dass Gottes Verheißungen nach wie vor gültig sind (Rö 11,11–36). Wie will ein so festgelegter Ausleger je den Zusammenhang finden zu den Israel gegebenen Prophezeiungen vom „Ende der Tage", dem Ende der Nationen-Zeit. Was kann er anfangen mit Daniels noch fehlendem 70. Siebener; den sieben Jahren der Drangsal Jakobs?

So ist dann auch, um prophetisch richtig zusammenschauen zu können, von dem „Tag des Zornes" Gottes und des Lammes in Offb 6,17 die Verbindung herzustellen zu den Aussagen über den Tag des Zornes Gottes in z.B. Hes 22,24 und Zeph 1,15ff oder in 2,2.3. Dort ist direkt vom „Zornestag JHWH" die Rede.

Zur Erinnerung: Wir gehen der Frage nach, wie entscheidend es ist, Texte den zu unterscheidenden Perioden im Wirken Gottes in der Geschichte angemessen zuzuordnen. Dafür ist es aber unumgänglich, das alte Testament zumindest in großen Linien zu kennen, um richtige Schlussfolgerungen ziehen zu können und daraus ein neues Verständnis für manche einzelne Aussagen und darauf aufbauend für größere Zusammenhänge zu finden. Ohne Verständnis des alten Testamentes ist das Heilshandeln Gottes mit seiner gesamten Schöpfung, ist der Auftrag Israels in Vergangenheit, Gegenwart und Zukunft und somit auch die Sonderstellung und der Auftrag der heute für Jesus Christus gesammelten Ekklesia nicht zu klären. Damit bleibt dann aber auch meine ganz persönliche Situation als Glaubender in der heutigen Zeit unbestimmt.

Also noch einmal und ganz betont: Das gesamte Wort Gottes redet zu mir, auch die Texte, die nicht von mir reden. Das ist doch wohl genau das, was Paulus in seinem zweiten Brief an seinen Mitarbeiter Timotheus meint, wenn er schreibt: „Alle von Gott eingegebene Schrift ist nützlich zur Belehrung, zur Überführung, zur Zurechtweisung, zur Unterweisung in der Gerechtigkeit, damit der Mensch Gottes vollkommen sei, zu jedem guten Werk völlig zugerüstet." (2Tim 3,16.17).

Inhaltlich Gleiches, nur kürzer gefasst, schreibt er auch den Gläubigen in Rom: „Denn alles, was zuvor geschrieben ist, ist zu unserer Belehrung geschrieben, damit wir durch das Ausharren und die Ermunterung der Schriften Hoffnung haben." (Röm 15,4).

Direkte Anwendungs-Beispiele für diese allgemeinen Hinweise schreibt er in seinem ersten Brief an die Gemeinde in Korinth. Dort führt er (1Kor 10,1–13) Begebenheiten aus der Wüstenwanderung an und leitet direkte Anwendung ab mit den Hinweisen: „Diese Dinge aber sind als Vorbild für uns geschehen, damit uns nicht nach bösen Dingen gelüstet, wie es jenen gelüstete." (v 6) und: „Alles dies aber widerfuhr jenen als Vorbild und ist geschrieben worden zur Ermahnung für uns" (v 11). In 2Kor 6,11–7,1 argumentiert Paulus in ähnlicher Richtung.

In Gal 4,21–31 gibt Paulus zu den Ereignissen um Hagar mit Ismael und Sara mit Isaak eine Belehrung hinsichtlich den zu unterscheidenden Bündnissen unter Gesetz und unter freier Gnade. Er sagt selbst „Dies hat einen bildlichen Sinn." (v 24). Um seine Erläuterungen hierzu verstehen zu können, darf diese alte Geschichte und das gesamte damalige Umfeld aus unserem Bibel-Verständnis nicht ausgeklammert sein. Also noch einmal: Das gesamte Wort Gottes redet zur Belehrung zu mir, wenn auch nicht jeder Text von mir redet!

2.3.5 Wie vertrauenswürdig sind Gottes Zusagen?

Für mich kommt zu den hier von Paulus aufgeführten Begründungen, in welchem Umfang und zu welchem Nutzen für mich das gesamte Wort Gottes wichtig ist, noch ein ganz wesentlicher Gesichtspunkt hinzu, der so direkt nicht angesprochen wird, der aber nach meinem Verständnis in vielen seiner Aussagen verborgen liegt.

Mich als Kind Gottes interessiert selbstverständlich, das Wesen meines Vaters so gut als irgend möglich verstehen zu können. Wie hat er in unterschiedlichsten Zeiten und Situationen mit Einzelnen und Gruppen von Menschen gehandelt und wie hat er dann wieder auf ihr Verhalten reagiert?

Welche Pläne hat mein Vater mit seiner gesamten Schöpfung? Er hat diese Zielsetzungen im Verlauf der Zeiten nach und nach geoffenbart; vieles in seinen Verheißungen ist längst Wirklichkeit geworden.

Wie weit reicht eigentlich seine Geduld und Liebe mit seinen sich von ihm emanzipierenden und gegen ihn empörenden Geschöpfen? Ich rede jetzt ganz „anthropomorph": Reißt ihm irgendwann der Geduldsfaden und löscht er sie gänzlich oder zum Teil aus? Das Recht und die Macht dazu hätte er auf alle Fälle; und wer wollte wohl am Ende der Zeiten mit ihm rechten?

Beachtenswert ist in diesem Zusammenhang Moses Verhandeln mit Gott in 4Mo 14,10–25. Da ist Gottes Geduld mit seinem Volk an einem kritischen Punkt angekommen. Er erklärt seine Absicht, das gesamte Volk auszutilgen und mit Mose einen neuen Anfang zu machen. Dann bittet dieser nicht nur für das Volk, sondern er hält Gott seine eigene, Gottes Ehre vor.

Das geht doch gar nicht, argumentiert Mose; dann würden doch alle, die davon hören, sagen: Da hatte dieser Gott JHWH sich zu viel vorgenommen und zu viel zugesagt; nun schafft er es nicht und da schlachtet er sie alle hin. Der Inspektor eines pietistischen Verbandes hat einmal sein Verständnis zu 1Tim 2,4 in einem Artikel ganz allgemein so auf den Punkt gebracht: „Gottes Wollen scheitert am Nichtwollen der Menschen!". Gott will zwar, dass alle Menschen errettet werden – aber am Ende scheitert er damit. Mose argumentiert da ganz anders: Das geht doch um deiner, Gottes Ehre willen überhaupt nicht!

In 2Kor 1,20 schreibt Paulus: „Denn so viele Verheißungen Gottes es gibt, in ihm [das ist der Gottessohn mit seinem voll gültigen Erlösungsopfer] ist das Ja, deshalb auch durch ihn das Amen, Gott zur Ehre durch uns." In der Luther-Übersetzung ist der Gehalt dieses wichtigen Textes leider kaum erkennbar. Gottes Verheißungen stehen nie in Widerspruch zu seinem Wollen oder Vermögen, sondern sind darin eingebettet. Dabei sollte man noch beachten, dass „Amen" eine besondere Formel des Betonens der Wahrhaftigkeit einer Aussage ist. Bei Jesu Reden wird diese Formel „Amen, Amen" meist mit „Wahrlich, wahrlich" übersetzt. Nicht Gottes Wollen scheitert; der Menschen Nichtwollen wird letzten Endes an Gottes langmütiger Geduld und Liebe zerbrechen. Nicht Hoppla-Hopp, sondern nach Äonen des Gerichts. „Es ist furchtbar, in die Hände des lebendigen Gottes zu fallen!" Hebr 10,31.

In Jes 48,11 sagt Gott in einer ganz ähnlichen Situation: „Um meinetwillen, um meinetwillen will ich es tun – denn wie würde mein Name entweiht werden -, und meine Ehre gebe ich keinem anderen." Er hatte kurz vorher erklärt: „Mein Ratschluß soll zustande kommen, und alles, was mir gefällt, führe ich aus. ... Ja, ich habe es geredet, ja ich werde es auch kommen lassen. Ich habe gebildet, ja, ich führe es auch aus." (Jes 46,10.11).

Von daher kann dann Paulus mit so viel vertrauender Gewissheit im Eingang seines Briefes an die Epheser schreiben: „Er hat uns ja das Geheimnis seines Willens kundgetan nach seinem Wohlgefallen, das er sich vorgenommen hat in sich selbst für die Verwaltung der Fülle der Zeiten ... der alles nach dem Rat seines Willens wirkt ..." Dieser gesamte Abschnitt Eph 1,3–14 mit seinen gewaltigen Aussagen zu Gottes Zielpunkten mit uns, den Glaubenden, und mit seiner ganzen Schöpfung sollte in unserem Denken und geistlichen Verständnis fest verankert sein.

Wie ist er denn wirklich, mein Vater; wie vertrauenswürdig? Das müsste sich doch aus seinem uns berichteten Reden und Handeln mit Menschen ableiten lassen. Als von ihm geliebtes und überreich beschenktes Kind gilt dem doch mein ganzes Interesse. Was würden wir denn schon im menschlichen Umfeld von dem Sohn eines weltweit agierenden Unternehmers sagen, dem die Interessen seines Vaters und die Beweggründe seines Handelns völlig gleichgültig sind. „Vater, ich danke Dir, daß ich es bei Dir hier zuhause so wunderschön habe; daß ich mit allem im Übermaß versorgt bin. Danke, ich bin zufrieden!" Verhalten sich nicht viele Gottes-Kinder genau so?

Nun, mag manch ein Leser sagen, das klingt zwar gut, ist das alles aber nicht ein zu hoher Anspruch? Sagt nicht Gott selber: „So viel der Himmel höher ist als die Erde, so sind meine Wege höher als eure Wege und meine Gedanken höher als eure Gedanken." (Jes 55,9). Nur ist das wieder solch ein Text, den wir nicht aus seinem Zusammenhang lösen dürfen, wenn wir ihn richtig anwenden wollen. Diese Aussage gilt gemäß Vers 7 „dem Gottlosen und dem Mann der Bosheit", der seinen Weg und seine eigenen Gedanken verlassen soll!

Was für uns gilt, die mit dem uns innewohnenden Gottes Geist beschenkt sind, das schreibt Paulus in 1Kor 2,6–16. Hier wird klar ausgesagt, dass wir nicht den Geist der Welt empfangen haben, der nur erforschen kann, was im Menschen ist. Wir haben den Geist empfangen, der aus Gott ist, damit wir die Dinge kennen, die uns von ihm geschenkt sind (v 12). Das ist der Geist, der alles erforscht, auch die Tiefen Gottes (v 10). Dann greift Paulus ebenfalls ein Jesaja-Wort auf (Jes 40,13), ergänzt es aber ganz gewaltig: „Denn ‚wer hat den Sinn des Herrn erkannt, daß er ihn unterweisen könnte?' Wir aber haben Christi Sinn!" (v 16).

Wenn mein Vater mich durch seinen Gesandten Paulus auffordert, ich solle würdig meiner Berufung mein tägliches Leben gestalten (Eph 4,1), wo ist denn da mein Platz in seinen Plänen? Dann darf ich nach dem vorstehend Zitierten meinem Herrn für den Aufschluss über seine Pläne Großes zutrauen.

Das heißt dann aber unter anderem für mein Schriftstudium, ich muss zwei Ebenen im Wort Gottes beachten, die sich wechselseitig ergänzen: Da ist zunächst die persönliche, mich direkt ansprechende und konfrontierende Ebene. Vielleicht darf man sagen, das ist die mehr statische Ebene, auf die hin ich aber gehorsam und sehr aktiv agieren sollte. Jedes Wort redet zu mir.

Dann ist da aber auch die geschichtliche, heilsgeschichtliche und gegebenenfalls auch prophetische Ebene; in ihr wird die ganze Dynamik des göttlichen Handelns sichtbar. Menschen unterschiedlichster Beziehungen zu ihm sind seine Gegenüber. Hier redet Gott in die verschiedensten Situationen hinein und handelt darin nach seinem jeweiligen Ratschluss. Unterschiedlichsten Adressaten gelten seine Anweisungen, seine Verheißungen aber auch seine Strafandrohungen sowie seine an Bedingungen geknüpften oder ganz freien Segenszusagen. Alle Gottes Worte dieser Ebene reden auch zu mir, aber sie reden zu einem sehr hohen Anteil nicht von mir. Sie haben zunächst einmal andere Adressaten.

Ich stehe in der Heilsgeschichte Gottes mit seinen Menschen in einem besonderen, abgegrenzten Zeitabschnitt: Irgendwo nach Kreuzigung, Auferstehung und Himmelfahrt des Gottessohns sowie der Ausgießung seines Lebensgeistes, aber auch vor seinem angekündigten Wiederkommen. Vergessen wir an dieser Stelle einmal den Unterschied zwischen seinem Kommen zu seiner Gemeinde und dem zu Israel und damit in diese sichtbare Schöpfung.

Ich gehöre auch von meinem Status her zu einer besonderen Gruppe der in der Bibel vorkommenden Menschen. Ich bin von Gott mit neuem Leben beschenkt worden, bin eine neue Schöpfung. Gottes heiliger Geist wohnt als Lebensgeist des neuen inneren Menschen in mir. Vor Gott bin ich nicht mehr ein Sünder, sondern ein Gerechter in Christo (Röm 5,19). Paulus spricht die Glaubenden in Kolossä an als „Auserwählte Gottes, Heilige und Geliebte" (Kol 3,12); alles Aussagen über das Handeln Gottes an ihnen; Aussagen über ihren und meinen neuen, von Gott geschenkten Status.

Er, Jesus Christus, ist das Haupt der Ekklesia, der ich durch Gottes Handeln an mir zugeordnet bin (Kol 1,13). Er will nur noch Erstgeborener sein unter Brüdern (Röm 8,29); ich soll eines Tages ihm gleich sein (1Joh 3,2).

Dieser mein Status im Verhältnis zu Gott und meine Platzierung, meine Einordnung auf der „göttlichen Zeitachse" seines Handelns in und mit seiner Schöpfung hat nun aber Konsequenzen, sobald ich aus dem in der Bibel berichteten Reden und Handeln Gottes für mich Richtschnur suche. Ich muss gegebenenfalls aus ganz anderen Zusammenhängen mit Adressaten, die zu Gott in einer ganz anderen Beziehung stehen als ich, zu mir hin übersetzen. Um nicht an Gottes Absichten haarscharf vorbei zu interpretieren, muss ich zuweilen schon recht genau hinschauen, was da warum wem gesagt ist. Ich sollte ein wenig von den generellen Zusammenhängen in Gottes „Rat seines Willens" (Eph 1,11) erkannt haben. Das „einfache Evangelium", das manche Gruppen propagieren, kann gegebenenfalls so einfach werden, dass es die Herde munter in die falsche Richtung schickt.

2.3.6 Text-Inhalt, Text-Adressat und Kontext sind eine organische Einheit

Als Quintessenz aus dem hier Gesagten darf wohl festgehalten werden, dass Gottes Wort mindestens unter drei Perspektiven wahrgenommen werden muss, wenn ich für mich und mein persönliches Verhalten, aber auch zur Beurteilung der gegenwärtigen Zeit Gott gemäße Antworten und Maßstäbe finden möchte:

Der Inhalt – was ist da gesagt?

Wir werden lernen müssen, neu hinzuhören, was der biblische Text wirklich sagt. Ein wenig Mühe ist da schon mit einzubringen. Auch für den, der die Ursprachen nicht gelernt hat, gibt es genügend Hilfsmittel, um genauer zu verstehen. Zumindest ist es hilfreich, bei schwierigeren Texten mehrere Bibelübersetzungen zur Hand zu haben. Was Gott wirklich gesagt und gemeint hat, muss geklärt werden, ehe Zusammenhänge ihren richtigen Sinn geben können.

Wichtiger als alle Hilfsmittel scheint mir aber die persönliche Haltung beim Studium des Wort Gottes zu sein. Vor jedem Eintauchen in den Text sollte ich Gott um die Leitung durch seinen Geist, um „geistliche Weisheit" bitten. Jakobus fordert auf: „Wenn aber jemand von euch Weisheit mangelt, so bitte er Gott, der allen willig gibt und nicht vorwirft, und sie wird ihm gegeben werden." (Jak 1,5).

Mein Glaubensvater Hanns Heck hat mir das von Beginn an fest „eingehämmert". Sinngemäß: „Bete und bitte vor jeder Beschäftigung mit Gottes Wort um seine Leitung; nicht um das Ausschalten des Verstandes, aber um das Ausblenden aller menschlichen, intellektuellen Vorprägung." Ich bin ihm immer noch und immer wieder dankbar dafür!

Außerdem sollte ich mich bemühen, unvoreingenommen hinzuhören. Gerade derjenige, der viele Bibeltexte in- und auswendig kennt, steht in der Gefahr, schnell in alte Denk- und Verstehens-Gewohnheiten zu fallen. Man hört oder liest nur den Anfang eines Abschnitts und schon geht einem durch den Kopf: „ach ja,..."

Dieser Tage habe ich irgendwo gelesen, ich solle die Schrift so lesen und hören, „wie jemand, der eine Liebeserklärung, sein Todesurteil oder seinen Freispruch hört." Ja, da würden wir wohl sehr genau hinschauen und hinhören.

Der Adressat – wem ist es gesagt?

Die Gegenüber der in der Bibel festgehaltenen göttlichen Handlungen und Reden, die Adressaten seiner Anweisungen und Ordnungen, seiner Verheißungen und Strafandrohungen gehören unterschiedlichen Gruppierungen an. Diese Festlegungen Gottes für einen bestimmten Adressatenkreis dürfen nicht willkürlich auf einen anderen übertragen werden. Viele Missgriffe beim Bibelauslegen haben darin ihre Ursache, dass diese einfache und eigentlich selbstverständliche Regel missachtet wird.

Im Rahmen biblischer Berichte müssen mindestens drei verschiedene Adressaten-Gruppen unterschieden werden:

Die wohl größte Gruppe sind all die Menschen, die als Gottes Geschöpfe in kein besonderes Verhältnis zu ihm berufen worden sind. Sie stehen Gott als ihrem Schöpfer in Verantwortung gegenüber (Röm 2,1-16; 1Mo 9,1-17).

Die zeitlich zweite Gruppe ist die Auswahl Gottes als abgesondertes Volk in der Nachkommenschaft der Erzväter Abraham, Isaak und Jakob; also Israel.

Die dritte und im irdischen Zeitrahmen als letzte berufene Gruppe ist die von Gott seinem Sohn zugeordnete Ekklesia aus allen Völkern einschließlich Israel; die Einzelnen, die heute zum Leib Christi zusammengefügt werden.

In manchen Paulus-Briefen kann man alle drei Gruppen dicht beieinander finden. Zum Beispiel in 1Kor 10,32 stehen diese drei Adressaten-Gruppen direkt nebeneinander: „Seid unanstößig, sowohl für Juden als auch für Griechen als auch für die Gemeinde Gottes."

Diese vorstehende Fragestellung nach den jeweiligen Adressaten steht nun in ganz engem Zusammenhang mit dem dritten Thema, das zum rechten Bibelverständnis im Blick bleiben muss.

Der Kontext – in welchem heilsgeschichtlichen Zusammenhang ist es gesagt?

Unter Kontext wird bei der Schriftauslegung üblicherweise verstanden, dass „der Begleittext, der umgebende Zusammenhang eines Auslegungsstückes" zu beachten sei. Diese Forderung korrespondiert mit dem schon weiter vorn Gesagten.

Ich meine aber, dass diese Frage nach dem Kontext noch weiter gefasst werden muss. Viele Textabschnitte müssen auch im Gesamtzusammenhang des Fortschreitens und breiteren Öffnens göttlicher Offenbarung richtig eingeordnet werden, damit sie ihre korrekte Aussage erhalten. Wenn man das nicht richtig beachtet, können sich anscheinend widersprechende Anweisungen Gottes zitiert werden.

Ein ganz klares und oft zitiertes Beispiel aus der Prophetie:

In Jesaja 2,4 und gleichlautend in Micha 4,3 steht die von Friedensbegeisterten so gern zitierte Aussage JHWH's: „Dann werden sie ihre Schwerter zu Pflugscharen umschmieden und ihre Speere zu Winzermessern."

Nun steht aber in Joel 4,10 genau das Gegenteil, nämlich: „Schmiedet eure Pflugscharen zu Schwertern und eure Winzermesser zu Lanzen. Der Schwache sage: Ich bin ein Held! ..."

Der offensichtliche Widerspruch löst sich ganz schnell auf, wenn beide Aufforderungen in den heilsgeschichtlich richtigen Zusammenhang gestellt werden. Joel 4 redet von der Zeit, wenn Gott alle Völker rund um Israel sich aufmachen lässt, um ins Tal (in die Talebene) Joschafat zu ziehen. Vom „Tag JHWH's im Tal der Entscheidung" ist dort die Rede (v 14). Da sollen sie sich zum Kampf rüsten.

In Jesaja 2 und Micha 4 ist aber „vom Ende der Tage" und damit von einer Zeit die Rede, die zeitlich nach der in Joel beschriebenen liegt. „Denn von Zion wird Weisung ausgehen und das Wort JHWH's von Jerusalem. Und er wird richten zwischen den Nationen und für viele Völker Recht sprechen." (Jes 2,3.4) Neutestamentlich würden wir sagen, hier wird prophetisch vom Tausendjahr-Reich geredet.

Gottes Verheißungen zum unrechten Zeitpunkt durchsetzen zu wollen, kann nicht zum noch so gut gemeinten Ziel führen. Deshalb sollten sich Kinder Gottes nicht vor jeden Wagen des Heils und Friedens für alle Welt spannen lassen, der sich gut biblisch tarnt. Wir werden keinen Welt umspannenden Frieden schaffen können. Dazu sind menschliche Interessen viel zu gegensätzlich.

Sorgen wir für Frieden in unseren Familien, in unserer Nachbarschaft und im beruflichen Umfeld. Da können wir Gottes uns konkret betreffenden Auftrag erfüllen: „Wenn möglich, so viel an euch ist, lebt mit allen Menschen in Frieden." (Röm 12,18).

Mein Merkspruch: „Das gesamte Wort Gottes redet zu mir; aber nicht jedes Wort der Bibel redet von mir!" erfordert Verständnis für die ganz konsequenten Linien Gottes in seiner Geschichte mit der Schöpfung und zusätzlich einen Einblick in die zu unterscheidenden, von Gott geordneten Zeiten und Körperschaften mit unterschiedlichen Aufgaben, Ordnungen und Verheißungen.

Nur so kann ich meinen Platz in Gottes Ratschluss richtig orten und von daher lernen, „würdig meiner Berufung" (Eph 4,1) mein Leben zu gestalten. Nur von dort aus kann ich auch die heutige Zeit mit ihren Turbulenzen auf politischem, wirtschaftlichem und ökologischem Gebiet angemessen deuten und die Aufgabe der Ekklesia in diesem zeitgeschichtlichen Rahmen definieren. Sonst kann ich bei allem Eifer für Jesus und seine frohe Botschaft einem Irrlicht nachlaufen.

Schriftteilung richtig verstanden und angewendet
ist kein beliebiges Auseinanderreißen biblischer Texte
sondern das rechte Einordnen, was von Gott her getrennt ist.

Paulus schreibt über die Juden seiner Zeit: „.... ich gebe ihnen Zeugnis, daß sie Eifer für Gott haben, aber nicht nach (rechter) Erkenntnis." (Röm 10,2). Bei allem Eifer verfehlen sie das von Gott ihnen neu gesetzte Ziel. Sie hatten ihr festes Verständnis, was Gott will, was er von ihnen verlangt und was sie dem gemäß zu tun hätten. Sie erkannten bei allem Eifer für Gott nicht, dass sie sich damit seinen Ordnungen, seiner Gerechtigkeit und insbesondere seiner fortschreitenden Heilsoffenbarung verweigerten, die im Sühne-Opfer des Gottes-Sohnes und in ihrer Ablehnung der Volksbuße gründete. Und wir heute?

Ich möchte noch einmal ganz pointiert meinen Standpunkt betonen. Bei diesen Fragen geht es nicht mehr nur um kleinere, marginale Unterschiede im Verständnis des Wortes Gottes. Es sind zu weiten Teilen gravierende Unterschiede im Verständnis der Zusammenhänge in Gottes Planungen und seinen Zielen mit seiner Schöpfung und den Menschen.

Schriftgemäß verstandene und angewandte Schriftteilung, also ein Dispensationalismus, der aus der Schrift abgeleitet und nicht zur Begründung des eigenen Verständnisses in die Bibel hineininterpretiert wird, ist entscheidend, um Vergangenheit, Gegenwart und Zukunft des Handelns Gottes mit seiner Schöpfung ohne Brüche deuten zu können. Leider ist das Thema und damit dann auch der Begriff „Dispensationalismus" wegen seltsamer Textdeuteleien einzelner Ausleger gerade in vielen an der Schrift orientierten Kreisen in Misskredit geraten. Aber unsachgemäße Verwendung einer richtigen Auslegungsmethode darf doch nicht neue Scheuklappen und gegenseitige Verurteilungen begründen und die sachgemäße Anwendung verhindern.

3. Das gedankliche Verwirrspiel um das „(König-)Reich Gottes"

Die Botschaft von der Erlösungstat des Gottessohnes zu verkünden und Menschen zur Annahme dieser Rettungsaktion Gottes aufzurufen, das bedeutet für viele Verkündiger „Bau des Reiches Gottes". Diese Aufgabenstellung, im Leben eines Menschen Gottes Herrschaft aufzurichten, ist sicher das wichtigste Ziel jeder Evangelisation und ganz allgemein jeder biblischen Verkündigung. Dieser dritte Hauptabschnitt soll folgender Frage nachgehen und eine Klärung versuchen: Bauen wir damit am biblisch definierten „Reich Gottes"? Wird hier nicht ein im Wort Gottes ganz anders gefüllter Begriff für einen in sich richtigen und wesentlichen Dienst eingesetzt?

Diese nicht sachgemäße Verwendung könnte übersehen werden, wenn damit nicht der eigentliche Gehalt dessen, was der Begriff „König-Reich Gottes" aussagt, zu einem großen Teil seiner insbesondere prophetischen Bedeutung beraubt würde. Hier sitzt das Problem. Lassen Sie uns also den Versuch unternehmen, über die vier in unseren deutschen Bibeln verwendeten Begriffe, die hier zur Diskussion stehen, biblische Klarheit zu finden:

Das Reich – (König-)Reich Gottes – Reich der Himmel – Himmelreich

Zunächst sollen einige mehr grundsätzliche Anmerkungen zur Bedeutung dieser Begriffe entsprechend ihrer Herkunft und nach ihrer Übersetzung ins Deutsche gegeben werden (Abschnitt 3.1).

Dann soll ein Gang durch das Alte Testament einen groben Überblick darüber geben, wie es dem irdischen Königreich Gottes mit seinem Volk Israel ergangen ist und welche Verheißungen Gott für das weitere Geschehen mitgegeben hat (3.2).

In einem dritten Schritt soll Aufschluss gesucht werden, was mit der Ankunft des Gottessohnes, mit Jesus aus Nazareth, aus dem verheißenen Königreich Gottes für Israel geworden ist. Der Schwerpunkt wird hierbei auf den Berichten in den Evangelien und der Fortsetzung in der Apostelgeschichte liegen (Abschnitt 3.3 u. 3.4).

Am Ende dieser Überlegungen sollten Sie – das ist mein Wunsch und die Absicht dieses dritten Hauptabschnitts – darin befestigt sein, dass Gottes Verheißungen für Israel nicht untergegangen und auch nicht an die Gemeinde übergegangen sind (Röm 11,25–29). Zu seiner Zeit wird Gott die von ihm mit seinem Eid verbürgten Segnungen und verheißenen Wohltaten für sein erwähltes Volk erfüllen (Hebr 6,13–18; Hab 2,3). Vielleicht in nicht zu ferner Zukunft.

3.1 Was bedeutet im biblischen Kontext: (König-)Reich Gottes?

3.1.1 Einführung in ein problematisches Thema

Der Begriff „Himmelreich" ist hier aufgenommen, weil er den meisten Menschen aus der Luther-Übersetzung geläufig ist. Er lenkt mit dem ihm im üblichen Sprachgebrauch beigelegten Bedeutungsinhalt die Gedanken der Leser oder Hörer aber in eine falsche Richtung: Das Himmelreich ist im Himmel. Da gelangt man unter bestimmten Voraussetzungen hin, wenn man gestorben ist. Das ist bei dieser Sichtweise sozusagen der Gegenpol zur Hölle, wo alle anderen hinkommen. Die Elberfelder und viele andere Übersetzungen bringen statt „Himmelreich" „Reich der Himmel", was dem griechischen „basileia ton ouranon" besser gerecht wird. Diese Bezeichnung finden wir fast ausschließlich im Matthäus-Evangelium.

Die Formel „Reich der Himmel" für das gemäß Matthäus-Evangelium zu erwartende Reich kann sowohl einen rein sprachlichen als auch einen inhaltlichen Hintergrund haben.

Der Jude spricht den Eigennamen seines Gottes (2Mo 3,14.15; Jes 42,8), JHWH, überhaupt nie aus, sondern liest da, wo dieses Tetragramm steht, „adonai", Herr; oder leicht abgewandelt: „adoschem". Zuweilen redet er, wenn er den Schöpfer meint, sogar ganz kurz von „ha schem"; das ist: „Der Name". So Oberrabbiner Dr. Joseph Zwi Carlebach, der für „JHWH, unsere Gerechtigkeit" in Jer 23,6 u. 33,16 einsetzt „Haschem Zidkenu" und für „Knecht Gottes" „Ewed Haschem" (Die drei grossen Propheten, S. 42 u. 82). So auch die Rebbetzin Esther Jungreis zum Abschluss ihres Vortrags bei der BJSD in Berlin zur Begründung ihrer Unabhängigkeit: „Ich habe nur einen Boß: haSchem!" (Jüdische Allgemeine Zeitung Nr. 4/03, S. 16).

Wenn der seiner Thora treue Jude auch das mehr neutrale „Gott (elohim)" oder eine der anderen Gottesbezeichnungen nicht aussprechen will, setzt er an deren Stelle den unverfänglicheren Terminus „ha schamayim – die Himmel" ein; so z.B. Daniel zu Nebukadnezar in Dan 4,23: „... dein Königtum soll dir bleiben, sobald du erkennst, daß die Himmel herrschen"; oder der junge jüdische Mann in Jesu Gleichnis und damit eigentlich Jesus selbst in Lk 15,18.21: „... ich habe gesündigt gegen den Himmel und vor dir ...". Zuweilen sprach man noch weiter verkürzt von „die Macht" (gr. „dynamis"); so in Mt 26,64 u. Mk 14,62 Jesus selbst. In diesem Falle wäre „Reich der Himmel" ein synonymer und austauschbarer Begriff für „Reich Gottes", „basileia tou theou". Dieser Zusammenhang wird auch von der rabbinischen Umschreibung für Reich Gottes mit „malchut schamayim", das ist „Reich der Himmel", bestätigt.

„Der Ausdruck 'Himmelsherrschaft' ist matthäisches Sondergut und entspricht dem damaligen synagogalen Sprachgebrauch, der die traditionelle Redeweise von der 'Gottesherrschaft' ablöste. Inhaltlich besteht zwischen 'Himmelsherrschaft' und 'Gottesherrschaft' freilich kein Unterschied." (Limbeck; S.232, Anm. 28 a). Genau in diesem Sinn übersetzt Julius Schniewind in „Die Freude der Buße" (S. 23) die bekannte Aussage des Täufers Johannes in Mt 3,2 und Jesu in 4,17: „Kehret um, denn Gottes Herrschaft hat sich genaht."

Soviel zum sprachlichen Hintergrund für den Begriff „Reich der Himmel". Den inhaltlichen Hintergrund können zwei alttestamentliche Aussagen beleuchten. Daniel erläutert den ihm von Gott aufgeschlossenen Inhalt zu Nebukadnezars Traum vom großen Standbild. Dan 2,34.35 wird von dem Zertrümmern des Standbildes von den Füßen her berichtet, „weil ein Stein losbrach, nicht von Händen". In 2,44.45 wird dieser Teil des Traumes gedeutet: „... in den Tagen dieser Könige wird der Gott des Himmels ein Königreich aufrichten, das ewig nicht zerstört wird ..." Der Gott des Himmels wird die Herrschaft der Nationenreiche ablösen durch ein Königreich, das durch sein direktes Eingreifen aus den Himmeln errichtet wird.

Ein Wort aus dem fünften Nachtgesicht des Sacharja (4,6) deutet dann dieses Geschehen weiter aus. Dort heißt es: „Nicht durch Macht [Heeresmacht] und nicht durch Kraft [Menschentüchtigkeit] sondern durch meinen Geist, spricht JHWH Zebaoth." Dieses Verständnis will sagen, dass Gott sein Reich nicht vordringlich durch menschliches Wirken aufrichten wird, sondern durch sein persönliches machtvolles Eingreifen. Es ist ein aus dem jenseitigen, göttlichen Machtbereich gegen alle irdisch-diesseitigen und auch jenseitigen Widersacher mitten in dieser Welt durchgesetztes Reich. Von daher könnte man dann eine Verbindung ziehen zu Jesu Aussage vor Pilatus: „Mein Reich ist nicht von dieser Welt [es entsteht nicht aus den Machtstrukturen dieser Welt]; wenn mein Reich von dieser Welt wäre, so hätten meine Diener gekämpft ..." Joh 18,36.

Das griechische Wort „basileia" wird meist mit Reich oder Königreich übersetzt, hat aber im Griechischen eine breitere Bedeutung. Basileia kann sowohl (König-)Reich als auch (Königs-)Herrschaft oder schlicht Königswürde bedeuten. Das Verständnis des Kontextes wird im Einzelfall bestimmend sein, welches deutsche Wort den Sinn angemessen wiedergibt.

Eine unangemessene Übersetzung ist zum Beispiel Mt 16,28: „Wahrlich, ich sage euch: Es sind einige von denen, die hier stehen, die werden den Tod nicht schmecken, bis sie den Sohn des Menschen haben kommen sehen in seinem Reich (basileia)". Was ist hier alles schon argumentiert worden, dass sich Jesus mindestens hier geirrt habe. Alle, die dort standen, seien doch verstorben und das Reich sei bis heute noch nicht errichtet.

Übersetzt man „basileia" statt mit „Reich" mit „Königswürde", dann beschreibt der sofort anschließende Bericht in Mt 17,1–9 das von Jesus angekündigte Ereignis. Petrus, Jakobus und Johannes sehen den Herrn in seiner Herrlichkeit, in seiner Würde als Gottessohn und verheißenen König (Mt 17,2; Mk 9,3; Lk 9,29). Da diese Begegnung mit Mose und Elia im Zusammenhang steht mit dem zeitlichen Verzögern des „nahe gekommenen" Königreiches (Lk 9,32), ist es wohl angemessener, in dem vorhergehenden Bericht „basilaia" mit Königswürde zu übersetzen.

So einfach erklären sich manche angeblichen Irrtümer in der Bibel, wenn man bereit ist, abseits der Traditionen sorgfältig hinzusehen, was da geschrieben steht. Die in Beröa „untersuchten täglich die Schriften, ob dies sich so verhielte" und wir versuchen zu verstehen, was da wirklich geschrieben steht und gemeint ist.

Ein anderes Beispiel aus Mt 12 lenkt das Verständnis in eine andere, aber nicht weniger problematische Fehldeutung. Ab Vers 22 wird von der Befreiung eines stummen und blinden Besessenen berichtet. Die Pharisäer beschuldigen Jesus, er treibe die Dämonen durch den Beelzebub, den Obersten der Dämonen aus. Jesus hält ihnen entgegen (v 28): „Wenn ich aber durch den Geist Gottes die Dämonen austreibe, so ist also das Reich Gottes zu euch gekommen."

Zu dieser Stelle erläutert der renommierte Theologe Adolf Schlatter in „Das Evangelium des Matthäus ausgelegt für Bibelleser" in einer ausführlichen Auslegung (S. 208):

„... Weil es eine Lüge ist, daß er seine Macht vom Teufel hat, so hat er sie von Gott, der ihm seinen Geist gegeben hat, durch den er die Menschen von innen her bewegt und ein neues in ihnen schafft. Dann ist aber das Reich Gottes unvermutet über euch gekommen, weil der gekommen ist, welcher im Geist Gottes königlich regiert und vor allem teuflischen Verderben schützt.

Jesus ließ die Leute nicht bloß hoffen, daß Gottes Reich in der Zukunft kommen werde, sondern sagt ihnen: Gottes Reich ist da. ...

Die Pharisäer harrten sehnsüchtig auf das Reich. Seht, sagt Jesus, nun hat es euch doch noch überrascht; es ist gekommen, ohne daß ihr's merktet. Und jetzt, wo es gekommen ist, heißt ihr Gottes Reich ein Teufelswerk und den König in demselben einen Diener Belzebubs!"

Der designierte König in seiner Würde und mit seiner Macht war mitten unter ihnen. Aber das Israel verheißene Reich war durchaus noch nicht gekommen! Es war nahe gekommen; so verkündigen es Johannes und Jesus (Mt 3,2; 4,17). Jesus selbst fordert seine Jünger auf zu beten: „... dein Reich komme ..." (Mt 6,10). Weil aber Israel die Volksbuße verweigert und den König ablehnt, wird die Aufrichtung des Reiches vertagt.

Das ist der große Einschnitt in der Verkündigung Jesu und damit auch in den Evangelien, wenn es Mt 16,21 (und entsprechend bei Markus und Lukas) heißt: „Von der Zeit an begann Jesus seinen Jünger zu zeigen, ..." und dann redet er von seiner Verwerfung. Von der Zeit an spricht er nicht mehr vom nahe herbeigekommenen Reich; danach erzählt er von dem Menschen, „der außer Landes reiste" (Mt 25,14) oder in Lk 19, 11 ff: „Ein hochgeborener Mann zog in ein fernes Land, um ein Reich für sich zu empfangen und wiederzukommen". Hier redet der Herr eindeutig von sich. Er wird zwar weggehen, aber wiederkommen um dann das von Gott, seinem Vater im Himmel empfangene (König-)Reich der Himmel aufzurichten.

Noch kurz vor seiner Himmelfahrt, nachdem er vierzig Tage mit seinen Jüngern zusammengewesen war und „über die Dinge (mit ihnen) redete, die das Reich Gottes betreffen" (Apg 1,3), fragen ihn die Jünger (v 6) „Herr, stellst du in dieser Zeit für Israel das Reich wieder her?" Warum sollte er es „wiederherstellen", wenn es schon längst gekommen war?

Wie immer man das alles jetzt auslegen mag, eines ist doch sicher, Jesus kann dort im Disput mit den Pharisäern keinesfalls gemeint haben, dass das Israel verheißene Reich bereits da sei. Er, der designierte und von Gott längst bevollmächtigte König war mit seiner Königswürde und Herrschermacht zu ihnen gekommen. Das war die Begründung für seine Machttaten; aber nicht, dass das Reich bereits aufgerichtet, bereits „unvermutet über euch gekommen" wäre.

Nun mag man den Unterschied für vernachlässigenswert halten. Nur Übersetzungen dieser Art und die dazu passende Auslegungspraxis verfestigt das falsche Verständnis, dass es bei Jesu Kommen gar nicht um die Erfüllung der alten, Israel gegebenen Verheißungen gegangen wäre. Die Verheißung nämlich, dass Gott unter seinem Messias in Israel ein Friedensreich aufrichten werde, durch das der Segen Abrahams zu allen Völkern kommen soll. Dieses Reich ist plötzlich nur noch eine inwendige Angelegenheit in den Herzen der Menschen.

„... von Ritschls jüngerem Freunde Adolf von Harnack (1851–1930) ist zu hören, das Reich Gottes komme 'innerlich', indem Gott mit seiner Kraft in die Seele einzieht; in Jesu Gleichnissen des Gottesreiches sei 'alles Dramatische im äußeren, weltlichen Sinn ... verschwunden, versunken ist auch die ganze äußerliche Zukunftshoffnung' (Schluß der dritten Vorlesung 'Das Wesen des Christentum', 1899/1900)." (Sauter, S.27).

Diese Sicht wurde noch unterstützt durch Luthers Übersetzung von Lk 17,20.21: „... Das Reich Gottes kommt nicht mit äußerlichen Gebärden ... sehet, das Reich Gottes ist inwendig in euch." Die revidierte Fassung hat jetzt stehen: „Denn siehe, das Reich Gottes ist mitten unter euch." Besser zum rechten Verständnis wäre wohl „die Königsherrschaft Gottes" ist mitten unter euch; eben in seiner, Jesu Person.

Aus dieser Übersetzungspraxis, die inhaltlich mit der sozusagen kirchenamtlichen Aussage, wir Christen oder die Kirche seien das geistliche Israel, das neutestamentliche Volk Gottes, völlig übereinstimmte, kam dann ein die eigentliche Botschaft außer Kraft setzendes Verstehen, Predigen und Belehren der Gemeinde. Genau dadurch wurde aber der eigentliche Gehalt von „Reich Gottes" oder „(König-)Reich der Himmel" verdunkelt. Das von den Propheten angekündigte Reich in dieser sichtbaren Schöpfung, konkret in dem Land, das Gott für das wahre, von ihm erwählte Gottes-Volk Israel beschlagnahmt hat, wurde vernebelt oder sogar ganz gestrichen.

Das ist für viele engagierte Christen das Verständnis: Je mehr Menschen oder sogar Völker wir zu Jesus Christus führen, desto mehr wird Gottes Reich hier auf Erden gebaut, so wird es Realität. Nur wird in diesem Sinn der Begriff „Reich Gottes" in der Bibel nicht benutzt.

Oder man erklärt, wenn ein Mensch Jesus Christus in sein Leben aufnimmt, nun sei „in ihm Reich Gottes aufgerichtet" worden. Natürlich ist es richtig, dass dann Gottes Herrschaft in diesem Leben aufgerichtet wurde. Aber mit dem ganz konkreten biblischen Begriff „Reich Gottes" hat das nichts zu tun.

Man kann mir entgegenhalten, das sei doch alles Haarspalterei. Gewiss, an manchen Stellen mögen meine Argumente völlig belanglos sein. Aber mit diesem unangemessenen Verwenden des Begriffs „Reich Gottes" verschwindet zugleich sein ganz klarer biblischer Inhalt. Um es noch einmal zu betonen: Genau hier sitzt das Problem! Insbesondere für uns heute, die erleben, dass sich in Israel etwas bewegt hin zur Verwirklichung alter Verheißungen für Israel, für Gottes Reichs-Volk. Und die „Christenheit" versteht überhaupt nichts.

3.1.2 Gott, der König seiner Schöpfung

Also noch einmal unsere Fragestellung: „(König-)Reich Gottes" und „(König-)Reich der Himmel", was meint die Bibel, wenn sie diese Begriffe verwendet? Mit (König-)Reich kann ein sehr umfassender, nicht besonders spezifizierter Bereich gemeint sein. Es kann aber auch ein auf ein bestimmtes Landgebiet begrenzter Herrschaftsbereich sein mit einem Herrscher, einem König und mit zugehörigen Bewohnern, Untertanen verschiedenster Herkunft oder mit einem abgegrenzten, sich von einem Stammvater ableitenden ethnischen Volk. Von daher kann nun auch Reich Gottes biblisch zwei voneinander zu unterscheidende Bedeutungen haben.

Vor allen anderen Überlegungen ist festzuhalten: Diese gesamte Schöpfung auf der Erde ist Herrschaftsbereich Gottes, weil er der Schöpfer ist, und damit kann man die gesamte Schöpfung als Gottes Reich bezeichnen. Unabhängig davon, ob er seinen Herrschaftsanspruch und seine Herrschermacht zur Zeit durchsetzt. Alle Menschen gehören insofern zu seinen Untertanen. Zunächst einmal auch wieder unabhängig davon, ob sie das für sich persönlich akzeptieren oder nicht, ob sie die Existenz dieses Herrschers bestreiten oder sich sogar bewusst gegen ihn auflehnen.

Vielleicht darf man sagen, in dieser Form ist „Reich Gottes" eine Bezeichnung für eine unspezifizierte Gesamtheit: „Die Schöpfung". In der Bibel selbst wird Gott in diesem weiten Sinn selten als König angesprochen. Er ist der alleinige Gott; er ist der Ursprung alles Seienden. Das enthält für die biblischen Denker und Schreiber seinen legitimen Herrschaftsanspruch über alle und alles, was überhaupt existiert.

Als Gott herrscht er auch über die Fürstentümer und Gewalten im jenseitigen Bereich seiner Schöpfung; diese gewaltigen Dämonen-Fürsten, die Paulus in Eph 6,12 als „Weltbeherscher (kosmokrator) dieser Finsternis" bezeichnet und die im Tenach häufig als „elohim" bezeichnet werden. Im Exkurs über Jakobs Kampf am Jabbok unter 2.2 ist hierzu mehr gesagt. Deshalb kann er z.b. an den „elohim" der Ägypter sein Strafgericht vollziehen (2Mo 12,12). Mose besingt diese Herrschaft anschließend in 15,18: „JHWH regiert auf immer und ewig!". Und David konstatiert Ps 29,10: „... JHWH thront als König ewig."

Und dann herrscht dieser Gott, von dem her alles sein Dasein hat, selbstverständlich über die ganze irdische, diesseitige Schöpfung. In einigen Texten wird seine Herrschaft in diesem Wort-Sinn thematisiert; z.B.: 1Chr 29,11; Ps 47,3.8; 95,3; 103,19; Jes 6,5; Jer 10,10; 46,18; 51,57.

Dan 4,31: „... Und ich pries den Höchsten, und ich rühmte und verherrlichte den ewig Lebenden, dessen Herrschaft eine ewige Herrschaft ist und dessen Königreich von Geschlecht zu Geschlecht währt."

Vers 34: „Nun rühme ich, Nebukadnezar, und erhebe und verherrliche den König des Himmels, dessen Werke allesamt Wahrheit und dessen Wege Recht sind ..."

Es lohnt sich, diesen ganzen Text von v 31 bis 34 einmal aufmerksam zu lesen und ihm nachzusinnen. Hier ist ein stolzer und überheblicher Fürst. Einer, der Gottes Herrschaft trotz vieler vorausgegangener Zeichen (Dan 2,46.47; 3,28.29) nicht anerkennen will. Er ist durch ein furchtbares Gottesgericht gegangen. Am Ende seiner Zeit dann diese herrliche Erkenntnis seiner Irrwege und der Lobpreis Gottes. Wir sollen aus dem vorher Geschriebenen lernen (1Kor 10,11). Sind wir bereit, hier etwas Entscheidendes über Gottes Gerichtsziele zu lernen?

Nicht nur im alten Testament wird Gott als dieser König mit dem allumfassenden Herrschaftsanspruch thematisiert, auch im neuen Testament finden wir einige entsprechende Aussagen:
- 1Tim 6,15: „Die wird zu seiner Zeit der selige und alleinige Machthaber zeigen, der König derer, die Könige sind und Herr derer, die herrschen ...".
- Offb 19,16: „Und er trägt auf seinem Gewand und an seiner Hüfte einen Namen geschrieben: König der Könige und Herr der Herren."

Wer überhaupt den Schöpfer-Gott anerkennt, wird ihn in dieser Weise als alle und alles überragenden Herrscher sehen; als absoluten König, der über sein Reich, über die „Schöpfung" regiert. Seiner Allmacht können wir durch unser Wirken nichts hinzufügen. Dieses Königreich können wir nicht erweitern, geschweige denn bauen, denn es umfasst alle Enden der sichtbaren und unsichtbaren Schöpfung. Diesem Reich kann nichts hinzugefügt aber auch nichts weggenommen werden.

In diesen umfassenden jenseitigen Herrschaftsbereich verweist Eph 5,5: „Denn dies sollt ihr wissen und erkennen, daß kein Unzüchtiger ... ein Erbteil hat in dem Reich Christi und Gottes." Auch 1Kor 6,10 sprich von diesem Erben des Reiches Gottes. Hier geht es um das Erbteil der Leibesglieder des Christus, der Ekklesia in der neuen Schöpfung (Röm 8,17; Eph 3,6).

Auch an diesem Reich können wir hier und heute nicht bauen. Aber lassen wir uns schon heute willig von unserem Herrn und Haupt zubereiten, brauchbar zu werden für unsere dann in seinem Auftrag durchzuführenden Aktivitäten hin zum Endziel Gottes mit seiner Gesamtschöpfung. Ganz gewiss, dieses Reich wird kein „Schlaraffenland" sein und auch kein Reich in dem wir auf Wolken schweben und träumen. Wir werden viel zu tun haben; aber in direkter Verbindung mit dem „Haupt des Christus" (1Kor 12,12) und ohne all die kreatürlichen Einschränkungen, die uns heute in dieser sichtbaren Schöpfung behindern (1Joh 3,2).

3.2 Das irdische (König-)Reich Gottes im Alten Testament

3.2.1 Der Abraham-Bund: Fundament für das (König-)Reich

Wesentlich zum Verständnis biblischer und heilsgeschichtlicher Zusammenhänge ist die enger umgrenzte Bedeutung von (König-)Reich Gottes oder (König-)Reich der Himmel: Im Rahmen seiner allumfassenden Königs-Herrschaft richtet Gott seine Herrschaft auf über ein von ihm ausgewähltes Land und ein ethnisches Volk, das sich von einem von ihm erwählten Stammvater herleitet.

Dieser Weg der Heilsgeschichte Gottes mit seiner Schöpfung, eingebettet in die ganz diesseitige, ganz „weltliche" Geschichte mit und um ein Volk, nimmt seinen Anfang mit der Erwählung Abrams, wie es 1Mo 12 berichtet wird. Dort legt Gott sofort den Rahmen seines Handelns fest; man beachte, wie oft in diesen Kapiteln 12 und 13 Gott betont: „Ich will!" 12,2: „Ich will dich zu einer großen Nation machen"; hier haben wir die Festlegung auf sein Volk. 12,7: „Deinen Nachkommen will ich dieses Land geben"; hier wird der räumliche Bereich seines irdischen Reiches definiert. Beides wird Abram/Abraham gegenüber mehrfach wiederholt; die Verheißung des Landes z.B. 1Mo 13,15; 15,7;17,8 und die der kommenden Nation z.B. 1Mo 17,4–7; 18,18; 22,17.

Auch den entscheidenden Beweggrund für diese Auswahl aus allen Menschen, also das Ziel dieses Handelns Gottes erklärt er sofort hier am Beginn seiner Geschichte mit der Auswahl; 1Mo 12,3: „Ich will dich segnen ... und in dir sollen gesegnet werden alle Geschlechter der Erde!" Gott will, dass seine Menschen, die immer weiter von ihm weggetrieben waren, unter seinen Segen zurückkehren. Das ist letztlich der Urgrund aller Berufungen Gottes. Im irdischen, diesseitigen Rahmen soll dieses Wirken Gottes durch die auserwählte Nachkommenschaft Abra(ha)ms realisiert werden, ausgehend von dem von ihm beschlagnahmten Landstrich.

Wenn wir an Gottes Bund mit Israel denken, sind wir viel zu schnell beim Bund vom Sinai. Das ist zum Teil durchaus angemessen. Wir werden gleich noch davon zu reden haben. Aber das grundlegende Bundesverhältnis hat hier im Bund Gottes mit Abram seine Wurzel. Dieser Bund mit dem Stammvater Israels war ein reiner Gnadenbund. Gott sagt: Ich will! Ich werde! Und das ohne jede Vorbedingung, allein auf Gottes Erwählung hin. Bei der ganz konkreten Bundschließung schläft Abram (1Mo 15). Unbestreitbar ein gnädig geschenkter Bund! 15,18: „An jenem Tag schloß JHWH einen Bund mit Abram."

Hier scheint ein geeigneter Platz zu sein, um eine generell gültige Erklärung zu geben. Die beiden häufig und auch von mir verwendeten Begriffe „Gnadenbund" und „Gesetzesbund" werden so wörtlich im Wort Gottes nicht verwendet. Sinngemäß sind beide Begriffe korrekt.

Gottes Bund mit Abra(ha)m oder mit der Gemeinde setzt keinerlei Vorleistungen auf Seiten der „Bundespartner" Gottes voraus. Er, Gott, gibt von seiner Seite aus Zusagen und Verheißungen. Er sagt „ich will", „ich werde". Das Bundes-Verhältnis beruht ohne Bedingungen auf reiner Gnade Gottes, und die Berufung in den Bund ist von ihm vorherbestimmt nach dem Wohlgefallen seines Willens (Eph 1,5). Dazu kann und muss der Einbezogene sich nicht qualifizieren. Er, Gott beruft. Weil die Erfüllung seiner Verheißungen an keinerlei Vorleistungen durch die Empfänger gebunden ist, wird dieses Bundes-Verhältnis zuweilen auch als Verheißungsbund bezeichnet. Der Terminus Gnadenbund ist der geläufigere; deshalb verwende auch ich ihn.

Im Grundansatz verschieden ist es beim Gesetzesbund. Hier setzt Gott für die Verwirklichung des Bundes und seiner Zusagen das Erfüllen von Bedingungen voraus. „Wenn du ... dann werde ich!" Im 3. Buch Mose handelt das ganze 26. Kapitel von dieser Gegenüberstellung von Segen und Fluch für das Einhalten oder Übertreten des von Gott dem auserwählten Volk Israel gegebenen Gesetzes. Die Auswahl Israels ist Gottes eigene Wahl. Nicht weil es ein Elite-Volk war oder ist, sondern weil Gott die den Vätern von Abraham an gegebenen Zusagen gerade an solch einem wenig zuverlässigem Volk zu seiner, Gottes, Verherrlichung verwirklichen will (5Mo 7,7.8; 1Kor 1,28.29). In diesen Bund kann sich deshalb kein anderes Volk von sich aus hineinstellen. Auch nicht dadurch, dass es beginnt, sich die Israel gegebenen Ordnungen und Gebote anzueignen. Der Terminus „Gesetzesbund" ist wohl angemessen, denn hier ist Erfüllung oder Verfehlung des Gesetzes Grundlage für Gottes Handeln.

Als Zeichen dieses Bundes mit Abraham ordnet Gott die Beschneidung für alle männlichen Nachkommen an; Abraham, „Vater einer Menge", so hat Gott ihn inzwischen neu benannt (1Mo 17,5).

„Dies ist mein Bund, den ihr halten sollt, ... alles, was männlich ist, soll bei euch beschnitten werden; ... Das wird das Zeichen des Bundes sein zwischen mir und euch ... Und mein Bund an eurem Fleisch soll ein ewiger Bund sein." (1Mo 17,10–13). Das war die einzige Anordnung Gottes an die Adressaten und damit Inhaber seiner Verheißungen, die diesen von Gott gestifteten Bund fortführen sollten.

3.2.2 Durch Mose formt Gott sein auserwähltes Volk

Mit der Berufung von Mose wird die Geschichte dieses von Gott gewollten und initiierten Reiches konkreter; dieses Reich mit ihm, Gott selbst als König und Herrscher. Damit das Thema „(König-) Reich der Himmel" oder „(König-)Reich Gottes" in seiner Bedeutung in den Evangelien und schlussendlich für uns heute recht eingeordnet werden kann, muss ein wenig weiter ausgeholt werden. Hier ist Klärungsbedarf zum Verständnis der in den Evangelien berichteten Ereignisse um den Messias und designierten König Jesus aus Nazareth und zu einer angemessenen Auslegung der Bergrede, Königsreichs-Gleichnisse und der „Endzeitreden". Um an die Wurzeln zu kommen, ist deshalb ein etwas längerer Weg erforderlich.

3.2 Das irdische (König-)Reich Gottes im Alten Testament

Die Nachkommen der Erzväter Abram/Abraham, Isaak und Jakob/Israel sind in Ägypten zu einem großen Volk herangewachsen. Er, Mose, soll diese ungeformte Volksmasse aus der ägyptischen Sklaverei in die Freiheit führen und Gott will sie dann zu seinem erwählten, ihm dienstbaren Gottes-Volk prägen.

Sie erleben Gottes Machttaten an dem Pharao und dem ägyptischen Volk bei der Befreiung aus der Sklaverei. Auf dem ganzen wenige Monate dauernden Weg zum Sinai erlebten sie Wunder über Wunder, in denen Gott sein „Ich werde tun!" aus dem Gnadenbund mit Abraham bestätigt. Dort am Sinai macht Gott ihnen diese Durchhilfe durch alle Schwierigkeiten auf dem Weg bewusst und lässt ihnen über Mose erklären: „Und nun, wenn ihr willig auf meine Stimme hören und meinen Bund halten werdet, dann sollt ihr aus allen Völkern mein Eigentum sein; denn mir gehört die ganze Erde. Ihr sollt mir ein Königreich von Priestern und eine heilige Nation sein." (2Mo 19,3–6).

„Meinen Bund halten" – welcher Bund ist hier wohl gemeint? Bis hier hin gibt es in Bezug auf Israel nur den Bund, den Gott mit Abraham geschlossen hatte und der nach seiner Verheißung für alle Nachkommen Geltung hat. Das Zeichen dieses Bundes: „alles, was männlich ist, soll bei euch beschnitten werden ...", ist selbstverständliche Handlung im Volk. Mose wird an diese Auflage sehr drastisch erinnert, als er mit seiner midianitischen Frau Zippora und dem unbeschnittenen Sohn Gerschom auf dem Weg von Midian nach Ägypten ist. (2Mo 4,24–26; man vergleiche mit 1Mo 17,14).

Sie sollen diesen von Gott geschenkten, von Abraham auf sie gekommenen Bund einhalten. Dazu verlangt er von ihnen nur, dass sie willig auf seine Stimme hören und das beinhaltet selbstverständlich, dass sie dieser Stimme gehorchen sollen (vgl. Jer 7,22.23).

Trotz aller Durchhilfe, trotz Gottes sichtbarer Wegbegleitung in der Wolken- und Feuersäule waren sie auf diesem kurzen Weg zum Sinai ständig am Murren und in Auflehnung gegen Gottes Repräsentanten Mose und Aaron und damit eigentlich gegen Gottes Wegführungen (2Mo 14,11.12; 15,24; 16,2.3.7; 17,2.3). Aber hier ist ihre Antwort auf diese Anrede Gottes kurz und selbstsicher: „Alles, was JHWH geredet hat, wollen wir tun!" (19,8).

Offensichtlich hatte das Volk noch nicht verstanden, dass Zielsetzungen Gottes nicht mit eigener Tüchtigkeit verwirklicht werden können. Abraham hatte das in seinem Verhältnis und Weg mit Gott nach manchem Umweg gelernt. Des Volkes Selbstüberschätzung machte es erforderlich, dass Gott als weiser Pädagoge Erziehungswege mit Israel gehen musste. Sie mussten lernen, dass sie mit eigener Anstrengung nicht zu Gottes hohem Ziel kommen konnten: „Ihr sollt mir ein Königreich von Priestern und eine heilige Nation sein." (2Mo 19,6). Dass sie so nicht Gottes schon Abraham gegebenen Auftrag erfüllen konnten: „In dir sollen gesegnet werden alle Geschlechter der Erde." (1Mo 12,3). Mein am Anfang erwähnter jüdischer Bruder Andi Ungar war der erste, der mich auf diese Zusammenhänge aufmerksam machte.

Nach Empfang der ersten, mehr grundsätzlichen Ordnungen Gottes für das Volk (2Mo 20 bis 23) heißt es dann: „Darauf kam Mose und erzählte dem Volk alle Worte JHWH's und alle Rechtssatzungen. Und das ganze Volk antwortete mit einer Stimme und sie sagten: Alle Worte, die JHWH geredet hat, wollen wir tun!" (2Mo 24,3) Sie fühlen sich willig und tüchtig genug und wiederholen das noch einmal (v 7).

Nach Zustimmung des Volkes schließt Gott durch den Mittler Mose seinen Bund mit Israel; 2Mo 24, 3–8: „Und er nahm das Buch des Bundes und las es vor den Ohren des Volkes. Und sie sagten: Alles, was JHWH geredet hat, wollen wir tun und gehorchen. Darauf nahm Mose das Blut, besprengte damit das Volk und sagte: Siehe das Blut des Bundes, den JHWH auf all diese Worte mit euch geschlossen hat!" (V 7.8).

Sofort anschließend (24,1.9) steigen Mose und die von Gott bestimmten Männer auf den Berg, um ihm zu begegnen. Mose selbst darf in Begleitung seines Dieners Josua (v 13) näher treten und empfängt die Tafeln mit den zehn „Grundsatz-Artikeln" sowie alle Anweisungen, die das zu errichtende Heiligtum betreffen. Nur 40 Tage war Mose auf dem Berg (v 18). In dieser kurzen Zeitspanne hatte das Volk schon wieder sein gewaltiges Versprechen vergessen, das es JHWH gegeben hatte; diesem mächtigen Gott, der nicht nur den Pharao sondern insbesondere auch die Götter Ägyptens besiegt hatte, um sie zu befreien. Sie verlangen von Aaron, er möge ihnen Götter machen, wie sie es von Ägypten her kannten (2Mo 32,1 ff; vgl. Am 5,25.26; Apg 7,42.43). Ein untrügliches Zeichen dafür, auf wie schwachem Fundament ihre spontane Zusage stand, mit der sie in den Bund mit ihrem Gott JHWH eintreten wollten.

Im Gnaden- und Verheißungsbund bei Abraham hatte Gott gesagt: „Ich will". In diesem nun am Sinai mit dem Volk geschlossenen Gesetzes-Bund steht das „Du sollst" im Vordergrund. Paulus erklärt in Gal 3,24 sehr eindeutig das pädagogische Ziel, das Gott damit verfolgte: „Also ist das Gesetz unser [der Juden!] Zuchtmeister (paidagogos) auf den Messias hin geworden, damit wir aus Glauben gerechtfertigt würden." Dieser strenge Pädagoge sollte sie darüber belehren, was Gnade und Liebe von Gott her bedeutet. Sie sollten Sehnsucht nach dem bekommen, der ihnen aus diesem Dilemma des Wollens und Scheiterns heraushelfen kann.

Dort am Sinai gibt ihnen Gott mit den „Zehn Worten" ihr Grundgesetz für das Zusammenleben der vielen so unterschiedlich geprägten Stämme als ein vereinigtes Volk. In den 613 Ge- und Verboten ordnen Engel(fürsten) die detaillierten Bestimmungen an für alle Bereiche des religiösen und des säkularen Alltagslebens im Gottesvolk (Apg 7,53; Gal 3,19; Hebr 2,2). Wohl gemerkt: Gebote und Gesetze zur Erziehung des von Gott für sich erwählten Volkes und nicht für alle Menschen und Völker!

5Mo 4,8: „Wo gibt es eine große Nation, die gerechte Ordnungen und Rechte hätte wie dieses ganze Gesetz, das ich euch heute vorlege." (v 34!).

Ps 147,19.20: „Er verkündete Jakob sein Wort, Israel seine Ordnungen und seine Rechtsbestimmungen. So handelte er an keiner Nation, und seine Rechte lehrte er sie nicht. Halleluja!"

Hier am Sinai schließt Gott seinen Bund mit Israel als Volk. Dieser Bund hat Regeln und Bedingungen, die Gott durch Mose übermittelt. Wichtig ist aber zu beachten, was Paulus Gal 3,17 schreibt: „Dies aber sage ich: Einen vorher von Gott bestätigten Bund macht das vierhundertdreißig Jahre später entstandene Gesetz nicht ungültig, so daß die Verheißung unwirksam geworden wäre." Gottes Bund mit Abraham überlagert diesen Sinai-Bund. Wenn dieses Volk einmal über seine eigenen Wege Buße tun und seine Hilfe und sein Heil in dem von ihnen verworfenen Messias, dem Gottessohn suchen wird, dann wird dieser alte Gnadenbund voll wirksam werden. Später wird noch davon zu reden sein.

3.2 Das irdische (König-)Reich Gottes im Alten Testament

Bei Abraham hatte Gott die Beschneidung als Bundeszeichen für jeden einzelnen männlichen Nachkommen eingesetzt; hier am Sinai ordnet er nun für das Volk als ganzes das Sabbatgebot als Bundeszeichen an; 2Mo 31,12–17: „... Haltet nur ja meine Sabbate! Denn sie sind ein Zeichen zwischen mir und euch für all eure Generationen, damit man erkenne, daß ich, JHWH, es bin, der euch heiligt. Haltet also den Sabbat, denn heilig ist er euch. ... Er ist ein Zeichen zwischen mir und den Söhnen Israel für ewig."

Die Nichtbeachtung des Gebots der Beschneidung hatte Gott mit der Todesstrafe belegt, 1Mo17,14: „Ein unbeschnittener Männlicher aber, der am Fleisch seiner Vorhaut nicht beschnitten ist, diese Seele soll ausgerottet werden aus ihrem Volk; meinen Bund hat er ungültig gemacht."

Genau so streng heißt es hier beim Sabbat, 2Mo 31,14.15: „Wer ihn entweiht, muß getötet werden, ja, jeder, der an ihm eine Arbeit verrichtet, eine solche Seele soll aus der Mitte seiner Völker (Sippen) ausgerottet werde. ... Jeder, der am Sabbat eine Arbeit verrichtet, muß getötet werden."

Etwa 15 Monate nach ihrem Auszug aus Ägypten (4Mo 1,1; 10,11) und damit kurze Zeit nach diesem am Sinai mit ihnen geschlossenen Bund Gottes sind sie in Kadesch-Barnea angekommen und sollen in das von Gott zugesagte Land einziehen. (4Mo 13 u. 14). Sie schicken zwölf Botschafter aus, das Land zu erkunden. Die kommen zurück und bestätigen Gottes Aussagen über die Güte des verheißenen Landes. Danach kommt ihr betontes: „Allerdings!" mit einem breiten Bericht über die Bewohner und ihre großen befestigten Städte (4 Mo 13,27–29).

Dass Gott die riesige Streitmacht der Ägypter vernichtet hat (2Mo 14,21–31); dass er sie auf ihrem Marsch durch die Wüste mit allem überreichlich versorgt hat (5Mo 2,7) – alles ist vergessen. Ihre Schlussfolgerung: „Wir können nicht gegen das Volk hinaufziehen, denn es ist stärker als wir!" (4Mo 13,31). Nur zwei der Botschafter, Josua und Kaleb, versuchen das Volk umzustimmen, indem sie auf den mächtigen Gott und sein bisheriges Handeln an ihnen verweisen. Vergeblich; man will sie steinigen (4Mo 14,6–10).

Alle zwölf haben das gleiche beobachtet und zutreffend darüber berichtet. Aber zehn verglichen die erschreckenden Fakten mit den eigenen Möglichkeiten und nur zwei sahen sie vor dem Hintergrund der schon erlebten Möglichkeiten ihres Gottes und seiner Verheißungen (2Mo 13,5; 23,23.28). Auch in unserer Lebens- und Glaubenspraxis ist die gegebene Situation oft nicht das Entscheidende sondern unsere Bewertung unter den Verheißungen Gottes.

So müssen sie insgesamt 40 Jahre durch die Wüste ziehen: „Nach der Zahl der Tage, die ihr das Land ausgekundschaftet habt, vierzig Tage, je einen Tag für ein Jahr, sollt ihr vierzig Jahre lang eure Sünden tragen, und ihr sollt erkennen, was es ist, wenn ich mich abwende." (4Mo 14,34.35; 5Mo 1,35.36; 2,14). So lange wird das Umherziehen dauern, bis alle beim Auszug wehrfähigen Männer, das sind die mehr als 20 Jahre alten, in der Wüste gestorben sind (4Mo 14,26–35).

Wegen ihres Unglaubens dürfen sie das verheißene Land nicht betreten (Hebr 3,17–19). Im 40. Jahr nach dem Auszug aus Ägypten sind die Israeliten endlich in Moab, am Jordan gegenüber von Jericho angekommen (4Mo 33,38.50), wo sie ursprünglich gar nicht hin sollten. Bei Kadesch Barnea wäre kein Jordan gewesen.

In diesen Ereignissen liegt für uns heute gemäß 1Kor 10,11–13 eine bedeutsame Belehrung. Nach dem Auszug aus „Ägypten" soll unser Weg durch die Wüste als Gelegenheit dienen, alte Gewohnheiten abzulegen und Vertrauen in Gottes Verheißungen und seine Treue zu lernen. Dieser Weg sollte nur kurz sein, dann sollten wir „Verheißungsland unter die Füße nehmen". Wer wartet, bis er am „Todesjordan" ankommt, um dann endlich ins verheißene Land zu gelangen, zweifelt wohl wie diese Israeliten damals an Gottes Treue zu seinen Verheißungen.

Die Botschafter damals erklärten zunächst: „wirklich" Gottes Verheißungen stimmen 4Mo 13,27! Aber sie haben dann sofort ergänzt: „allerdings" sprechen alle sonstigen Fakten gegen ein Inbesitz-Nehmen (v 28). Handeln wir nicht oft genau so? Natürlich ist Gottes Wort wahr, selbstverständlich sind alle, auch die persönlichen Verheißungen zuverlässig und an Gottes Treue gibt es keinen Zweifel. Aber du solltest einmal meine Situation bedenken! „Stell dich mal in meine Schuhe!", dann wirst du meine Zweifel verstehen. Als die Israeliten damals nach Gottes Strafrede losziehen wollten, durften sie von Gott her nicht ins Land. Kommt mancher Mangel an Vollmacht bei uns aus ähnlichem Anlass?

Hier in Moab hält Mose seine gewaltige Rückschau über den 40 Jahre dauernden Weg vom Horeb bis an den Jordan und alle Ereignisse, die darin lagen (5Mo 1,3 bis 28,68). Am Ende dieses 28. Kapitels gibt es eine interessante Zuordnungsfrage für den Vers 69:

„Das sind die Worte des Bundes, von dem JHWH dem Mose befohlen hatte, er solle (ihn) mit den Söhnen Israel im Lande Moab schließen neben dem Bund, den er am Horeb mit ihnen geschlossen hatte."

Zunächst ist zu beachten, dass von zwei Bundschließungen die Rede ist: Von einem Bund hier im Lande Moab der „neben dem Bund vom Horeb", das ist der „Sinaibund", geschlossen werden soll. Worauf bezieht sich nun der Anfang dieses Verses 69: „Das sind die Worte des Bundes ...". Als abschließender Vers von Kapitel 28 wirkt er rückbezüglich auf die vorhergehenden Ausführungen.

Viele, insbesondere die englischen Übersetzungen nehmen ihn aber als Vers 1 von Kapitel 29. Das ist durchaus zulässig, denn die Kapiteleinteilung war eine recht späte Maßnahme. Dann ist aber der folgende Text in Kapitel 29 und 30 diesem neuen Bund im Lande Moab zuzuordnen. Je nach Zuordnung sind aber unterschiedliche Interpretationen der Bundesinhalte möglich.

Es lohnt sich, über diese zwei zu unterscheidenden Bundschließungen nachzudenken; insbesondere auch im Zusammenhang mit den in Abschnitt 3.3.4 dargestellten Gedanken.

3.2.3 Israel will ein Königreich sein – wie alle Nationen

Gott selbst wollte Israels König sein. Durch Propheten und Richter sowie durch für besondere Aufgaben mit seinem Geist ausgerüstete Männer und Frauen sollte das Leben seines Volkes in seinem Sinne beeinflusst und gelenkt werden. Aber dieser König war dem Volk zu abstrakt. Dieser König, dessen Herrlichkeit im Allerheiligsten auf der Bundeslade zwischen den Cherubim in Gestalt der Schekhina unter ihnen wohnte; und ob das mit seinen irdischen Repräsentanten immer in Ordnung geht, daran hatten sie ihre durchaus berechtigten Zweifel (1Sam 8,3).

3.2 Das irdische (König-)Reich Gottes im Alten Testament

Damals am Sinai, wollten sie einen Mittler zwischen sich und Gott. 2Mo 20,19: „(sie) sagten zu Mose: Rede du mit uns, dann wollen wir hören! Aber Gott soll nicht mit uns reden, damit wir nicht sterben." (vgl. 5Mo 5,24–27) Jetzt wollten sie keine Mittler zwischen sich und Gott, ihrem König. Sie wollen einen König, der sichtbar unter ihnen thront und regiert; einen König „zum Anfassen". 1Sam 8 kann man diesen Disput mit Samuel nachlesen.

- 8,5: „... Nun setze einen König über uns, damit er über uns Richter sei, wie bei allen Nationen."
- v 7: „JHWH sprach zu Samuel: Höre auf die Stimme des Volkes in allem, was sie dir sagen! Denn nicht dich haben sie verworfen, sondern mich haben sie verworfen, daß ich nicht König über sie sein soll."
- v 19–20: „... Und sie sagten: Nein, sondern ein König soll über uns sein, damit auch wir sind wie alle Nationen, und daß unser König uns richtet und vor uns herauszieht und unsere Kriege führt."
- v 22: „Und JHWH sprach zu Samuel: Höre auf ihre Stimme und setze einen König über sie ein!"

Das Ungehörige war ganz offensichtlich nicht, dass sie neben den Propheten und dem Hohepriester einen für die „staatlichen Belange", wie zum Beispiel die Heeresführung Zuständigen, einen „König" haben wollten. Schon bei Mose hatte Gott seine Anweisungen für einen möglichen König in Israel gegeben (5Mo 17,14–20). Sie wollten einen König, um „wie alle Nationen" zu sein. Sie als Gottes auserwähltes Volk stellten sich allen anderen Völkern gleich. Sie wollen nichts besonderes sein, sondern wie alle anderen auch. Der geforderte König sollte als äußeres Symbol dafür dienen. Genau das war die falsche Weichenstellung.

Hier beginnt ein neuer Abschnitt für Israel, das von Gott erwählte Volk. Sie sind nicht nur ein irdisches Volk in einem irdischen Land, sondern nun auch mit einem irdischen König. Aber Gott entlässt sie damit nicht aus ihren Rechten und den damit in Verbindung stehenden Pflichten und er kündigt auch nicht seine ihnen geschenkten, ihn verpflichtenden Verheißungen auf. Davon hatte er schon gesprochen, als er ihnen im Zusammenhang mit dem Gesetz Segen und Fluch entsprechend ihrem Verhalten ankündigte (3Mo 26, 44.45):

„Aber selbst auch dann, wenn sie in dem Land ihrer Feinde sind, werde ich sie nicht verwerfen und sie nicht verabscheuen, ein Ende mit ihnen zu machen, meinen Bund mit ihnen ungültig zu machen; denn ich bin JHWH, ihr Gott. Und ich werde für sie an meinen Bund mit den Vorfahren denken, die ich aus dem Land Ägypten vor den Augen der Nationen herausgeführt habe, um ihr Gott zu sein. Ich bin JHWH!"

Jahrhunderte später muss der Prophet Amos im Auftrag Gottes ihnen aber auch sagen: „Nur euch habe ich von allen Sippen der Erde erkannt; darum werde ich an euch alle eure Sünden heimsuchen." (Am 3,2).

Nur unter den drei Königen Saul, David und Salomo bleiben die zwölf Stämme unter einem König beieinander. Dem David gibt Gott eine besondere Bundes-Verheißung (2Sam 7). Das ist wieder ein Bund ohne Bedingungen; ein Gnadenbund, allein gegründet auf der Verheißung Gottes, ähnlich dem Bund mit Abraham.

David hat den Wunsch, seinem Gott, der ihm so viel Gnade erwiesen hat, statt des Zeltes ein festes Haus zu bauen. Gott lässt ihm durch Nathan erklären, dass ihm jetzt das Zelt genügt. Aber er, Gott, will dem David ein „Haus", ein „Herrscherhaus" bauen; ihm eine Dynastie errichten (v 11). Wenn Davids Tage erfüllt sein werden, „dann werde ich deinen Samen (Nachkommen), der aus deinem Leib kommt, nach dir aufstehen lassen und werde sein Königtum festigen." (v 12). „Dein Haus aber und dein Königtum sollen vor mir Bestand haben für ewig, dein Thron soll feststehen für ewig." (v 16). „Der aus deinem Leib kommt", das ist die menschliche Geschlechterfolge über Salomo hin zu weiteren Nachkommen. Von ihnen heißt es in Vers 14: „Wenn er verkehrt handelt, werde ich ihn mit einer Menschenrute und mit Schlägen der Menschenkinder züchtigen".

Ausgerechnet Salomo, der von Gott geliebte und mit besonderer Weisheit begabte König (2Chr 1,7-12), ist es, der den Götzenkult in Israel einführt (1Kö 11,1-13). Allein darum, weil er in diesen besonderen Bund Gottes mit David gehört, bleibt sein Königtum bestehen (1Kö 11,12). Nach ihm zerbricht die Einheit in die zwei Königreiche Juda mit Jerusalem als Hauptstadt und Israel mit Samaria als Zentrum.

In 1Chr 17 wird die Geschichte mit Nathans Botschaft noch einmal erzählt und wie das zuweilen bei biblischen Berichten ist, wird durch eine kleine Akzentverschiebung ein zusätzlicher Blickwinkel eröffnet.

Was sind die feinen Unterschiede? In 2Sam war es „der Same, der aus deinem Leib kommt"; hier in 1Chr 17,11 heißt es nur „dein Same nach dir ... der von deinen Söhnen sein wird." Bei 2Sam war von der Menschenrute bei verkehrtem Handeln die Rede; hier fehlt dieser Zusatz völlig. In 2Sam 7,16 heißt es: „Dein Haus aber und dein Königtum sollen vor mir Bestand haben für ewig, dein Thron soll feststehen für ewig." Hier in 1Chr 17,14 verheißt Gott: „Und ich will ihm [diesem Samen!] Bestand geben in meinem Haus und in meiner Königsherrschaft auf ewig; und sein Thron soll feststehen für ewig."

Das hebräische „zera", Same, ist immer Einzahl; in der Übersetzung kann man dann also Nachkomme oder Nachkommen verwenden. Das heißt aber, dass wohl in dem Text in 2Sam 7 mit „Nachkommen" (Mehrzahl!) die menschliche Stammbaumlinie Jesu angelegt ist, wie sie dann in Mt 1,6 und Lk 3,31 beschrieben ist. Genau das führt auch Paulus in Röm 1,3 aus: „... über seinen Sohn, der aus dem Samen Davids gekommen ist dem Fleische nach ...".

1Chr 17 wird von Davids „Samen" (Einzahl), der von seinen Söhnen herstammt (v11), etwas geweissagt, was über Menschliches hinausgeht. Die Verse 9-14 enthalten Weissagungen über Jesus, den Messias Israels, die sein Königreich betreffen, das bis heute noch nicht aufgerichtet ist. Von daher hat dieser Bund mit David ganz direkt etwas mit unserem Thema vom Königreich Gottes zu tun. In Gal 3,16 klärt Paulus genau diesen Sachverhalt von Einzahl und Mehrzahl mit dem griechischen „sperma" in Beziehung zu der Verheißung an Abraham und seinen Samen. Bei diesem Erklärungsgang hatte er bestimmt den hebräischen Text mit in seinen Gedanken.

3.2.4 Das Reich im Niedergang und Daniels Prophetie

Die Geschichte beider Reiche muss hier nicht nacherzählt werden; die biblischen Berichte geben ausführlich Auskunft. In beiden Reichen regieren Könige, in Juda mit Athalja auch eine Königin, von denen es wie z.b. von Joschafat heißt: „Er tat, was recht war in den Augen JHWH's. Nur die Höhen [die Anbetungsorte fremder Götter] wichen nicht." (2Chr 20,32.33). Aber überwiegend, und im Nordreich sogar fast ausschließlich, waren doch die anderen im Regiment wie z.b. Amon von Juda: „Zweiundzwanzig Jahre war Amon alt, als er König wurde, und er regierte zwei Jahre in Jerusalem. Und er tat, was böse war in den Augen JHWH's, wie sein Vater Manasse getan hatte." (2Chr 33,21.22).

Der 1942 ermordete letzte Oberrabbiner der Gemeinde Hamburg-Altona, Dr. Joseph Zwi Carlebach schreibt hierzu: „... Manasse, der über ein halbes Jahrhundert auf dem Throne Davids saß, mutet wie ein heidnischer König an, so leidenschaftlich kämpft er gegen sein eigen Volk für Heidentum und Abgötterei. Unter seinem Nachfolger Amon findet die erste öffentliche Thoraverbrennung in Jerusalem statt ..." (Die drei grossen Propheten, S.47/48).

Nur ein König findet vollendetes Lob: „Vor Josia gab es keinen König wie ihn, der zu JHWH umgekehrt wäre mit seinem ganzen Herzen und mit seiner ganzen Seele und mit seiner ganzen Kraft nach dem ganzen Gesetz des Mose. Und auch nach ihm ist seinesgleichen nicht aufgestanden." (2Kö 23,25).

Propheten warnen immer wieder im Auftrag Gottes, finden aber nur selten Gehör. Irgendwann beginnen sie, Gericht Gottes über sein Volk anzusagen.

2Kö 17,7–23 beschreibt Gottes Urteil über das Nordreich Israel. So wird dann Gottes Gericht an diesen zehn Stämmen durch Salmanassar vollzogen; sie werden in assyrische Gefangenschaft geführt.

Zum Gottesgericht über das Südreich Juda kann man in Jeremias Klageliedern im zweiten Kapitel einen Eindruck von der Schärfe und Strenge dieses göttlichen Eingriffs erhalten. Jerusalem wird zweimal von Babylons Heeresmacht überrollt und letztendlich vernichtet. Bis auf einen kleinen Rest wird das Volk in babylonische Gefangenschaft verschleppt.

Seit der Einweihung des Zeltes der Begegnung durch Mose und auch später im von Salomo erbauten Tempel wohnte Gott in seiner Herrlichkeitswolke inmitten Israels (2Mo 40,34–38; 1Kö 8,10.11). Hier unter den Weggeführten am Fluss Kebar wird Hesekiel „in Gesichten Gottes nach Jerusalem" versetzt (Hes 8,3) und erlebt den Rückzug der Schekhina aus Gottes Heiligtum. Die Verse Hes 8,6; 9,3; 10,4; 10,18.19 geben genügend Einblick, um das Dramatische dieses Rückzug Gottes aus seinem Volk nachvollziehen zu können.

Dann kommt der Abschluss: „Und die Cherubim erhoben ihre Flügel und die Räder gleichzeitig mit ihnen; und die Herrlichkeit des Gottes Israels war oben über ihnen. Und die Herrlichkeit JHWH's stieg auf, mitten aus der Stadt hinweg, und stellte sich auf den Berg, der im Osten der Stadt ist." (Hes 11,22.23). Dieser Berg „im Osten der Stadt" ist der Ölberg (Apg 1,10–12!).

JHWH wohnt nicht mehr in Israel unter seinem von ihm erwählten Volk! Das ganz konkrete (König-)Reich Gottes in seinem Land erhält einen tiefen, Jahrhunderte dauernden Einschnitt. Israel wird für eine zunächst unbekannt lange Zeitspanne aus Gottes Heilsplänen beiseite gestellt. Die Zeiten der Nationen nehmen mit Nebukadnezar, dem goldenen Haupt des Nationen-Standbildes ihren Anfang (Dan 2,31–45). Aber schon Hesekiel darf in einer Vision vom zukünftigen Tempel die Rückkehr dieser „Herrlichkeit des Gottes Israels vom Osten her" sehen und beschließt diesen Blick in die bis heute nicht erfüllte Zukunft „und siehe, die Herrlichkeit JHWH's erfüllte das Haus." (Hes 43,1–5).

Durch den Propheten Jeremia gibt Gott den nach Babylon Verschleppten eine Verheißung für die Begrenzung der Zeit ihrer Gefangenschaft: „Und dieses ganze Land wird zur Trümmerstätte, zur Wüste werden; und diese Nationen [Buber: Stämme] werden dem König von Babel dienen siebzig Jahre lang. Und es wird geschehen, wenn siebzig Jahre voll sind, suche ich am König von Babel und an diesem Volk ihre Schuld heim, spricht JHWH ..." (Jer 25,11.12; vgl. 29,10–12).

Der nach Babylon verschleppte Daniel war inzwischen aufgrund der ihm von Gott geschenkten Weisheit und der göttlichen Offenbarungen zu geheimnisvollen Gesichten und Erlebnissen der Könige in Babylon einer der drei direkt dem König verantwortlichen Minister (Dan 6,2.3) und Oberster der Weisen und Sterndeuter (Chaldäer = Astrologen) (Dan 2,48) geworden. Daniel erinnert Gott an seine Verheißung, nachdem er genau berechnet hatte, dass diese siebzig Jahre abgelaufen waren. Er beugt sich unter die Schuld des Volkes. Hier in Dan 9,4–19 ist eines der großartigsten und lehrreichsten Bußgebete aufgezeichnet. In Esra und Nehemia kann man Gottes Erfüllung seiner Verheißung und seine Antwort auf Daniels Buße nachlesen.

Aber die Juden erhalten nicht wieder ihre vollständige nationale Freiheit und Selbständigkeit. Ihre „Herrscher" bleiben unter fremder Oberherrschaft; wechselnd je nach dem, welche Großmacht über diese Region ihre Standarten aufstellte.

Aus dieser Daniel-Geschichte können wir etwas Wesentliches für alle Beschäftigung mit göttlicher Prophetie lernen. Es wird immer wieder sehr betont erklärt, bei biblischer Prophetie dürfe man nicht rechnen. Daniel hat offensichtlich sehr genau gerechnet und Gott hat sein Vertrauen in göttliche Zeitfestlegung deutlich bestätigt. Nun steht in Dan 9 im Zusammenhang mit diesen siebzig Jahren eine neue Verheißung mit konkreten Zeitraum-Angaben. Dürfen wir diesen Angaben genauso trauen und mit ihnen rechnen, wie Daniel es getan hat?

Israel hatte immer wieder göttliche Verheißungen mit Zeitdaten. Israel durfte und darf damit rechnen. Und wir dürfen es auch, soweit wir uns mit Israels Prophetie beschäftigen. Wir, die Gemeinde, haben keine Zeitangaben. Wir können und sollten die Zeichen der Zeit beobachten (Mt 16,3) und im biblischen Kontext deuten und vergleichen. Aber Israels Zeitenuhr kann uns hierbei eine Hilfe sein.

Es wird häufig argumentiert, die biblischen Verheißungen seien kein Fahrplan. Das ist nur zum Teil richtig. Ein Fahrplan besteht aus zwei sich ergänzenden Teilen: den Stationen auf der Strecke zum Zielbahnhof und dem zugehörigen Zeitplan.

Die Stationen auf dem Weg zum Ziel aller Planungen Gottes sind klar benannt. Für Teile der Strecke gibt es auch Zeitangaben. Immer dann, wenn es durch Israels „Schienennetz" geht. Das ist besonders deutlich an bereits zurückgelegter Strecke zu erkennen. Aber es ist auch etwas gesagt über die zukünftige Strecke in Israel. Zum Beispiel, dass die „Drangsal Jakobs" (Jer

3.2 Das irdische (König-)Reich Gottes im Alten Testament

30,7; Dan 12,1), das ist die „große Trübsal" bei Johannes (Offb 7,14), sieben Jahre dauern wird (Dan 9,27; Off 11,2.3; 12,6.14; 13,5). Dazwischen wird es nach dreieinhalb Jahren noch eine besondere Station geben.

Viele Menschen kommen schon mit einem normalen Bahn-Fahrplan nicht zurecht. Beim biblischen Verheißungs-Plan sollten wenigstens die „Auskunftsbeamten" sich auskennen, indem sie sich von dem, der den Plan erstellt hat, Durchblick geben lassen. Sonst verunsichern sie die „Fahrgäste". Im Fahrplan „Israel" sind uns Ereignisse, „Stationen" genannt, die mit dem Zeitpunkt der Errichtung des „Reichs der Himmel", der Realisierung des „Königreich Gottes" in dieser sichtbaren Schöpfung in engem Zusammenhang stehen. Wir heute sollten darauf achten. Die Zeitenuhr Israel hat wieder zu ticken begonnen.

In dieser damaligen Zeit ohne Gottes direkte Gegenwart mitten unter seinem Volk Israel sprach er mit ihnen durch Propheten, die in seinem Auftrag an alte Verheißungen anknüpfen und sie, geleitet vom heiligen Geist, entfalten. Immer wieder erinnert Gott Israel daran, dass er ihr um sie besorgter Gott ist und bleibt, und dass keine seiner Zusagen in Vergessenheit geraten ist. Aber er fordert sie auch immer wieder auf, endlich echte Herzensbuße zu tun, damit er ihnen seinen Gesalbten, den Messias und „Same" Davids senden kann.

Dann würde in dem von Gott für sich beschlagnahmten Land, mit diesem von Gott erwählten, nun von innen heraus gereinigten Volk, sein (König-)Reich endgültig errichtet werden. Hes 36 und 37 reden hiervon sehr klar. Warum müssen diese Texte mit Gewalt irgendwie symbolisch oder allegorisch umgedeutet werden? Lassen wir diesen Versen doch ihre ganz konkrete, von Gott noch zu realisierende Aussage und damit Israel einen wunderbaren Teil seiner Verheißungen. Das nehme ich für mich als generelle Regel: Sofern der Text einer Vision oder Verheißung realistisch in die Zeit übertragen werden kann, ist er vollinhaltlich als noch zukünftige Wirklichkeit zu akzeptieren.

Irgendwann verstummen die Propheten. Gott schweigt von Maleachi an über fast vier Jahrhunderte. Aber Habakuk hat genau für diese Wartezeit ein Zuversicht begründendes Wort von JHWH zum Weitersagen bekommen: „... das Gesicht gilt erst für die festgesetzte Zeit, und es lautet auf das Ende hin und lügt nicht. Wenn es sich verzögert, warte darauf; denn kommen wird es, es wird nicht ausbleiben." (Hab 2,3).

Wir wollen uns jetzt noch einmal zurückerinnern an die durch Gabriel dem Daniel übermittelte Weissagung über den kommenden Messias in Dan 9,24–27. Unsere Übersetzungen haben hier fast alle „Gesalbter" stehen; hier würde unser aus dem Hebräischen abgeleitetes Fremdwort „Messias" sofort deutlich machen, worum es bei dieser Verheißung geht.

Ein weiteres hebräisches Wort ist zum rechten Verständnis des Textes wichtig. Das hebräische „schabua" ist mit Woche richtig übersetzt. Aber dabei wird verdeckt, dass es eigentlich nicht mehr als „Siebener" oder „Siebenheiten" bedeutet. Zuvor war von den siebzig Jahren der Verschleppung nach Babylon die Rede. Nun wird diese Verheißung nach ihrer Erfüllung in die Zukunft verlängert.

Dan 9,25: „So sollst du denn erkennen und verstehen: Von dem Zeitpunkt an, als das Wort erging, Jerusalem wiederherzustellen und zu bauen, bis zu einem Messias, einem Fürsten sind es sieben Siebener [Wochen]. Und 62 Siebener lang werden Platz und Stadtgraben wiederhergestellt und gebaut werden. Aber in der Bedrängnis (Fußnote Elb: andere üs. in Anlehnung an LXX: am Ende) der Zeiten und nach den 62 Siebenern wird ein Messias ausgerottet werden und ihm wird nichts sein."

Dürfen wir, wie Daniel es im Vertrauen auf Gottes Zuverlässigkeit getan hatte, mit diesen Zeitangaben rechnen? Ein Versuch sollte erlaubt sein. 7 plus 62 Siebener sind 69 Siebener; wenn man das miteinander multipliziert (69 x 7), ergeben sich 483 Jahre. Gerechnet werden soll von dem Zeitpunkt an, als der Befehl erging, „Jerusalem wiederherzustellen und zu bauen". Das kann man in Neh 2,1 nachlesen: „im 20. Jahr des Königs Arthasasta". Das ist der Artaxerxes I (Longimanus) der weltlichen Geschichtsschreibung, der von 465 bis 423 v.Chr. regiert hat. Dann ist dieser Befehl also ca. 445 v.Chr. erteilt worden.

Wenn wir mit unserem, dem gregorianischen Jahr rechnen, ergibt sich ca. 39 n.Chr. Verrechnet man die Vorgaben mit der im Tenach üblichen Jahreslänge von 360 Tagen, dann kommt man ungefähr im Jahr 32 n.Chr. an. Es bleibt also eine gewisse Spannbreite oder Unsicherheit zum Terminieren. Nach diesen 69 Siebenern sollte dem Messias „nichts mehr sein". Irgend etwas Dramatisches muss dann wohl mit diesem Messias geschehen.

Bei solchen Texten kann man eigentlich immer wieder nur staunen, wie ernst wir prophetisches Wort nehmen dürfen. Das heißt, dass es sich in vollem, dem Textsinn entsprechenden Umfang verwirklicht. Zum angemessenen Verständnis ist dann nur noch erforderlich, dass wir unter göttlicher Geistesleitung für die einzelne Verheißung die rechte Einordnung in Gottes geoffenbarten Plan für seine Gesamtschöpfung finden.

An dieser Stelle ist in Erinnerung zu behalten, dass der 70. Siebener aus Daniels Prophetie noch offen steht. Dieser Punkt ist wieder aufzugreifen, wenn die weiter vorn schon erwähnte Drangsal Jakobs in Gottes Heilsplan lokalisiert wird. Sie entspricht der von Johannes in der Offenbarung beschriebenen und auch vom Herrn in seiner „Endzeitrede" angesprochenen großen Trübsal.

3.2.5 Israels bleibende Verheißungen für eine neue Zukunft

Wir sind immer noch bei der Suche nach dem rechten Inhalt von (König-)Reich der Himmel und (König-)Reich Gottes. Aber das vorstehend Gesagte gehört ganz eng zu unserer Frage: Was ist mit diesem Thema in den Evangelien gemeint?

Anlässlich der Palmsonntag-Veranstaltung 1998 in der Stiftskirche in Stuttgart führte Prof. D.Dr. Stuhlmacher in seinem Vortrag u.a. aus: „Als nächstes ist ausdrücklich zu bedenken, daß Jesus und seine Jünger ebenso wie Paulus Juden waren. Sie haben jüdisch geglaubt, gedacht und gelebt, und sie waren mit den Heiligen Schriften des Alten Testaments innig vertraut. Diese jüdische Prägung darf man von ihren Lebensäußerungen nicht abziehen, und zwar auch dann nicht, wenn sie uns (westeuropäische Heidenchristen) befremdet." (Zitat nach der „Jahresgabe 1998" der Evang. Sammlung in Württemberg).

Im nachfolgenden Kapitel 3.3 soll überwiegend entlang den Berichten im Matthäus- Evangelium versucht werden, etwas mehr Klarheit zu gewinnen, was diese in Jesu Umfeld lebenden und wirkenden Juden in Verkündigung und Diskussion inmitten von Juden unter „Reich der Himmel" oder „(König-)Reich Gottes" verstanden haben. Behalten wir dabei aber fest im Gedächtnis, dass diese in ihrem Tenach, in der hebräischen Bibel verwurzelten Menschen noch nichts von einem Evangelium für Menschen aus den Nationen, für „Heiden" wussten. Was sie kannten, war Gottes Verheißung an Abraham, dass einmal von seinem Samen, von seinen Nachkommen Segen an alle Nationen ausgehen solle. Für diese Aufgabe war aber Israel wegen ihrer „unbeschnittenen" (Jer 4,4; 9,25) und „steinernen Herzen" (Hes 11,19; 36,26) und ihrer darin wurzelnden Unbußfertigkeit noch nicht geeignet. Sie waren noch weit entfernt davon, „ein Königreich von Priestern und eine heilige Nation" zu sein.

Die Propheten weisen immer wieder darauf hin, dass ein Zeitpunkt kommen wird, da werden Juda und Israel, also das gesamte alte Zwölf-Stämme-Volk, ein gemeinsames Reich unter einem König nach Gottes Wohlgefallen bilden. Verheißungen, die Juda und Israel gemeinsam betreffen, können keinesfalls durch die Rückführung aus der babylonischen Gefangenschaft erfüllt sein. In Babylon waren nur die zwei Stämme aus dem Reich Juda; die anderen zehn Stämme sind in der assyrischen Gefangenschaft zerstreut worden. Ebenso wenig können Weissagungen der sogenannten nachexilischen Propheten, wie z.B. Sacharja, damit schon erfüllt sein. Ihre Verwirklichung lag somit noch in einer nur von Gott zu begrenzenden Zukunft.

Jer 31,31–33: „ Siehe, Tage kommen, spricht JHWH, da schließe ich mit dem Hause Israel und mit dem Hause Juda einen neuen Bund; nicht wie der Bund, den ich mit ihren Vätern geschlossen habe an dem Tag, als ich sie bei der Hand faßte, um sie aus dem Land Ägypten herauszuführen, – diesen meinen Bund haben sie gebrochen, obwohl ich doch ihr Herr war, spricht JHWH. Sondern das ist der Bund, den ich mit dem Haus Israel an jenem Tag schließen werde, spricht JHWH. Ich werde mein Gesetz in ihr Inneres legen und werde es auf ihr Herz schreiben."

Dieser Text sagt ganz deutlich aus, wem dieser neue Bund verheißen ist: Israel und Juda – also dem gesamten Zwölf-Stämme-Volk! Siehe auch Jer 23,3–8.

- Hes 37,21–28: v 21.22 „So spricht der Herr, JHWH: Siehe, ich nehme die Söhne Israel aus den Nationen heraus, wohin sie gezogen sind, und ich sammle sie von allen Seiten und bringe sie in ihr Land. Und ich mache sie zu einer Nation im Land, auf den Bergen Israels, und ein einziger König wird für sie alle zum König sein; und sie sollen sich künftig nicht mehr in zwei Königreiche teilen."
- Sach 8,2–13: v 6–8 „So spricht JHWH Zebaoth: Wenn das zu wunderbar ist in den Augen des Überrestes dieses Volkes in jenen Tagen, sollte es auch in meinen Augen zu wunderbar sein? spricht JHWH Zebaoth. So spricht JHWH Zebaoth: Siehe, ich werde mein Volk retten aus dem Lande des Aufgangs und aus dem Lande des Untergangs der Sonne; und ich werde sie zurückbringen, und sie werden mitten in Jerusalem wohnen. Und sie werden mein Volk und ich werde ihr Gott sein in Treue und in Gerechtigkeit."
- v 13 „Und es wird geschehen: Wie ihr ein Fluch unter den Nationen gewesen seid, Haus Juda und Haus Israel, so werde ich euch retten, und ihr werdet ein Segen sein. Fürchtet euch nicht. Stärkt eure Hände!"

Alle diese Prophetien, und es könnten noch einige Seiten damit gefüllt werden, verheißen Israel, dem Zwölf-Stämme-Volk ein Königreich unter einem rechtmäßigen Nachkommen Davids. Es ist sicher erlaubt, auf alle diese Verheißungen das schon zitierte Wort aus Habakuk zu beziehen:

- Hab 2,3: „Denn das Gesicht gilt erst für die festgesetzte Zeit, und es lautet auf das Ende hin und lügt nicht. Wenn es sich verzögert, warte darauf; denn kommen wird es, es wird nicht ausbleiben."

Wer dieses verheißene Königreich von Israel lösen und auf irgendeine andere Menschengruppe, Volksmenge oder Institution übertragen will, darf wohl nicht erwarten, in Bezug auf Prophetie als bibeltreuer, schriftgebundener Ausleger ernst genommen zu werden. Es ist schon seltsam, wie zuweilen mit Texten umgegangen wird, um Israels Verheißungen auf die Gemeinde, Kirche oder sonst wohin zu übertragen.

Es darf aber auch nicht übersehen werden, dass von diesen Propheten gewaltige Strafgerichte angesagt werden für die Zeit vor dem Wiederaufrichten des Reiches für und mit Israel. Strafgerichte für ihr Abwenden von JHWH, ihrem Gott und rechtmäßigen Herrscher, die sie zur Umkehr bewegen sollen. Gott hat so harte Strafgerichte angekündigt, dass sie schreien werden nach ihrem einzigen Retter.
- Jer 30,7: „Wehe! Denn groß ist jener Tag, keiner ist wie er, und es ist eine Zeit der Bedrängnis für Jakob; doch wird er aus ihr gerettet werden."
- Dan 12,1.7: „... Es wird eine Zeit der Bedrängnis sein, wie sie noch nie gewesen ist, seitdem irgend eine Nation entstanden bis zu jener Zeit. Und in jener Zeit wird dein Volk errettet werden, jeder, den man im Buche aufgeschrieben findet. ... und schwor bei dem, der ewig lebt: Zeit, Zeiten und eine halbe! Und wenn die Zerschlagung der Kraft des heiligen Volkes abgeschlossen sein wird, wird alles dies vollendet werden."
- Zeph 1,14–18: „Nahe ist der große Tag JHWH's; er ist nahe und eilt sehr. Horch! Der Tag JHWH's ist bitter. Da schreit selbst der Held. Ein Tag des Grimms ist dieser Tag, ein Tag der Not und der Bedrängnis, ein Tag des Verwüstens und der Verwüstung, ein Tag der Finsternis und der Dunkelheit ... Und ich werde die Menschen ängstigen, sodaß sie einhergehen wie die Blinden, weil sie gegen JHWH gesündigt haben. Ihr Blut wird verschüttet werden wie Staub und ihre Eingeweide wie Kot ... am Tag des Grimms JHWH's; und durch das Feuer seines Eifers wird das ganze Land verzehrt werden. Denn Vernichtung, ja, Entsetzen wird er wirken bei allen Bewohnern des Landes."
- Sach 13,7–9: „Wach auf, Schwert, gegen meinen Hirten und gegen den Mann, der mein Gefährte ist! spricht JHWH Zebaoth. Schlage den Hirten, daß die Schafe sich zerstreuen! Und ich werde meine Hand den Kleinen zuwenden. Und es wird im ganzen Land geschehen, spricht JHWH, zwei Teile davon werden ausgerottet, verscheiden und nur der dritte Teil davon bleibt übrig. Und ich bringe den dritten Teil ins Feuer, läutere sie, wie man das Silber läutert, und prüfe sie, wie man das Gold prüft. Das wird meinen Namen anrufen, und ich werde ihm antworten, ich werde sagen: Es ist mein Volk. Und es wird sagen: JHWH ist mein Gott."

Das ist Vorgehensweise Gottes, um zu seinen Liebeszielen zu gelangen: Nicht Strafe um der Strafe willen, sondern Strafe, um Einsicht und Gesinnungsänderung zu bewirken. Daraus wird sich als Folge neues Verhalten einstellen. Das gilt wohl generell für Gottes Gerichte. Im heutigen Sprachgebrauch würden wir sagen: Strafe nicht nur zur Züchtigung oder Vergeltung, sondern insbesondere zur Rehabilitation und zur Resozialisierung.

Maleachi ist der letzte dieser Rufer. Nach fast vierhundert Jahren des Schweigens göttlich beauftragter Propheten erscheint Johannes, den wir den Täufer nennen. Der Herr selbst zählt ihn als Verbindungsglied zu der Reihe der alten Propheten: „Das Gesetz und die Propheten gehen bis auf Johannes; von da an wird die Froh-Botschaft des Reiches Gottes verkündigt ..." so Luk 16,16; oder in Mt 11,13: „Denn alle Propheten und das Gesetz haben geweissagt bis auf Johannes hin." Eine interessante Klammer zwischen Prophetie im alten und neuen Testament.

3.3 Das nahe gekommene (König-)Reich Gottes in den Evangelien

3.3.1 Der verheißene Messias und seine Botschaft vom Reich

Das ist nun diese Botschaft: „Das Reich der Himmel ist nahe gekommen!" Aber hier ist genau auf den Zusammenhang und den schon beschriebenen Unterschied zwischen Gottes Königsherrschaft über seine gesamte Schöpfung und das verheißene irdische (König-)Reich Gottes mit seinem erwählten Volk zu achten. Diese „frohmachende Botschaft" gilt zunächst dem von Gott für sein irdisches Königreich erwählten Volk Israel. Sie ist gekoppelt an die Voraussetzung der Volksbuße: „Tut Buße, denn das Reich der Himmel ist nahe gekommen!" (Mt 3,2; 4,17).

Wer dieses ganze dritte Kapitel bei Matthäus zusammenhängend liest, kann erkennen, wie diese Volksbuße in Bewegung kommt. Aber auch, wie sich sofort die Heuchelei der Verantwortlichen breit macht. Sie wollen der Form genügen, aber in ihren Herzen ist keine echte Buße und Beugung vor Gott über ihre Schuld vorhanden.

Jesus unterstellt sich dieser Volksbuße (3,15). Er ist integraler Bestandteil dieses jüdischen Volkes und als solcher erfüllt er alle dem Volk gegebenen Auflagen. Paulus schreibt Gal 4,4: „Als aber die Fülle der Zeit kam, sandte Gott seinen Sohn, geboren von einer Frau, geworden unter Gesetz ..." Der Herr selbst erklärt: „Meint nicht, daß ich gekommen wäre, das Gesetz und die Propheten aufzulösen; ich bin nicht gekommen, aufzulösen, sondern zu erfüllen." (Mt 5,17).

Jesus reiht sich persönlich unter denen ein, die diesem Bußruf des Täufers folgen. Er steigt in das Reinigungsbad im Jordan und lässt sich von Johannes taufen. Der bezeugt: „Ich schaute den Geist wie eine Taube aus dem Himmel herniederfahren, und er blieb auf ihm. Und ich kannte ihn nicht; aber der mich gesandt hat, mit Wasser zu taufen, der sprach zu mir: Auf welchen du sehen wirst den Geist herniederfahren und auf ihm bleiben, dieser ist es, der mit heiligem Geist tauft." (Joh 1,32.33).

Hier erfüllt sich ganz offensichtlich die alte Jesaja-Verheißung: „Und ein Sproß wird hervorgehen aus dem Stumpf Isais, und ein Schößling aus seinen Wurzeln wird Frucht bringen. Und auf ihm wird ruhen der Geist JHWH's, der Geist der Weisheit und des Verstandes, der Geist des Rates und der Kraft, der Geist der Erkenntnis und der Furcht JHWH's ..." (Jes 11,1.2 ; vgl. 61,1).

So ausgerüstet für seinen Auftrag mit dem vielfältigen Dienstgeist beginnt der Messias Jesus, der Rabbi aus Nazareth mit seinem Wirken: „Von da an begann Jesus zu predigen und zu sagen: ‚Tut Buße, denn das Reich der Himmel ist nahe gekommen!'" Mt 4,17 und weiter Vers

23: „Und Jesus zog in ganz Galiläa umher, lehrte in ihren Synagogen und predigte das Evangelium des Reiches und heilte jede Krankheit und jedes Gebrechen unter dem Volk."

Die Bergrede in Matthäus 5 bis 7 ist eine konsequente Weiterführung dieser mit dem Bußruf verbundenen Ankündigung, dass Gott seine Verheißung erfüllen und sein (König-)Reich aufrichten will. Allein in den ersten 20 Versen ist fünfmal vom Reich der Himmel die Rede. Genauso schließt Jesus auch seine Rede ab: „Nicht jeder, der zu mir sagt: Herr, Herr! wird in das Reich der Himmel eingehen, sondern wer den Willen meines Vaters tut, der in den Himmeln ist. Viele werden an jenem Tage [an dem dieses Reich aufgerichtet wird und der Überrest hineingehen darf] zu mir sagen: Herr, Herr! Haben wir nicht ..." (Mt 7,21).

In dem Muster, das Jesus seinen Jüngern für ihr eigenes Beten gibt (Mt 6,9–13), fordert er sie auf, um die Verwirklichung dieses „nahe gekommenen" Reiches zu bitten: „Dein Reich komme!" (v 10). Und sie sollen in einem ersten Schritt hin zu der für die Aufrichtung des Reiches geforderten Buße um Vergebung bitten und Vergebungsbereitschaft vor Gott bekennen: „Vergib uns unsere Schuld, wie auch wir unseren Schuldigern vergeben." Wenn er dann seine Hörer in Vers 33 auffordert, vor allem anderen nach dem Reich Gottes und nach Gottes Gerechtigkeit zu trachten, dann meint er dort eindeutig dieses für Israel aufzurichtende Königreich.

Dann sendet Jesus seine zwölf Jünger als Multiplikatoren aus (Mt 10,5–42); wieder mit einem eindeutigen Auftrag und einer nicht misszuverstehenden Botschaft: „Geht nicht auf einen Weg der Nationen, und geht nicht in eine Stadt der Samariter; geht aber vielmehr zu den verlorenen Schafen des Hauses Israel. Wenn ihr aber hingeht, predigt und sprecht: Das Reich der Himmel ist nahe gekommen. Heilt Kranke, weckt Tote auf, reinigt Aussätzige, treibt Dämonen aus." (v 5–8). Die Botschaft vom nahe gekommenen Reich ist in dieser Zeit allein für Israel von aktueller Bedeutung. Deshalb sollen sie auch diese Botschaft keinen anderen Menschen verkündigen. Die mitfolgenden Wunder-Zeichen bestätigen die göttliche Legitimation ihrer Botschaft.

Schon hier in dieser Aussendungsrede Jesu kündigt sich bei genauem Hinsehen etwas von der bald einsetzenden dramatischen Wende an. Er spricht zum ersten Mal davon, dass diese seinen Jüngern übertragene Botschaft nicht „alle verlorenen Schafe des Hauses Israel" überzeugen wird: „.... denn wahrlich, ich sage euch, ihr werdet mit den Städten Israels nicht zu Ende sein, bis der Sohn des Menschen gekommen sein wird." (Mt 10,23). Im Zusammenhang mit Apg 1,8 wird hiervon noch zu reden sein. Außerdem macht er eine für manchen Jesus-Nachfolger erschreckende Aussage in Vers 34: „Meint nicht, daß ich gekommen sei, Frieden auf die Erde [gae! Vgl. Abschnitt 2.1.3] zu bringen; ich bin nicht gekommen, Frieden zu bringen, sondern das Schwert." Er kündigt an, dass seine Botschaft das Volk in eine Zerreißprobe führen wird mit Spaltungen mitten durch die Familien.

Die Jünger haben das damals sicher noch nicht voll verstanden. Sind wir, die wir rückschauend doch mehr erkennen können, bereit, uns für die heutige Situation in Israel Verständnis schenken zu lassen? Ist der Streit zwischen Rabbinat und messianischen Juden, der quer durch Familien geht, eine Teilerfüllung?

Als Johannes aus dem Gefängnis heraus Jesus fragen lässt: „Bist du der Kommende ...“ (Mt 11,3) und das heißt doch, bist du der Verheißene, bist du der Messias, verweist dieser auf die seiner Botschaft mitfolgenden Zeichen in zum Teil wörtlichem Zitat alter Jesaja-Verheißungen (z.B. Jes 35,5.6).

3.3.2   Die Ablehnung des Messias verzögert das nahe gekommene Reich

Ein besonderes Ereignis ist dann die in Mt 12,22 berichtete Heilung eines Besessenen, der blind und stumm zugleich war. Nach damaligem Verständnis von Tenach und mündlicher Überlieferung war eine solche Tat nur dem verheißenen Messias möglich. Deshalb fragen die erstaunten Beobachter folgerichtig: „Dieser ist doch nicht etwa der Sohn Davids?" und damit meinen sie zweifelsfrei den das Friedensreich bringenden Messias. Johannes berichtet 7,31 von einer sehr ähnlichen Fragestellung der Volksmenge: „Wenn der Messias kommt, wird er wohl mehr Zeichen tun als die, welche dieser getan hat?"

Aus dieser für sie heiklen Situation können sich die Verantwortlichen nur herausmogeln, indem sie massiv angreifen: „Dieser treibt die Dämonen nicht anders aus als durch den Beelzebub, den Obersten der Dämonen!" Mt 12,24. Sie erklären damit die durch den Geist Gottes gewirkten Taten als Satanswerk. Das ist die „Lästerung des Geistes" in Vers 31. Wir heute sollten wohl zurückhaltend sein, nicht erklärbare Geist-Wirkungen unter Berufung auf diesen Text vorschnell als Lästerung des Geistes und damit als Satanswerk abzustempeln.

Jesus hat gerade ein messianisches Heilungswunder vollbracht; er hat ihnen erklärt, dass in diesem Machtwirken des Geistes Gottes die Königsherrschaft Gottes mitten unter ihnen am Werk war (v 28). Da fordern die Verantwortlichen in Israel: „Lehrer, wir möchten ein Zeichen von dir sehen!" (v 38). Wie verblendet müssen diese Männer doch gewesen sein.

Sie kannten die Verheißungen. Das haben sie bewiesen, als die Magier nach dem neugeborenen König der Juden fragten und sie genau wussten, dass bei Micha der Hinweis auf Bethlehem zu finden ist (Mt 2,3–6). Und sie warteten, wie jeder fromme Israelit, auf das ihnen verheißene Königreich Gottes für Israel. Aber doch nicht durch den da, den Zimmermanns-Sohn, der nicht aus der „Theologen-Kaste" kam und auch keine angemessene Ausbildung vorweisen konnte (Mt 13, 54–57; Joh 7,15). Deshalb lehnt Jesus auch ihre Forderung nach einem Zeichen ab und verweist auf das Zeichen Jonas. Damit spricht er – noch verdeckt – von seinem Sterben und Auferstehen.

Hier in diesen Matthäus-Kapiteln 12 bis 16 geschieht ein gewaltiger Umbruch in der Botschaft Jesu für sein Volk. Bisher verkündigten er und seine Jünger in seinem Auftrag: „Das Reich ist nahe gekommen; tut Buße!" Jetzt wird das Verzögern des verheißenen Reiches Inhalt der Verkündigung.

In 11,12 erklärte der Herr bereits: „Aber von den Tagen Johannes des Täufers an bis jetzt wird dem Reich der Himmel Gewalt angetan, und Gewalttuende reißen es an sich." In 12,22–32 wird Jesu Wirken, wie schon in 9,34, dem Beelzebub zugeschrieben. Jesus erklärt den Pharisäern, dass ihnen diese Sünde in diesem Äon (Mk 3,29 wörtlich!) nicht vergeben wird. Sie sind wegen dieser Lästerung ohne Möglichkeit der Buße dem Gericht verfallen.

In den sogenannten Königreichs-Gleichnissen in Kap 13 ist von dieser Situation die Rede, in der sich das Reich der Himmel befindet. Wer diese Sammlung von Gleichnissen sorgfältig liest, muss fast übermächtig vom konventionellen Kirchenverständnis vorgeprägt sein, wenn er hier die Kirche oder Gemeinde zu entdecken meint. In diesen Gleichnissen ist eindeutig von diesem Reich für Israel die Rede. Natürlich kann aus allen Gleichnissen auch Belehrung für die Gemeinde abgeleitet werden. „Jedes Wort der Schrift redet zu mir." Aber damit ich richtig von Israel in die heutige Gemeinde-Situation übertragen kann, muss der ursprüngliche Sinn zunächst herausgearbeitet werden. Ansonsten ist jeder Willkür bis zu unzulässigen Anweisungen für die Glaubenden Tür und Tor geöffnet.

Mir scheint es heute immer noch so zu sein wie damals, als der Herr diese Gleichnisse erzählte. Es wird gern erklärt, er habe in Gleichnissen, in einer Bilder-Rede gesprochen, damit die Hörer den Inhalt besser verstehen könnten. Auf die Frage der Jünger (v 10): „Warum redest du in Gleichnissen zu ihnen?" erklärt der Herr genau das Gegenteilige. „Darum rede ich in Gleichnissen zu ihnen, weil sie sehend nicht sehen und hörend nicht hören, noch verstehen." Das ist die Belehrung im gesamten Abschnitt Mt 13,11–17. Dann erklärt Jesus ihnen sein erstes Gleichnis. Quintessenz: Der Boden in Israel ist noch nicht aufnahmefähig für das „Wort vom Reich" (v 19).

Zum Thema „das (König-)Reich für Israel" möchte ich nur zwei Gleichnisse herausgreifen, die immer wieder auf uns angewandt werden und deren Missdeutung für mich so offensichtlich ist, dass es schwer fällt, diese Auslegungen nachzuvollziehen.

Etwas ist zu beachten, wenn man die Gleichnisse richtig verstehen und recht auslegen will. Sie beginnen alle sinngemäß gleich: „Das Reich der Himmel gleicht" oder „... ist zu vergleichen". Jetzt darf „das Reich der Himmel" nicht nur mit einem Teil daraus gleich gesetzt werden; also z.B. mit dem Senfkorn, dem Sauerteig oder der Perle. Das ganze Gleichnis bezieht sich auf die in ihm geschilderte damalige Situation des Reiches. Auf der anderen Seite beleuchtet jedes einzelne Gleichnis aber nur einen Teilaspekt der Gesamtsituation, in der sich dieses nahe gekommene Reich zur Zeit des Erzählens befindet. Alle Gleichnisse zusammen betrachtet ergeben für uns erst die umfassende Sicht, wie Jesus die Gesamtsituation beurteilt.

Mt 13,31.32 berichtet das „Senfkorn-Gleichnis". Jetzt gilt es, das vorstehend Gesagte zu beachten. Nicht das Senfkorn ist das Reich der Himmel, sondern das gesamte Gleichnis sagt etwas aus über eine bestimmte Situation des Reiches. Ein Senfkorn ist gesät worden; das Wort vom nahe gekommenen Reich. Das ist im Wachstum gegen die Natur zur Größe eines Baumes aufgeschossen. Schon nisten sich die „Vögel des Himmels" in seinen Zweigen ein. Im ersten Gleichnis ist auch von Vögeln die Rede (13,4), die vom Herrn in Vers 19 als „der Böse" erklärt werden. Ist es nicht naheliegend, diese Deutung auch auf dieses Gleichnis zu übertragen? Die Schriftgelehrten und Pharisäer suchen, das Reich mit Gewalt an sich zu reißen (Mt 11,12). Sie haben sich so fest eingenistet, dass sie Jesu durch den Geist gewirkte Taten dem Volk gegenüber als Satanswerk darstellen können. Und ihr Argumentieren zeigt im Volk erste Wirkung.

Mt 13,33 erzählt mit wenigen Worten ein Gleichnis mit sehr ähnlichem Inhalt: „Das Reich der Himmel gleicht einem Sauerteig, den eine Frau nahm und unter drei Maß Mehl mengte, bis es ganz durchsäuert war."

Es ist wohl nicht erforderlich, auf die übliche Auslegung näher einzugehen. Jeder der je zu diesem Text eine Auslegung gehört oder gelesen hat, kennt sie. Hier nur ein Beispiel aus dem Andachtsbuch von Dr. Carl Eichhorn: „Das Evangelium soll wie ein Sauerteig das ganze menschliche Leben durchdringen: das persönliche, das Familien-, das gesellige und politische Leben." (S. 192). Wovon ist hier wirklich die Rede? Zunächst ist festzuhalten, dass in der Bibel kein einziger Text nachzuweisen ist, in dem der Sauerteig als Beispiel für etwas Gutes verwendet wird. Anhand einer Konkordanz kann das jeder leicht nachprüfen.

Paulus verwendet „Sauerteig" bei zwei Gelegenheiten. In Gal 5,9 warnt er vor den Gesetzeslehrern, die die Gemeinde verunsichern. „Wer euch verwirrt, wird das Urteil tragen, wer es auch sei." Man soll sich auf ihre Thesen keinesfalls einlassen, denn „ein wenig Sauerteig (= falsche Lehre) durchsäuert den ganzen Teig".

Wenn es dort um die Reinheit der Lehre ging, geht es in 1Kor 5,1–8 um die Reinheit der Gemeinde, um Gemeindezucht wegen Unzucht oder Hurerei. „Wißt ihr nicht, daß ein wenig Sauerteig den ganzen Teig durchsäuert? Fegt den alten Sauerteig aus ..." (v 6.7). Wie aktuell ist dieses Thema, wenn man als Beispiel nur die Diskussionen und Praxis um Homosexualität und ihre Duldung bis in die Pfarrhäuser hinein beobachtet. Müsste nicht in manchem kirchlichen Gremium der Sauerteig ausgefegt werden, damit nicht nach und nach der ganze Teig durchsäuert wird? Und wenn das nicht durchführbar ist, müsste man dann nicht schnellstens das noch gute Mehl, den noch nicht durchsäuerten Teig absondern (2Tim 3,5)?

In unserem Zusammenhang ist der Text in Mt 16,5–12 besonders zu beachten. Dort warnt Jesus seine Jünger vor dem Sauerteig der Pharisäer und Sadduzäer, was sie zunächst nicht verstanden, da sie gedanklich bei dem „Brotwunder" oder dem vergessenen Brot eingebunden waren. „Da verstanden sie, daß er nicht gesagt hatte, sich zu hüten vor dem Sauerteig des Brotes, sondern vor der Lehre der Pharisäer und Sadduzäer."

Vom Gesamtzusammenhang her drängt sich die Verbindung zu der weiter vorn zitierten Rede Jesu aus Mt 11,12 auf: „Dem Reich der Himmel wird Gewalt angetan, und Gewalttuende reißen es an sich". In Lk 16,16 heißt es etwas ausführlicher: „Das Gesetz und die Propheten gehen bis auf Johannes; von da an wird das Evangelium des Reiches Gottes verkündigt; und jeder dringt mit Gewalt hinein."

Dieser Sauerteig der Pharisäer und Sadduzäer ist dabei, die gute Botschaft vom Reich zu durchsäuern. Sie sagen, der Verkündiger der Botschaft steht unter Beelzebubs Herrschaft. Sie beratschlagen, wie sie ihn umbringen könnten (Mt 12,14). Der Herr redet doch nicht davon, dass sie, die Jünger, Sauerteig sein oder produzieren sollten. Vielmehr sollten sie bemerken und beobachten, was hier mitten in Israel in Bezug auf das Reich in Bewegung kam. Jesus bereitet sie vor auf das, was dieser Umbruch mit sich bringen wird.

Ab Mt 16,21 spricht er nun ganz deutlich von der veränderten Situation. „Von der Zeit an begann Jesus seinen Jüngern zu zeigen, daß er nach Jerusalem hingehen müsse und von den Ältesten und Hohenpriestern und Schriftgelehrten vieles leiden und getötet und am dritten Tag auferweckt werden müsse." Dass die Jünger wohl jetzt erst sehr langsam begreifen, wie weit es mit dem Umschwung der Lage bereits gekommen ist, zeigt die Reaktion durch Petrus auf Jesu Rede (v 22).

Von nun an wird nicht mehr verkündet: „das Reich der Himmel ist nahe gekommen". Jetzt geht es um das Verziehen des Reiches unter der Königsherrschaft des Messias, des David-Samens (1Chr 17,11). In den Parallelen Mk 8,31 und Lk 9,22 kann man das genauso verfolgen. Wer diesen tiefen Einschnitt in den Evangelien nicht beachtet, bekommt manche Probleme, wenn er Jesu weitere Aussagen im Zusammenhang mit dem (König-)Reich der Himmel recht einordnen will.

Rein zeitlich befinden wir uns hier bereits im letzten Drittel der etwa dreijährigen Wirkungszeit des Herrn in Israel. Alles drängt dem Höhepunkt, seiner Kreuzigung zu. Seine drei engsten Mitarbeiter haben das Vorrecht, ihn in seiner göttlichen Königs-Herrlichkeit (Mt 17,2) zu erleben, wenn Mose und Elia sich mit Jesus besprechen über „seinen Ausgang, den er in Jerusalem erfüllen sollte." (Lk 9,31).

Bald folgen weitere ganz konkrete Ankündigungen, dass er, der Messias und designierte König über Gottes Königreich hier auf Erden, von den Hohenpriestern und Schriftgelehrten zum Tode verurteilt und gekreuzigt würde (Mt 17,22.23; 20,18.19). Nach seinem Einzug in Jerusalem erzählt er die Gleichnisse von den Weingärtnern (Mt 21,33–46) und vom Hochzeitsmahl (22,1–14). In beiden wird seine Ablehnung, Tötung und das Gericht über die Verantwortlichen thematisiert.

3.3.3 Jesu Prophetie über Gottes erwähltes Volk und sein Reich

Aus dieser Endphase der Lehrtätigkeit Jesu berichten uns dann Matthäus (Mt 24 u. 25) und Lukas (Lk 21) seine große sogenannte „Endzeit-Rede". Zum rechten Verständnis dieser prophetischen Rede ist es unbedingt erforderlich, das bis hierhin Vorgetragene entsprechend anzuwenden. Wir sind mitten in Israel. In Jesu Botschaft geht es darum, das durch die Propheten verheißene (König-)Reich der Himmel als nahe herbeigekommen zu „herolden", zu evangelisieren. Von einer „ecclesia" aus Juden und allen anderen Nationen ist bisher keine Rede; sie ist noch nicht im Blickwinkel.

Die Berichte bei Matthäus und Lukas haben mit hoher Wahrscheinlichkeit die gleiche Rede zum Inhalt, obwohl in ihnen einige entscheidende Unterschiede zu beobachten sind. Beide Schreiber setzen unterschiedliche Akzente entsprechend ihren unterschiedlichen Lesern und deren unterschiedlichem Verwurzelt-Sein in jüdischer Überlieferung. Für uns ergänzen sich beide Berichte auf erstaunliche Weise.

Matthäus schreibt an Menschen, die Gottes Prophetie kennen und ihr Eigen nennen und beleuchtet von daher entsprechende Punkte besonders. Seine Zusammenfassung der für Israel wesentlichen Aussagen in Jesu Rede gehen direkt auf die letzten Ereignisse vor der Ankunft des Menschensohns (Mt 24,27.30) zu. Er redet von dem „Anfang der Wehen" (v 8), die zur Wiedergeburt Israels führen (Jer 30,6.7; Hos 13,13; Mi 4,10). Er bezieht den von Daniel (Dan 9,27;

3.3 Das nahe gekommene (König-)Reich Gottes in den Evangelien

11,31) vorhergesagten „Greuel der Verwüstung ... an heiliger Stätte" (v 15) in seinen Bericht mit ein.

Für mich ist hierbei auch beachtenswert, dass der Herr mit diesem Hinweis persönlich die Gültigkeit der prophetischen Ankündigungen Gabriels an Daniel (Dan 9,20–27) über die Zeitspanne der 70 Jahrwochen bestätigt. Er stellt ein bestimmtes Detail zu der bei Daniel erwähnten 70. Jahrwoche zur besonderen Beachtung heraus und von Matthäus wird ergänzt: „wer es liest, der merke auf!" (Mt 24,15c). Die Bedeutung des Daniel-Buches im Rahmen des Tenach und damit der Geschichte JHWH's mit Israel wird gemeinhin unterschätzt. In Daniels Visionen rückt die allgemeine Völkergeschichte ins Bewusstsein: JHWH ist nicht nur der Gott Israels; er, der Gottessohn, ist auch der Gott aller anderen Völker. Aber mit Israel steht er in einem besonderen Verhältnis.

Lukas schreibt diesen Bericht wie auch die „Taten der Apostel" an den „vortrefflichen Theophilus", einen Römer, „damit du die Zuverlässigkeit der Dinge erkennst, in denen du unterrichtet worden bist" (Lk 1,3.4; Apg 1,1). Er berichtet aus dieser Rede Jesu von der Zerstörung und einer Zeitspanne der Unterwerfung Jerusalems unter Nationen-Herrschaft sowie von der Zerstreuung Israels unter die Nationen. Er erklärt Theophilus, dass aber diese Herrschaft der Nationen begrenzt ist, und dass Gott dann mit Israel nach seiner Verheißung weiter wirken wird (Lk 21,24–27).

Wir sind auch wieder einigen gravierenden Übersetzungsproblemen konfrontiert. Die Jünger fragen, nachdem Jesus von der Zerstörung des Tempels gesprochen hatte, gemäß der Luther-Übersetzung: „Sage uns, wann wird das geschehen? und was wird das Zeichen sein für dein Kommen und für das Ende der Welt?" (Mt 24,3). Deshalb wohl der übliche Obertitel „Endzeit-Rede".

Elberfeld übersetzt richtig: „... die Vollendung (synteleia) des Zeitalters (aion)." Das ist aber etwas ganz anderes. Es geht bei dieser Rede des Herrn nicht um das Ende dieser Welt mit anschließendem neuen Himmel und neuer Erde. Es geht sowohl bei der Frage der Jünger als auch bei der Antwort des Herrn darum, dass und wann das Zeitalter der Nationen (siehe Nebukadnezars Standbild in Dan 2) zu Ende geht und der neue Äon, das Königreich der Himmel aufgerichtet wird. Wenn in den Versen Mt 24,13.14 wieder vom „Ende" (hier „telos") die Rede ist, meint das natürlich auch wieder nicht das Ende dieser Welt sondern des damaligen Zeitalters / Äons.

Ein ähnliches Problem der rechten Zuordnung dieser Rede ist dann in der Mitte von Vers 30 zu beachten; Luther übersetzt „alle Geschlechter auf Erden", gemeint sind aber „alle Stämme des Landes"; so auch Elberfeld. Wir sind in Israel! Es ist vom Kommen des „Sohnes des Menschen", das ist der Messias, die Rede.

In diesem Kapitel 3. wird versucht die Frage zu klären, was mit „Reich der Himmel" gemeint ist. Deshalb kann es nicht um eine Auslegung dieser ganzen Rede des Herrn gehen, sondern nur um einzelne Elemente daraus, die wesentlich sind, um das Verständnis dem Sinn des Textes entsprechend neu zu orientieren.

Ein solch wesentliches Element ist das sogenannte „Weltgericht" (Luth) oder „Endgericht" (Elb). Es geht nach Mt 25,31 um das Gericht „wenn der Sohn des Menschen kommen wird".

Diese Aussage handelt also nicht vom Gericht am Ende dieser Weltzeit, dem Gericht am „großen weißen Thron" (Off 20,11–15), sondern von einem Gericht vor der Aufrichtung des (König-)Reichs der Himmel. Davon ist z.B. schon beim Propheten Joel in 4,1–3 die Rede.

Mit dem „erbt das Reich" in 25,34 ist nicht irgend ein Erbe im Himmel gemeint, sondern die Teilnahme an diesem Friedensreich, diesem verheißenen Königreich der Himmel. Ebenso meint „das Evangelium vom Reich" (Mt 24,14) die Frohbotschaft von diesem Königreich Gottes hier in dieser sichtbaren Schöpfung; eine Frohbotschaft, die von Israel ausgeht und die ganze Welt umspannen wird. Verkündigen wir heute dieses Evangelium? Die Bedingungen stehen in Mt 5,17–20!

Die Gemeinde, die von Gott heute gesammelt wird, die Ekklesia, die den Leib des Christus darstellt, hat den Auftrag, das Evangelium der bedingungslosen Gnade Gottes im Opfer seines Sohnes Jesus Christus zu verkündigen. „So sind wir nun Gesandte an Christi Statt, indem Gott gleichsam durch uns ermahnt; wir bitten für Christus: Laßt euch versöhnen mit Gott! Den der Sünde nicht kannte, hat er für uns zur Sünde gemacht, damit wir Gottes Gerechtigkeit würden in ihm." (2Kor 5,20.21). Das ist aber, wenn es sauber, ohne Beimischung von Gesetz verkündigt wird, etwas viel Herrlicheres. Lassen wir doch endlich Israel seine Verheißungen und sein „Evangelium vom Reich"!

Insbesondere in Lukas 21 kann man einen Teil der längst vergangenen Geschichte vorausgesagt finden, wenn man einige Feinheiten beachtet. Zum Beispiel beginnt Vers 12: „Vor diesem allen aber...". Das heißt doch, dass das in den Versen 9 bis 11 Gesagte im Zeitablauf weiter nach hinten gehört. Ich würde es bei Vers 25.26 sehen. Die Verse 12 bis 24 „... und Jerusalem wird zertreten werden von den Nationen" sind inzwischen längst Geschichte geworden. Bei der Fortsetzung „.... bis die Zeiten der Nationen erfüllt sein werden" sind wir wohl heute sehr nahe angekommen.

Dass zwischen diese zwei Ankündigungen von Gott noch einmal fast 2.000 Jahre zur Bildung der Leibesgemeinde eingeschoben werden sollten, war damals noch nicht geoffenbart (Kol 1,24–27). Wir werden darauf noch zu sprechen kommen.

In diesem Textzusammenhang stehen einige Verse, über die viel herumgerätselt und spekuliert wird. „Und er sprach ein Gleichnis zu ihnen: Seht den Feigenbaum und alle Bäume; wenn sie schon ausschlagen, so erkennt ihr von selbst, da ihr es seht, daß der Sommer nahe ist. So erkennt auch ihr, wenn ihr dies geschehen seht, daß das Reich Gottes nahe ist. Wahrlich ich sage euch, daß dieses Geschlecht nicht vergehen wird, bis alles geschehen ist." (Lk 21,29–32).

Welches Geschlecht ist denn hier gemeint? Für mich eindeutig das Geschlecht, das den „Feigenbaum und alle Bäume" wieder ausschlagen sieht. Der Feigenbaum ist im prophetischen Wort immer wieder Israel. Der Baum schlägt heute vor unser aller Augen wieder aus. Und die Bäume drum herum, die ganzen arabischen Völker, waren doch bis vor wenigen Jahrzehnten völlig unbedeutend. Sie schlagen auch gewaltig aus. Sie haben mit ihren Reichtümern an Bodenschätzen plötzlich weltpolitische Bedeutung erhalten. Hat das etwas mit der Geschichte um Hagar und Ismael und der ihm von Gott gegebenen Verheißung zu tun (1Mo 21,13.17.18)?

Vielleicht darf man sogar sagen, das Geschlecht ist gemeint, das erlebt, dass Jerusalem nicht mehr von den Nationen zertreten wird. Seit dem Sechstage-Krieg, das ist seit dem 6. Juni 1967, ist ganz Jerusalem zum ersten Mal seit dieser Rede Jesu unter israelischer Oberhoheit. Am 30.

Juli 1980 hat das israelische Parlament, die Knesseth, die Unteilbarkeit Jerusalems festgeschrieben. Erfüllt sich hier mitten unter uns göttliche Prophetie, und die Gemeinde bemerkt sein Wirken nicht (Mt 16,1–3; Lk 12,56)?

Wir sind hier beim Ursprung meiner Kritik an der Kirchengeschichte und dem üblichen Verständnis oder besser Missverständnis in fast allen Gemeinden, Kirchen und Freikirchen. Wer sich als das neue Gottesvolk an der Stelle Israels sieht, kann mit einem Königreich Gottes für Israel in dieser sichtbaren Schöpfung und in dem von Gott vor Jahrtausenden beschlagnahmten Landstrich nichts anfangen. Im Gefolge muss dann natürlich auch alle diesbezügliche Prophetie umgedeutet werden. Würde der Herr zu den heute dafür Verantwortlichen vielleicht auch sagen: „blinde Blindenführer!" (Mt 15,14)?

Ist das denn so wichtig? Wenn wir unsere heutige Zeit richtig deuten wollen im Gesamtzusammenhang von Gottes Plan mit seiner Schöpfung, oder, etwas enger, mit den Menschen auf dieser Erde, dann ist das von entscheidender Bedeutung. Das ganze Geschehen in und um Israel und die sich steigernde Wut der ganzen Welt und nicht nur der arabischen Staaten über dieses „störrische Volk", das angeblich den Frieden der ganzen Region und damit die Wirtschaftsinteressen der westlichen Industrienationen stört, ist doch nur von daher zu deuten.

Nur in diesem Kontext können wir auch entscheiden, was heute Aufgabe der Gemeinde ist. Heute geht es darum, die vielen Einzelnen aus allen Völkern herauszurufen, die noch von Gott vorherbestimmt sind, die „Fülle des Christus", nämlich seinen Leib zu bilden (Eph 1,22.23). Deshalb ist immer noch Mission mit dem für heute angesagten Inhalt erforderlich.

Es geht also auch bei diesen „Endzeitreden" Jesu nicht um Kirche oder Gemeinde und schon gar nicht um irgend ein nicht sichtbares, imaginäres, in den Menschen sich ereignendes Reich Gottes. Diese Reden handeln auch nicht vom Ende dieser Weltzeit und damit dieser jetzigen Erde. Ihr Inhalt hat es zu tun mit Israel und seinen göttlichen Verheißungen. Von der Unterbrechung dieser Verheißungslinie durch eine Ekklesia aus Juden und „Heiden" ist hier noch nichts angekündigt. Das ist immer noch, und das kann nicht oft genug betont werden, ein verborgenes Geheimnis (Eph 3,1–5; Kol 1,25–27). Rückschauend können wir sagen, dieses Geheimnis der Sammlung einer speziellen, dem Sohn ganz direkt zugehörenden Körperschaft, gehört bei Lukas 21 zeitlich in den Zusammenhang von Vers 24: „... und Jerusalem wird zertreten werden von den Nationen, bis die Zeiten (die *kairoi*) der Nationen erfüllt sein werden."

Beide Berichte schließen ab mit dem Wiederkommen des „Sohnes des Menschen" (Mt 25,31; Lk 21,27). Dieses sichtbare Wiederkommen Jesu hat dann das verheißene Reich für Israel im Gefolge. Aber soweit sind wir jetzt hier mit dem Gedankengang noch nicht.

3.3.4 Gott verheißt und schließt zu unterscheidende Bünde

In allen drei synoptischen Evangelien beginnt direkt nach diesen Reden über das Schicksal Israels und des (König-)Reiches der Himmel der Bericht über die letzten Tage vor Jesu Kreuzigung. Der Sauerteig der Pharisäer (Mt 16,6) hat den Teig Israel durchsäuert mit dem Ergebnis: „Kreuzigt ihn!" Die Leidensgeschichte bis zur Auferstehung bedarf in unserem Zusammenhang nicht einer besonderen Auslegung. Nur einige Anmerkungen.

Wir befinden uns in den Evangelien mitten in Israel. Wir müssen also sehr weise und bedachtsam vorgehen, wenn wir Weisungen und Ordnungen, Mahnungen und Verheißungen aus Jesu Erdentagen auf uns beziehen wollen. Sie beziehen sich in der Regel auf das (König-)Reich in Israel unter seiner Herrschaft. Dass darin selbstverständlich auch für uns beachtenswerte Aussagen enthalten sind, gehört wieder zu dem schon mehrfach betonten, „alle Schrift spricht zu mir".

Wenn wir die Berichte über das Mahl Jesu mit seinen Jüngern am Rüsttag-Abend betrachten, müssen wir uns dessen bewusst sein: Hier findet ein Festmahl an einem vorgezogenen Sederabend mit einer vorgegebenen Abfolge, einem festen Ritual statt. Die Beteiligten denken und leben in den Verheißungen und Überlieferungen Israels.

Der Herr spricht bei diesem Festmahl davon, er werde mit seinen Jüngern solch ein Mahl nicht mehr essen und solchen Wein nicht mehr trinken, „bis das Reich Gottes kommt" (Lk), erst wieder „im Reich Gottes" (Mk) oder „in dem Reich meines Vaters" (Mt). Jesus kann mit diesen Worten nur das für das Volk Israel verheißene Reich in dem von Gott beschlagnahmten Land auf dieser Erde gemeint haben.

Schwieriger wird nun die Antwort auf die Frage, was denn wohl der Herr in eben dieser Rede mit der Aussage gemeint hat: „Dies ist mein Blut des Bundes ..." (Mt 26,28; Mk 14,24) oder „... der neue Bund in meinem Blut ..." (Lk 22,20). Für fast alle Gruppen von Christen ist da gar keine Frage möglich. Das ist der Bund mit uns! Hier überhaupt in eine andere Richtung zu denken oder eine Frage zu stellen, ist wiederum tabu.

Jesus redet bei diesem Mahl im Zusammenhang mit dem Brot und dem Wein von dem Israel verheißenen Reich. Das ist keine Auslegungsfrage; der Text sagt das ganz eindeutig. Kann Jesus dann mit diesem Bund wirklich uns, die Gemeinde überwiegend aus den Nationen, die Ekklesia gemeint haben? Muss dieser Bund dann nicht folgerichtig auch auf Israel und das Reich bezogen sein? Die Propheten reden an vielen Stellen davon, dass Gott an Stelle des von Israel gebrochenen ersten Bundes einmal mit ihnen einen neuen, einen ewigen Bund schließen werde.

- Jer 31,31–37: „Siehe, Tage kommen, spricht JHWH, da schließe ich mit dem Hause Israel und mit dem Hause Juda einen neuen Bund; nicht wie der Bund, den ich mit ihren Vätern geschlossen habe an dem Tag, als ich sie bei der Hand faßte, um sie aus dem Land Ägypten herauszuführen, – diesen meinen Bund haben sie gebrochen, obwohl ich doch ihr Herr war, spricht JHWH." (v 31.32).
- „So spricht JHWH, der die Sonne gesetzt hat zum Licht für den Tag, die Ordnungen des Mondes und der Sterne zum Licht für die Nacht, der das Meer erregt, daß seine Wogen brausen, JHWH Zebaoth ist sein Name: Wenn diese Ordnungen vor meinem Angesicht weichen, spricht JHWH, dann soll auch die Nachkommenschaft Israels aufhören, eine Nation zu sein vor meinem Angesicht alle Tage." (v 35.36).
- Hes 16,58–60.62: „Deine Schandtat und deine Greuel, die mußt du jetzt tragen, spricht JHWH. Denn so spricht der Herr, JHWH: Ja, ich will dir tun, wie du getan, die du den Eid verachtet, indem du den Bund gebrochen hast. Ich aber, ich will an meinen Bund denken, an dich in den Tagen deiner Jugend, und will dir einen ewigen Bund aufrichten ... Ich selbst werde meinen Bund mit dir aufrichten ...".

Ist es wirklich so abwegig, darüber nachzudenken, ob Jesus, der verheißene Messias Israels, bei diesem Passah-Rüsttag-Mahl diesen verheißenen neuen Bund für Israel gestiftet hat? Einige Stellen im neuen Testament scheinen meine Überlegung zu bestätigen.

Hebr 8,6 .7: „Jetzt aber hat er einen vortrefflicheren Dienst erlangt, wie er auch Mittler eines besseren Bundes ist, der auf Grund besserer Verheißungen gestiftet worden ist. Denn wenn jener erste Bund tadellos wäre, so wäre kein Raum für einen zweiten Bund gesucht worden." Im folgenden Text wird dann die oben angegebene Stelle aus Jer 31 zitiert.

Hebr 9,15: „Und darum ist er Mittler eines neuen Bundes, damit, da der Tod geschehen ist zur Erlösung von den Übertretungen unter dem ersten Bund, die Berufenen die Verheißung des ewigen Erbes empfangen." Wer konnte denn den „ersten Bund" übertreten? Es war Gottes Bund mit Israel. Den konnten nur Israeliten übertreten.

Also kann hier, in diesem im Zweifelsfall an eine jüdisch-messianische Gemeinde gerichteten „Brief an die Hebräer" keinesfalls von uns, von Menschen aus den Nationen die Rede sein. Wir, die Ekklesia, die Gemeinde heute, standen nie in diesem alten Bundesverhältnis mit JHWH; da waren wir nicht mit einbezogen. Aber von diesem ersten, alten Bund mit Israel her folgert der Schreiber des Briefes seine Aussagen zum zweiten, zum neuen Bund als Ersatz für diesen zerbrochenen ursprünglichen Bund. Mit diesem neuen Bund sollen nun plötzlich wir gemeint sein? Wie kann man nur auf eine so abwegige Idee kommen!

Die Bibel kennt verschiedene Bundesschließungen Gottes mit Menschen.

Nach der Sintflut gibt es einen Verheißungs-Bund Gottes mit den Menschen und allen Geschöpfen auf Erden (1Mo 9,8–17):
„Ich richte meinen Bund mit euch auf, daß nie mehr alles Fleisch ausgerottet werden soll durch die Wasser der Flut, und nie mehr soll es eine Flut geben, die Erde zu vernichten. Und Gott sprach: Dies ist das Zeichen des Bundes, den ich stifte zwischen mir und euch und jedem lebenden Wesen, das bei euch ist, auf ewige Generationen hin: Meinen Bogen setze ich in die Wolken, und er sei Zeichen zwischen mir und der Erde." (v 11–13).

Dann schließt Gott einen Bund mit Abram/Abraham. Er ist ein Bund ohne Bedingungen. In den Reden Gottes mit Abram in 1Mo 12,2 (3x).3.7 und 13,15.16.17 heißt es acht Mal von Gott: „Ich will" dieses und jenes für dich und deine Nachkommen tun. Weiter vorn wurde darüber schon geschrieben (Abschnitt 3.2.1). Gott setzt wieder ein Bundeszeichen ein: Die Beschneidung der Vorhaut aller männlichen Nachkommen 1Mo 17,10–13.

Ein Bund mit Bedingungen ist der Bund mit dem Volk Israel. Als Bundeszeichen setzt Gott zusätzlich zur Beschneidung, dem Bundeszeichen vom Stammvater Abraham her, den Sabbat ein. Auch darüber ist weiter vorn berichtet (Abschnitt 3.2.2).

Bei diesem Bund mit Israel gibt es nun die Besonderheit, dass ein neuer Bund von Gott verheißen wird, als der eine Bundespartner, nämlich Israel, den Bund gebrochen hat. Vielleicht darf man von einer Erneuerung des alten Bundes auf veränderter Grundlage sprechen (Hes 11,19.20). Dieser neue Bund ist von dem Begründer des alten wie neuen Bundes, von Israels Bundespartner, dem JHWH-Messias, längst gestiftet: Lk 22,20 „Dieser Kelch ist der neue Bund in meinem Blut". Aber Israel ist bis heute nicht in diesen neuen Bund für das Königreich der Himmel eingetreten. Es hat bis heute nicht Herzensbuße über seinen verfehlten Weg getan.

Als zeitlich letzter Bund wird der eigentlich älteste realisiert. Der Bund Gottes für die „ecclesia", die Gemeinde, die er heute seinem Sohn sammelt. Wir stehen nicht in der Nachfolge des alten Bundes mit Israel. Für die Gemeinde, die Gott seinem Sohn zubereitet, hat er ein völlig neues Bundesverhältnis ohne einen direkten Vorläufer geschaffen. Es ist ein Bund auf der Grundlage göttlicher Auswahl. Von daher vergleichbar mit Gottes Bund mit Abraham. Ein Bundesverhältnis, das bis vor Grundlegung der Welt zurückgeht (Eph 1,4). Diesen Bund meint Paulus in 2Kor 3,6.

Der Begriff „neuer Bund" kann – genau genommen – zwei verschiedene Bedeutungen haben. Ein alter, ungültig gewordener Bund wird zwischen den alten Partnern auf eine neue Grundlage gestellt; sie schließen als Ablösung für den alten, zerbrochenen Bund einen neuen Bund.

Es können aber auch zwei Partner, die bisher in keinem Bundesverhältnis zueinander standen, einen Bund schließen. Das ist dann ein Bund ohne Vorläufer; ein vollständig neuer!

Es ist wohl einsichtig, dass man diese verschiedenen Bundschließungen auseinander halten muss und nicht miteinander vermischen darf. Im neuen Testament scheint das aber vielen Auslegern Probleme zu bereiten, wenn es um Israel und die Gemeinde geht. Hier sind zwei zu unterscheidende Bundesverhältnisse zu beachten; das mit Israel und das mit der Gemeinde. Das Problem sitzt wieder bei dem nicht zulässigen Gleichsetzen der Gemeinde mit Israel; dass man die Gemeinde zum „neutestamentlichen Gottesvolk" proklamiert und mit dem „alttestamentlichen Gottesvolk" austauscht. Dann ordnet man sehr konsequent die Gemeinde in den Israel verheißenen neuen Bund ein. Unter dieser falschen Prämisse ist das sogar verständlich; nur wird es dadurch kein bisschen richtiger.

Wer bereit ist, sein Vorverständnis, seine Vorprägung beim Nachdenken über biblische Zusammenhänge beiseite zu stellen, wird schnell bemerken, wie geradlinig alle Aussagen mit den Verheißungen des alten Testamentes für Israel korrespondieren. Wer mit Konsequenz Texte so lässt, wie sie dort stehen und nicht die Gemeinde hineindeutet, wenn von Israel die Rede ist, kann gar nicht anders, als Israels Verheißungsgut diesem Volk zu belassen. Jer 33,14.25.26: „Siehe, Tage kommen, spricht JHWH, da erfülle ich das gute Wort, das ich über das Haus Israel und über das Haus Juda geredet habe ... So spricht JHWH: Wenn mein Bund mit dem Tag und der Nacht nicht mehr besteht, wenn ich die Ordnungen des Himmels und der Erde nicht festgesetzt habe, dann werde ich auch die Nachkommen Jakobs und meines Knechtes David verwerfen, daß ich nicht mehr von seinen Nachkommen Herrscher nehme über die Nachkommen Abrahams, Isaaks und Jakobs. Denn ich werde ihr Geschick wenden und mich über sie erbarmen." In diesem Zusammenhang ist das in den Abschnitten 2.1.5 und 2.1.6 Gesagte sicher hilfreich.

Das heißt dann aber auch, dass wir das verheißene Königreich bei Israel lassen. Das schließt konsequenterweise ein, dass wir die Segensverheißungen für alle Welt, die von diesem Königreich Gottes durch das erneuerte Israel hier auf dieser Erde ausgehen sollen, bei Gottes Heilsvolk Israel lassen.

3.3.5 Jesu letzte Anweisungen an seine Jünger

Damit sind wir bei einem in diesem Zusammenhang unumgänglichen, aber wieder außerordentlich kritischen Frage: Was bedeutet der „Missionsbefehl" in Mt 28,18–20 und Mk 16,15–18?

Wer bis hierhin der eindeutigen biblischen Linie gefolgt ist, für den gibt es gar keinen Zweifel, dass der auferstandene Herr an die alten, Israel gegebenen Verheißungen und Aufträge anknüpft. Ja, sie sollen von ihrem unter der Herrschaft des Gottessohnes stehenden Königreich aus den Herrschaftsanspruch Gottes als Evangelium zu allen Nationen, in die ganze Welt tragen.

Im Vordergrund steht dann nicht vordringlich Gnade, sondern Gehorsam. Mt 28,20: „... sie lehrt, alles zu bewahren, was ich euch geboten habe." Was hat denn der Herr in seinen Erdentagen in Israel gelehrt und geboten? Welchen Inhalt haben die Evangelien und insbesondere die „Bergpredigt", wenn sie unvoreingenommen gelesen werden? Ganz eindeutig war Gehorsam gegenüber den Gesetzen Gottes wesentlicher Inhalt dieser Reden Jesu.

In der Offenbarung wird an drei Stellen vermerkt, dass „die Nationen mit eiserner Rute geweidet" werden (2,27; 12,5; 19,15; siehe auch Ps 2,8.9). Satan ist in diesem Königreich gebunden. Er kann nicht mehr verführen. Jetzt wird ganz offenbar, was in den Herzen der Menschen steckt.

Mit eiserner Rute, was kann das bedeuten? In Sacharja 14,16–19 gibt es dafür ein Beispiel: Alle Nationen der Erde werden zum Laubhüttenfest (Erntedankfest) Botschafter nach Jerusalem zum König, JHWH Zebaoth, senden, um anzubeten und für die gute Ernte zu danken. Wer nicht kommt, erhält im nächsten Jahr keinen Regen. So einfach und doch wirkungsvoll werden Gottes Erziehungswege zum Gehorsam sein.

Lukas ergänzt diese letzte Anweisung des Herrn: „... und in seinem Namen Buße und Vergebung der Sünden gepredigt werden allen Nationen, anfangend von Jerusalem" (Lk 24,47). Das heißt, die Bußpredigt für alle Nationen muss in Jerusalem, bei Israel beginnen. Sie haben zunächst Buße zu tun. Genau hier setzt Lukas seinen Bericht an den „vortrefflichen Theophilus" mit den „Taten der Apostel" fort.

Hatte Jesus am Beginn seines öffentlichen Dienstes verkündet: „Das Königreich ist nahe herbei gekommen" und dann vom Verziehen der Aufrichtung des Reiches gesprochen, so redet er nun 40 Tage mit seinen Jüngern „über die Dinge, die das Königreich Gottes betreffen" (Apg 1,3); also doch offensichtlich, wie es nun weitergehen solle. Schon bei der Erläuterung der „Königreichs-Gleichnisse" (Mt 13) hatte der Herr ihnen zugesichert: „Euch ist es gegeben, die Geheimnisse des Reichs der Himmel zu wissen, jenen aber nicht." (Mt 13,11). Hier in diesen 40 Tagen führt er sie ganz bestimmt noch tiefer in diese Geheimnisse ein.

Leider hat uns keiner der Jünger aufgeschrieben, was dort im Einzelnen besprochen wurde. Das in Joh 21,15–22 überlieferte Gespräch des Auferstandenen mit Petrus gehört zum Beispiel hier hin. Aus dem weiteren Handeln und Verkündigen der Jünger können wir aber Rückschlüsse ziehen. Ich bin fest davon überzeugt, dass sie sich treu an die Anweisungen ihres Herrn und Meisters, ihres gekreuzigten und auferstandenen Messias gehalten haben.

Jesu erste Anweisung ist, in Jerusalem zu bleiben. Sie sollen auf die Verheißung des Vaters warten, die auch er ihnen zugesprochen hatte. „Johannes taufte mit Wasser, ihr aber werdet in Heiligem Geist getauft werden nach nicht mehr vielen Tagen." (Apg 1,5). Als im Tenach gewurzelte Israeliten, die ihre Propheten genau kannten (Jes 32,15; Hes 11,19; 36,26.27; Joe 3,1.2; Sach 12,9–14), kommt von ihnen sofort die Frage (1,6): „Herr, stellst du in dieser Zeit für Israel das Königreich wieder her?" Wohl gemerkt, sie fragen, ob dann das Königreich für Israel aufgerichtet wird und nicht für irgendeine, wie immer geartete Gruppe! Und sie fragen dies, nachdem der Herr 40 Tage mit ihnen über dieses Thema gesprochen hatte.

Nach unserem heute in den Gemeinden üblichen Verständnis, wovon die Evangelien handeln und was es mit dem Reich Gottes auf sich habe, müsste man doch eigentlich fragen: Hatten die Jünger immer noch nicht verstanden, dass Jesu Botschaft nicht (nur) für Israel sondern für alle Welt und jedermann galt? Waren sie so dumm oder so nationalistisch borniert, dass sie nicht sehen konnten oder wollten, dass zumindest seit der Kreuzigung alle Verheißungen von Israel weggenommen waren und nun nur noch die Flüche für ihren Unglauben galten?

Jesus weist diese Frage der Jünger nicht als unzulässig zurück. Er äußert sich nur zum Zeitpunkt. „In dieser Zeit", wenn sie in heiligem Geist getauft würden, das ist nicht der Zeitpunkt der Erfüllung ihrer Erwartung. Überhaupt wäre es nicht ihre Sache, Genaueres über „Zeiten und Zeitpunkte zu wissen, die der Vater in seiner eigenen Vollmacht festgesetzt hat." (Apg 1,7).

Dann sagt der Herr ihnen, was dort in Jerusalem, wo sie bleiben sollten, als nächstes geschehen werde und was dann ihr Auftrag sei. Und genau bei diesem Auftrag haben wir ein ähnliches Problem wie bei Mt 28,19.20. Nur geht es hier wieder vordringlich um eine Frage der Übersetzung. Was steht also dort in Apg 1,8? „Ihr werdet Kraft empfangen, wenn der Heilige Geist auf euch gekommen ist; und ihr werdet meine Zeugen sein, sowohl in Jerusalem als auch in ganz Judäa und Samaria und bis an das Ende der Erde.". Unter Abschnitt 2.1.3 ist dazu schon einiges gesagt worden.

„...bis an das Ende der Erde"; für Erde steht im Griechischen das Wort „gae". Dieses „gae" kann etwas sehr verschiedenes bedeuten; ganz ähnlich wie unsere beiden Begriffe Land und Erde. Ein Bauer, der sein Land umgräbt, will bestimmt nicht sein Heimat-Land, z.B. Baden-Württemberg umgraben. Wenn ich mich in meinen Garten stelle und die Erde in meine Hand nehme, halte ich damit doch nicht die ganze Erde sondern etwas Ackerkrume in meiner Hand. Es kommt auch bei uns in der deutschen Sprache ganz darauf an, in welchem Zusammenhang von Land oder Erde gesprochen wird. Genau so erhält „gae" seine Bedeutung aus dem textlichen Umfeld, in das es sinngemäß eingebettet ist.

Wenn Sie das im Abschnitt 2.1.3 „gae – ein unscheinbares Wort mit weitreichender Bedeutung" Gesagte gedanklich nicht mehr präsent haben, sollten Sie dort noch einmal nachlesen. Das angemessene Verständnis dieser Aussage Jesu hier in Apg 1,8 hat weitreichende Auswirkungen auf eine sachgerechte Auslegung dieser wesentlichen Feststellung Jesu.

In welchen Sinn-Zusammenhang ist dieses „gae" in Apg 1,8 eingebettet, und welche inhaltliche Bedeutung muss ihm von daher zugeordnet werden? Die von Jesus hier Belehrten, also die Jünger, sollen zeugen von dem, was sie mit ihm, dem verworfenen Messias Israels, erlebt und was sie von ihm als Lehre empfangen haben, um in seinem Namen zur Buße und zur Vergebung der Sünden aufzurufen (Lk 24,47). Wo soll dieser Zeugendienst geschehen?

Wenn man all das in diesem Kapitel Gesagte und dazu die Worterklärung in 2.1.3 berücksichtigt und dann ohne Voreingenommenheit den Text betrachtet, muss die Übersetzung von Apg 1,8 wohl richtiger lauten: „... sowohl in Jerusalem als auch in ganz Judäa und Samaria und bis an das Ende des Landes."

Hier müssen festgemauerte Verständnis- und Denkbarrieren vorherrschen, wenn man an dieser Stelle einen Missionsbefehl an alle Welt herauslesen will. Bei dieser Anweisung des auferstandenen Herrn an seine Jünger geht es noch nicht um die Missionierung der Welt (wie in Mt 28,19), sondern um das Zeugnis an Israel über den von ihnen verstoßenen Messias, den Sohn Gottes. Zunächst soll und muss Israel Buße tun, um als „heiliges Volk von Priestern" (2Mo 19,6; Jes 61,6; 1Petr 2,9) diesen Missionsdienst an alle Welt übernehmen zu können. Noch einmal Lk 24,47 „... anfangend von Jerusalem"! Deshalb dieser Auftrag Jesu an seine Jünger und genau dem entsprechend handeln sie dann ja auch.

Mir kommt bei solchen Gesprächen aus meinem beruflichen Umfeld der oft kolportierte, vielleicht auch nur gut erfundene Ausspruch eines mittelständischen Unternehmers ins Gedächtnis: „Kommen Sie mir doch nicht dauernd mit Ihren Fakten; ich habe da meine feste Meinung!" Darauf kann es nur eine Antwort geben: Der Chef ist nicht auch Chef der Fakten. Im Reich der Fakten ist die Realität der Chef. Und die sollte ein umsichtiger Chef, der seine Situation wirklichkeitsgetreu erkennen möchte, zum eigenen Vorteil akzeptieren! Wir uns auf die Bibel berufende Christen sollten das gegenüber den biblischen Tatsachen wohl auch tun.

3.4 Gottes Königreich für Israel im Wartestand

3.4.1 Israel verweigert sich auch dem auferweckten Messias

Für mich gibt es noch einen ganz wesentlichen Aspekt, der für die Richtigkeit dieser Übersetzung und damit dieser Sicht spricht. Weiter vorn habe ich ihn in anderem Zusammenhang schon einmal angesprochen. Es geht um die Rede des Herrn bei der Aussendung seiner zwölf Jünger, die uns in Mt 10 berichtet wird. Der Herr gibt recht detaillierte Anweisungen über die in seinem Auftrag zu verkündigende Botschaft und die von ihm vorgesehenen Empfänger. Er sagt ihnen auch, wie sie sich gegenüber Aufmerkenden und gegenüber Ablehnenden zu verhalten haben.

Dann gibt es darin eine kurze Anmerkung des Herrn, die man schnell überliest; die vielleicht die Jünger damals zunächst auch nicht recht verstanden haben: „... denn wahrlich ich sage euch, ihr werdet mit den Städten Israels nicht zu Ende sein, bis der Sohn des Menschen gekommen sein wird." (Mt 10,23). Sie, die Jünger, werden mit dem Aufruf an Israel, sich dem Messias zuzuwenden und Buße zu tun, damit das nahe gekommene (König-)Reich der Himmel nun wirklich auch aufgerichtet wird, nicht zu Ende kommen, ehe nicht „der Sohn des Menschen" wiedergekommen sein wird. Dazu musste er dann wohl erst einmal fortgehen. Mk 2,20 berichtet Jesu Hinweis auf das „Fortgenommen-Werden" des „Bräutigams". Lk 19,11–27 erzählt das

Gleichnis des Herrn: „Ein hochgeborener Mann zog in ein fernes Land, um ein Reich für sich zu empfangen und wiederzukommen." (v 12).

Von diesem Fortgehen als soeben geschehenem Ereignis und dem Wiederkommen als Verheißung berichtet dann Apg 1,9–12. Die „zwei Männer in weißen Kleidern" verkünden ihnen, dass ihr Herr an dem gleichen Platz auf dem Ölberg, von dem er in den Himmel aufgenommen wurde, wiederkommen wird. Da wird die Verbindung zu alter Prophetie ganz deutlich (Hes 11,23; 43,2; Sach 14,4).

Die Apostelgeschichte berichtet nun über weite Strecken, wie die Jünger diesen Auftrag aus Apg 1,8 durchzuführen beginnen. Und sie berichtet von der dramatischen Erfüllung dessen, was ihr Messias ihnen damals (Mt 10,23) angekündigt hatte: Sie kommen mit der ihnen aufgetragenen Zeugenbotschaft nicht zum Ziel. Israel als Volksgemeinschaft und insbesondere die geistlichen Führer verweigern die Buße.

Entsprechend Jesu Anweisung bleiben die Jünger und ein engerer Kreis von Nachfolgern Jesu in Jerusalem beieinander, um die „Verheißung des Vaters", die Taufe mit dem heiligen Geist zu erwarten. Sie wählen einen Nachfolger für Judas Iskariot, um wieder die auf die zwölf Stämme deutende Zwölferzahl der Jüngerschaft zu vervollständigen.

In Apg 1,21.22 werden die erforderlichen Kriterien für den Nachfolger aufgestellt. Sie treffen auf die leiblichen Brüder Jesu nicht zu. Deshalb ist keiner von ihnen unter den Kandidaten, obwohl sie mit anwesend sind (1,14). Auch Jakobus, der recht schnell eine verantwortliche Rolle spielt, erfüllt die Bedingungen nicht (Joh 7,5; Mk 3,21). Es wird das Los geworfen und Matthias „wurde den elf Aposteln zugezählt" (1,26). Wir sind in Israel. Das Loswerfen bei Gottesentscheidungen ist hier eine durchaus übliche Handhabung und hat eine lange, von Gott bestätigte Tradition. (4Mo 26,55; Jos 18,6; 1Chr 24,31).

Wenige Tage später (Apg 2,1) wird in Jerusalem das Wochenfest, eines der Erntefeste gefeiert (3Mo 23,15–21). Es ist der 50. Tag des „Omer-Zählens". Dieses Zählen beginnt am ersten Wochentag, der dem ersten Sabbath nach dem Passah folgt. Für uns ist dieser erste Wochentag der Auferstehungstag Jesu. In Israel ist dieser Tag das Fest der Erstlings-Garbe (3Mo 23,10.11). In Apg 2,1 steht, wenn man wörtlich übersetzt, „Tag des Fünfzigsten". Hier wird ein normaler jüdischer Festtag gefeiert. Es ist eine „heilige Versammlung ... keinerlei Dienstarbeit dürft ihr tun ..." (3Mo 23,21). Die Stadt ist voller Festbesucher; Juden und Proselyten aus den Diaspora-Synagogen der verschiedensten Nationen mit je eigenen Sprachen und Mundarten (Apg 2,5–11).

In diesem Zusammenhang, an diesem jüdischen Festtag ereignet sich nun das, was wir das „Pfingstwunder" nennen. Dieser Tag wird in praktisch allen christlichen Denominationen als der Gründungstag der „neutestamentlichen Gemeinde" oder der „Kirche Jesu Christi" gefeiert. Wir fragen wieder einmal, ist diese Tradition wirklich auf festen Grund gebaut?

„Die Verheißung des Vaters ... die ihr von mir gehört habt" (Apg 1,4) erfüllt sich. Gott gießt seinen lebendig machenden, heiligen Geist in die Herzen der Jünger aus (2,4). Petrus erklärt dieses Ereignis den erstaunten Hörern als das, „was durch den Propheten Joel gesagt ist" (2,16) und zitiert ihn dann (2,17–21; Joe 3,1–5). Man könnte aus „den Verheißungen des Vaters" wohl noch ergänzen Hes 11,19.20; 36, 26.27 und aus Jesu Reden bestimmt auch seine dem „Obersten der Juden" und „Lehrer in Israel", Nikodemus, gegebene Aufklärung, was es mit dem „von neuem geboren werden" auf sich hat (Joh 3,1–13). Alles Verheißungsworte für Israel!

Genau das erklärt Petrus den aufgeschreckten Hörern dann in seiner Rede, die wir die „Pfingstpredigt" nennen. Er spricht sie an als „Männer von Judäa und ihr alle, die ihr zu Jerusalem wohnt, dies sei euch kund ..." (Apg 2,14); „Männer von Israel, hört diese Worte: Jesus, den Nazoräer ..." (2,22); „Das ganze Haus Israel wisse nun zuverlässig, daß Gott ihn sowohl zum Herrn, als auch zum Messias gemacht hat, diesen Jesus, den ihr gekreuzigt habt" (2,36).

Alle Erklärungen, die Petrus in seiner Rede gibt, wurzeln in Israel und er meint mit allem Israel und niemanden sonst. Noch einmal: Wie festgebunden in kirchlicher Überlieferung muss man sein, um hier als Adressaten der Rede uns Nicht-Juden „aus den Nationen" und dann womöglich sogar die Kirche, die Gemeinde zu sehen.

Die Aufmerkenden sind erschrocken: Der Messias ist gekommen, das verheißene Königreich aufzurichten, und wir haben ihn abgelehnt und gekreuzigt. „Was können, was sollen wir denn jetzt tun?" (2,37).

Petrus antwortet ihnen dasselbe, womit die Verkündigung Jesu und seines Ankündigers, der „Stimme eines Rufenden in der Wüste" (Mt 3,3) begonnen hatte: „Tut Buße!" Nur erklärt er nun nicht, dass das Reich der Himmel nahe herbeigekommen sei. Die Heilsgeschichte ist weiter fortgeschritten; deshalb ergänzt er: „Jeder von euch lasse sich taufen auf den Namen des Messias Jesus zur Vergebung eurer Sünden, und ihr werdet die Gabe des heiligen Geistes empfangen."

Das große, alles umfassende Sündopfer war geschehen, deshalb kann Ihnen jetzt im Namen ihres Messias Vergebung ihrer Sünden zugesprochen werden und als Folge davon die auch für Israel neue Gottes-Gabe: Heiliger Geist, so wie es bei der von Petrus (Apg 2,17) aus Joel zitierten Stelle, aber auch z.B. bei Hesekiel in 11,19 und 36,26.27 verheißen war. Der Geist, der sie von innen heraus völlig neu gestalten würde, sodass sie in Gottes Ordnungen und Rechtsbestimmungen leben können und leben werden.

Petrus gibt dann dem „ganzen Haus Israel" (v 36) die Versicherung: „Denn euch gilt die Verheißung und euren Kindern und allen, die in der Ferne sind, so viele der Herr, unser Gott, herzurufen wird."(v 39). Aha, so wird dann vorschnell gefolgert, die Fernen, das sind jetzt aber wir!

Wir fragen wieder die Bibel: Wer sind diese Fernen? Die Antwort ist ganz einfach; es sind die Juden in der Zerstreuung, über die in Joh 7,35 im Zusammenhang mit Jesu Rede von seinem Fortgehen Mutmaßungen angestellt werden. Mit den Griechen dort sind die unter den Griechen lebenden Juden gemeint. Die Fernen sind Juden, von denen z.B. schon in Dan 9,7 und Sach 10,9 die Rede ist. Zu ihnen gehören zum Beispiel auch die „zwölf Stämme, die in der Zerstreuung sind", an die Jakobus seinen Brief richtet (Jak 1,1).

Dass die berichteten Ereignisse immer noch mitten in Israel spielen, bestätigen die weiteren Kapitel der Apostelgeschichte. Es geht wieder einmal darum, unvoreingenommen hinzuhören, was Gottes Wort berichtet:

- Apg 3,12.13: „Männer von Israel ... der Gott Abrahams und Isaaks und Jakobs, der Gott unserer Väter ...";

- 3,20: „... der euch vorausbestimmte Messias Jesus ...";
- 3,25: „... Ihr seid die Söhne der Propheten und des Bundes, den Gott euren Vätern verordnet hat ...";
- 4,10: „... so sei euch allen und dem ganzen Volk Israel kund ..."
- 5,31: „Der Gott unserer Väter hat Jesus auferweckt, den ihr ermordet habt, indem ihr ihn ans Holz hängtet. Diesen hat Gott durch seine Rechte zum Fürsten und Heiland erhöht, um Israel Buße und Vergebung der Sünden zu geben."

Gott begleitet diese Aufrufe zur Buße mit gewaltigen Machttaten, die die Apostel im Namen ihres Messias tun dürfen. Er bestätigt damit die Gültigkeit ihrer Reden und der Bezüge zu den Israel gegebenen Verheißungen. Tausende schließen sich dieser Bußbewegung an; „... und es wurden an jenem Tag etwa dreitausend Seelen hinzugetan. ... Der Herr aber tat täglich hinzu, die gerettet werden sollten." (Apg 2,41.47). „Viele aber von denen, die das Wort gehört hatten, wurden gläubig; und die Zahl der Männer kam auf etwa fünftausend." (Apg 4,4).

Es entsteht eine jüdische Ekklesia, Herausgerufene, eine Auswahl aus und mitten in Israel. Sie gelten in Israel als die Sekte der Nazoräer (Apg 24,5.14; 28,22), neben den Sekten der Sadduzäer (Apg 5,17) oder der Pharisäer (Apg 15,5). Sie waren die, „die des Weges sind", des Weges dieses Rabbi Jesus, dieses besonderen messianischen Bekenntnisses (Apg 9,2; 19,9.23; 22,4; 24,14.22).

Sie sind in Jerusalem im Tempel und außerhalb in den Synagogen vertreten. Deshalb lässt sich ja auch Saulus von den Hohenpriestern Briefe nach Damaskus an die Synagogen geben, „damit, wenn er einige, die des Weges wären, fände, Männer wie Frauen, er sie gebunden nach Jerusalem führe." (Apg 9,2; 22,4.5). Über andere Menschen als Juden hatten die Hohenpriester keinerlei Gewalt.

Sie sind und fühlen sich als legitime Angehörige des von Gott erwählten Volkes Israel. Als solche ist es für sie auch selbstverständlich, dass sie die diesem Volk von Gott gegebenen Ordnungen und Gesetze erfüllen. Und selbstverständlich warten sie auf das verheißene Königreich in ihrem Land mit Jerusalem als Mittelpunkt. Genau davon redet Petrus in seiner in Apg 3,12–26 aufgezeichneten Rede.

So versammeln sich auch um 60 n.Chr., also fast 30 Jahre nach Kreuzigung und Auferstehung noch einmütig im Tempel „unzählbare Tausende [Elb Fußnote: „ w. Zehntausende"] der Juden, die gläubig geworden sind, und alle sind Eiferer für das Gesetz." (Apg 21,20). Sie sind gläubig geworden. Das heißt unter anderem: Sie haben Buße über ihre persönlichen und die Sünden des Volkes als Ganzes getan und das Erlösungsopfer ihres Messias, des Gottessohns angenommen. Sie sind „von neuem geboren" (Joh 3,3) worden und haben sich als sichtbares Zeichen der Buße taufen lassen. Und sie erfüllen ganz selbstverständlich immer noch das ihnen als Gottes-Volk gegebene Gesetz. Dass sie sich überhaupt im Tempel und damit unter der Kontrolle des Synedrions versammeln dürfen, beweist ihre Treue zum Gesetz.

Aber die Bußbewegung im Volk ist längst zum Stillstand gekommen. Die Volksbuße findet nicht statt. Diese Buße war aber der erforderliche erste Schritt in der von Gott vorgegebenen Handlungsabfolge, wie sie Petrus in seiner in Apg 3 festgehaltenen Rede ab Vers 19 beschreibt: Tut Buße und bekehrt euch, dann wird Gott eure Sünden austilgen. Das ist Voraussetzung, damit die prophezeiten Zeiten der Erquickung beginnen können. Dazu wird der Herr den Israel vorausbestimmten Jesus Messias senden. Der ist bei Gott aufgenommen bis zu der Zeit, wenn all das wiederhergestellt ist, wovon die Propheten längst im Auftrag Gottes geredet haben.

Eine kleine Anmerkung: Apg 3,21 ist die einzige Stelle der Bibel, in der der Begriff von der „apokatastasis panton", von der „Wiederherstellung aller Dinge" vorkommt. Er hat hier eindeutig nichts mit den End-Zielen Gottes für seine Schöpfung zu tun.

Das ist nun die Dramatik in den Berichten der Apostelgeschichte, dass langsam aber unaufhaltsam das Aufrichten des Königreichs Gottes mit Israel unter seinem Messias nicht nur kurzfristig verzögert, sondern für eine unbestimmte Zeitdauer vertagt wird.

3.4.2 Paulus markiert den Zeitenumbruch für Israel und das Reich

Saulus wird vor Damaskus vom Herrn mit Beschlag belegt. Ananias, den der Herr zu ihm schickt, erhält wohl als erster einen Einblick in Gottes Ratschluss mit diesem Saulus/Paulus: „Geh hin! Denn dieser ist mir ein auserwähltes Werkzeug, meinen Namen zu tragen sowohl vor Nationen als Könige und Söhne Israels. Denn ich werde ihm zeigen, wie vieles er für meinen Namen leiden muß." (Apg 9,15.16). Israel steht erst am Ende der Aufzählung! Reiner „Zufall"? Er, Paulus, ist auserwählt, Apostel der Nationen zu werden. Die Apostelgeschichte berichtet darüber, wie er vom Herrn durch einen Prozess schrittweisen Verstehens geführt wird. (2Kor 12,1–10).

Wir können keinen Tag, kein konkretes Ereignis festmachen, wann von Gott her dieses Beiseitesetzen Israels, ihr „Fall" (Röm 11,11.12) endgültig vollzogen war. Wir wissen nicht, ob das schon im Zeitrahmen der Apostelgeschichte oder bei der Zerstörung Jerusalems im Jahr 70 war. In jedem Fall war die Zeit der Apostelgeschichte der Übergang von einer rein Israel internen Angelegenheit, nämlich der Aufrichtung des ihnen verheißenen Königreichs (Apg 1,6), hin zu der Ekklesia, in der „weder Beschneidung noch Unbeschnittensein gilt, sondern eine neue Schöpfung" (Gal 6,15).

Am Ende der Apostelgeschichte wird berichtet, dass Paulus zu den Juden in Rom eine entscheidende Aussage macht: „So sei euch nun kund, daß dieses Heil Gottes den Nationen gesandt ist; sie werden auch hören!" (28,28). Spüren wir Heutigen noch etwas von der Dramatik dessen, was uns in diesen 28 Kapiteln der „Taten der Apostel" berichtet wird? Erfassen wir den Spannungsbogen des Handelns Gottes? Das erwählte Gottesvolk Israel wird für einen von Gott festgelegten, für uns aber unbekannten Zeitrahmen zur Seite gestellt; die Ekklesia, der Leib des Christus Gottes wird gebildet.

Es hat einmal jemand für das, was hier ablief, das für mich sehr treffende Bild von einem Staffellauf angeführt. Immer der, der den Staffelstab in der Hand hält, ist der entscheidende Läufer. Aber vor der Staffelübergabe beginnt der neue Läufer schon zu laufen, dann wird der Stab übergeben und dann läuft der erste Läufer noch ein gewisses Stück der Bahn mit, ehe er ganz abtritt. Eine ganze Weile laufen beide gleichzeitig. Manchmal ist für den Beschauer kaum auszumachen, wann die Stabübergabe konkret erfolgte.

Paulus predigt zunächst nur in den Synagogen und versucht seine „Brüder nach dem Fleisch" (Rö 9,3) davon zu überzeugen, dass dieser Jesus aus Nazareth der verheißene Messias, ja noch mehr, dass er Gottes Sohn ist. Genau dieses Anliegen treibt auch den Apostel Johannes, sein Erleben mit Jesus aufzuschreiben:

„Auch viele andere Zeichen hat nun zwar Jesus vor den Jüngern getan, die nicht in diesem Buch geschrieben sind. Diese aber sind geschrieben, damit ihr glaubt, daß Jesus der Messias ist, der Sohn Gottes, und damit ihr glaubend Leben habt in seinem Namen." (Joh 20,30.31).

Bald aber stellt sich heraus, dass diese Botschaft von dem überwiegenden Teil der Juden abgelehnt wird: In Damaskus (Apg 9,20–22); in der Synagoge zu Antiochien in Pisidien (13,14–46); in Thessalonich und nach einem guten Anfang auch in Beröa (17,1–14). In 9,22 muss zum rechten Verständnis natürlich übersetzt werden: „... und brachte die Juden, die in Damaskus wohnten, in Verwirrung, indem er bewies, daß dieser der Messias ist"; und nicht „der Christus"! Man ist in der Synagoge!

Selbst in seiner Gefangenschaft, nach seiner Überführung in Rom bittet Paulus wie selbstverständlich zunächst „die Ersten der Juden" zu sich (Apg 28,17). Das Ergebnis ist Ablehnung auf der ganzen Linie. Eine herbe Erfahrung für den Apostel, der schon im Brief an die Römer geschrieben hatte: „... daß ich große Traurigkeit habe und unaufhörlichen Schmerz in meinem Herzen; denn ich selbst, ich habe gewünscht, verflucht zu sein von Christus weg für meine Brüder, meine Verwandten nach dem Fleisch ..." (Röm 9,2.3). Sie weisen den ihnen verheißenen Messias zurück. Sie lehnen auch den Opfertod Jesu ab. Sie haben als Volksganzes nicht erkannt, dass Gottes Langmut ihnen gegenüber sie zur Buße führen sollte (2Petr 3,9). Da konnte auch ein Paulus den Bruch nicht heilen.

Das Israel verheißene (König-)Reich der Himmel, das Reich Gottes, in dem Israel Gottes Segensträger auf der gesamten Erde sein soll, verzieht nicht nur kurzfristig, sondern wird von Gott hinausgeschoben. Wohl gemerkt nicht aufgehoben, sondern bis zu einem von Gott geplanten späteren Zeitpunkt verschoben. „Denn ich will nicht, Brüder, daß euch dieses Geheimnis unbekannt sei, damit ihr nicht euch selbst für klug haltet: Verstockung ist Israel zum Teil widerfahren, bis die Vollzahl der Nationen eingegangen sein wird; und so wird ganz Israel errettet werden, wie geschrieben steht ... Denn die Gnadengaben und die Berufung Gottes sind unbereubar." (Röm 11,25.26.29).

Wie kann man eigentlich bei diesen Aussagen auf die Idee kommen, sich an die Stelle Israels zu setzen? Wir haben in der Kirchengeschichte und in den bibeltreuen Gemeinden zu viele Lehrer und Älteste gehabt und haben sie weithin noch heute, die „sich selbst für klug halten". Heute muss man diese Blindheit wohl schon für ein Strafgericht Gottes halten, wenn sich vor unseren Augen die neue „Stafettenübergabe" in Bewegung setzt. Der nächste Läufer, Israel, läuft sich doch nicht mehr nur warm; er ist doch schon auf seiner Bahn losgelaufen. Aber der Staffelstab ist noch „in der Hand" der Gemeinde.

Paulus darf, nachdem sich das jüdische Volk mehr und mehr dem Aufruf zur Volksbuße verschließt, Gottes bis dahin verborgenes Geheimnis offenbaren, dass Gott in der Zeit der Verstockung Israels seinem Sohn eine gesonderte Auswahl, Einzelne aus allen Nationen einschließlich Israel (Kol 1,24–27) sammelt. Er baut die Ekklesia, die den „Leib Christi" darstellt, mit Christus als Haupt (Röm 12,4.5; 1Kor 12,12.27; Eph 4,11–16; Kol 2,19). (vgl. Abschnitt „2.1.5 Einige Überlegungen zur Ekklesia".)

3.4 Gottes Königreich für Israel im Wartestand

Was für manchen Bibelleser wie eine Verlegenheitslösung Gottes aussehen mag, weil Israel sich verweigert, ist der vor Grundlegung des Kosmos festgelegte Ratschluss Gottes, der jetzt zum Tragen kommt (Eph 1,4). Israel, das von Gott für sich beschlagnahmte Heilsvolk, übergibt, um im Bild zu bleiben, den Staffelstab an diese bisher nicht bekannte, nicht erwähnte Ekklesia aus Juden und Heiden. Eine Zeit lang existieren beide Heilskörperschaften nebeneinander. Aber dann, spätestens nach der Vertreibung durch die Römer aus ihrem Stammland ist das verheißene (König-) Reich für Israel ausgesetzt.

Die in der Verheißungslinie konsequent in Israel verwurzelte und für Israel seit Pfingsten begonnene Auswahl, das Herausrufen einer Ekklesia allein aus den Juden wird nach Auflösung des Volkes im Land nicht weitergeführt. Sie wird zusammengefügt mit der sich bereits sammelnden Ekklesia aus „Juden und Griechen". Diese hat eine ganz anders geartete, eine weit über den bisher verheißenen, auf ein Volk bezogenen Rahmen hinausgehende Aufgabenstellung.

Gemeinde Gottes heute erwartet für sich nicht die Aufrichtung des verheißenen irdischen (König-)Reiches Gottes, sondern die Vollendung der Gemeinde, die der Leib Christi ist. Sie erwartet nicht das sichtbare Erscheinen des Menschensohnes auf dem Ölberg (Apg 1,11; Mt 24,30; Sach 12,10–14; 14,4!). Sie erwartet das Versammelt-Werden mit ihrem Herrn und Haupt in der unsichtbaren Welt, in den Lufthimmeln (1Thes 4,15–17; 1Kor 15,51–53).

Jerusalem war seit dem Jahr 66 von römischen Truppen eingeschlossen. Ein Jahr später erobern sie die jüdische Festung Gamla. Circa 10.000 Juden (Zeloten) fallen im Kampf oder stürzen sich von der Festungsmauer in den Tod.

In der messiasgläubigen Gemeinde zu Jerusalem hat man sich wohl der in Lk 21, 20–24 überlieferten Rede Jesu erinnert: „Wenn ihr aber Jerusalem von Heerscharen umzingelt seht, dann erkennt, das seine Verwüstung nahe gekommen ist. ..." Sie sollen Jerusalem und das Kernland verlassen und das tun sie dann auch. Eine Gruppe wendet sich nach Nord-Osten in die Dekapolis in und um Pella. Eine andere geht nach Süd-Westen nach Nizzana in den Nordsinai.

Sie haben immer noch Nah-Erwartungen für die Erfüllung der Verheißung, dass die Zeit der Nationen-Herrschaft (Lk 21,24) ein Ende haben wird, und dass ihr Messias die Römer aus dem ihnen von Gott zugeeigneten Land vertreiben wird. Hatte nicht der Herr zu Petrus gesagt: „Wenn ich will, daß er (Johannes) bleibe, bis ich komme, was geht es dich an?" (Joh 21,22.23) Also warteten sie. Aber die Zeit vergeht und es tut sich nichts.

Versuchen wir einmal, uns gedanklich in die Lage dieser messias-gläubigen Juden der damaligen Übergangszeit zu versetzen. Zum Beispiel derer, von denen in Apg 21,20 berichtet wird. Sie sind aus Jerusalem vertrieben; Israel existiert als geschlossenes Volk nicht mehr. Ihr Tempel ist zerstört. Tempeldienst ist nicht mehr möglich. Sie bezeichnen sich selbst als „Ebjoniten", als „die Armen". Wie soll da ihr von Gott verheißenes (König-)Reich aufgerichtet werden?

Da war schon die ganzen letzten Jahre dieser aus Tarsus in der griechischen Diaspora stammende Benjaminiter und ehemalige Pharisäer „scha'ul" unterwegs, den sie jetzt griechisch „paulos" nannten. Der verkündete eine neue, vom Volk Israel getrennte „ecclesia" ohne Beschneidung, ohne Israels von Gott gegebenes Gesetz. Ich kann mir vorstellen, dass da die Frage als Gebet etwa so aufbrechen konnte:

„Du erhabener, herrlicher Ewiger, unser GOtt und GOtt unserer Voreltern und Deines heiligen Volkes, Du erhabener Vater unseres Erlösers und Messias, ist denn nun mit uns als Deinem von Dir erwählten Volk alles zu Ende? Was ist mit Deinen uns von Abraham und Mose, von David und allen Propheten her gegebenen, von Dir immer wieder bestätigten Verheißungen? Du, HERR, unser GOtt, bist gerecht in allen Deinen Taten – ist unsere Schuld zu groß? Sind wir für immer abgeschnitten und von Dir verworfen?"

In diese Situation hinein zeigt Jesus Christus seinem treuen Knecht Johannes, dass Gottes Weg mit Israel noch nicht am Ende ist. Er ist der Herr und das Haupt dieser neuen Gemeinde, aber immer noch auch der in ein fernes Land verzogene Messias-König (Lk 19,12). Er versetzt ihn im Geist in den „Tag des Herrn" (Offb 1,10), in den im Tenach verheißenen „Tag JHWH's" (Jes 13,6.9; Joe 2,1.11; 3,4).

Er entfaltet ihm die noch immer ausstehende 70. Jahrwoche des Propheten Daniel (Dan 9,27), die „Drangsal Jakobs" (Jer 30,7; Dan 12,1). Er bestätigt, der „Tag JHWH's ist bitter" (Zeph 1,14–18; Offb 6,17) und beschreibt damit sehr deutlich alte Prophetie als noch zukünftig. Nein, nichts von den Verheißungen ihres Gottes für sie ist hinfällig geworden. Gott ist und bleibt treu. Genau in diesem gedanklichen Zusammenhang schrieb Paulus schon an die Gemeinde in Rom: „Was denn? Wenn einige untreu waren, wird etwa ihre Untreue die Treue Gottes aufheben?" (Röm 3,3).

Das Königreich Gottes für Israel wird dann von dem auf den Ölberg wiederkommenden Jesus Messias (Apg 1,11.12; Sach 14,4) aufgerichtet werden (Offb 19,11 ff). Israel wird der Geist der Buße geschenkt werden (Sach 12,9–14; Hes 36,24–27 u. 32!!). Das, was Petrus in seiner zweiten Rede in der Salomonshalle beschrieben hat (Apg 3,19–21), was auf dem Apostelkonzil festgestellt wurde (Apg 15,16) und schon bei Hesekiel verheißen war (Hes 37,24–28), wird Wirklichkeit werden (Offb 20,1–6).

In der durch Johannes übermittelten Offenbarung Jesu Christi erfahren wir (Offb 20,2.4.6.7), dass diese „Sabbatruhe" für Israel (Hebr 4,9) 1.000 Jahre dauern soll. Wie oft wurden Glaubende, die diesen göttlichen Verheißungen Vertrauen schenkten, verfolgt und gefoltert. In dem wohl von Melanchton formulierten Augsburger Bekenntnis wurden die „Chiliasten" von den Reformatoren verdammt. Damals waren damit die Bewegung und die Männer gemeint, die das 1.000-jährige Reich gewaltsam politisch aufrichten wollten. Aber bald wurde der akute Anlass vergessen und dieses Verdammungsurteil generalisiert. Auch heute wird man in vielen Gemeinden aussortiert oder zumindest milde belächelt, wenn man dieses „Königreich der Himmel", dieses Reich Gottes für Israel als reale Gegebenheit der Zukunft sieht.

3.4.3 Die Zeichen der Zeit erkennen

Durch die Nachschrift eines achttägigen Bibelkursus, der im Januar 1904 im Evangelischen Allianzhaus in Blankenburg/Thüringen von Prof. E.F. Ströter gehalten wurde, zieht sich wie ein roter Faden die Aussage: Irgend wann muss es dieses Volk Israel dort im osmanischen Palästina

3.4 Gottes Königreich für Israel im Wartestand

wieder geben, denn alle Verheißungen Gottes über sein für sich auserwähltes Volk hängen auch an dem für sie mit Beschlag belegten Land. Hier wird nicht spekuliert, sondern anhand von Gottes Verheißungen ein schlüssiger Beweis geführt. 1909 erschien bereits die zweite Auflage dieses schmalen Bändchens „Das Königreich Jesu Christi – Ein Gang durch die alttestamentlichen Verheißungen". Ich bewundere immer wieder die Brüder, die vor 100 Jahren, als von Israel als Volk im eigenen Land noch nichts zu bemerken war, fest auf die Verheißungen Gottes vertrauten und das auch öffentlich verkündeten.

Der gleiche Verfasser schreibt 1916, also mitten im ersten Weltkrieg in seiner Auslegung zu Mt 24 (S. 8): „So hängt für die Gemeine, den Leib Christi, gar nichts davon ab, wer etwa aus dem heißesten Völkerringen als Sieger oder als Geschlagener hervorgeht. Wohl aber hängt für Israels ferneres Geschick ungemein viel davon ab, ob Rußland siegt oder nicht; ob Palästina den Besitzer wechselt oder nicht."

Zu dieser Zeit war Palästina Teil des osmanischen Reiches; die türkische Herrschaft ging nach dem Krieg (1921) an England als Mandatsmacht über. Diese teilte in eigener Machtentscheidung das Gebiet auf. Östlich des Jordan (etwa 4/5! des Landes) entstand das Haschemitische Königreich Jordanien. Nur der kleine westliche Rest war und ist nun im Sprachgebrauch und Verständnis Palästina.

Wir heute leben in der Zeit, in der Gottes prophetisches Wort sich Schritt für Schritt verwirklicht. Kirchenleitungen und Hochschultheologen diskutieren über die abwegigsten Themen bis hin zu der Frage, ob Christus denn nun wirklich auferstanden sei.

Gerade in diesen Tagen, da ich diesen Text noch einmal überarbeite, wird wieder einmal von einigen weltweit das Wort führenden „christlichen" Theologen und Würdenträgern erklärt, Moslems, Buddhisten, Hindus, Juden und Christen würden doch alle denselben Gott verehren und anbeten. Und das tun sie dann auch gemeinsam in seltsamster Zusammensetzung.

Leben diese Menschen in einer anderen Welt? Haben diese Menschen wohl eine andere Bibel? Oder hat ihnen „der Gott dieses Zeitlaufs die Gedanken verblendet, damit sie den Lichtglanz des Evangeliums von der Herrlichkeit des Christus, der Gottes Bild ist, nicht sehen" (2Kor 4,4)?

Prophetisches Wort in der Verkündigung der Gemeinden landauf, landab kann man suchen wie eine Stecknadel im Heu (1Sam 3,1!). Wie sollen aber die Glaubenden die Zeichen der Zeit deuten können (Mt 16,3), wenn ihnen entsprechende Belehrung fehlt (2Tim 3,1–7; vergl. Elb 1Chr 12,33, Anmerk. 37!)? Wo sind heute in der Gemeinde die Bevollmächtigten Gottes, die dem Fragenden noch wegweisende Antwort geben können? Würde es dem Herrn heute genau so gehen, wie es z.B. Mt 9,36 berichtet: „Als er aber die Volksmenge sah, wurde er innerlich bewegt über sie, weil sie erschöpft und verschmachtet waren wie Schafe, die keinen Hirten haben."

Die Gemeinde Jesu Christi sollte sich zurüsten und sich zubereiten lassen auf das Hinweggerückt-Werden, hin zu ihrem Herrn! 2Kor 5,1–8 und 1Thes 4,15–17 dürfen wieder Naherwartung sein. „Ihr aber, Brüder, seid nicht in Finsternis, daß euch der Tag wie ein Dieb ergreife; denn ihr alle seid Söhne des Lichtes und Söhne des Tages; wir gehören nicht der Nacht noch der Finsternis ..." (1Thes 5,4–6).

Israel ist als Volk wieder im verheißenen Land. Aus entferntesten Erdgegenden sind längst vergessene Teile des Gottes-Volkes ins Land der Väter zurückgekehrt. Die Verantwortlichen in diesem Staat vertrauen aber immer noch auf ihre eigene Tüchtigkeit, Diplomatie und Wehrbereitschaft. Buße vor und zu Gott hat bis heute nur einen kleinen Teil der Bevölkerung ergriffen.

Aus der danielschen Prophetie zu Israels Zukunft steht die 70. Jahr-Woche (Dan 9,26.27) noch aus; die Drangsal Jakobs (Jer 30,7; Dan 12,1). Diese Not Israels wird die eigene Kraft schwinden lassen. „... wenn die Zerschlagung der Kraft des heiligen Volkes abgeschlossen sein wird, wird alles dies vollendet werden" (Dan 12,7). Diese Zeit entspricht der großen Drangsal aus der Rede des Herrn in Mt 24,21, sowie „dem großen Tag des Zorns" bei Johannes in Offb 6,17. Diese menschlich völlig aussichtslose Lage, ihr endgültiges Ausgelöscht-Werden vor Augen, das wird endlich eine das ganze Volk einschließende Buße auslösen, und den Ruf nach ihrem Messias, dem Sohn Gottes, zu einem Verzweiflungsschrei anschwellen lassen. Jakobs Schrei am Jabbok zu seinem Gott, als der Kampf mit dem fremden „elohim" schon verloren schien, ist für mich ein Vor-Bild auf diese Situation (Abschnitt 2.2.5).

Die Wehen zur Neu-Geburt des Volkes Israel setzen langsam ein (Mt 24,8). Jerusalem wird mehr und mehr zum Laststein der Völker (Sach 12,3). Das Israel verheißene (König-)Reich der Himmel ist wieder nahe herbeigekommen! Weiter unten im Abschnitt 4.6 „Gottes Berufung für Israel ist unbereubar" versuche ich, die für Israel noch ausstehenden Verheißungen ein Stück weit zu deuten. Dort geht es dann nicht um das heute geübte Verwirrspiel um das „Königreich Gottes" sondern um die Aufrichtung dieses Reiches. Biblische Prophetie wird von mir als von Gott vorausgesagte Realität betrachtet. Israel geht der Verwirklichung dieser Verheißungen in großen Schritten entgegen.

4. Perioden in Gottes Plan mit seiner Schöpfung

Dieser letzte Hauptabschnitt soll aufzeigen, dass die in der gesamten Bibel in unterschiedlichsten Zusammenhängen von Gott gegebenen Verheißungen eine sich wunderbar zusammenfügende Einheit bilden. Sie werden ergänzt durch Weissagungen von ihm beauftragter Menschen (2Petr 1,20.21) und durch die schon Geschichte gewordenen Berichte über das Handeln Gottes an und durch Menschen. Für den in der Bibel nach Gottes Willen Forschenden (Eph 1,9.12) ergibt sich die Frage: Ist es möglich und zulässig, hieraus – wenn auch nur annäherungsweise – einen offenbarten Plan Gottes mit seiner Schöpfung abzuleiten und darin zu unterscheidende Perioden festzumachen?

Wer überzeugt ist, dass die Aussagen der Bibel von Gott inspiriert sind („theopneustos", das ist „Gott gehaucht" gemäß 2Tim 3,16) und dass somit deren Inhalt zuverlässig ist, müsste einem Versuch, solch eine Linie herauszuarbeiten, zustimmen können. Hierbei ist zu beachten, dass die aus einem größeren Zusammenhang herausgenommenen einzelnen Elemente nur ihrem sich aus dem Kontext ergebenden Bedeutungsinhalt entsprechend eingesetzt werden dürfen. Abzuwägen wäre gegebenenfalls auch, ob solch ein Zusammenfügen, ob das Ineinanderhängen einzelner Aussagen und ihre Anordnung zueinander auf einer Zeitachse zulässig ist.

Ein so gewonnener Einblick in Gottes Pläne und damit in sein Wollen könnte verstärkt einsichtig machen, dass Gottes Wege mit den Menschen und seiner gesamten Schöpfung zielgerichtet auf sein Endziel für „die Fülle der Zeiten" (Eph 1,9.10) angelegt sind. Außerdem hätte diese Zusammenschau den nicht gering zu schätzenden Vorteil, Ordnungen und Verheißungen, Gebote und Verbote, Segen und Fluch bestimmten Adressaten und Zeiten eindeutiger zuordnen zu können. Das könnte beim Auslegen einzelner Bibeltexte vor nicht angemessenen Deutungen bewahren.

4.1 Gott enthüllt sein Planen und Handeln

4.1.1 Gott entfaltet seine Pläne schrittweise

Die Zeitspanne, über die die Bibel vordringlich berichtet, ist die Zeit des Menschen in dieser sichtbaren, dreidimensionalen Welt mit einem nicht umkehrbaren Zeitablauf. Sie reicht von der Zubereitung der Erde als Wohnstätte und angemessenes Umfeld für den Menschen (1Mo 1,3–2,4) bis zu ihrem zukünftigen Untergang in himmlischem Feuer (2Petr 3,7; Offb 20,9) und der Neuschöpfung durch Gott (Offb 21,1.5).

Die Bibel berichtet vom Menschen. Zuerst davon, dass er von Gott in seiner, Gottes Ebenbildlichkeit als Geschöpf besonderer Art geschaffen wurde. Und sie redet von des Menschen Auftrag und seinem Handeln hier in dieser sichtbaren, diesseitigen Schöpfung, auf dieser für ihn zubereiteten Erde.

Sie breitet in fortschreitender Entfaltung Gottes Pläne und Ziele aus und erklärt die damit in Zusammenhang stehenden Verheißungen und Ordnungen. Sie betreffen einzelne Menschen, unterschiedlichste Gruppen von Menschen oder ganze Völker bis hin zu den Endzielen mit seiner gesamten Schöpfung.

Gottes Sich-Offenbaren und sein Verbergen gegenüber den Menschen ist Thema der Berichte; und dann die Wechselwirkung, die sich aus dem Agieren und Reagieren des Menschen ergibt. Inwieweit ist er gewillt, auf diese göttlichen Ordnungen und Gebote einzugehen oder sich zu verweigern?

Der Gipfelpunkt dieser Hinwendung Gottes zu den Menschen und damit auch der Drehpunkt der gesamten Menschheitsgeschichte ist dann, dass Gottes Sohn „in Gleichgestalt des Sündenfleisches" (Röm 8,3) sich in seine sichtbare Schöpfung einordnet, um mit seinem Opfer das Erreichen aller Zielvorstellungen seines Vaters zu bestätigen. 2Kor 1,20: „Denn so viele der Verheißungen Gottes es gibt, in ihm ist das Ja, deshalb auch durch ihn das Amen [d.h. wahrlich, wirklich], Gott zur Ehre durch uns." Siehe auch Hebr 10,5–7.

Zuweilen lässt uns Gottes Wort auch einen Blick weiter zurück tun; am weitesten zurück wohl in Psalm 2,7: „Mein Sohn bist du, ich habe dich heute gezeugt". Wobei mit diesem „heute" nach meinem Verständnis nicht, wie in unserer Begriffswelt, der Schnittpunkt zwischen Vergangenheit und Zukunft, zwischen gestern und morgen gemeint ist. Dieses „heute" bezeichnet wohl einen, für uns nicht vorstellbaren Zeit-Zustand der Gottes-Ruhe jenseits aller unserer Zeit-Definitionen und -Begriffe. Vor dem „im Anfang" (Joh 1,1), ehe also die Zeit in unseren Kosmos als Ablauf, als Abfolge von gestern – heute – morgen in Gang kam. In Apg 13,33 und Hebr 1,5 wird dieser Vers in Ps 2,7 eindeutig auf Jesus, den Gottessohn in seiner Präexistenz ausgedeutet. Der Herr selbst spricht diese, vor unserem Vorstellungsvermögen liegende Zeit in seinem in Joh 17 überlieferten Gebet in Vers 5 an: „Und nun verherrliche du, Vater, mich bei dir selbst mit der Herrlichkeit, die ich bei dir hatte, ehe der Kosmos war.".

Das griechische „kosmos" wird in den Bibeln überwiegend mit Welt übersetzt. Für viele Leser verbindet sich mit diesem Wort unsere Erde. Dieses Verständnis ist aber zu kurz gedacht, denn „kosmos" bedeutet mehr: Das gesamte Weltall oder, wie wir meist sagen, das Universum, die gesamte sichtbare Schöpfung. Weil Griechisch die Sprache des Neuen Testaments ist, benutze ich meist das von dort her stammende Fremdwort Kosmos.

Dann gibt es auch einige Aussagen, die über diesen Zeitrahmen unserer derzeitigen Welt, dieses irdischen Kosmos und auch des neuen Himmel und der neuen Erde (Offb 21,1) hinausweisen. Am weitesten in die Zukunft und damit auf den Zielpunkt aller Wege Gottes mit dieser sichtbaren und der unsichtbaren Schöpfung weist 1Kor 15,28: „Wenn ihm [dem Gottessohn] aber alles unterworfen ist, dann wird auch der Sohn selbst dem unterworfen sein, der ihm alles unterworfen hat, damit Gott alles in allem sei." In den Versen 27 und 28 kommt sechsmal das griechische „panta", alles oder All vor; als wenn mit dieser Häufung betont werden soll, dass wirklich nichts ausgenommen ist. Die göttliche Verheißung: „Siehe, ich mache alles neu!" (Offb 21,5) ist vollständig zum Abschluss gekommen.

In diesen Bereichen und bei diesen Aussagen ist die Bibel sehr zurückhaltend. Es ist im Grundsatz nicht ihr Thema. Dessen sollte sich jeder bewusst bleiben, der auf dieser schmalen Basis geschlossene, in sich anscheinend völlig stimmige Systeme aufbauen möchte. Insbesondere sollte man aufhören, jeden als Irrlehrer zu verdammen, der in diesen Punkten aus den biblischen Texten zu anderen Schlussfolgerungen kommt. Jeder Ausleger sollte seine Sicht dieser

Themen von der Bibel her umfassend und ohne Zutun oder Weglassen begründen können. Ich bemühe mich bei allen in diesen Darlegungen angesprochenen Themen darum, mit meiner Sicht genau so zu verfahren. Wenn jemand das kann, sollte – wie Paulus das in 1Kor 4,1–5 formuliert – Gott unser Beurteiler sein. Wir werden noch einmal über unser bruchstückhaftes Verstehen und das Sich-Verkämpfen für biblisch nicht stichhaltig zu begründende Theorien beschämt sein.

Ab und zu zieht Gott in seinem Wort auch den Vorhang vor der jenseitigen Welt ein wenig zur Seite. Hier sollten wir noch zurückhaltender in unserem Ausdeuten und dem Ziehen von Schlussfolgerungen sein. Wie viele seltsamste Theorien werden da zuweilen auf einen völlig isolierten Vers oder eine einmalige Aussage aufgebaut und dann tapfer verteidigt. Wir erhalten in solchen Texten Einblick in Wirklichkeiten, die sich unserem menschlichen Denken und Verstehen eigentlich entziehen. Wie barmherzig versucht Gott an solchen Punkten, uns göttliche Geheimnisse aus seiner Herrlichkeits-Welt in unseren Verständnishorizont hinein und mit unserer Begriffswelt zu erklären.

Immer dann, wenn Gott uns in seinem Offenbarungs-Wort einen Blick in seine Gedanken, in das Innerste seines „Herzens" gestattet, ist reine Neugier fehl am Platz. Dann ist vertrauter, inniger Umgang mit Gott, dem Vater, und Jesus Christus, unserem Herrn und Haupt, Voraussetzung: „Denn ein Greuel für JHWH ist, wer sich auf Abwege begibt; doch mit dem Aufrichtigen hält er seinen vertrauten Umgang." (Spr 3,32). „JHWH's vertraute Besprechungen [das Geheimnis JHWH's] für die, die ihn fürchten ..." (Ps 25,14). Da ist Gehorsam und unbegrenztes Vertrauen gefragt: „Gott kann, und was er zusagt, hält er ein!" (Jes 14,24–27; 46,10.11; Eph 1,11). In diesem Zusammenhang ist das sehr lehrreich, was Paulus im 2. Kapitel des ersten Korinther-Briefes schreibt und mit der Aussage abschließt: „Wir aber haben Christi Sinn!" (v 16).

In der Geschichte Gottes mit seiner Schöpfung und insbesondere mit den Menschen gibt es Einschnitte, von denen ab sich das Verhältnis Gottes zu ihnen in ihrer Gesamtheit oder zu bestimmten Gruppen wesentlich verändert hat. Lassen Sie uns nun einige große Schritte durch die in der Bibel von Gottes Sicht her beschriebenen Zeiten der Menschheit tun, um von da aus dann unsere heutige Zeit an den ihr zukommenden Platz einzuordnen und für uns wesentliche Folgerungen ziehen zu können.

4.1.2 Gottes Handeln in der Urzeit im biblischen Zeitraffer

An den zeitlich äußersten Grenzpunkten des uns berichteten Handelns Gottes wird in den biblischen Berichten in ganz gedrängten Aussagen über für uns unvorstellbare Zeiträume und Inhalte Zeugnis gegeben. Je weiter diese Berichte, Verheißungen und Offenbarungen Gottes dann in die Menschheitsgeschichte übergehen, desto breiter und ausführlicher werden sie.

In 1Mose 1,1 wird uns ganz knapp zu wissen gegeben: „Im Anfang schuf Gott die Himmel und die Erde." „Im Anfang" meint doch wohl den Zeitpunkt, als Zeitablauf überhaupt erst seinen Anfang nahm. Im Anfang, so schreibt Johannes am Beginn seines Evangeliums, war schon der „logos", das Wort, bei Gott. Ehe Schaffen Gottes begann, ehe Schöpfung wurde, zeugte Gott seinen Sohn, trat Gott sozusagen aus sich selbst heraus (Ps 2,7).

Dann schafft dort im Anfang der Sohn im Auftrag Gottes, seines Vaters, „die Himmel und die Erde" (Joh 1,3.10; Kol 1,16). 1Kor 8,6: „... so ist doch für uns ein Gott, der Vater, von dem alle Dinge sind ... und ein Herr, Jesus Christus, durch den alle Dinge sind ...". In diesem einen Vers am Anfang unserer Bibel liegt einiges verborgen, was nicht weiter ausgeführt wird. Aber die Erde als Mittelpunkt alles Heilshandelns Gottes wird sofort angesprochen. Hier wird einmal der Sohn, der für seinen Vater die gesamte Schöpfung hervorrief, sich in die Bedingungen dieser seiner Schöpfung einordnen.

Hierzu ein weiteres Zitat aus dem bereits in 2.2.4.2 erwähnten Buch von Christiane Dithmar (S. 236): „In seinen *Sieben letzten Reden*, die Zinzendorf vor seiner Abreise 1741 nach Amerika gehalten hat, hat er die radikale Identifizierung Gottes mit Christus erstmals in zwei Formeln ausgedrückt, die von da an im Werk des Grafen öfters zu finden sind: *Der Heiland ist der Schöpfer* und Christus ist der *Jehova* des alten Testaments (kursiv im Original) ... Dagegen setzte er die Betonung der völligen Identität von Schöpfer und Heiland und vertrat diesen Grundsatz mit absoluter Ausschließlichkeit. Der Gott des alten Testaments ist Christus selbst, die Erschaffung der Erde, ja, die Gestaltung des Universums ist allein das Werk Jesu Christi. Der Gott des Alten Testaments ist für Zinzendorf also nicht der Vater Jesu Christi und auch nicht der dreieinige Gott, sondern Jesus Christus selbst, der Heiland der Welt." (Fußnote 857/858: „Vgl. Zinzendorf, Sieben letzte Reden, S. 40 u. 4").

In diesem Anfang wurde nicht vordringlich unsere sichtbare und messbare, diesseitige und endliche Welt und Wirklichkeit geschaffen, der uns umgebende Luft- und Sternenhimmel und unsere materielle Erde. Hier im ersten Satz der Bibel ist die gesamte Schöpfung angesprochen und damit insbesondere der unserem wissenschaftlich analytischen Forschen entzogene, unsichtbare, deshalb aber nicht weniger reale Teil der Schöpfung Gottes. Beide Bereiche, Diesseits und Jenseits, sind dann eingebettet in die für unser Verständnis unausdenkbare, ewige Wirklichkeit Gottes. In diesem Gesamtbereich des Wirklichkeits-Gebäudes Gottes kennen und bewohnen wir Menschen nur einen ganz beschränkten Teilbezirk.

Die gesamte Zeitperiode des Ins-Dasein-Rufens der jenseitigen Schöpfung und der Engelwelten ist dort in diesen ersten Vers unserer Bibel mit einbeschlossen. Über dieses Urgeschehen wird sonst kaum etwas berichtet. Hebr 11,3 wird gesagt, dass nur die Glaubenden das recht verstehen können. „Durch Glauben verstehen wir, daß die Welten durch Gottes Wort bereitet worden sind, sodaß das Sichtbare nicht aus Erscheinendem geworden ist."

Welten oder Zeitalter, hier kommt die Doppelbedeutung des griechischen „aion" wunderbar zum Tragen, wurden durch das Sprechen Gottes aus dem mit den Sinnen nicht Wahrnehmbaren ins Sichtbare überführt. Luth übersetzt hier unkorrekt: „... so daß alles, was man sieht, aus nichts geworden ist." Luther selbst hatte noch übersetzt: „... das die welt bereyttet ist durch Gottis wort / das sichtbare ding worden sind / dadurch die unsichtbarn erkennet wurden." (Luth. orig).

Gott bereitet die Welt nicht aus dem absoluten Nichts sondern aus seiner für die Geschöpfe unsichtbaren Wirklichkeit. „Gott ist Licht und gar keine Finsternis ist in ihm" schreibt Johannes (1Joh 1,5; Ps 139,11.12). Aus diesem Urgrund Gottes stammt Schöpfung. Deshalb gab es in dieser Urschöpfung auch keine Finsternis. Aus Gott kann sich keine Finsternis herausentwickeln. Vielleicht gehört Gottes Frage an Hiob hierhin: „Wo warst du, ... als die Morgensterne

4.1 Gott enthüllt sein Planen und Handeln

miteinander jubelten und alle Söhne Gottes jauchzten?" (Hi 38,4.7). Dort am Anfang war wohl eine herrliche Schöpfung voller Gottes-Licht, wie es am Ziel aller Gottes-Wege wieder sein wird: Offb 22,5 „... der Herr, Gott, wird über ihnen leuchten".

Dieser erste Vers der Bibel enthält bei etwas intensiverem Nachsinnen eine kaum auszuschöpfende Botschaft. Nicht weniger gehaltvoll dann der nachfolgende: „Und die Erde war/ wurde wüst und leer (tohu wa bohu) und Finsternis war/wurde über der Tiefe / Flut und der Geist Gottes schwebte über den Wassern." Erst nach diesem „wüst und leer"-Werden, von dem hier im zweiten Vers berichtet wird, breiten sich Finsternis und Wasserflut über der von Gott geschaffenen Erde aus.

Die übliche Übersetzung, „die Erde war wüst und leer", und die daran anknüpfende Auslegung sind so fest eingeprägt im Verständnis der Bibelleser, dass es außerordentlich schwer fällt, eine andere, vom Urtext her durchaus mögliche Aussage des Textes zu erörtern. Dabei ist unbezweifelbar, dass von der hebräischen Grammatik her beide Übersetzungen, nämlich „war" und „wurde" zulässig sind. Es ist zu entscheiden, was der Gesamtaussage wohl gerechter wird.

Hat Gott eine Erde geschaffen, die „tohu wa bohu" und von Wasserfluten und Finsternis überlagert war; die er dann irgendwann später erst einmal ordnen musste, damit seine Geschichte mit den Menschen beginnen konnte? So ist zumindest das übliche Verständnis zu diesem Vers, auch wenn man es nicht so klar formuliert. Das ist nicht sehr einleuchtend und stände in Widerspruch zu meinen vorausgegangenen Überlegungen. Aber Gott hätte natürlich so beginnen können. Wer hätte ihm Vorschriften machen wollen?

Wenn man aus alter Tradition, oder weil fast alle Übersetzungen so lauten, an „war" festhalten will, sollte man diesen zweiten Vers nicht als ergänzende, deutende Aussage zu Vers eins verstehen. Dann gehört zwischen beide Verse eine (längere!) gedankliche Pause. Vers zwei gehört dann zum Sechs-Tage-Werk Gottes. Er beschreibt, von welcher Basis Gott bei seinem weiteren Schaffen ausging, ohne etwas darüber zu sagen, wie und wann es zu diesem „tohu wa bohu" gekommen ist.

Übersetzt man „wurde", dann bezieht sich diese Aussage in Vers zwei eindeutig auf den vorhergehenden Vers. Diese von Gott geschaffene Erde wurde durch ein hier nicht weiter definiertes Ereignis in diesen desolaten „tohu wa bohu"-Zustand versetzt. Man mag sich jetzt für die eine oder andere Übersetzung entscheiden. Für beide Auslegungen gilt aber gemeinsam, dass diese Erde ursprünglich nicht „wüst und leer" aus Gottes Wirken hervorgegangen sein kann. Das lässt sich nicht mit Gottes Wesen in Einklang bringen. Für alle weitergehenden Berichte in 1Mo 1/2 wird als Basis festgehalten, dass die Erde, von der nun weiter Näheres zu berichten ist, wüst und leer ist.

Beide Übersetzungsmöglichkeiten kann man wohl folgendermaßen zusammenführen: Für den Schöpfungsprozess von „im Anfang" bis zu dem Ereignis, durch das sich Finsternis über der die Erde bedeckenden Wasserflut ausbreitete, gilt, die Erde wurde wüst und leer. Für alle weiteren Ereignisse und daraus folgenden Berichte war sie jetzt wüst und leer.

Hierzu eine bedenkenswerte Randbemerkung: Die Wortkombination von „tohu" mit „bohu" kommt nur noch zwei Mal im hebräischen Text des Tenach vor, in Jes 34,11 und Jer 4,23. In

Jes 45,18 steht „tohu" separat. Beide Male ist im Kontext von „verwüstet werden" des Landes die Rede; in Edom und in Israel. Sollte bei drei Vorkommen ausgerechnet in 1Mo 1,2 etwas anderes gemeint sein? Das scheint zumindest unwahrscheinlich.

In diesen Zusammenhang gehört wohl das, was Petrus in 2Petr 3,5.6 ausführt: „Denn denen, die dies behaupten, ist verborgen, daß von alters her Himmel waren und eine Erde, die aus Wasser und durch Wasser Bestand hatte durch das Wort Gottes, durch welche [bezieht sich auf die Wasser in v 5] die damalige Welt (kosmos), vom Wasser überschwemmt, unterging." Elberfeld verweist hier direkt auf 1Mo 1,2! Die meisten Ausleger beziehen diesen Text auf die Flut zu Noahs Zeit. Damals ging aber nicht der ganze Kosmos unter. Noah und die Tiere wurden durch die Flut hindurch gerettet; der Erdboden brachte nach Verlaufen der Flut seine Gewächse wieder hervor. Aber wer 1Mo 1,2 nicht so sieht, wie hier vorgetragen, hat wohl keine andere Auslegungsmöglichkeit.

Wenn man die hier vorgetragene Sicht akzeptiert, dann muss damals eine gewaltige Katastrophe stattgefunden haben. Hat das etwas zu tun mit der Auflehnung des Lichtengels Lucifer gegen den Sohn und sein Wirken, also mit dem Sturz Satans? Gibt es von hier eine Verbindung zu den Berichten im Neuen Testament über Ereignisse vor und seit dem „katabole kosmou", dem Umsturz oder Niederwurf des Kosmos?

Elberfeld übersetzt diese Wortkombination durchgehend mit „Grundlegung der Welt". In Mt 13,35; 25,34; Lk 11,50; Hebr 4,3; 9,26; Offb 13,8; 17,8 mit der Präposition „apo" übersetzt sie „von Grundlegung der Welt an"; in Joh 17,24; Eph 1,4; 1Petr 1,20 mit „pro" als „vor Grundlegung der Welt". Das Substantiv „katabole" kommt ein Mal in Hebr 11,11 vor; dort aber ohne den Zusatz Kosmos und mit der Präposition „eis". Das entsprechende Verb „kataballo" hat drei Vorkommen: 2Kor 4,9; Hebr 6,1; Offb 12,10. Elberfeld übersetzt mit niederwerfen, legen und hinabwerfen.

Luth übersetzt „katabole kosmou" unterschiedlich: „Anfang der Welt", „Anbeginn der Welt", „Grund der Welt" und „Erschaffung der Welt". Für „kataballo" sind hier eingesetzt: unterdrücken, legen und verwerfen.

Das griechische NT hat für Grund, Grundlage oder Grundfeste ein anderes Wort: „themelios", das aber nie im Zusammenhang mit Welt oder Erde verwendet wird. Das entsprechende Verb „themelioo", gründen oder Grund legen erscheint in Verbindung mit Erde nur in Hebr 1,10 und bezieht sich dort eindeutig auf 1Mo 1,1.

Diese ausführliche Darlegung soll es dem Interessierten wieder einmal ermöglichen, sich ein angemessenes Bild machen zu können: Ist „katabole kosmou" mit „Grundlegung der Welt" den Sinn korrekt wiedergebend übersetzt? Handelt es sich hierbei nicht doch richtiger um ein Niederwerfen oder Umstürzen, um ein ins Chaos, eben in „tohu wa bohu"-Stürzen dieser herrlichen Urgestalt der Erde? Sowohl im klassischen Griechisch als auch im „koine", der griechischen „Umgangssprache" der damaligen Zeit, wäre „Hinab-Wurf" oder „Umsturz" durchaus richtig übersetzt.

Für mich spricht dieser Vers 1Mo 1,2 eindeutig von einer Katastrophe in der vom Gottessohn im Auftrag des Vaters geschaffenen Urschöpfung. Die oben angeführten drei Bibelstellen, die von Ereignissen vor diesem „katabole kosmou", also von einer Zeit vor dem „tohu wa bohu" berichten, verdienen, sorgfältig bedacht zu werden.

Dieses Verständnis einer vor der Menschheitsgeschichte gefallenen Urschöpfung stößt in bibelorientierten Kreisen und Seminaren fast einhellig auf Ablehnung. Für mich war deshalb eine Aussage von Ethelbert Stauffer interessant, der als Theologie-Professor an der Universität Bonn wohl kaum unter dem Verdacht des Sektierertums steht: „Alte Traditionen vom Aufruhr und Sturz eines Himmelswesens sind schon in Jes 14 verarbeitet. ... Diese Überlieferungen über eine vormenschliche Katastrophe im Willensleben der Schöpfung werden in der Urkirche, zumal bei Paulus, als bekannt und gültig vorausgesetzt." (Theologie des NT; §13. Der Widersacher; S. 47).

Diesen von Stauffer angezogenen Text aus Jes 14,12–15 kann man ergänzen um den in Hes 28,12–18 beschriebenen Sturz des „glänzenden, schirmenden Cherub ... auf Gottes heiligem Berg" (v 14). In beiden Texten wird das Gericht an irdischen, sich selbst maßlos überhebenden Herrschern und dessen Veranlassung so überspitzt und mit jeden menschlichen Rahmen sprengenden Aussagen beschrieben, dass Ausleger seit alten Zeiten diese Texte als prophetische Aussage über Satans Sturz deuteten. Jesu Erwiderung auf die freudige Botschaft seiner Jünger, dass auch Dämonen in seinem Namen ihre Macht verloren, gehört wohl auch in diesen Zusammenhang: „Ich schaute den Satan wie einen Blitz vom Himmel fallen." (Lk 10,18).

Zwei Verse umspannen einen für uns nicht vorstellbaren Zeitraum; umspannen Äonen oder Zeitalter. Wenn man diese hier angesprochenen Ereignisse mit in diesen kurzen Text einbezieht, wird ganz deutlich, wie in den am weitesten zurückliegenden Grenzpunkten im „Zeitraffer" berichtet wird. In diesen ersten Versen der Bibel sind gewaltige Ereignisse sehr gedrängt, in groben Strichen gezeichnet nebeneinander gestellt. Sie geben keine detaillierten Auskünfte für eine inhaltlich vollständige Füllung. Dazu müssen biblische Aussagen aus anderen Zusammenhängen ergänzt werden.

Der nächste Bericht von der Wiederherstellung, der Restitution der Erde für Gottes Absichten ist dann schon ausführlicher. Von 1Mo 1,3 bis 2,3 (4?) wird das sogenannte Sechs-Tage-Werk Gottes beschrieben. Vom ersten bis zum vierten Tag wird über die Scheidung und Ordnung von Erde und Kosmos/Universum berichtet; am fünften und sechsten Tag wird die wiederhergestellte Erde belebt mit dem abschließenden Schöpfungsakt: dem Menschen.

Vom siebenten Tag heißt es: „Und Gott vollendete am siebenten Tag sein Werk, das er gemacht hatte; und er ruhte am siebenten Tag von all seinem Werk, das er gemacht hatte. Und Gott segnete den siebenten Tag und heiligte ihn; denn an ihm ruhte er von all seinem Werk, das Gott geschaffen hatte, indem er es machte." (1Mo 2,2.3).

Dann beginnt die eigentliche Geschichte des Menschen; hier die Geschichte des ersten Menschen Adam und seiner Gehilfin Eva im Garten Eden. Sie nimmt schon zwei ganze Kapitel ein. So werden jetzt die einzelnen Perioden immer länger in ihrer Darstellung. Wie lang zeitlich dieser Abschnitt in Eden war, wissen wir nicht. Erst danach beginnen Zeitangaben über die Lebensdauer von Menschen oder die zeitliche Länge bestimmter Ereignisse und Perioden.

4.1.3 Gottes Pläne für die Endzeit in knappen Umrissen

Ebenso wie bei dem am weitesten zurückliegenden Grenzpunkt der Geschichte Gottes mit seiner Schöpfung und den direkt folgenden Berichten ist es mit den Zukunftsaussagen bis hin zum äußersten zukünftigen Grenzpunkt, den Gott uns zeigt. Der Umfang des Berichteten wird immer kürzer und die Zeiträume immer mehr unserer Vorstellungskraft entzogen.

Offenbarung 21 beginnt mit: „Und ich sah einen neuen Himmel und eine neue Erde; denn der erste Himmel und die erste Erde waren vergangen ..." Die jetzige diesseitige Schöpfung ist in Feuer untergegangen. Petrus hat von diesem Ereignis bereits prophetisch gesprochen (2Petr 3,7.10). Am Schnittpunkt steht das Menschheitsgericht am großen weißen Thron (Offb 20,11–15).

Es folgt eine ganz knappe Beschreibung der heiligen Stadt, des neuen Jerusalem und ihrer Bewohner. Es wird von Nationen und von Königen der Erde (Hebr 2,5 „die zukünftige Oikumene") berichtet, die im Licht der Herrlichkeit Gottes wandeln (Offb. 21,24). In die Stadt hinein werden aber nur die kommen, die im Buch des Lebens des Lammes geschrieben sind (v 27). Ob es irgend einen Unterschied zwischen den Bewohnern der neuen heiligen Stadt Jerusalem und den erwähnten Nationen gibt und worin der gegebenenfalls besteht, wird uns nicht erklärt.

Der Baum des Lebens, von dem Adam nach seinem Fall getrennt wurde, wächst hier an dem Strom von Wasser des Lebens (Offb. 22,1.2). Offensichtlich gibt es noch irgendwelche Heilungsaktionen. „... die Blätter des Baumes zur Heilung der Nationen" (v 2). Was das bedeutet, wird nicht erläutert. Genau so fehlen jegliche Zeitangaben.

Dann verbleibt nur noch der absolute Grenzpunkt aller biblischen Aussagen über die Gesamt-Schöpfung, von der es in 1Mo 1.1 geheißen hatte: „Im Anfang schuf Gott die Himmel und die Erde." Hier an diesem entgegengesetzten Grenzpunkt ist wieder in einen einzelnen Vers ein gewaltiges Spektrum zusammengefasst: „Wenn ihm aber alles unterworfen ist, dann wird auch der Sohn selbst dem unterworfen sein, der ihm alles unterworfen hat, damit Gott alles in allem sei." (1Kor 15,28). Eph 1,9.10 ergänzt diese Stelle im Korinther-Brief: „Er hat uns ja das Geheimnis seines Willens kundgetan nach seinem Wohlgefallen, das er sich vorgenommen hat in sich selbst für die Verwaltung der Erfüllung der Zeiten: alles zusammenzufassen in dem Christus, das, was in den Himmeln, und das, was auf der Erde ist – in ihm."

Diese Aussage bezieht sich auf eine Verwaltung oder Haushaltung, wenn es keinen weiteren Kairos mehr gibt. Es ist ein Zustand der Vollständigkeit erreicht. Für diesen Zeitpunkt hat sich Gott etwas vorgenommen, was seinem Willen entspricht: Er will alles in dem Christus, im Gottessohn zusammenfassen. Dieser Wille Gottes war offensichtlich ein Geheimnis, bis er ihn durch Paulus kundtun ließ. Es ist eine Aussage, die sich auf diesen Grenzpunkt der Geschichte Gottes mit der in seinem Auftrag vom Sohn geschaffenen und erlösten Schöpfung bezieht.

In diesen Sinn-Zusammenhang gehört auch das, was Paulus Rö 8,19–22 schreibt: Die gesamte Schöpfung liegt noch immer in Geburtswehen. Sie soll aber „von der Knechtschaft des Verderbens frei gemacht werden zur Freiheit der Herrlichkeit der Kinder Gottes" (v 21). Und er erklärt, dass deshalb „das sehnsüchtige Harren der Schöpfung wartet auf das Offenbarwerden der Söhne Gottes" (v 19). Was für ein gewaltiges und herrliches Hoffnungsziel in der Schöpfung! Haben wir das auch?

4.1 Gott enthüllt sein Planen und Handeln

Bei allen Überlegungen zu den Wegen und dem Wirken Gottes in dieser neuen, in den Grundlagen und allen Bedingungen völlig veränderten Heils-Periode ist zu beachten, dass uns über das Wie des Realisierens und Verwirklichens nichts gesagt ist. Hierhin weisende Prophetie nennt uns zwar Zielpunkte des Willens Gottes aber nicht die einzelnen Realisierungsschritte bis dahin (Eph 1,9.10). Dieses Wirken Gottes, das von uns so gern gewusste „Wie", vollzieht sich in einem Wirklichkeitsbereich Gottes, den wir in unserem eingeengten derzeitigen Vorstellungsvermögen überhaupt nicht nachvollziehen können. Es bleibt Hoffnungsgut; aber für die „pneumatikoi" (vgl. Abschnitt 1.1.4) ein gewisses, unverrückbares Erwarten (Eph 1,13.14).

Bis hin zum uns genannten Endpunkt muss wieder wie am Anfang der Wege Gottes mit seiner Schöpfung vieles geschehen sein, worüber Gottes Wort nur andeutungsweise berichtet; was wir dann wieder nur aus dem Gegenüberstellen anderer Aussagen mit diesen Versen folgern können. Wobei Irrtum nicht ausgeschlossen ist!

Da hat es doch irgendwann auch noch ein Gericht über abtrünnige Engel gegeben. In dem kleinen Judas-Brief steht Vers 6: „Und Engel, die ihren Herrschaftsbereich nicht bewahrt, sondern ihre eigene Behausung [oiketerion, die jenseitige Leiblichkeit; nur hier und 2Kor 5,2] verlassen haben, hat er zum Gericht des großen Tages mit ewigen Fesseln in Finsternis verwahrt ..." Zusätzlich in 2Petr 2,4: „Denn wenn Gott Engel, die gesündigt hatten, nicht verschonte, sondern sie in finstere Höhlen des Tartarus hinabgestürzt und zur Aufbewahrung für das Gericht überliefert hat ..."

Paulus ruft einmal Gemeindeglieder, die mit Streitigkeiten, die sie miteinander hatten, vor ein allgemeines Gericht gegangen waren, unter anderem damit zur Ordnung, dass er sie auf ihre große Berufung hinweist: „Wißt ihr nicht, daß die Heiligen die Welt richten werden? ... Wißt ihr nicht, daß wir Engel richten werden ...?" (1Kor 6,2.3). „Wißt ihr nicht?", das bedeutet doch, dass den Korinthern diese Feststellung geläufig sein müsste. Wissen die Gläubigen heute so etwas überhaupt und könnte man sie mit solch einer Aussage noch zur Ordnung rufen?

Die Glieder am Leib des Christus haben offensichtlich ganz aktiv etwas mit diesen Gerichten zu tun. 1Kor 6,15: „Wißt ihr nicht, daß eure Leiber Glieder Christi sind?" Er, der Gottessohn, hat auch in der kommenden neuen Schöpfung für uns, die Glieder an dem lebendigen Organismus „Der Christus" (1Kor 1,13; 12,12; Abschnitt 4.5.2), noch vielfältige Aufgaben.

Dann hatte es bei dem Menschheitsgericht am großen weißen Thron geheißen: „Und wenn jemand nicht geschrieben gefunden wurde in dem Buch des Lebens, so wurde er in den Feuersee geworfen." (Offb 20,15) Und weiter in 21,8: „Aber den Feigen und Ungläubigen [o. Treulosen] und mit Greueln Befleckten und Mördern und Unzüchtigen und Zauberern und Götzendienern und allen Lügnern ist ihr Teil in dem See, der mit Feuer und Schwefel brennt; das ist der zweite Tod."

Paulus macht in 1Kor 15, nachdem er vom Beginn der Auferstehungsordnungen durch den Erstling Christus gesprochen hat und die nachfolgende Gruppe „welche Christus gehören bei seiner Ankunft" (v 23) erwähnt hat, mit Vers 24 einen gewaltigen Sprung: „Dann das Ende, wenn er das Reich dem Gott und Vater übergibt; wenn er alle Herrschaft und alle Gewalt und

Macht weggetan hat." Wie immer man das jetzt im Einzelnen auslegen mag; all das vorstehend als „weggetan" Erwähnte muss dann doch abgeschlossen sein.

„Als letzter Feind wird der Tod weggetan." (1Kor 15,26). Der Feuersee ist dieser letzte Feind, nämlich der zweite Tod (Offb 20,14). In diesem Feuersee werden aber Widersacher Gottes „von Ewigkeit zu Ewigkeit" oder richtiger in die Äonen der Äonen gepeinigt (v 10). Das sind wieder für unser Vorstellungsvermögen nicht ausdenkbare Zeiträume. Wie immer man dieses „weggetan" jetzt versteht; auch das muss abgeschlossen sein, ehe das in 1Kor 15,28 Gesagte realisiert werden kann.

Hier sind wir am Ende aller uns offenbarten Wege Gottes mit seiner Gesamt-Schöpfung, sowohl Diesseits als auch Jenseits. Alle vor Gott für ihr Handeln verantwortlichen Geschöpfe mussten zum Teil weite Wege durchwandern, um einsichtig zu werden. Haben wir hier eine Analogie zu der 40–jährigen Wüstenwanderung Israels (Abschnitt 3.2.2)? Aber am Ende dieser Wege steht kein gespaltener Abschluss mit ewiger Herrlichkeit und gleichzeitig endloser und zielloser Verdammnis, vielmehr wurde von Gott her unter dem Gericht und der Herrschaft seines Christus das gesamte All zusammengeführt und befriedet. Das ist der weiteste Blick in die Pläne Gottes, soweit seine Offenbarung an uns Menschen geht.

Auch hier, je näher es zum Grenzpunkt kommt, desto stärker verdichten sich alle Aussagen, werden alle Geschehnisse wie durch ein Brennglas auf das Ziel der Wege Gottes ausgerichtet. Der Bonner Theologe Gerhard Sauter hat seine Gedanken zu diesem biblischen Endpunkt der uns offenbarten Pläne Gottes in seiner „Einführung in die Eschatologie" (S. 107) wunderbar formuliert:

„Letztlich wird Gott alles in allem sein. ‚Gott herrscht über alles und in allem' (1Kor 15,28): seiner Gottheit wird sich zuletzt Jesus Christus, der Kommende, unterordnen, nachdem er alles sich unterstellt hat, endlich auch den Tod als den letzten Feind. Gott alles in allem: dies ist nicht eine alles verschlingende Macht, sondern der, der alles durchdringt. ‚Du durchdringest alles ...', sang der Mystiker GERHARD TERSTEEGEN (1697–1769) in seinem Lied ‚Gott ist gegenwärtig'. Doch dieses Durchdringen können wir wahrhaft erst erhoffen: Gott wird in jedem Element seiner Schöpfung ganz Gott sein. Dieses Ganze ist weder Summe seiner Teilmengen noch eine hierarchische Substitution untergeordneter Teile eines größeren Ganzen. Gott alles in allem ist die Fülle der Gottesgemeinschaft. So wie Gott als Vater, Sohn und Geist eins sind, ohne miteinander zu verschmelzen oder ineinander aufzugehen, so dürfen wir hoffen, daß wir in der Einheit mit Gott leben werden. Ebensowenig wie Jesus Christus aufgesogen wird und in Gott untergeht, werden wir vor Gott vergehen oder in ihn hinein aufgelöst, sondern in Gemeinschaft mit ihm sein – das ist unsere Hoffnung."

4.2 Der Anfang der Geschichte Gottes mit den Menschen

4.2.1 Der Mensch – Gottes Repräsentant auf der Erde

Wir haben jetzt die Grenzpunkte biblischer Berichte und ihr direktes Umfeld in groben Umrissen betrachtet. Lassen Sie uns nun auf die engere Geschichte Gottes mit uns Menschen kommen und versuchen, einige wesentliche Einschnitte darin festzumachen. Einschnitte, von denen ab entscheidende Änderungen im Verhältnis Gottes zu den Menschen zu beobachten und damit zu beachten sind, wenn man Schrift angemessen verstehen will.

Was war der wesentliche Auftrag des ersten Menschen, des ersten Adam? Gott hatte ihn in seinem Bilde männlich-weiblich (so wörtlich) gebildet (1Mo 1,27) und ihm die Herrschaft über die geordnete und reich ausgestattete Erde samt allen Wesen, die eine Seele (nephesch) hatten (1,30), übertragen. Er sollte Gott repräsentieren in dieser sichtbaren Welt. Gott hatte sozusagen sein Herrscheramt für diesen Bereich an ihn delegiert. Adam war also nicht Herrscher kraft eigener Machtvollkommenheit; er hatte nur abgeleitete Autorität. Diese Abhängigkeit anzuerkennen und in Gehorsam zu demonstrieren, dafür gab es das eine und einzige Verbot für ihn (1Mo 2,17).

Gott hatte Adam ganz bestimmt mit der geistigen, seelischen und leiblichen Potenz ausgestattet, um dieses Amt im Gehorsam gegenüber seinen Anweisungen ausfüllen zu können. Adam gab aber diese ihm übertragene Herrscherwürde auf, als er sich einem neuen Ratgeber anvertraute.

Der erste und für die Menschen ganz entscheidende Einschnitt wird uns am Ende von 1Mo 3 berichtet. Die Stammeltern der Menschen werden nach ihrem Autonomiebestreben und dem Eingehen auf Satans Verlockung „Ihr werdet sein wie Gott!" aus Eden und damit aus der Gegenwart Gottes vertrieben. Ihr von Gott angedrohter Todeszustand wird in der Trennung von Gott Realität und geht mit ihnen. Er ist von nun an Erbgut für alle nachfolgenden Generationen (Röm 5,12 – „woraufhin"; Abschnitt 2.1.2!). Diese Trennung bedeutet auch, dass die direkte Verbindung in die jenseitige, in Gottes Welt unterbrochen ist. Der kreatürliche Mensch ist in das Diesseits, in die wissenschaftlich erforschbare Raum-Zeit-Welt eingebunden. Das ist Teil seines Todeszustandes.

In diesem Zustand steht ihm auch nicht mehr die volle Potenz der ursprünglich in ihm als „Ebenbild Gottes" angelegten Möglichkeiten zur Verfügung. Der gefallene Adam kann nur noch ein von Gott zugelassenes Minimum realisieren; „Er ist ja Fleisch." (1Mo 6,3). Er wollte entsprechend dem Versprechen Satans „sein wie Gott" und hatte damit seine ihm von Gott zugeeignete Identität verloren. Ein Merkmal seines Todeszustandes ist es, dass er seinem ihm gegebenen eigentlichen Selbst, so wie Gott ihn als Menschen gewollt und geschaffen hatte, entfremdet ist.

Nichts wird für den Menschen in Zukunft noch so sein wie in dieser ersten Zeit der umfassenden Unschuld. Seitdem wartete die gesamte Schöpfung auf den zweiten Menschen, den letzten Adam, der diesen Bruch zwischen Gott und den Menschen in einem einzigartigen Sühneopfer und Versöhnungsakt korrigieren würde (1Kor 15,21.22.45.47; 2Kor 5,19; Kol 1,19.20).

Mit diesen beiden ersten Menschen, mit Adam und Eva geht aber auch die erste Verheißung. Sie wurde nicht direkt zu ihnen gesprochen, sondern als Ankündigung zu Satan, was ihm eines Tages geschehen wird. Irgendwann wird aus diesem Menschengeschlecht, aus dem „Weibes-Samen" einer auftreten, der in Vollmacht die Macht Satans brechen wird (1Mo 3,15). Eben dieser vollkommene zweite Mensch; dieser letzte Adam (1Kor 15,45–47), dem kein weiterer folgen wird, weil kein folgender zur Versöhnung zwischen Gott und seiner Schöpfung erforderlich sein wird.

Hier beginnt eine lange Reihe von Verheißungen Gottes, die er im Zusammenhang mit Strafgerichten gibt. Er erweist seine grenzenlose, selbst von Glaubenden kaum auszulotende Liebe (Eph 3,18.19), seine Barmherzigkeit und Treue gegenüber dem jetzt Strafe Verdienenden, indem er einen Hoffnungsausblick gibt, wenn menschlicherweise keine Hoffnung mehr besteht.

Für die direkten Nachkommen Adams gibt es noch keine speziellen Anweisungen oder Gebote Gottes. Aber Adam und Eva haben ihnen bestimmt berichtet von der Zeit in Eden und von dem direkten Kontakt mit ihrem Schöpfer. In den Gesetzmäßigkeiten beim Werden und Vergehen der für sie als Lebensumfeld zu beobachtenden Natur ebenso wie in den Schöpfungsordnungen der Gestirne und Jahreszeiten konnten diese ersten Generationen etwas von dem Wirken dieses Schöpfer-Gottes erkennen (Röm 1,19.20).

In 1Mo 5 wird uns das „Buch der Geschlechterfolge Adams" bis hin zu Noah überliefert. Hier werden überwiegend nur die für die Stammbaum-Abfolge erforderlichen Söhne aufgezählt. Adams erste beiden Söhne Kain und Abel werden z.B. nicht erwähnt, nur Seth ist aufgeführt (v 3). Die Angaben zu Lebensjahren bei Adam (v 3–5) zählen für mein Verständnis ab der Vertreibung aus Eden. Wie lange Adam und Eva in Gemeinschaft mit Gott in Eden lebten, wird uns in der Bibel nicht berichtet.

Wir übersehen beim Lesen in dieser Geschlechterfolge zumeist, dass Adam mit den Stammvätern bis zur Generation vor Noah zu gleicher Zeit lebte. Henoch (1Mo 5,18.23), Methusalem (v 21.27) und Lamech (v 25.31) waren Zeitgenossen Adams! Sie konnten ihr Wissen, auch über Gott und Eden, noch aus erster Hand schöpfen.

Nur von Henoch wird uns berichtet: „Henoch wandelte mit Gott; ... und Gott nahm ihn hinweg." (v 24). Er lebte etwa 300 Jahre mit Adam, ehe dieser starb. In Hebr 11,5 wird von ihm gesagt: „Durch Glauben wurde Henoch entrückt ... denn vor der Entrückung hat er das Zeugnis gehabt, daß er Gott wohlgefallen habe." Worin mag wohl damals der Glaube eines Henoch bestanden haben, dass er „Gott wohlgefallen hat"?

Er wird doch sicher zusammen mit Adam über Gott, den dieser noch ganz direkt erlebt hatte, geredet haben und nachgefragt haben, wie diese Begegnungen gewesen sind; was Gott ihm erklärt und befohlen hatte. Dabei wird er bestimmt auch von dieser Verheißung des Schlangenzertreters erfahren haben. Hat Henoch dieser Verheißung geglaubt und diesen „Samen der Frau" (1Mo 3,15) herbeigesehnt? Es muss mit seinem Glauben schon eine besondere Bewandtnis gehabt haben, dass nur er damals entrückt wurde. Wenn Henoch uns im Brief an die Hebräer als Glaubensvorbild dargestellt wird, dürfen wir uns wohl über diese acht Verse in 1Mo 5 einige Gedanken machen.

Außerdem werden uns in Hebr 11,4–7 aus dieser Zeit Abel und Noah als Vorbilder im Glauben genannt. Sie glauben den Schöpfer, „daß er (Gott) ist und denen, die ihn suchen, ein Belohner sein wird." (Hebr 11,6). Sie sind in der Urzeit der Menschheit Ausnahmen zu der von Paulus in Röm 1,18–23 beklagten grundsätzlichen Gottlosigkeit. Gehören sie mit als erste zu den in Röm 2,7.10 von Paulus angesprochenen Menschen? Hier in Röm 2,1–16 ist vom Menschen ganz allgemein die Rede; „...du ..., o Mensch, ..." (2,1). Erst ab Vers 17 wird aus dieser Gesamtheit eine Gruppe herausgenommen: „Wenn du dich aber einen Juden nennst und dich auf das Gesetz stützt und dich Gottes rühmst ...".

Der erste Brudermord fällt gleich in den Anfang dieser Periode. Kain erschlägt Abel. Es wird selten beachtet, dass dieser Mord im Zusammenhang mit beider Opfer für Gott geschieht. Abel opfert von den Erstlingen seiner Herde. Das ist Opfer auf Hoffnung hin. Es ist ungewiss, ob auf die Erstlinge hin weitere Geburten folgen. Es heißt 1Mo 4.4: „Und JHWH blickte auf Abel und auf seine Opfergabe." Hebr 11,4 ergänzt: „Durch Glauben brachte Abel Gott ein besseres Opfer dar als Kain ..." Durch welchen Glauben? Zog er eine gedankliche, eine Glaubens-Verbindung hin zu dem Ereignis, dass Gott Tiere schlachtete, um die Nacktheit seiner Eltern zu bedecken, ehe er sie aus Eden verbannte?

Kain opfert von den von ihm gezogenen und geernteten Früchten des von Gott verfluchten Erdbodens. Er brachte von seiner Arbeit, sein Selbstproduziertes zu Gott. Und Gott „blickt nicht auf diese Opfergabe" (v 5). Darüber wird er so wütend, dass er seinen Bruder erschlägt. Wie oft in der Menschheitsgeschichte werden sich noch Menschen gegenseitig umbringen, weil sie Gottesdienst unterschiedlich verstehen und praktizieren! Bis heute wollen noch viele „Selbstgerechte" mit ihren eigenen Werken vor Gott erscheinen und gerechtfertigt werden; Menschen, die „eine Form der Gottseligkeit haben, aber deren Kraft verleugnen" (2Tim 3,5). Und sie bekämpfen noch immer die, die sich allein auf das stellvertretende Sterben des Sohnes Gottes und die darin begründete Gerechtigkeit aus Gnade berufen und verlassen.

Jenseitige Wesen, „Söhne Gottes" (bene ha elohim) mischen sich in das Menschengeschlecht ein. Außer hier in 1Mo 6,2.4 kommt diese Bezeichnung nur noch drei Mal im Tenach vor (Hi 1,6; 2,1; 38,7) und zusätzlich zwei Mal „bene elim" in Ps 29,1 und 89,7. Diese „Söhne Gottes" sind offensichtlich die Engel, von denen in Jud 6.7 berichtet wird. Riesen werden gezeugt (1Mo 6,4). Versucht Satan hier den von Gott in seiner Verheißung angesprochenen Weibes-Samen zu pervertieren und für seine Aufgabe untüchtig zu machen? Er mischt sich im Laufe der Heilsgeschichte ja immer wieder ein, um die Erfüllung dieser Verheißung Gottes zu verhindern.

Diese von den Jenseitigen gezeugten Helden sind „Männer von Ruhm" (1Mo 6,4c; unrev. Elb), „berühmte Männer". Diese Übersetzung ist dem Hebräischen nicht ganz angemessen. Dort steht, sie waren „Männer des Namens" – „ha schem". Das kann vielleicht bedeuten, dass diese Männer durch ihre besondere Abkunft im Besitz des Namens eines Herrschers aus der Finsterniswelt waren. Eines „schem", eines Namens, der ihnen besondere Macht gab, sie zu „Helden" werden ließ. Sich Macht durch einen Namen aus der jenseitigen Finsterniswelt zu erwerben, ist ja bis heute Thema von Okkultismus und schwarzer Magie. Das war schon immer Lebensumfeld der Magier und Schamanen, der Medizinmänner, Gurus und sonstiger Geisterbeschwörer alter, den wahren Gott ablehnender oder nicht kennender Völker, die heute wieder bis in unsere aufgeklärte, technisierte westliche Welt Einfluss suchen und gewinnen.

4.2.2 Nach der Sintflut mit Noah ein neuer Anfang

Gott stellt fest: „Mein Geist soll nicht ewig im Menschen bleiben, da er ja auch Fleisch ist." (1Mo 6,3). Die unrev. Elb hatte noch: „Mein Geist soll nicht ewiglich mit dem Menschen rechten." Das hebräische Wort „dun", das dort für „rechten" steht, ist unklar. Es kommt nur noch einmal in Hi 19,29 vor und wird dort mit Richter übersetzt. Es gibt wohl mehr Sinn und wäre dann analog zu dieser zweiten Stelle, dass Gott nicht länger mit den Menschen rechten will, als dass er ihnen seinen Geist nehmen wolle. Seit der Vertreibung leben sie in der Trennung von ihm und damit im geistlichen Todeszustand. In diesem Zustand sind sie Fleisch, reine Kreatur, und aus diesem von Gott nicht gewollten Zustand kann nur er sie befreien.

„Und Gott sah die Erde, und siehe, sie war verdorben; denn alles Fleisch hatte seinen Weg verdorben auf Erden." (1Mo 6,12) Gott setzt eine letzte Zeitspanne: „Seine Tage sollen 120 Jahre betragen." (v 3) Ist das die Frist zum Bau der Arche? Das ist ein gewaltiges, schwimmfähiges Bauwerk, das Noah mitten auf dem Land bauen und in das er die angegebenen Tiere samt der erforderlichen Futtermittel einbringen soll (1Mo 6,14–22; 7,2.3).

Gott kündigt eine große Wasserflut an, durch die er aus allen Menschen nur Noah und seine engste Familie, insgesamt acht Personen in diesen Neubeginn hinüberretten will. Ihm erklärt er: „... denn dich habe ich gerecht vor mir erfunden in dieser Generation." (1Mo 7,1; auch 6,8.9). Diese Flut, die „Sintflut" wie wir sie nennen, ist der zweite große Einschnitt. Eine neue, von der vorhergehenden völlig getrennte Periode der Menschheitsgeschichte beginnt ab 1Mo 8,15, als Gott Noah mit seiner Familie samt allem Getier aus der Arche entlässt.

Wenn nach Gottes Auftrag für den Menschen in dieser Schöpfung gefragt wird, verweist man in der Regel auf das, was Gott in 1Mo 1 u. 2 zu Adam gesagt hatte: Sie sollen fruchtbar sein und sich vermehren, die Erde besiedeln und sie sich untertan machen. Und sie sollen über die Tierwelt herrschen (1Mo 1,28). In 2,15 wurden sie von Gott zusätzlich beauftragt, den Garten Eden zu bebauen und zu bewahren. Nachdem Adam weder den Garten, noch sich und seine Frau recht bewahrt hatte und deshalb aus Eden und damit aus Gottes Nähe vertrieben wurde, hatte Gott Erschwernisse für das Leben jenseits von Eden angekündigt (1Mo 3,16–19).

Nach der Sintflut, als mit Noah und seiner Familie eine neue Geschlechterfolge auf der Erde beginnt, verändert Gott die Vollmachten und Anordnungen zum Teil sehr entscheidend, wie in 1Mo 9 nachzulesen ist. Der Auftrag, sich zu vermehren und die Erde zu besiedeln, bleibt bestehen (1Mo 9,1). Aber vom Herrschen über die Tierwelt ist nicht mehr die Rede, vielmehr heißt es jetzt: „Furcht und Schrecken vor euch sei auf allen Tieren ... sie sind in eure Hände gegeben." (v 2). Bisher war nur „das samentragende Kraut und die Baumfrüchte" (1Mo 1,29; 2,9a) als Nahrung für den Menschen gegeben. Jetzt dürfen sie auch Tiere schlachten. Sie erhalten aber eine strikte Anweisung, die Tiere vor dem Verzehr vollständig ausbluten zu lassen. Im Blut ist beim Tier wie beim Menschen die „nephesch" verborgen (v 3.4). Das kann mit Seele oder Leben übersetzt werden; beide Bedeutungen sind möglich.

4.2 Der Anfang der Geschichte Gottes mit den Menschen

An diese Belehrung schließt sich sofort das Gebot der Todesstrafe für jedes Lebewesen an, das Menschenblut vergießt. Sowohl ein Tier, das einen Menschen tötet, als auch ein Mensch der „seinen Bruder" mordet, sollen ihr Leben verlieren. „Wer Menschenblut vergießt, dessen Blut soll durch Menschen vergossen werden; denn nach dem Bilde Gottes hat er den Menschen gemacht." (v 5.6). Man kann somit sagen, die Todesstrafe für Mord ist der erste dem Menschen von Gott gegebene Bestrafungsauftrag als Gebot ohne Ausnahme.

Eine Anmerkung für besonders gewissenhafte und in die Tiefe gehende Schriftforscher. Die Septuaginta hat entgegen den entscheidenden hebräischen Texten aus nicht klärbaren Gründen am Ende von 1Mo 9,1–7 auch den Auftrag vom Herrschen. Wohl von daher hat dann z.B. die Zürcher Bibel (v 7) die Ergänzung: „... und herrscht über sie!" übernommen. Von der jüdischen Überlieferung herkommende Übersetzungen und selbstverständlich auch die „Verdeutschung" von Buber und Rosenzweig, die vom hebräischen Text ausgeht, haben diesen Zusatz nicht.

Für mich ist es durchaus nicht zweitrangig, dass die Begriffe vom „Herrschen" und „Bewahren" hier in der neuen Beauftragung des Menschen nicht mehr auftauchen. Es ist zuweilen nicht nur wichtig zu beachten, was Gottes Wort sagt, sondern auch was es plötzlich nicht mehr erwähnt. Der Mensch in der Trennung von Gott kann nicht mehr im Auftrag Gottes herrschen und seine Schöpfung vor satanischen Einflüssen bewahren. Herrschen im biblischen Sinn meint, den mir zugeteilten Herrschaftsraum einschließlich der mir zugeordneten Personen in Richtung auf ein von Gott gesetztes Ziel zu führen, zu fördern und auf diesem Weg gegen widerstrebende Mächte abzusichern. Und schlussendlich werde ich mein Handeln oder auch Versäumen vor Gott zu verantworten haben.

Die grundlegende Forderung Gottes vor allen weiteren Schritten gilt für alle Geschöpfe ohne Ausnahme: Ihn, Gott, als seinen Schöpfer anzuerkennen und die menschliche Verantwortlichkeit diesem Schöpfer gegenüber wahrzunehmen (Röm 1,19–21). Jeder zum Herrschen Beauftragte muss aber mit ihm in Verbindung stehen, sonst kann das nicht gelingen.

Mit diesem Neubeginn stiftet Gott auch einen ganz einseitigen und damit bedingungslosen Bund „auf ewige Generationen" mit den Menschen und allen lebenden Wesen: „Ich richte meinen Bund mit euch auf, daß nie mehr alles Fleisch ausgerottet werden soll durch die Wasser der Flut, und nie mehr soll es eine Flut geben, die Erde zu vernichten." (v 11). Als Zeichen des Bundes und seiner Zuverlässigkeit setzt Gott „den Bogen in die Wolken" (1Mo 9,8–17). Diese Zusicherung korrespondiert mit den Aussagen in 2Petr 3,7.10.12 und Offb 20,9, dass diese jetzige Erde nicht noch einmal in Wasser sondern in göttlichem Feuer untergehen wird.

Jeder, der über Bündnisse Gottes nachdenkt, sollte das wohl auch in seiner Erinnerung behalten: Unter diesem Bund stehen alle Menschen immer noch. Es ist ein göttlicher „alter Bund" mit voller Gültigkeit.

Auch in dieser neuen Zeitperiode nach der Flut ist jeder einzelne Mensch direktes Gegenüber zu Gott. Er lebt in der Verantwortung vor dem Schöpfer, allein seinem Gewissen verpflichtet. Der Maßstab ist, was er in den Ordnungen der Schöpfung erkennen und aus der zu ihm gekommenen Überlieferung von dem Schöpfer und seinen Grundordnungen wissen kann. Und es wird beeinflusst von dem, was in des einzelnen Menschen Innerstem, in seinem Herzen an Pro und Contra „rumort" (Rö 2,15). Hierhin kann man wohl das sinngemäß übertragen, was Paulus in Röm 1,19.20 als generelle Aussage beschrieben hat.

Gott hatte dieser neuen Generation nach Noah den alten Auftrag wiederholt: „Seid fruchtbar, und vermehrt euch, und füllt die Erde." (1Mo 9,1) In den Kapiteln 10 und 11 werden uns die Geschlechterfolgen der drei Söhne Noahs Sem, Ham und Jafet aufgezählt. Mitten zwischen diesen Stammbäumen wird die Geschichte vom Turmbau berichtet, ohne jedoch zu lokalisieren, an welcher Stelle in dieser Namensaufzählung dieser Bericht zeitlich einzuordnen sei (1Mo 11,1–9).

Ganz offensichtlich sind die Nachkommen Noahs diesem göttlichen Auftrag, die Erde zu besiedeln, nicht nachgekommen. Nachdem sie etwas umhergezogen waren, hatten sie sich in einer Ebene im Land Schinar niedergelassen (1Mo 11,2). Dort wollen sie eine Stadt und einen Turm bauen, ausdrücklich mit der Absicht: „... damit wir uns nicht über die ganze Fläche der Erde zerstreuen!" (v 4c).

Sie planen, einen gewaltigen Turm zu bauen: „... seine Spitze bis an den Himmel. So wollen wir uns einen Namen machen ..." Inwiefern und wozu wollten sie sich einen Namen machen? Die Ausleger bleiben fast ausschließlich bei irdischen Erwägungen: Sie wollten sich einen Ruhm begründen vor anderen Menschen. Aber sie waren doch noch alle beisammen im Land Schinar? Oder: Sie wollten sich vor der Nachwelt einen ruhmvollen Namen in dem mächtigen Turm befestigen. Auf dieser nur am Diesseits orientierten Erklärungsebene bewegen sich fast alle Auslegungen mit mehr oder weniger Ausschmückung.

Hier in 1Mo 11 ist noch Urgeschichte der Menschheit mit einer ganz intensiven Wechselbeziehung zwischen Diesseits und Jenseits. Ich verweise auf das in Abschnitt 4.2.1 zu 1Mo 6 Gesagte. All die Berichte vom Eingreifen jenseitiger Mächte in diesseitiges Geschehen im gesamten alten Testament sind nicht irgendwelche irreale Mythologie sondern Berichte über reale Wirklichkeit. Hierbei ist zu beachten, dass nicht nur eine Wechselwirkung zwischen JHWH sowie von ihm beauftragter Engelfürsten und seinem Volk Israel bestand. Auch Satan und später insbesondere die Israel entgegenwirkenden Mächte waren am Werk und griffen in das Geschehen dieser Welt immer wieder ein, um die Realisierung der Pläne Gottes mit der Schöpfung und den Menschen zu stören und eigene Machtinteressen durchzusetzen.

Das Verständnis für diese generellen Wechselwirkungen zwischen Diesseits und Jenseits, diese Kämpfe zwischen JHWH und den Gottheiten, den „elohim" der anderen Völker, ist uns völlig verloren gegangen. In „2.2 Exkurs: Jakobs Kampf am Jabbok" versuche ich in „2.2.4.3 Die ‚elohim' der Völker" eine kurze Einführung zu diesem heute völlig unbeachteten Thema zu geben.

Wenn Paulus für die Gemeindezeit vom Einwirken jenseitiger Mächte schreibt, dann redet er doch ebenfalls von Realitäten und nicht von „dem Bösen im Menschen" oder ähnlichen psychologischen Deutungsversuchen. Er spricht von real existierenden Machthabern im außerirdischen, im jenseitigen Wirklichkeitsbereich, die interessiert sind, Einfluss zu nehmen auf die Menschheit, um Gottes Pläne zu verhindern:

- Eph 2,2: „.... gemäß dem Fürsten des Machtbereichs der Luft, des Geistes, der jetzt in den Söhnen des Ungehorsams wirkt ..."

4.2 Der Anfang der Geschichte Gottes mit den Menschen 163

- Eph 6,12: „Denn unser Kampf ist nicht wider Fleisch und Blut, sondern gegen die Gewalten, gegen die Mächte, gegen die Weltbeherrscher [Kosmokratoren] der Finsternis, gegen die Geister der Bosheit in der Himmelswelt [=im Jenseitigen]."
- Kol 1,16: „... das Sichtbare und das Unsichtbare, es seien Throne oder Herrschaften oder Gewalten oder Mächte ...".

Hier in 1Mo 11 am Anfang der Menschheitsgeschichte wissen die Menschen noch etwas von der realen Macht, die man sich durch den Besitz eines „schem", des Namens eines jenseitigen Machthabers, eines „elohim" aneignen konnte. Metaphysik ist eben nicht nur wertfreies Gedankenspiel und schwarze oder weiße Magie nicht nur Scharlatanerie, sondern Spiel mit gefährlichem Feuer. Diese Menschen dort in der Ebene Schinar wollten nicht ihren Namen berühmt machen, sie wollten sich einen jenseitigen Namen beschaffen. Deshalb sollte die Spitze ihres Turms bis an den Himmel reichen und deshalb auch das gewaltige Eingreifen Gottes. Er verwirrt ihre Einheitssprache. Da mochten ihre Gedankenkonzepte noch einheitlich sein, aber zum gemeinsamen Handeln konnten sie sich nicht mehr verständigen. Diese Sprachbarriere zwischen den verschiedenen Gruppen von Menschen benutzte Gott dann auch, sie über die ganze Erde zu zerstreuen (1Mo 11,9).

4.2.3 Mit Abraham ein neues göttliches Prinzip: Auswahl

1Mo 12 beginnt ein völlig neuer Abschnitt in der Beziehung Gottes zu den Menschen. Gott erwählt sich einen einzelnen Menschen, um mit ihm ein besonderes, von allen anderen abgesondertes Verhältnis zu beginnen. Hier beginnt Auswahl nach dem Ratschluss Gottes. Nicht Auswahl, weil da jemand vor Gott etwas über alle anderen Hinausragendes vollbracht hätte, und Gott ihn nun dafür belohnen will. Auswahl ist nie Belohnung für irgendetwas. Gott wählt „nach dem Wohlgefallen seines Willens" (Eph 1,5) aus, um beauftragen zu können; immer mit dem Ziel, durch diese Auserwählten den anderen Menschen Segen zukommen zu lassen.

Auserwählung nach dem freien Ratschluss Gottes heißt aber auch, dass sie von uns Menschen nicht hinterfragt und mit logischen Argumenten gedanklich nicht immer nachvollzogen werden kann. In Röm 9 treibt Paulus dieses Thema auf die Spitze. „So liegt es nun nicht an dem Wollenden, noch an dem Laufenden, sondern an dem begnadigenden Gott." (9,16) Wenn es in Gottes Wort eine für uns Menschen nachvollziehbare Erklärung geben könnte, warum dieser von Gott auserwählt und jener an die zweite Stelle gesetzt wurde, müsste sie spätestens hier zu finden sein. Paulus schneidet die Diskussion letzten Endes ab: „Ja freilich, o Mensch, wer bist du, der du das Wort nimmst gegen Gott?" (9,20). Die Auswahl liegt bei Gott. Aber wie ich im Rahmen meiner mir von Gott zugeordneten persönlichen Stellung wirke, hier setzt meine Verantwortung vor Gott ein.

Terach, der Vater Abrahams, lebte mit seiner Familie „jenseits des Stromes", in Mesopotamien, im Land der Chaldäer. Sie dienten dort den örtlichen, diesem ethnischen Volk zugehörenden Gottheiten (Jos 24,2.14.15). Terach setzt sich aus nicht berichteten Gründen mit der ganzen Großfamilie nach Kanaan in Bewegung (1Mo 11,31; Apg 7,2–4). Gott veranlasst den inzwischen 75 Jahre alten Abram, nachdem sein Vater in Haran gestorben ist, sich von seiner Familie zu lösen. Und Abram gehorcht zum ersten Mal diesem Gott, den er bis dahin überhaupt nicht kennt. So zieht er dann mit seiner Frau Sarai, seinem Neffen Lot und mit einem großen

Hausstand an Mägden, Knechten und Vieh „in das Land, das ich dir zeigen werde" (1Mo 12,1.5).

Von hier an ist etwas ganz Entscheidendes zu beachten. Bis 1Mo 11 wird von allen Menschen als direkte Gegenüber zu ihrem Schöpfer-Gott berichtet. Von nun an ist das Augenmerk im gesamten alten Testament auf die Abstammungs- und damit Auswahllinie von Abraham her gerichtet. Das ist im weiteren Lauf der Weltgeschichte und der darin eingebetteten Heilsgeschichte Gottes dann das Volk Israel.

Alle anderen Menschen und Völker kommen von hier an im alten Testament und bis in den Anfang der Apostelgeschichte hinein nur in das Blickfeld, sofern sie mit dieser Auswahllinie positiv oder negativ in Kontakt treten, oder in besondere Verheißungen und Gerichte mit eingeschlossen werden. Der alte Bund mit Noah für alle Kreatur bleibt gültig. Paulus fasst beide Gedanken in seiner Rede in Lystra so zusammen: „Er [Gott der Schöpfer] ließ in den vergangenen Geschlechtern alle Nationen in ihren eigenen Wegen gehen, obwohl er sich doch nicht unbezeugt gelassen hat, indem er Gutes tat und euch vom Himmel Regen und fruchtbare Zeiten gab und eure Herzen mit Speisen und Fröhlichkeit erfüllte." (Apg 14,16.17).

Wer das nicht beachtet und Ordnungen und Gebote, die Gott den dieser Auswahl Angehörenden, den Juden, gegeben hat, auf alle Menschen übertragen will (sofern das nicht im Einzelfall ausdrücklich gesagt ist), kann Gottes Handeln nicht richtig einordnen. Er versucht diesen Menschen etwas aufzuerlegen und abzufordern, was von Gott für sie nicht vorgesehen ist. Selbstverständlich bleiben alle ihrem Schöpfer-Gott gegenüber verantwortlich; aber eben nur im Rahmen dessen, was zum Beispiel Paulus in Röm 1,18–21 und 2,1–16 beschreibt oder was er in seiner Rede auf dem Areopag erwähnt: „… daß sie Gott suchen, ob sie ihn wohl tastend fühlen und finden möchten, obgleich er nicht fern ist von jedem von uns." (Apg 17,27).

Diese Auswahl Abrams/Abrahams geschieht ohne Begründung von Gott. Er, Gott, gibt Verheißungen; er sagt „ich will" und „ich werde" (1Mo 12,2.3.7; 13,15.16.17). Er stellt keinerlei Forderungen oder Bedingungen. Er erwartet nur eines, was sein Auswahlpartner von sich aus einzubringen hat: Gehorsam. Ich bin fest davon überzeugt, dass auch wir heute als Auswahl Gottes für seinen Sohn eines selber einzubringen haben: Gehorsam! Das war die Grundlage der Gesinnung Jesu Christi; „… er war gehorsam bis zum Tode … Darum …" (Phil 2,8.9). Diese Gesinnung soll auch in uns die alles entscheidende Grundstimmung sein (v 5).

Für Gehorsam lassen sich zwei völlig unterschiedliche Beweggründe festmachen:

Ich bin gehorsam aus Angst. Mein Gegenüber hat die Macht, mich sofort nach eigenem Belieben abzustrafen. Sobald er meint, ich hätte nicht punktgenau seine Anweisungen beachtet, wird er das auch tun. In der milden Form ist das Liebesentzug und Verweigerung von Nähe; im Extrem ist es härteste Züchtigung ohne absehbares Ende und ohne erkennbare Zielsetzung. Dieser „Machthaber" muss seine Macht in der Art gar nicht ausüben. Ich sehe es aber so und verhalte mich entsprechend.

Gehorsam kann auch in Vertrauen wurzeln. Mein Gegenüber hat mehr Weisheit, Zusammenhänge zu verstehen und Auswirkungen abschätzen zu können als irgendjemand anderes. Ich

4.2 Der Anfang der Geschichte Gottes mit den Menschen

bin ein von ihm Geliebter, den er in seine Nähe gezogen hat. Er wird auf Grund seiner Treue nichts von mir verlangen, was sich zu meinem Nachteil auswirken könnte. Ich kann ihm wirklich „blind" vertrauen, er wird meinen Gehorsam nie missbrauchen. Im Gegenteil wird er seine „Machtmöglichkeiten" einsetzen, dass für mich „das Gute" erreicht wird (Röm 8,28–39).

Zwischen diesen zwei extremen Polen gibt es vielerlei Zwischenpositionen. Wo bin ich, wo sind Sie zu finden? Welche Vorstellung haben wir von unserem Gott und Vater? Und als Konsequenz: Worin wurzelt mein zumindest immer wieder angestrebter Gehorsam? Mein Eindruck ist, zu viele wirklich echte, wiedergeborene Kinder Gottes sind in ihrem Denken und Verhalten sehr eng in oder zumindest sehr nahe an der ersten Position angesiedelt. Haben wir deshalb so wenige wirklich im Frieden Gottes ruhende und von ihm erfüllte Christen? Phil 4,7!

Gott schenkt seinen Auserwählten einen unausschöpflichen Reichtum an geistlichen Segnungen (Eph 1,3) aber keinen Gehorsam. Durch seinen Gehorsam bestätigte schon Abraham sein Vertrauen in Gottes Zusagen. Wie viel mehr sollte das bei uns eine Selbstverständlichkeit sein. Durch meinen Gehorsam Gott gegenüber realisiere und bestätige ich meinen Glauben im Alltag. Deshalb bete nicht um Gehorsam, sondern sei gehorsam! Zumindest sollte es unser ehrlicher und ernsthafter Wille sein, Gehorsam zu praktizieren. Gott wird uns dann schon Wege führen, in denen wir Gehorsam lernen können (Hebr 5,8).

Wir prüfen und versuchen zu klären, wo in Gottes Plänen und Verheißungen für seine Schöpfung zu beachtende Einschnitte sind. Zu welchen Zeitpunkten oder anlässlich welcher Ereignisse auf dem Weg Gottes mit seinen Menschen gab es Veränderungen in der wechselseitigen Beziehung und worin bestanden sie?

Im vorausgegangenen Kapitel 3 stand die Frage „Königreich Gottes, was ist das eigentlich" im Mittelpunkt. Das in 3.2 und 3.3 zum „Königreich Gottes" Gesagte ergänzt das hier Nachfolgende in vielen Details. Da beide Themen ineinander verzahnt sind, lassen sich einzelne Überschneidungen und Wiederholungen nicht ganz vermeiden. Aber ich denke, das Wiederholen mancher Überlegungen und Auslegungen dürfte durchaus nützlich sein, um die manchem Leser nicht vertrauten Gedanken nachvollziehen und prüfen zu können. Ähnliches meint wohl Paulus in Phil 3,1.

Mit Abram/Abraham führt Gott ein in seinem Grundansatz neues Prinzip ein: Auswahl in ein besonderes Verhältnis zwischen Gott und Mensch. Diese Periode ist davon gekennzeichnet, dass sie unter der bedingungslosen Verheißung des „JHWH elohim" an Abraham und der kontinuierlichen Bestätigung an die „Erzväter" Isaak und Jakob/Israel steht. Sie reicht von Abraham bis zu Mose und der Gesetzgebung am Sinai. In Abschnitt 3.2.1 wurden in anderem Zusammenhang zum Bund Gottes mit Abraham schon einige Gedanken ausgeführt.

Bis auf die schon Noah gegebenen Grundsätze menschlichen Zusammenlebens und dem Beschneidungsgebot an Abraham (1Mo 17,10–14) gibt es noch kein Gesetz oder sonstige Verordnungen Gottes. Gott leitet die jeweils Verantwortlichen in besonderen Situationen durch gezielte Weisungen, wie jetzt zu entscheiden und zu handeln ist. Alle sind in einen kontinuierlichen Lernprozess eingebunden, in dem sie auf dem Weg mit Gott ihren Gott immer besser kennen lernen sollen. Irrwege sind hierbei nicht ausgeschlossen. Zu einem Lernprozess gehört das dazu. Auch vor Gott dürfen Lernende Fehler machen! Entscheidend ist, dass sie diesem sich ihnen offenbarenden Gott und seinen Verheißungen vertrauen und immer wieder zum Gehorsam zurückfinden.

Als Jakob mit seiner gesamten Familie während einer Hungersnot zu Joseph nach Ägypten ziehen will, erhält er in Beerscheba, als er „dem Gott seines Vaters Isaak" opfert, Gottes Zusage: „Ich bin Gott, der Gott deines Vaters. Fürchte dich nicht, nach Ägypten hinabzuziehen, denn zu einer Nation will ich dich dort machen! Ich selbst ziehe mit dir nach Ägypten hinab, und ich, ich führe dich auch wieder herauf." (1Mo 46,3.4; vergl. 12,10 ff!). Nach etwa 250 Jahren in Gosen (ca. 1800 bis 1550 v.Chr.) ist aus der Großfamilie ein großes Volk geworden, das nach Josephs Tod von den Ägyptern in Frondienst gehalten wird. Da heißt es: „Da hörte Gott ihr Ächzen, und Gott dachte an seinen Bund mit Abraham, Isaak und Jakob." 2Mo 2,24.

4.3 Israels Aufstieg und Fall

4.3.1 Israel – Gottes „Volk zum Eigentum"

Gott erwählt und beauftragt den am ägyptischen Pharaonen-Hof und in der Wüste bei dem Midianiter-Priester Jitro entsprechend vorbereiteten Mose, dieses völlig in Sklavengesinnung versunkene Volk aus Ägypten in die von Gott für sie vorgesehene Freiheit zu führen. Sie sollen als Gottes Volk „ein Königreich von Priestern und eine heilige Nation" (2Mo 19,6) werden, die den Abraham als Verheißung gegebenen Auftrag erfüllen können, Segen für alle anderen Nationen zu sein (1Mo 12,3; 18,18; 22,18).

Hier hat eine neue, eine wieder anders geprägte Periode ihren Beginn. Gott formt sich sein „Volk zum Eigentum" (2Mo 19,5). Das beinhaltet sowohl reiche Segensverheißungen vom Landbesitz bis zu überfließendem Wohlergehen in den äußeren Lebensumständen als auch Verpflichtungen ihrem Gott gegenüber. An Gottes Ordnungen und seinem Verhalten gegen über anderen Menschen und Völkern ändert sich damit nichts. Sein Bund mit Noah ist immer weiter gültig.

Diese neue Heilsperiode Gottes hebt die Abraham gegebenen Verheißungen nicht auf. In ihr gelten aber „Erziehungsordnungen" Gottes. Dieses erst noch zu formende Gottes-Volk erhält das Gesetz mit Segens-Verheißungen und Fluch-Androhungen (3Mo 26), die je nach seinem Verhalten wirksam werden sollen als „Pädagogen hin auf den Messias" (Gal 3,24).

3Mo 26,3.4: „Wenn ihr in meinen Ordnungen lebt und meine Gebote haltet und sie tut, dann werde ich euch geben ..." Verse 14.16: „Wenn ihr mir aber nicht gehorcht und nicht alle diese Gebote tut ... dann werde ich meinerseits ..." Vers 46: „Das sind die Ordnungen und die Rechtsbestimmungen und die Gesetze, die JHWH zwischen sich und den Söhnen Israel auf dem Berg Sinai durch Mose gegeben hat."

Ja, Leben unter dem Gesetz verlangte einen hohen persönlichen Einsatz und ein Sich-in-Zucht-nehmen, das wir Christen wohl gar nicht recht nachvollziehen können. Alle Israel gegebenen Verheißungen waren an die Erfüllung dieser Auflagen Gottes gebunden und es ist nicht erlaubt, beides voneinander zu entkoppeln.

4.3 Israels Aufstieg und Fall

Mit diesem Einbinden Israels in das Gesetz wurde aber der alte Abraham-Bund nicht außer Kraft gesetzt. Das betont in anderem Zusammenhang auch Paulus in Gal 3,17. Dieser Bund mit dem Volk am Sinai ist von dem alten Bund mit den Vätern überlagert. Deshalb schließt dieser Mose-Text ab:

3Mo 26,44.45: „Aber selbst auch dann, wenn sie in dem Land ihrer Feinde sind, werde ich sie nicht verwerfen und sie nicht verabscheuen, ein Ende mit ihnen zu machen, meinen Bund [den hier am Sinai] mit ihnen ungültig zu machen; denn ich bin JHWH ihr Gott. Und ich werde (zum Guten) für sie an meinen Bund mit den Vorfahren denken, die ich aus dem Land Ägypten vor den Augen der Nationen herausgeführt habe, um ihr Gott zu sein. Ich bin JHWH!".

„Ich bin JHWH!". Darin sind alle Verheißungen Gottes begründet. Gott kommt nicht deshalb mit seinen Plänen zum Ziel, weil die Menschen dazu tüchtig sind. Auch wenn sie sich ihm verweigern, bleibt er der souverän Steuernde. Das hängt damit zusammen, dass schon vor Grundlegung des Kosmos, vor dem „katabole kosmou" der Garant für die Durchführbarkeit aller Verheißungen Gottes (2Kor 1,20 Elb!) bereit stand und in Gottes Augen – de jure! – bereits geopfert war (1Petr 1,19.20; Offb 13,8).

Zu den Entwicklungen in Israel, der Aufrichtung des irdischen Königreichs im Land, der Zerstreuung erst der zehn Stämme unter assyrischer Herrschaft und später der Verschleppung der restlichen Stämme in babylonische Gefangenschaft ist im Abschnitt 3.2.3/4 bereits geschrieben. Hier nur einige Anmerkungen zu besonderen Einschnitten in diesen Geschichtsablauf, ohne dass ich daraus besondere Perioden ableiten würde.

Gott erfüllt seine Verheißung, dass er mitten in Israel seine Wohnung setzen, dass er mitten unter ihnen leben will (2Mo 29,45.46; 3Mo 26,11.12). Bisher war er einzelnen begegnet; persönlich oder überwiegend in Visionen oder Träumen. Nun lässt Mose nach dem jenseitigen Vorbild und entsprechend Gottes Anweisungen das Zelt der Zusammenkunft als Wohnung für Israels Gott JHWH bauen. Seit ihrer Fertigstellung ist Gottes Herrlichkeit in Form der Schekhina im Allerheiligsten zwischen den Cherubim auf dem Sühnedeckel der Lade anwesend. Gott „wohnt" inmitten seines Volkes (2Mo 40,34–38; 4Mo 35,34).

Nach der Zerstörung des Königreichs Juda durch Nebukadnezar, während der Zeit der babylonischen Gefangenschaft verlässt „die Herrlichkeit des Gottes Israels", „die Herrlichkeit JHWH's" den geschändeten Tempel in Jerusalem. Die Ältesten in Israel hatten im Tempel verschiedensten Götzen und vor Abbildern unreiner Tiere Weihrauchopfer dargebracht (Hes 8,6–18). Gott kann in diesem Tempel nicht mehr anwesend sein. Gott „wohnt" nicht mehr unter seinem Volk und in seinem Land (Abschnitt 3.2.4).

Vielleicht ist es überhaupt nicht wichtig, aber jetzt taucht ein vorher nur von Abraham beim Schwur seines Knechtes ausgesprochener (1Mo 24,3.7) neuer Terminus, ein neuer Begriff auf: „Gott des Himmels". Ein Mal in 2Chr 36,23; in Esra 9mal und in Nehemia 4mal; in Daniel auch 4mal, alle in Zusammenhang mit Nebukadnezars Traum vom großen Standbild; zuletzt in Jona 1,9.

Bis zur Geburt des verheißenen Messias Jesus in Bethlehem wird diese Schekhina in Israel ihren Schein nicht mehr verbreiten. Auch in den unter Esra wiederhergestellten Tempel kehrt sie nicht zurück. Hesekiel darf aber die Verheißung weitergeben, dass in dem Friedensreich des erneuerten Israel ein Tempel erbaut wird, in dem Gottes Herrlichkeit wieder wohnen wird (Hes 43,1–7). Aber das ist Zukunfts-Verheißung und -Hoffnung.

Das Zerbrechen des Zwölf-Stämme-Reiches in die zwei Reiche Juda und Israel und selbst die Vertreibung und teilweise Rückkehr aus babylonischer Gefangenschaft verändern nichts an der Zuwendung Gottes zu diesem auserwählten Volk. Sein Eheweib (Jer 31,32 „... obwohl ich doch ihr Eheherr war ..." so wörtlich) ist zur Hure geworden. Hosea muss dieses schlimme Verhältnis in seinem Leben darstellen und in Gottes Auftrag eine Hure zum Eheweib nehmen (Hos 1,2). Auch wenn sie wegen ihrer Abgötterei einige Zeit „Lo Ruhama – Nicht-Erbarmen" und „Lo-Ammi", das ist „Nicht-mein-Volk" genannt werden (Hos 1,6.9), wendet sich ihr Gott nur für begrenzte Zeit von ihnen ab. Gleich der nächste Vers spricht davon (Hos 2,1).

Zum rechten Verständnis ist es sicher nützlich, den ganzen Abschnitt Hosea 2,16–25 mit all den Verheißungen, was Gott diesem Volk, seinem Weib in der Zukunft tun will, einmal aufmerksam zu lesen. Diese Zusagen schließen dann ab mit: „Und ich will sie mir säen im Land und will mich über Lo-Ruhama erbarmen. Und ich will zu Lo-Ammi sagen: Du bist mein Volk! Und er wird sagen: Mein Gott!" Aber es wird eine Spanne Zeit vergehen, bis das alles Wirklichkeit wird; Hos 3,4.5: „Denn die Söhne Israel bleiben viele Tage ohne König und ohne Oberste; ohne Schlachtopfer und ohne Gedenkstein und ohne Ephod und Teraphim. Danach werden die Söhne Israel umkehren und JHWH, ihren Gott, aufsuchen und David ihren König. Und sie werden sich bebend zu JHWH wenden und zu seiner Güte am Ende der Tage."

In Röm 9–11 redet Paulus von der zeitweiligen und teilweisen Beiseitesetzung Israels und von der Verheißungstreue Gottes. 11,25.26: „Denn ich will nicht, Brüder, daß euch dieses Geheimnis unbekannt sei, damit ihr nicht euch selbst für klug haltet: Verstockung ist Israel zum Teil widerfahren, bis die Vollzahl der Nationen eingegangen sein wird; und dann wird ganz Israel errettet werden, wie geschrieben steht ..." Und v 29: „Denn die Gnadengaben und die Berufung Gottes sind unbereubar."

Mindestens seit diesem Schreiben an die Gemeinde in Rom ist es also ein geoffenbartes Geheimnis, dass dieses Beiseite-Gesetzt-Sein für Israel eine zeitliche Begrenzung hat: „Bis die Vollzahl der Nationen eingegangen sein wird"! Der zu seinem Vater erhöhte Herr hat dieses Geheimnis durch Paulus der Gemeinde, in der weder Vorhaut noch Beschneidung, sondern die Neuschöpfung durch Gottes heiligen Geist gilt (Gal 6,15), deutlich geöffnet.

Anlässlich seiner Belehrung der Gemeinde in Rom über Israel zitiert Paulus in Röm 9,25.26 die oben aufgeführten Verse aus Hos 2. Wieso in vielen Kommentaren zum Römer-Brief dann auf einmal aus der Geliebten, zu der die „Nicht-Geliebte" wieder wird und aus dem Volk, zu dem „Nicht-mein-Volk" wieder werden soll, Gemeinde wird, ist für mich nicht nachvollziehbar. Mit welchem Recht kommt man dazu, Israel sein Verheißungsgut wegzunehmen und auf sich selbst zu übertragen?

Die Jungfrau, die JHWH sich zum Weib genommen hat, ist zur Hure geworden, aber Hes 16,41 verheißt Gott: „... Und so werde ich dich aufhören lassen, Hure zu sein ...". Hos 2,18: „Und es wird geschehen an jenem Tag, ist der Ausspruch JHWH's, da rufst du: Mein Mann! Und du rufst mich nicht mehr: Mein Baal!" Dann wird der in Jer 31,31 verheißene neue Bund für Israel sich realisieren. Das wird dann die Hochzeit des Lammes mit seiner zurückgekehrten Braut Israel sein (Offb 19,7).

4.3 Israels Aufstieg und Fall

Mit dem Rückzug der Herrlichkeit Gottes aus seinem Land nach der Wegführung Judas in babylonische Gefangenschaft beginnt der Zeitabschnitt, den der Herr in seiner Rede in Lk 21,24 „Zeiten der Nationen" nennt. Israel ist jetzt für eine in seiner Dauer nicht definierte Zeitspanne wegen seiner ständigen Abgötterei und Verweigerung von Gott zur Seite gesetzt. Diese Zeit der Herrschaft durch die Nationen hätte mit der Annahme des von Gott gesandten Messias durch Israel sein Ende finden sollen. Diese Botschaft steckt schon in der Deutung des Traumes, den Nebukadnezar hatte. Wir heute, die die zurückliegende Geschichte kennen, können diese Traumdeutung, die Gott Daniel schenkt (Dan 2,31–45), deutlich nachvollziehen.

Das goldene Haupt des großen Standbildes ist er, Nebukadnezar mit dem babylonischen Reich. Dem goldenen Haupt folgt der silberne Schultergürtel mit den beiden Armen und der Brust; ein aus Gottes Sicht geringer wertiges Reich, das Doppelreich Medo-Persien. Danach wiederum etwas mindere Qualität, nämlich Bauch und Lenden aus Bronze; wir können in diesem dritten Weltreich der Nationen Griechenland identifizieren. Es folgen die Schenkel aus Eisen – das ost- und das weströmische Reich – und als Abschluss die Füße und Zehen aus Eisen und Ton gemischt. Es ist interessant zu beobachten, wie der Wert des Materials immer mehr abnimmt, während seine Nützlichkeit sich steigert.

Natürlich gab es weltweit gesehen wesentlich mehr bedeutende Reiche, als die hier im Standbild des Nebukadnezar genannten; zum Beispiel das riesige und mächtige Mongolen-Reich im Osten; oder die indianischen Reiche der Maya, Inka und Azteken, von deren Ursprüngen und Untergang wir nur wenig wissen. Die Weltreiche bei Daniel stehen alle in Verbindung mit Israel und seinem Verheißungsgut. Das von JHWH für sich und sein Volk beanspruchte Land wird Herrschaftsgebiet dieser Reiche. Damit sind sie in Israels Geschick eingebunden und somit in Gottes Dreh- und Angelpunkt der Weltgeschichte.

Der Stein, der dann am Ende des Traums das gesamte Standbild zertrümmert (Dan 2,34.35 und 44.45), ist bis heute von Gott noch nicht losgelöst worden. Das dort beschriebene Königreich, „das ewig nicht zerstört werden wird" (v 44) und das mit dem David verheißenen Königreich korrespondiert (1Chr 17,11–14), ist bis heute wegen Israels Unbußfertigkeit noch nicht aufgerichtet. Das „mysterion ecclesia", das erst der verherrlichte Gottessohn durch Paulus kundtun lässt, verlängert diese Zeit der Nationen-Herrschaft noch einmal. In unserem Gedankengang sind wir aber noch nicht so weit.

4.3.2 Der verheißene Messias erscheint und wird verworfen

Der nächste große Einschnitt in Gottes Heilsgeschichte mit seiner Schöpfung ist eigentlich eine ganze Zeitperiode. Ein ganzes Bündel von Ereignissen und von grundsätzlichen Veränderungen fällt in einen Zeitraum von ca. 70 Jahren zusammen. Verheißungen erfüllen sich oder werden (teilweise) vertagt. Gott offenbart Neues. Bisher von ihm verborgener Ratschluss wird vom erhöhten Herrn aufgeschlossen und damit im All einiges „auf ihn hin neu geordnet"; so Kol 1,19.20 und „apokatallasso" wohl genauer (siehe Abschnitt 2.1.7).

Das „Schlüssel-Ereignis" hat einen langen prophetischen Vorlauf. Aber die Verheißungen Gottes auf dieses Ereignis werden im Laufe der Geschichte immer konkreter und auf die eine zu erwartende, in Gottes Auftrag handelnde Person fokussiert und eingegrenzt.

Da gab es direkt anlässlich der Vertreibung aus Eden, im Gefolge des Getrenntwerdens des Menschen von Gott eine erste Verheißung. Irgendwann wird aus dem Samen der Frau jemand erstehen, der der Schlange, dem Widersacher Gottes, den Kopf zermalmen wird (1Mo 3,15). Also, kein Jenseitiger, irgendein Engelfürst oder ähnliches, sondern ein von einer Frau Geborener, ein Mensch wird diesen Auftrag erfüllen.

Unter Noahs Söhnen nach der Sintflut werden Ham und Jafet aus der Verheißungslinie ausgegrenzt; der Segen wird auf Sem und seine Nachkommen gelegt: 1Mo 9,26 „Gepriesen sei JHWH, der Gott Sems."

Zehn Geschlechter später wird aus den weit verstreuten semitischen Stämmen Abram/Abraham als Segensträger auserwählt (1Mo 12,1–3; 22,18) und von seinen Söhnen nicht Ismael, der mit Hagar gezeugte Erstgeborene, sondern Isaak, der Sohn nach Verheißung Gottes (1Mo 17,18–21).

In gleicher Weise geht es mit Isaaks Söhnen. Nicht der Erstgeborene, Esau, sondern der jüngere Jakob ist der Erwählte (1Mo 28,13.14). Unter seinen 12 Söhnen ist es wieder nicht der Erstgeborene Ruben und auch nicht, wie man vielleicht erwarten würde, der Lieblingssohn (1Mo 37,3) Joseph, der diesen seltsamen Traum über seine besondere Stellung innerhalb der Familie hatte (37,6–10). Jakob/Israel weissagt kurz vor seinem Tode über Juda (1Mo 49,8–12): „Nicht weicht das Zepter von Juda, noch der Herrscherstab zwischen seinen Füßen weg, bis daß der Schilo kommt, dem gehört der Gehorsam der Völker." (v 10).

Innerhalb des Stammes Juda wird dann von Gott letztmalig eingegrenzt auf das Geschlecht David (1Chr 17). Gott erwählt wieder einmal einen Jüngsten; dieses Mal unter den acht Söhnen Isais. Ihn wollte dieser dem Samuel gar nicht vorstellen, als der im Auftrag Gottes den Nachfolger für Saul zum König salben sollte (1Sam 16,3. 10–13). Es scheint ein durchgehendes Prinzip bei Gott zu sein, genau die zu erwählen, auf die man nach menschlicher Klugheit oder Tradition nicht zugehen würde (1Kor 1,26–29).

Die Propheten Jesaja (11,1.2) und Jeremia (23,5.6) betonen diesen Abschluss der Erwählungslinie hin zu dem Verheißenen. Auch die Pharisäer hatten diese Reihe durchaus in ihrem Verständnis. Auf die Frage Jesu: „Was haltet ihr von dem Messias? Wessen Sohn ist er?" Da kam von ihnen sofort ganz klar die Antwort: „David!" Man sollte den gesamten Abschnitt Mt 22,41–46 lesen.

Dann gab es noch die Weissagungen bei Daniel. Das Buch Daniel zählt bei den Juden nicht zu den „nebiim", den Propheten-Büchern, sondern nur zu den „kethubim", den mehr allgemeinen „Schriften". Aber Jesus erwähnt in seiner Rede über die Drangsal Jakobs und die Aufrichtung des Reiches für Israel den Propheten Daniel (Mt 24,15). Jesus weist ausdrücklich darauf hin, dass man auf den von Daniel erwähnten „Greuel der Verwüstung" achten solle, um daraus die von ihm genannten, dann erforderlichen Rückschlüsse zu ziehen. Also waren Daniels Aussagen wohl durchaus geläufig. Von daher gab es auch zumindest einen zeitlichen Anhaltspunkt für das Auftreten eines Gesalbten/Messias (Dan 9,26; siehe Abschnitt 3.2.4).

Interessant ist in diesem Zusammenhang auch die in Mt 2,1–12 berichtete Geschichte der „Weisen aus dem Morgenland". Diese „magoi", diese Magier oder Zauberpriester kamen vom

4.3 Israels Aufstieg und Fall

„anatole", vom Aufgang (der Sonne). „magoi" war das griechische Wort, mit dem die staatlich „ordinierten" babylonischen Astrologen bezeichnet wurden. Sie hatten in den Sternen etwas beobachtet, was ihnen ankündigte, dass „der König der Juden" geboren ist (v 2). Aus diesem Text ergibt sich eine Reihe Fragen.

Das, was diese Magier betrieben haben, war nicht Astronomie sondern eindeutig Astrologie. Sie hatten diesen Stern ja nicht nur als weise Astronomen entdeckt, sondern dieses kosmische Ereignis auch inhaltlich gedeutet. Darf man denn das; und dann noch im Zusammenhang mit der Geburt des Gottessohnes? In 5Mo 4,19 gibt es im Zusammenhang mit dem Verbot von Götzendienst für Israel eine wenig beachtete Aussage Gottes: „... daß du deine Augen nicht zum Himmel erhebst und, wenn du die Sonne und den Mond und die Sterne, das ganze Heer des Himmels siehst, dich verleiten läßt und dich vor ihnen niederwirfst und ihnen dienst, die doch JHWH, dein Gott, allen Völkern unter dem ganzen Himmel zugeteilt hat! Euch aber ...". Dienen die Gestirne für die nicht mit Gott in Verbindung stehenden Menschen und Völker nicht nur zur Zeitbestimmung sondern auch als „Zeichen" (1Mo 1,14)?

Wieso fragen diese Sterndeuter betont „der König der Juden", der geboren sein muss? Sie suchten doch ganz offensichtlich nicht irgendeinen jüdischen König, sondern einen ganz bestimmten, den jetzt geborenen, auf den ein besonderer Stern hinwies. Der Text spricht auch nur davon, dass sie diesen Stern in ihrer Heimat gesehen hatten. Dort steht nichts, dass er sie nach Jerusalem geleitet hätte. König der Juden, das konnte nur in Jerusalem sein. Also sind sie da hingezogen. Aber woher wussten sie denn überhaupt etwas von diesem König eines fernen Landes und dem Zusammenhang mit diesem besonderen Stern?

Daniel war in der babylonischen Gefangenschaft zum Obersten der Weisen und „Chaldäer" (Dan 2,10.48), das sind die Hof-Astrologen, geworden, nachdem er Nebukadnezar durch Gottes Offenbarung seinen Traum vom Standbild deuten konnte. Es ist wohl erlaubt, von dort her eine Verbindung zu diesen „magoi" zu ziehen, von denen bei Matthäus berichtet wird. Wir wissen heute von den riesigen „Bibliotheken", die bei diesen alten Völkern bestanden. Da waren bestimmt noch mehr Aufzeichnungen über Visionen ihres Obersten, als uns im Buch Daniel überliefert wurden.

Da mag dann im Zusammenhang mit dem Königreich, das der Gott des Himmels aufrichten würde (Dan 2,44), auch der zugehörige König genauer gedeutet worden sein. Oder auch der „ben adam", der Menschensohn, dem „Herrschaft und Ehre und Königtum gegeben" wird (Dan 7,13.14). Ganz sicher wird es dort auch Aufzeichnungen zu den 70 Jahrwochen (Dan 9,25–27) gegeben haben und was es mit der „Zeit des Endes" der Völker-Herrschaft (Dan 8,17) auf sich hat. Über derartige nicht an der Oberfläche liegende Zusammenhänge im Wort Gottes kann man nur staunen. Mir bestätigen solche Verbindungen auch die Zuverlässigkeit der noch ausstehenden Verheißungen.

Beachtenswert ist auch, dass die von Herodes befragten Hohepriester und Schriftgelehrten sofort aus ihrem Tenach, oder genauer aus dem Zwölfpropheten-Buch Micha (Mi 5,1.3) wussten, wo dieser von den Magiern gesuchte König oder Messias zu finden sei, nämlich in Bethlehem in Judäa (Mt 2,3–6). Nur auf die Idee, hinzugehen und nachzuschauen, sind sie nicht gekommen. Der nüchterne, auf Machterhalt bedachte Real-Politiker Herodes wollte kein Risiko eingehen. Er ließ vorsichtshalber zwei Jahrgänge der Knaben ermorden.

Dieser in Bethlehem geborene und in Nazareth aufgewachsene (Lk 2,39.40) Gottessohn war bei den damaligen Mitbürgern in Galiläa als der Rabbi Jesus aus Nazareth bekannt; seine Jünger und Anhänger deuteten aber sein Handeln und Reden im Zusammenhang mit den Verheißungen auf den Messias aus dem Geschlecht Davids und bekannten dieses Verständnis immer wieder (Mt 12,23; 16,16).

Um die in den Evangelien berichteten Ereignisse richtig verstehen und in den biblischen Gesamtzusammenhang angemessen einordnen zu können, gilt es wieder etwas Wesentliches zu beachten.

4.4 Gottes geoffenbarter und sein verborgener Wille

4.4.1 In seinen Verheißungen für Israel offenbarte Gott seine Ziele

Gottes Ratschluss mit seiner Schöpfung wird von ihm schrittweise in Verheißungen und Prophezeiungen seinen Heiligen und Propheten geoffenbart. (1Mo 18,17; Ps 25,14; 1Kor 2,10). Zuweilen liegt aber im Hintergrund der konkreten Verwirklichung einer Prophetie noch ein bis dahin verborgener Ratschluss Gottes. Erst im Verlauf der weiteren Heilsgeschichte wird dieser zusätzliche, meist viel weiter greifende Zusammenhang oder Inhalt alter Prophetie gedeutet und diese damit erweitert.

Ein typisches Beispiel hierfür ist die für Juda anlässlich ihrer Wegführung in Gefangenschaft von Gott durch den Propheten Jeremia gegebene Verheißung: „Und dieses ganze Land wird zur Trümmerstätte, zur Wüste werden, und diese Nationen werden dem König von Babel dienen siebzig Jahre lang. Und es wird geschehen, wenn siebzig Jahre voll sind, suche ich am König von Babel und an diesem Volk seine Schuld heim ..." (Jer 25,11.12). „Denn so spricht JHWH: Erst wenn siebzig Jahre für Babel voll sind, werde ich mich euer annehmen und mein gutes Wort, euch an diesen Ort zurückzubringen, an euch erfüllen. Denn ich kenne ja die Pläne, die ich über euch plane, ist der Ausspruch JHWH's, Pläne des Friedens und nicht zum Unheil, um euch Zukunft und Hoffnung zu gewähren. Ruft ihr mich an, geht ihr hin und betet zu mir, dann werde ich auf euch hören." (Jer 29,10–12).

Daniel 9 und Esra sowie Nehemia berichten, wie diese Verheißung sich erfüllt. Daniel tut für das Volk Buße, und Kyrus, der König von Persien, entlässt die Gefangenen und gibt Auftrag, den Tempel und Jerusalem wieder aufzubauen. Der von Gott zu Daniel gesandte Gabriel deutet ihm die siebzig Jahre noch einmal neu in einem viel weiteren Zusammenhang bis hin zum Gesalbten, zum Messias (Dan 9,26). Hinter dem geoffenbarten Ratschluss für 70 Jahre Gefangenschaft lag ein bis zur konkreten Verwirklichung dieser Verheißung verborgener Ratschluss. Jetzt wird er Daniel aufgeschlossen, und Israel muss noch heute auf die volle Erfüllung warten, bis es wie Daniel Buße tun wird. (Abschnitt 3.2.4)

Wie war das nun bei der Menschwerdung des Gottessohnes; wie war das bei Jesus, dem Gesalbten, dem Messias Israels, dem Christus Gottes als Herrn der Ekklesia? Wie verhielt es sich da mit geoffenbartem und verborgenem Ratschluss Gottes?

4.4 Gottes geoffenbarter und sein verborgener Wille

Zunächst: Durch weite Strecken der alttestamentlichen Prophetie zieht sich die Verheißung eines Messias, eines Königs aus Davids Geschlecht, der Israel in seinem Königreich so führen wird, dass von Zion Regentschaft und Segen Gottes zu allen Völkern ausgehen wird. Auch davon ist immer wieder die Rede, dass Israel durch vielerlei Nöte und Drangsal gehen wird, bis es bereit wird für diese Aufgabe. Selbst von der Ablehnung des von Gott gesandten Gesalbten wird zum Teil sehr deutlich, für die meisten damaligen Leser aber überwiegend verdeckt, geweissagt.

Der Herr nimmt in seinen Reden immer wieder auf alle diese prophetischen Aussagen Bezug. Häufig verwenden die Schreiber der Evangelien die Redewendung: „... wie/was geschrieben steht ...", oder auch: „... damit die Schrift erfüllt werde ..." Es geht also bei den in den Evangelien berichteten Ereignissen für alle damals Beteiligten um die Verwirklichung des geoffenbarten Ratschlusses Gottes, um die Erfüllung der alten Messias-Verheißungen. So und nur so konnten seine Jünger und Zuhörer alles verstehen.

Als Johannes aus dem Gefängnis fragt: „Bist du der Kommende, oder sollen wir auf einen anderen warten?" (Mt 11,3) und mit diesem „Kommenden" meinte er eindeutig den verheißenen Messias, bestätigt Jesus die vorausgegangenen Hinweise des Täufers auf Jesu Berufung und Auftrag, z.B. in Mt 3; Mk 1,1–8; Lk 3,15–18.

Auch in den „Endzeit-Reden" Jesu (Mt 24 und Lk 21) geht es um die im Zusammenhang mit der Aufrichtung des Israel verheißenen Königreiches zu erwartenden Ereignisse. Jesus gibt zum Teil konkrete Hinweise, wie seine Hörer sich dann verhalten sollen, wenn diese Prophetie geschichtliche Realität wird. Selbst im Zusammenhang mit seiner Kreuzigung bezieht er sich auf die alte Prophetie, den geoffenbarten Ratschluss seines Vaters: Mt 26,24 „Der Sohn des Menschen geht zwar dahin, wie über ihn geschrieben steht. Wehe aber jenem Menschen, durch den der Sohn des Menschen überliefert wird!"

Wer nur das Alte Testament und die in den Evangelien berichteten Ereignisse kannte, konnte kaum anderes erkennen. Das ist bis zu diesem Zeitpunkt Gottes offenbarter Wille und Ratschluss. In dem Rahmen ist auch Mt 28,19 überhaupt nicht anders zu verstehen und einzuordnen, als die konsequente Fortführung der alten, seit Abraham für seine leiblichen Nachkommen gegebenen Verheißungen: Ihr sollt zum Segen für alle Geschlechter der Erde werden. Alle Prophetie seit Abraham hat das dann weiter detailliert, ist aber immer in diesem geoffenbarten Rahmen geblieben.

Noch für die Ausgießung des Geistes zum Wochenfest „chag schawuot", dem Tag, den wir Pfingsten nennen, hatte der Herr auf „die Verheißung des Vaters" verwiesen (Apg 1,4). Petrus bezieht sich in seiner „Pfingstpredigt" durchgehend sehr folgerichtig auf diese alten Verheißungen für Israel (Apg 2,14–41). Also selbst hier sind wir immer noch mitten im von Gott geoffenbarten Ratschluss seines Wollens, der jetzt in seiner konkreten Realisierung Schritt für Schritt weiter entfaltet und bestätigt wird.

Nun ist aber die Geschichte Gottes mit seinem Sohn und mit dieser Menschheit weitergegangen. Der erhöhte Gottessohn hat seinen Aposteln Aufschluss gegeben, dass im Hintergrund zu Gottes geoffenbartem Plan noch ein bisher nicht so klar und zum Teil überhaupt nicht bekannter Plan verborgen war. Dass es bei diesem Messias Jesus für Israel noch eine Dimension gab, die weit über das verheißene Königreich und die damit verbundene Segnung aller Geschlechter der Erde hinausgeht.

Johannes der Täufer hatte prophetisch schon einen entscheidenden Punkt bei Jesu Taufe angesprochen: „Siehe, das Lamm Gottes, das die Sünde der Welt [des Kosmos] wegnimmt!" (Joh 1,29) Das ist weit mehr als Segnung der Völker durch das neugewordene Israel unter Führung seines Messias. Wir können es heute deutlich so verstehen. Aber haben das die damals Hörenden schon so erkennen können?

Petrus hatte in seinem in Mt 16,16 überlieferten Bekenntnis: „Du bist der Messias, der Sohn des lebendigen Gottes" auch etwas ausgesprochen, was so bisher nicht bekannt war. Der Herr stellt darauf ja auch fest: „... Fleisch und Blut haben es dir nicht geoffenbart, sondern mein Vater in den Himmeln ..." Das meint doch wohl, dass Petrus diese Verbindung von „Messias" und „Sohn des lebendigen Gottes" nicht aus der traditionellen Überlieferung, nicht aus der Auslegung des Tenach wusste oder wissen konnte. Das war direkte Offenbarung des Vaters, des „lebendigen Gottes". Israel in seiner Gesamtheit wurde verschiedentlich von Gott als „mein Sohn" angesprochen, z.B. 2Mo 4,22 oder Hos 11,1. Das meint auch Paulus in Rö 9,4. Aber, dass Gott einen irgendwie gearteten speziellen Sohn hätte und dass dieser mit dem verheißenen Messias identisch wäre, das war und ist für die meisten Juden noch heute eine gotteslästerliche Feststellung.

Diesen Zusammenhang zwischen geoffenbartem und bis zu einem gewissen Zeitpunkt verborgenem Ratschluss Gottes zu beachten, ist nun ganz wesentlich für das richtige Verständnis der in der Apostelgeschichte berichteten Ereignisse und des Herausrufens einer Ekklesia, in der „weder Beschneidung noch Unbeschnittensein etwas gilt, sondern eine neue Schöpfung" (Gal 6,15).

Wir sind bei dem Versuch, uns Klarheit zu verschaffen, inwieweit im Heilshandeln Gottes mit seiner Schöpfung zu unterscheidende Perioden beachtet werden müssen. Hier in der Apostelgeschichte befinden wir uns in einer sich über einen längeren Zeitraum erstreckenden Umbruchphase. Israels weiterhin ablehnende Reaktionen auf Gottes Handeln durch das Opfer Jesu lösen eine Wechselwirkung aus. Auf der einen Seite vertagt Gott die Erfüllung gewisser für Israel prophezeiter Verheißungen. Gleichzeitig offenbart Gott schrittweise bisher verborgene Ratschlüsse. Das sind Geheimnisse, die insbesondere uns, die Ekklesia, dann aber auch die Endziele der Wege Gottes mit der Gesamtschöpfung betreffen.

An dieser Stelle möchte ich noch einmal darauf hinweisen: Gottes Geheimnisse zu verstehen und in den Gesamtzusammenhang göttlicher Offenbarungen einordnen zu können, ist nicht vordringlich eine Frage der Intelligenz oder eines theologischen Studiums sondern des Erfülltseins mit Gottes heiligem Geist. Es ist auch kein Thema für neugierige und naseweise Gemüter, auch nicht für fromme, die sich in der Gemeinde mit ihrem besonderen Wissen herausheben möchten. Paulus, der große „Geheimnisträger" Gottes, führt hierzu z.B. in 1Kor 2,1.2; 3,21–4,2; 13,2 einige Hinweise an.

In der Begriffskonkordanz von Langenberg habe ich unter dem Stichwort „Geheimnis" (S.165) gefunden: „Ist schon das Wissen, das Kennen der Geheimnisse der Regierungswege

4.4 Gottes geoffenbarter und sein verborgener Wille

Gottes etwas Großes, so ist das Erkennen und Verstehen etwas darüber weit Hinausliegendes, was nur Begnadeten geschenkt wird, welche in die Tiefen des prophetischen Wortes hineinschauen dürfen. Wissen kann man lernen als gelehriger Jünger oder Schüler, aber Erkennen erlangt man nur durch inneres, erlebnismäßiges, gläubiges Erfassen."

Schon Jesus hatte zu seinen Jüngern von dem Geheimnis gesprochen, das mit der Verzögerung des verheißenen Königreiches für Israel zusammenhängt. Die Jünger fragen ihn: „Warum redest du in Gleichnissen mit ihnen?" Und der Herr erklärt ihnen: „Weil euch gegeben ist, die Geheimnisse der Königsherrschaft der Himmel zu wissen, jenen aber ist es nicht gegeben." (Mt 13,10.11; Mk 4,11; Lk 8,10 – vgl. Abschnitt 3.3.2).

Seinen Jüngern erklärt er den Sinn seiner Gleichnisse, und hier darf man dann nicht nur an die in Mt 13 berichteten denken, sondern auch an z.B. Lk 19,11–27. Er erläutert ihnen an Hand der Gleichnisse, was er dann ab Mt 16,21 (Mk 8,31; Lk 9,22) deutlich erklärt: Volk und Priesterkaste werden nicht langsam überzeugt werden, dass er der lange verheißene Messias ist. Im Gegenteil, sie werden nicht nur seine Botschaft ablehnen, sondern ihn auch töten. Petrus ist von diesem jetzt ganz klar geoffenbarten Geheimnis so schockiert, dass er völlig überhört, dass der Herr auch von seiner Auferstehung spricht. „Gott behüte dich, Herr! Dies wird dir keinesfalls widerfahren!" (Mt 16,22).

Dieses in den verschiedensten Gleichnissen verborgene Geheimnis blieb immer noch im Rahmen der vorgegebenen Verheißungen. Den Beiden auf dem Weg nach Emmaus erklärt Jesus den Zusammenhang: „O ihr Unverständigen und trägen Herzens, zu glauben an alles, was die Propheten geredet haben. Mußte nicht der Messias dies leiden und in seine Herrlichkeit eingehen?" (Lk 24,25.26). Als sie den Elfen in Jerusalem dieses Erleben berichten, tritt Jesus unter sie und erklärt: „Dies sind meine Worte, die ich zu euch redete, als ich noch bei euch war, daß alles erfüllt werden muß, was über mich geschrieben steht in dem Gesetz Moses und den Propheten und Psalmen. Dann öffnete er ihnen das Verständnis, damit sie die Schriften verständen, und sprach zu ihnen: So steht geschrieben, und so mußte der Messias leiden und am dritten Tag auferstehen aus den Toten ..." (v 44–46).

Nun berichtet die Apostelgeschichte, dass dieses Geheimnis des Verzugs mit der Auferstehung und Himmelfahrt noch nicht zum Abschluss gekommen ist. Petrus kann noch nach der Heilung des Lahmgeborenen verkündigen: „Gott aber hat so erfüllt, was er durch den Mund aller Propheten vorher verkündigt hat, daß sein Messias leiden sollte. So tut nun Buße und bekehrt euch, daß eure Sünden ausgetilgt werden, damit Zeiten der Erquickung kommen vom Angesicht des Herrn, und er den euch vorausbestimmten Jesus Messias sende. Den muß freilich der Himmel aufnehmen bis zu den Zeiten der Wiederherstellung alles dessen, wovon Gott durch den Mund seiner heiligen Propheten von jeher geredet hat." (Apg 3,18–21).

Circa 20 Jahre später spricht Jakobus auf dem sogenannten Apostelkonzil davon, dass diese Zeiten der Verzögerung noch nicht abgeschlossen sind. Er zitiert inhaltlich, nicht wortwörtlich den „heiligen Propheten" Amos: „Nach diesem will ich zurückkehren und wieder aufbauen die Hütte Davids, die verfallen ist, und ihre Trümmer will ich wieder bauen und sie wieder aufrichten; damit die übrigen der Menschen den Herrn suchen ..." (Apg 15,16). Nach Amos 9 ist hier eindeutig das Königreich gemeint, das wiederhergestellt werden soll, damit dann endlich

Gottes schon Abraham gegebener Auftrag erfüllt wird. Gemäß dieser Rede des Jakobus ist diese Verheißung zu seiner Zeit noch nicht verwirklicht.

Aus diesen Beispielen wird ersichtlich, dass es sich bei den „Geheimnissen des Königreichs", über die der Herr zu seinen Jüngern redet, immer noch um das Entfalten schon im Tenach enthaltener Verheißungen handelt. Außerdem ist zu beachten, dass bis hier in die Zeit der Apostelgeschichte hinein den Aposteln bewusst ist, dass dieser Prozess der Verzögerung nicht abgeschlossen ist und dass sie immer noch auf die Errichtung ihres verheißenen Königreichs warten.

4.4.2 Gott gibt bisher verborgene Ratschlüsse bekannt

Erst Paulus ist es, der dann im Auftrag des auf Gottes Thron erhobenen Sohnes von einer ganz neuen Qualität, einer ganz anderen Art von Geheimnissen redet:
- Röm 16,25.26: „... nach meinem Evangelium und der Predigt von Jesus Christus, nach der Offenbarung des Geheimnisses, das ewige Zeiten hindurch verschwiegen war, jetzt aber geoffenbart und ... bekannt gemacht worden ist".
- 1Kor 2,7.10: „Gottes Weisheit in einem Geheimnis, die verborgene, die Gott vorherbestimmt hat, vor den Zeitaltern, zu unserer Herrlichkeit ... uns aber hat Gott es geoffenbart durch den Geist".
- Eph 3,4.5.9: „... das Geheimnis des Christus ... das in anderen Geschlechtern den Söhnen der Menschen nicht zu erkennen gegeben wurde ... ans Licht zu bringen, was die Verwaltung des Geheimnisses sei, das von den Zeitaltern her in Gott, der alle Dinge geschaffen hat, verborgen war".
- Kol 1,26: „Es ist das Geheimnis, das von den Weltzeiten und von den Geschlechtern her verborgen war, jetzt aber seinen Heiligen geoffenbart worden ist."

Wenn man den Wortlaut und Inhalt dieser Aussagen ernst nimmt, dann hatte Gott offensichtlich Absichten oder Ziele, die er bis zu diesem Zeitpunkt in sich verborgen gehalten hatte. Absichten, die die bisher geoffenbarten Ziele und damit zusammenhängende Verheißungen nicht ungültig machen oder ersetzen, sondern ergänzen. Gott offenbart Planungen im Rahmen seines Gesamt-Heilsplanes, die weit über das bis dahin Verheißene hinausgehen und seine bisher erkennbare Treue und Liebe zur Gesamtschöpfung weit überragen.

Mit dem Offenbaren dieses bisher verborgenen Willen Gottes hat der erhöhte Herr insbesondere den Apostel Paulus beauftragt. Der kann direkt formulieren, er und seine Mitarbeiter seien „Verwalter der Geheimnisse Gottes" geworden (1Kor 4,1). Er kann sogar im Brief an die Kolosser (1,25) schreiben, er habe von Gott eine Verwaltung, eine Haushalterschaft bekommen, „das Wort Gottes auf ein Vollmaß (‚pleroo') zu bringen"; so in Elb die Fußnote 18: „w(örtlich): auf ein Vollmaß bringen". Ist das eine besondere Erfüllung der Zusage des Herrn an seine Jünger in Joh 16,12–14?

Ihm, Paulus, hat der auf den Thron Gottes, seines Vaters, erhöhte Herr der Gemeinde einige die Verheißungen erweiternde, bis dahin verborgene göttliche Geheimnisse geoffenbart. Im

4.4 Gottes geoffenbarter und sein verborgener Wille 177

Folgenden werden jeweils nur die Schlüsselverse angegeben. Zum vollen Verständnis ist aber der gesamte Kontext zu beachten:

Er offenbart das Geheimnis der teilweisen und zeitweisen Verstockung Israels, „damit ihr nicht euch selbst für klug haltet" (Röm 11,25–29).

Wir erhalten Aufschluss über das „Geheimnis des Christus"; nämlich dass die Nationen Miterben, Mitleib und Mitteilhaber der Jesus Christus betreffenden Verheißungen sind (Eph 3,3–11; Röm 8,17.32). „syssoma" bedeutet nicht Mit-Einverleibte sondern Mit-Leib. Die Gemeinde ist nicht mit einer anderen Gruppe „mit einverleibt" worden. Sie ist Mitleib, und dadurch Ausführungsorgan des Christus Gottes. Durch Gottes Erwählung ist jeder Einzelne Glied an diesem Leib (1Kor 12,12; 1,13; Eph 5,30; Röm 12,4.5).

Wir erfahren von dem Geheimnis, dass wir nicht alle entschlafen, aber alle verwandelt werden (1Kor 15,51.52; vgl. 2Kor 5,1–10). Für die bis zu diesem Zeitpunkt schon Entschlafenen und die dann noch Lebenden wird es gemeinsam geschehen (1Thes 4,15–17). Ganz generell gibt es verschiedene Ordnungen der Auferstehung, in der Jesus Christus der Erstling war (1Kor 15,22.23).

Nicht zuletzt ist Paulus beauftragt, uns einiges zu sagen über das Geheimnis des Willens Gottes für die Fülle der Zeiten (Eph 1,9–11; Röm 8,19–22; 1Kor 2,6–10). Damit wird der Horizont der Wege Gottes mit seiner Gesamt-Schöpfung in einer Weite geöffnet, wie es bis dahin nicht geschehen war (1Kor 15,24–28). Paulus fühlte sich verpflichtet „den ganzen Ratschluß Gottes" zu verkündigen (Apg 20,27). Schon Jeremia (Jer 1,17) hatte eine gleiche Verpflichtung. Vielleicht muss man das heute besonders betonen: Der Gemeinde steht in der Verkündigung der ganze Ratschluss Gottes zu.

Der Opfertod des Messias auf Golgatha sühnte zunächst die Schuld Israels, die Sünde des ständigen Hurens hinter anderen Göttern her (Hes 16,35.36; Hos 1,2). So verstanden es die Jünger und so verkündigten sie es den Hörern schon an Pfingsten (Apg 2,14–36), später in der Salomonshalle (Apg 3,12–26) und ebenfalls nach ihrer Verhaftung vor dem Hohen Rat (Apg 5,30.31). Das war ihr konkretes Verständnis alter Verheißungen nach der 40–tägigen Belehrung durch ihren auferstandenen Herrn. Die Annahme dieses Sühnetodes durch das Volk und die geistlichen Führer war Voraussetzung für die weitere Realisierung ihrer Verheißungen. Das ist es, was Petrus in Apg 3,17–26 sagt.

Der Opfertod des Gottessohnes tilgte aber auch die Schuld der Menschen aus den Nationen, der Nicht-Juden. Sie standen nicht dem „JHWH elohim", dem Gott Israels in Verpflichtung; sie waren nicht dem Gesetz Israels unterworfen. Aber sie standen in Verantwortung gegenüber dem Schöpfer-Gott, JHWH, dessen machtvolles Wirken sie erkennen konnten (Röm 1,18–23; Apg 14,16.17; 17,24–28).

Johannes beschreibt in der Offenbarung Jesu Christi, dass kurz vor Beginn der sieben Plagen ein Engel ein ewiges, äonisches Evangelium, eine Froh-Botschaft dieses Zeitalters verkündet (Off 14,6.7). „Fürchtet Gott und gebt ihm Ehre, denn die Stunde des Gerichts ist gekommen; und betet den an, der den Himmel und die Erde und das Meer und die Wasserquellen gemacht hat!" Hier geht es einzig und allein um die Anbetung Gottes als Schöpfer. Das wurde seit

Adams Fall von allen Menschen gefordert. Gott den Schöpfer zu ehren, dazu mindestens war und dazu ist jeder Mensch, der nicht in einem besonderen Verhältnis zu Gott steht, verpflichtet.

Durch Adams Sünde ist der geistige Tod, die Trennung von Gott, in die Welt gekommen (Röm 5,12–14). Diese Kluft zwischen Gott und Mensch kann kein menschliches Opfer tilgen. Das war nur durch das Opfer des Gottessohnes möglich. Johannes der Täufer sprach das schon prophetisch bei der Taufe Jesu aus (Joh 1,29). Aber das konnte man damals in Israel aus seinen alten Verheißungen nicht herauslesen. Das war also ein zunächst verborgener Ratschluss Gottes.

Doch der Opfertod Jesu hat eine noch tiefere Dimension. Es ging nicht nur darum, die Grundschuld Adams und die daraus folgenden Sünden der Menschen zu sühnen. Satan selbst stand mit im Blickwinkel. Das war schon die Verheißung in 1Mo 3,15, dass eines Tages von einem von einer Frau Geborenen Satans „Kopf zermalmt" würde. Auch der Abfall in der jenseitigen Welt, unter den himmlischen Mächten musste gesühnt werden. Petrus schreibt, dass im voraus, vor der Grundlegung der Welt (wieder dieses „katabole kosmou") Christus als Lamm Gottes erkannt war (1Petr 1,20). Das darf man sicher so verstehen, dass der Schöpfer schon vor dem Fall Satans, in einem verborgenen Ratschluss die Lösung auch dieses Problems bedacht hatte.

Im Hebräer-Brief wird dieses Thema auch angesprochen. Dort wird ab 9,11 von der Reinigung von Menschen und Geräten durch Tierblut unter dem Gesetz geredet. In 9,22 wird dieser Gedankengang abgeschlossen mit der Feststellung: „... und fast alle Dinge werden mit Blut gereinigt nach dem Gesetz, und ohne Blutvergießen gibt es keine Vergebung." Dann fährt der Text fort – und deshalb gehört er in unseren Zusammenhang: „Die Abbilder der himmlischen Dinge [in 8,5 ist direkt von den „Schatten der himmlischen Dinge" die Rede] werden hierdurch gereinigt, die himmlischen Dinge selbst aber durch bessere Schlachtopfer als diese. Denn der Christus ist nicht hineingegangen in ein mit Händen gemachtes Heiligtum, ein Gegenbild des wahren, sondern in den Himmel selbst ..." (Hebr 9,23.24). Die Auswirkung des Opfers Jesu auf Golgatha strahlt also viel weiter aus, als wir in den normalen Auslegungen bedenken.

Kreuzigung und Auferstehung Jesu Christi sind der entscheidende Einschnitt in Gottes Weg mit seiner Schöpfung. Nichts ist, von Gott her gesehen, noch so wie vorher. Gott rechtet nicht mehr mit dem einzelnen Geschöpf. Ihm ist Genugtuung widerfahren. Sein Sohn hat in seinem Tod für alle Schuld im Diesseits und Jenseits bezahlt. Deshalb konnte der Herr schon in seinen Erdentagen verkünden: „Denn der Vater richtet auch niemand, sondern das ganze Gericht hat er dem Sohn übergeben." (Joh 5,22).

Nun kommt niemand mehr an dem Gottes Sohn vorbei. ER ist jetzt der große Gläubiger gegenüber allen durch Sünde Verschuldeten (2Kor 5,18–21). Aber wir müssen auch festhalten, dass alles das, was sich dort in Israel im Zusammenhang mit dem Messias ereignete und in den Evangelien berichtet wird, bis in den Anfang der Apostelgeschichte hinein in dieser Breite oder Tiefe nicht gesehen und verstanden wurde und ohne Gottes Offenbaren wohl auch noch nicht verstanden werden konnte.

4.5 Gottes Handeln aus alter Verheißung und neuer Offenbarung

4.5.1 Pfingsten – Gottes lebendig machender Geist

Mit diesen in sich verbundenen Ereignissen von Kreuzigung und Auferstehung, Himmelfahrt und Geist-Ausgießung beginnt unbestreitbar eine neue, sich in wesentlichen Punkten vom bisher Verheißenen unterscheidende Periode in Gottes offenbarten Plänen.
Zunächst ist da der Aufbruch in Israel. Es bildet sich im Volk eine Ekklesia; aus dem Gesamtvolk Herausgerufene, die die Botschaft vom für sie gekreuzigten Messias annehmen. In Abschnitt 3.4.1 ist ausführlich darüber berichtet.
Aber es geschieht auch etwas völlig neues mit den gläubig gewordenen Menschen. Petrus hatte in seiner Rede anlässlich der Geist-Ausgießung auf die Prophetie bei Joel Bezug genommen (Apg 2,16–21). Sie redet von diesem Ereignis im Zusammenhang mit dem Anstoßen des Israel verheißenen Königreiches (Joe 3,1–5). Aber diese Prophetie kommt nicht zur vollen Verwirklichung. Israel verweigert sich.
In Hes 11,17–20 wird anlässlich des Rückzugs der Herrlichkeit JHWH's aus dem Tempel in Jerusalem von dem gleichen Wirken Gottes an Israel berichtet. Ausführlicher dann in Hes 36,22–38 und 37,1–28. Hes 11 und 36 sprechen nicht nur von der Rückführung Israels und der Aufrichtung des Königreichs. Sie sprechen auch davon, dass in den beteiligten Menschen von Gott etwas Neues geschaffen wird. Gott wird sie von allen ihren Unreinigkeiten und von allen ihren Götzen reinigen (36,25) und sie werden ein neues Herz und einen neuen Geist erhalten. Ihr „steinernes Herz" wird gegen ein „fleischernes Herz" ausgetauscht werden (11,19 und 36,26). Mit anderen Worten gesagt: Gott beendet dann ihren durch die Trennung von ihm bewirkten inneren Todes-Zustand und verleiht ihnen neues Leben, Leben aus Gott.

Was dort an Pfingsten bei der Ausgießung des heiligen Geistes geschieht, ist ein bis dahin nicht gekanntes Ereignis. Auf die Jünger und wohl auch die „etwa hundertzwanzig Personen" (Apg 2,1; 1,15) fällt Geist Gottes; aber nicht vordringlich, um sie zu besonderem Handeln zu ermächtigen. Es ist dieser in Hes 36 verheißene, von innen heraus ein neues Herz schaffende Geist.

Durch Israels gesamte Geschichte hindurch hatte Gott seinen Geist auf Menschen gelegt, wenn er ihnen besondere Aufträge gab. Mit einer Konkordanz sind schnell viele Stellen zu finden. Hier einige Beispiele, um deutlich zu machen, worum es dabei immer ging.
Gott nimmt von dem Geist, den er Mose gegeben hatte und legt ihn auf die 70 Ältesten, die daraufhin weissagen (4Mo 11,17 u. 25–29).
Um die Stiftshütte nach Gottes Richtschnur und Moses Anweisungen bauen zu können, wird Bezalel mit dem Geist Gottes erfüllt, mit Weisheit, Verstand und Erkenntnis in jedem Werk (2Mo 31,3; 35,31).
Im Buch Richter wird in vielen Berichten gezeigt, wie der Geist JHWH's auf Männer fällt, um von Gott gewolltes Handeln zu ermöglichen: bei Otniel, um Israel zu richten (3,10); bei Gideon, um gegen Midian zu kämpfen (6,34); bei Jeftah, um gegen die Ammoniter zu kämpfen (11,29); bei Simson, um besondere Machttaten vollbringen zu können (14,6.19; 15,14).

Als David von Samuel zum König gesalbt wird heißt es: „Und der Geist JHWH's geriet über David von diesem Tage an und darüber hinaus." (1Sam 16,13) Am Ende seines Lebens kann er sagen: „Der Geist JHWH's hat durch mich geredet, und sein Wort war auf meiner Zunge." (2Sam 23,2) In Ps 51,13 ist uns überliefert, dass er nach seiner großen Sünde mit Batseba und dem Mord an ihrem Mann Uria Gott bittet, dass er ihm den „Geist deiner Heiligkeit" nicht nimmt. Es geht um den von Gott verliehenen, zum Regieren des Gottes-Volkes erforderlichen Geist.

Direkt nach Davids Salbung wird berichtet: „Aber der Geist JHWH's wich von Saul und ein böser Geist von JHWH ängstigte ihn." (1Sam 16,14). Nur einer konnte von Gott beauftragt sein, in seinem Namen Israel zu regieren. Dann wird aber später berichtet, wie auf Sauls Boten und anschließend auch auf ihn Geist Gottes zum Weissagen fällt (1Sam 19,23.24): „.... daher sagt man: Ist auch Saul unter den Propheten?" Geist Gottes wird ihm zum Königsamt gegeben. Als er von Gott verworfen wird, wird er ihm genommen. Später weissagt er wiederum im Geist Gottes.

Immer wieder begabt Gott Menschen mit seinem Geist, damit sie seine Aufträge ausführen können. Quer durch das Alte Testament kann man das verfolgen. Auch der Prophet Jesaja kann sagen: „... Und nun hat der Herr, JHWH, mich gesandt und seinen Geist (verliehen)." (Jes 48,16); oder in 59,21: „... spricht JHWH: Mein Geist, der auf dir ruht, und meine Worte, die ich in deinen Mund gelegt habe, ..."

Hesekiel schreibt in 3,24 und 11,5, wie der Geist Gottes auf ihn fällt. Von diesen und anderen Propheten schreibt später Petrus ganz pauschal: „Niemals wurde eine Prophetie durch den Willen eines Menschen hervorgebracht, sondern von Gott her redeten Menschen, getrieben vom Heiligen Geist." (2Petr 1,21).

Wohl eine der seltsamsten Geschichten zum Thema „Begabung mit Gottes Geist" ist die in 4Mo 22,1–24,25 über Bileam berichtete, diese schillernde Figur, dessen Ruf darauf gründete, dass er mit jenseitigen Mächten in Verbindung stand (22,6.7). Balak, der Moabiter-Fürst, holt ihn, um auf Israel einen Fluch zu legen, damit er Israel vertreiben kann. Aber dann legt JHWH „ein Wort in den Mund Bileams" (23,5.16); Bileam kann nicht fluchen; er muss bekennen: „Muß ich nicht darauf achten, das zu reden, was JHWH in meinen Mund legt?" (23,12). Dann heißt es direkt: „... und der Geist Gottes kam über ihn. Und er begann seinen Spruch und sprach: ..." (24,2.3). Es folgt der prophetische Segensspruch über Israels Zukunft. Auch durch solch einen dämonischen Menschen kann Gottes Geist seinen Zweck bewirken.

Wenn Gott Menschen beauftragt, lässt er sie nicht mit ihrer Weisheit oder Kraft allein. Er rüstet sie mit seiner Segnung, mit seinem Geist aus. Er schenkt die benötigte Gnadengabe, das erforderliche Charisma. Das setzt sich ganz selbstverständlich in den Evangelien fort. Zacharias, der Vater Johannes des Täufers, wird mit Heiligem Geist erfüllt und weissagt (Lk 1,67). Von Simeon, der im Tempel zu Jerusalem das Jesus Kind und die Eltern segnet und weissagt, heißt es: „... und der Heilige Geist war auf ihm." (Lk 2,25)

In diese lange Reihe der Geistbegabungen, um göttlichen Auftrag erfüllen zu können, gehört für mein Verständnis auch das, was Joh 20,21–23 berichtet wird: „Jesus sprach nun wieder zu ihnen: Friede euch! Wie der Vater mich ausgesandt hat, sende ich auch euch. Und als er dies

4.5 Gottes Handeln aus alter Verheißung und neuer Offenbarung

gesagt hatte, hauchte er sie an und spricht zu ihnen: Empfangt Heiligen Geist! Wenn ihr jemandem die Sünden vergebt, dem sind sie vergeben, wenn ihr sie jemandem behaltet, sind sie behalten."

Zeitlich liegt diese Begegnung zwischen Auferstehung und Himmelfahrt; also irgendwann am Anfang der vierzig Tage von Apg 1,3. Wir sind aber immer noch einige Zeit vor der Geistausgießung an Pfingsten. Entsprach diese Begabung mit heiligem Geist dort in der verschlossenen Wohnung (Joh 20,19) dem öffentlichen Ereignis und der Wirkung anlässlich des jüdischen „chag schawuot"? Wenn die Antwort „Ja" lautet, dann drängt sich die Frage auf, warum erhielten die Jünger mit wenigen Tagen Abstand zweimal die gleiche Gabe?

Dort in Joh 20 erhalten die Jünger durch den auferstandenen Herrn einen Auftrag und gleichzeitig eine spezielle, dazu erforderliche Macht. Das ist zunächst einmal ganz in der Linie der üblichen Geistausrüstung für eine göttliche Beauftragung. Prof. Bornhäuser schreibt in seiner Johannes-Auslegung zu dieser Stelle: „Für ihr besonderes Amt erhalten sie auch den dazu nötigen Geist. ... Hinter dem Wort steht die Anschauung von dem charismatischen Teilgeist, der zu besonderem Dienst befähigt. Das, wozu er die Apostel befähigt, ist, daß sie Sünden zu vergeben und zu behalten vermögen." (S.125).

Aber in dieser Beauftragung und dieser Zurüstung liegt dann auch etwas bisher nicht Bekanntes. Im gesamten Opferdienst Israels ging es um Schuldbekenntnis und Sühnung oder Heiligung vor Gott (3Mo 17,11). Der Priester erwirkt durch das Tieropfer Sühnung für einzelne oder für das gesamte Volk (3Mo 5,26; 4Mo 15,25); und dann heißt es immer wieder „es wird ihm / ihnen vergeben werden". Vergebung von Gott und nicht durch den opfernden Priester. Sünden vergeben kann nur Gott. (2Mo 34,7.9; 4Mo 14,19.20; 1Kö 8,30; Jer 33,8).

Genau darum geht es unter anderem bei der in Mk 2,1–12 berichteten Geschichte mit dem durch das Dach zu Jesus gebrachten Gelähmten. Jesus erklärt, als er diesen Glauben sieht: „Kind, deine Sünden sind vergeben." (v 5). Die Schriftgelehrten stellen schockiert fest: „Was redet dieser so? Er lästert! Wer kann Sünden vergeben außer einem, Gott." (v 7 und so auch Lk 5,21). Dann demonstriert Jesus, dass er, der Sohn des Menschen Vollmacht hat, auch Sünden zu vergeben (v 10). Hier in Joh 20 verleiht der auferstandene Gottessohn seinen Jüngern göttlichen Geist zu bisher Gott vorbehaltenem Handeln. Sie erhalten Vollmacht, Sünden zu vergeben oder zu behalten. Das ist eine neue, ungeahnte Dimension für das Wirken von Menschen in Gottes Auftrag und Namen.

Das Ereignis von Pfingsten ist nach meinem Verständnis aber noch einmal ganz anderer, ganz besonderer Art. Hier wird das in Hes 11,17 ff und 36,22 ff Verheißene Wirklichkeit. Wer dieses umfassende Sühneopfer Jesu für sich annimmt, für den gilt: „Ich werde euch ein neues Herz geben und einen neuen Geist in euer Inneres geben; und ich werde das steinerne Herz aus eurem Fleisch wegnehmen und euch ein fleischernes Herz geben." (Hes 36,26).

Der Bericht über Jesu Diskussion mit der Volksmenge beim Laubhüttenfest schließt ab mit: „... Jesus rief und sprach: Wenn jemand dürstet, so komme er zu mir und es trinke, wer an mich glaubt. Wie die Schrift gesagt hat: Aus seinem [Jesu!] Leibe werden Ströme lebendigen Wassers fließen. Dies aber sagte er von dem Geist, den die empfangen sollten, die an ihn glaubten; denn noch war der Geist nicht da, weil Jesus noch nicht verherrlicht worden war." So Joh 7,37–39 mit etwas veränderter, ebenfalls möglicher Zeichensetzung.

Dienst-Geist, charismatischer Teilgeist, der befähigte, von Gott gegebene Aufträge durchzuführen, war immer schon da. Aber dieser, einen Menschen von innen heraus verändernde Lebensgeist, von dem Hesekiel als Verheißung schreibt, er konnte erst ausgegossen werden, nachdem Jesus „verherrlicht worden war". Dieses neue Leben meinte der Herr auch in seinem in Joh 5,39.40 überlieferten Gespräch (siehe Abschnitt 1.2.4).

Die Belehrung, die Jesus dem Obersten der Juden, Nikodemus, gegeben hatte (Joh 3,1–15) und die dieser so schwer verstehen konnte, wird Realität. Der Todeszustand von Adam her, das steinerne Herz, kann in einen Lebenszustand, ein fleischernes Herz, verwandelt werden. Menschen werden durch Gottes lebendig machenden Geist „wiedergezeugt" oder „wiedergeboren". Sie haben „Leben in Überfluß" (Joh 10,10). Paulus nennt diese Veränderung in einem Menschen später direkt eine „neue Schöpfung" (2Kor 5,17; Gal 6,15). Altes vergeht, Neues tritt an seine Stelle.

Pfingsten wird oft als Beginn der Gemeinde oder sogar der Kirche gefeiert. Es ist für mich etwas wesentlich anderes und wesentlich mehr. Pfingsten ist Beginn der neuen Schöpfung! Noch nicht im gesamten Kosmos; aber in Menschen, denen Gott diesen Lebensgeist schenkt. Eine neue, bis dahin ungekannte Begabung und Kraft zieht in Menschen ein, die in dieses neue Verhältnis zu Gott hineingenommen werden. Sie werden von innen heraus völlig verändert. Der Petrus nach Pfingsten ist ein anderer als der dort im Hof des Hohepriesters (Joh 18,15–27); er ist jetzt ein „Lebender aus Toten" (Röm 6,13). Ein neues Zeitalter beginnt!

Mit dem hier Gesagten und Begründeten sollten Hintergründe und zum Teil verborgene Weisheit Gottes hinter dem wenige Wochen dauernden Ereignisablauf von Golgatha bis Pfingsten in Erinnerung gerufen werden. Es ist wohl klar geworden, dass im Verhältnis Gottes zu den Menschen ganz allgemein und zu Israel im Besonderen vieles von Grund auf anders geworden ist. Aber bei den im äußeren Handlungsablauf sichtbaren Ereignissen müssen wir beachten: Wir sind immer noch bei nur innerhalb Israel sich auswirkenden und gänzlich von alter Prophetie bestimmten Zusammenhängen.

Hier nach Pfingsten beginnt nun die Zeit der machtvollen, von Wundern und Zeichen begleiteten Verkündigung der Apostel. Tausende Juden hören die Botschaft vom gekreuzigten und auferstandenen Messias und Gottessohn, tun Buße und lassen sich taufen „auf den Namen des Messias Jesus zur Vergebung der Sünden" (Apg 2,38). Man beachte die hier in Israel für Juden anders lautende Formel, als sie vom Herrn für die Taufe von Jüngern aus den Nationen gegeben war: „indem ihr diese tauft auf den Namen des Vaters und des Sohnes und des heiligen Geistes" (Mt 28,19).

Sie empfangen wie verheißen den heiligen Geist, und Tausende werden von Gott der Ekklesia, der Gruppe der mitten in Israel Herausgerufenen, der Abgesonderten hinzugetan (Apg 2,41.47; 9,31). Sie sind die Sekte der Nazoräer (Apg 24,5). Man kennt sie als solche, „die des Weges sind" (Apg 9,2). Des Weges oder der Lehre des gekreuzigten Rabbi aus Nazareth meinen die Gegner; sie selber verstehen ihn als den Weg mit ihrem auferstandenen Messias.

Jetzt wäre im Nachvollzug der weiteren Geschichte zu berichten, wie die Ablehnung durch die Verantwortlichen und die Masse des Volkes mehr und mehr zunimmt bis hin zum vollständigen Abbruch dieser Sammlung in Israel. Darüber ist ausführlich im Abschnitt 3.4.1 „Israel verweigert sich auch dem auferweckten Messias" berichtet.

4.5.2 Gott sammelt seinem Sohn eine „Körperschaft": die Ekklesia

Im Abschnitt 3.4.2 bringe ich das von mir übernommene Bild von den zwei Staffelläufern. Diese Stabübergabe gehört zeitlich an dieser Stelle in unser Thema von den „Perioden in Gottes Plan". Paulus enthüllt im Auftrag des erhöhten Herrn Gottes Neuordnung des Alls (apokatallasso ta panta) (Kol 1,20; vgl. auch Abschnitt 2.1.7). In den zwei zusammengehörenden Geheimnissen von der „teilweisen und zeitweisen Verstockung Israels" (Röm 11,25–29) und dem „Geheimnis des Christus", das die Ekklesia aus Juden und Nationen betrifft (Eph 3,3–11; Abschnitt 4.4.2), werden wesentliche Teile dieses bis dahin verborgenen Ratschluss Gottes offenbart. Eine neue heilsgeschichtliche Periode wird von Gott in den Plan mit Israel eingeschoben.

Vor Grundlegung des Kosmos hatte Gott sich bereits vorgenommen, seinem Sohn einen Leib, seine „Fülle" oder „Vervollständigung" zu geben, eine „Körperschaft" im wahrsten Sinne des Wortes (Eph 1,4.5.22.23); ein lebendiger, ihm zugehörender Organismus. Dieses Geheimnis war bei Gott verborgen bis zu diesem Zeitpunkt, an dem der erhöhte Herr, Jesus Christus, es durch den „Sonderbotschafter" Paulus verkündigen und damit offenbar werden lässt. Vielleicht gehörte das auch zu den Herrlichkeiten, „in welche Dinge Engel hineinzuschauen begehrten" (1Petr 1,12).

Der Leib Christi wird von Gott gebildet. Haupt und Glieder werden zusammengefügt (Eph 5,30; 1Kor 12,27). Paulus kann von dieser neu zusammengefügten Einheit sogar sagen „der Christus" (1Kor 1,13; 12,12), so fest sind Haupt und Glieder zu einer Einheit verbunden.

Eine in seinem vollen Umfang kaum zu erfassende Berufung und daraus abgeleitet eine große Verpflichtung! „Wandelt nun würdig der Berufung, mit der ihr berufen worden seid!" (Eph 4,1). Ist uns Glaubenden in unserem Alltagsgeschäft dieses gewaltige Gnadengeschenk eigentlich noch bewusst? Hier geht es nicht um ein bisschen „christliche" Moral und Gesinnung und schon gar nicht um Normen im „christlichen Abendland".

Erkennen unsere „Hirten der Herde", Verantwortliche, die wirklich engagiert für die Gemeinde arbeiten, bei aller Treue zu ihrem Herrn durch ihr Eingebundensein in jahrhundertealte Auslegungstradition das nicht, was heute eigentlich von Gott her gewollt ist, was wesentlich ist? Wie die „Theologen" damals zu Jesu Zeit, die tiefschürfende Gedanken zum Verständnis ihres Tenach anstellten, die sich mit allem möglichen beschäftigten und sich in vielerlei einmischten. Aber am Entscheidenden lebten sie völlig vorbei (Mt 23,16–24) und dem Volk verbauten sie den Weg, um in Jesus, diesem unbedeutenden Rabbi aus Nazareth, den verheißenen Segensbringer zu erkennen (v 13).

Die Offenbarung dieses bei Gott verborgenen Geheimnisses einer neuen, ganz anders gearteten Ekklesia konnte erst im Zusammenhang mit diesem anderen Geheimnis geschehen. Röm 11,25–27 schreibt Paulus: „Denn ich will nicht, Brüder, daß euch dieses Geheimnis unbekannt sei, damit ihr nicht euch selbst für klug haltet: Verstockung ist Israel zu Teil widerfahren, bis die Vollzahl der Nationen eingegangen sein wird. Und so wird ganz Israel errettet werden, wie geschrieben steht: ‚Es wird aus Zion der Erretter kommen, er wird die Gottlosigkeit von Jakob abwenden; und dies ist für sie der Bund von mir, wenn ich ihre Sünden wegnehmen werde.' "

Israel als Volksgesamtheit hat das Gnadengeschenk der Erlösung durch den gekreuzigten und auferstandenen Gottessohn nach Jahren des Aufrufes zur Buße endgültig abgelehnt. In Abschnitt 3.4.2 ist der schrittweise Übergang von dem erwählten Gottesvolk Israel hin zu der Gemeinde, wo „weder Grieche noch Jude, weder Beschneidung noch Unbeschnittenheit" (Kol 3,11) etwas gilt, in seinen wesentlichen Punkten dargestellt. Ihnen wird nun von Paulus im Auftrag Gottes verkündet: „So sei euch nun kund, daß dieses Heil Gottes den Nationen gesandt ist; sie werden auch hören!" (Apg 28,25–29).

Einzelne aus Israel werden in diese neue Ekklesia zusammen mit den aus den Nationen Berufenen zu diesem Leib des Christus zusammengefügt. Dieses teilweise Beiseitesetzen ist aber nicht für immer, es gibt ein verheißungsvolles „BIS". Deshalb heißt es: „teilweise und zeitweise". Darum mahnt Paulus auch, niemand aus den Nationen halte sich für besonders klug. Dieser „Leib Christi" tritt nicht an die Stelle Israels, sondern hat seine begrenzte Zeit der Sammlung und dann wird Gottes Auswahlvolk wieder in seine Verheißungen eingesetzt. Das verheißene Königreich ist nicht gestrichen, es ist nur verschoben: „Bis ..."!

Das ist die Periode in Gottes Plan mit seiner Schöpfung, in der wir heute leben. Seit gut neunzehnhundert Jahren ruft Gott Einzelne aus allen Völkern – einschließlich Israel! – heraus, um diesen Leib seines Sohnes auf sein volles Maß zu bringen und darin dann auch jeden Einzelnen zu einer geistlichen Persönlichkeit zu entwickeln (Eph 4,11–16). Darum ist Mission hin in alle Welt erforderlich, jedoch nicht, um „Christliche Völker" zu produzieren. Der Herr holt seine Gemeinde zu sich, wenn sein Leib vollständig ist. Wenn alle Glieder an ihrem Platz sind. Das meint Paulus, wenn er Röm 11,25 von der „Vollzahl der Nationen" spricht. Rein zeitlich steht das in engem Zusammenhang mit dem Ende der „Zeiten der Nationen" in Jesu „Endzeitrede" (Lk 21,24). Der Herr kommt bestimmt nicht erst, wenn wir „alle Völker zu Christen getauft" haben.

Für den Abschluss dieses Abschnitts im göttlichen Heilsplan durfte Paulus wieder ein Geheimnis offenbar machen: „Siehe, ich sage euch ein Geheimnis: Wir werden nicht alle entschlafen, wir werden aber alle verwandelt werden, in einem Nu, in einem Augenblick, bei der letzten Posaune; denn posaunen wird es, und die Toten werden auferweckt werden unverweslich und wir werden verwandelt werden. Denn dieses Verwesliche muß Unverweslichkeit anziehen und dieses Sterbliche Unsterblichkeit anziehen." (1Kor 15, 51–53).

Zunächst muss geklärt werden, wer diese „Wir" sind. Das sind nicht wir, die Menschen ganz allgemein als Geschöpfe Gottes, sondern wir, die Jesus Christus Zugehörenden; wir, der Leib mit allen Gliedern. Es geht hier also nicht um das Ende der Welt und was dann mit den Menschen geschieht. Dieser Text handelt von dem Abschluss unserer derzeitigen Periode im Plan Gottes. Die dann noch weltweit lebenden Glaubenden werden „in einem Nu, in einem Augenblick", also gleichzeitig in Unsterblichkeit verwandelt werden, und die in den Jahrhunderten verstorbenen Gläubigen werden unverweslich auferweckt.

Ausführlicher schreibt Paulus über dieses Ereignis im Brief an die Thessalonicher und er betont dort ausdrücklich, dass das, was er hier ausführt, ein Wort des Herrn ist (1Thes 4,15). Bei-

4.5 Gottes Handeln aus alter Verheißung und neuer Offenbarung

de Gruppen, die so verwandelten Lebenden und die auferweckten Toten, werden in der jenseitigen Wirklichkeit mit ihrem Herrn vereinigt und von da an nicht mehr von ihm getrennt werden. Sie werden in Wolken dem Herrn entgegengerückt und damit diesem sichtbaren Bereich entrückt werden (v 17).

In der Himmelfahrt des Herrn haben wir für dieses Geschehen ein Vorbild. Dort haben wir eine sehr ähnliche Beschreibung für dieses Hinüberwechseln in die jenseitige Dimension: „...er wurde vor ihren Blicken emporgehoben, und eine Wolke nahm ihn auf vor ihren Augen weg." (Apg 1,9). Bei diesem Versammelt-Werden der Glieder des Leibes zu ihrem Haupt findet ein gleichartiger Durchbruch in diese andere Dimension statt.

Das vorkopernikanische Weltbild haben wir hinter uns gelassen. Wir sehen die Erde räumlich nicht mehr im Mittelpunkt. Wir haben zwar dieses Weltbild aus unseren Köpfen verbannt einschließlich der damaligen Vorstellung, da weit draußen hinter Raum und Zeit da irgendwo thront Gott. Für viele Menschen ist der Himmel aber immer noch irgendwo da oben oder da ganz hinten, weit draußen, noch hinter dem Ende des sichtbaren Universums. Ich wiederhole deshalb hier noch einmal, was ich weiter vorn in anderem Zusammenhang schon einmal angesprochen habe.

Für uns, die wir überhaupt mit einer jenseitigen Welt und einem unzugänglichen Bereich Gottes rechnen (1Tim 6,16; 2Kor 4,18), sollte zuverlässiges Wissen sein: Das Diesseits, also unsere fühl- und messbare, wissenschaftlich zu erforschende Welt, dieses sichtbare Universum ist von Gott eingeordnet mitten in dem uns nicht direkt zugänglichen jenseitigen Wirklichkeitsbereich. Unsere sichtbare Welt und diese unsichtbare jenseitige Welt sind ungetrennt, sie sind mit- und ineinander verzahnt und verwoben. Aber dennoch sind beide Bereiche nicht miteinander vermischt; sie sind strikt voneinander geschieden. Wir können in unserer irdischen Kreatürlichkeit nicht beliebig hin und her wechseln. Diese Beschreibung habe ich sinngemäß aus vielen Aussagen von Prof. Rohrbach übernommen; zum Beispiel in „Schöpfung – Mythos oder Wahrheit", S. 18.

Wenn wir diese Sicht haben, birgt das Hinübergenommen-Werden „in einem Augenblick" (1Kor 15,52) für unser Verstehen keinerlei Problem. Wir werden verwandelt und sind damit direkt beim Herrn. „Unser Bürgerrecht ist in den Himmeln" (Phil 3,20) sagt dann nicht nur etwas über unsere innere Verbundenheit mit dem Herrn aus. Wir verlassen dann unseren „zweiten Wohnsitz", um als von Gott gezeugte Söhne heimzukehren.

Paulus schreibt, dass er mit den vielerlei äußeren Problemen in seinem Umfeld (2Kor 1,8–10; 11,23–33; 12,7–9) nicht nur zurecht kommen, sondern sie als schnell vorübergehende, leichte Drangsal annehmen kann; und er begründet, wodurch diese Haltung für ihn möglich wird: „... da wir nicht das Sichtbare anschauen, sondern das Unsichtbare; denn das Sichtbare ist zeitlich, das Unsichtbare aber ewig." (2Kor 4,17.18). Leben wir eigentlich auch so verankert in dieser innerweltlich und wissenschaftlich nicht voll erklärbaren Wirklichkeit? „Unser Bürgertum ist in den Himmeln"; „ich weiß mich mit meiner ganzen Existenz in der Welt Gottes geborgen"! Wirklich?

Um es noch einmal ganz klar zu präzisieren: Sobald Gott seinen Plan, dem Sohn einen Leib zu schaffen, vollendet hat, ist die derzeitige Gemeinde-Periode abgelaufen. Dann werden das

Haupt, der Sohn Gottes, und die ihm vom Vater ausgewählten Glieder – die schon verstorbenen und die dann lebenden – zu einem Leib zusammengefügt. Das heißt, alle zu diesem Zeitpunkt lebenden Glieder der Leibesgemeinde werden von der Erde, aus dem diesseitigen, sichtbaren Bereich fortgenommen. Das heißt aber auch, zu diesem Leib Christi kann dann niemand mehr hinzugefügt werden. Die Geschichte des Menschen auf dieser Erde ist damit aber noch lange nicht abgeschlossen.

Dieses Geschehen, diese erste „Marschordnung" nach dem Erstling Christus, wie Paulus das in 1Kor 15,23 nennt, ist keine Begegnung im Sichtbaren und auch nicht am oder auf dem Ölberg. Dort kommt der Herr zu Israel. Das ist erst später; nach der schon in verschiedenem Zusammenhang erwähnten danielschen 70. Jahrwoche, der großen Trübsal der Offenbarung. Die Welt-Öffentlichkeit ist ausgeschlossen, wenn der Herr seine Gemeinde zu sich holt und sie seinem und ihrem Vater zuführt. Das ist eine interne Familienfeier. Vielleicht jubeln dann ja wieder die Morgensterne und jauchzen die „b'ne elohim" (Hi 38,7)?

Paulus sehnte sich danach, dieses Verwandelt-Werden zu erleben. Er wollte so gern mit „unserer Bekleidung aus dem Himmel überkleidet" werden. Aber er schließt diesen Abschnitt in 2Kor 5,1–10 auch mit einer ernsten Mahnung ab: „Wir müssen alle vor dem Richtstuhl Christi offenbar werden, damit jeder empfange, was er durch den Leib vollbracht, dementsprechend, was er getan hat, es sei Gutes oder Böses."

Man wird unwillkürlich an 1Kor 3,10–15 erinnert. Hier geht es nicht um gerettet sein oder verworfen werden. Vor diesem Richtstuhl Christi stehen nur durch die Gnade Erlöste. Aber wie sorgfältig oder gewissenhaft bin ich mit diesem großartigen Geschenk umgegangen? Auch engagierte Christen können sehr „fleischlich", ihrem „Stande" unangemessen böse agieren und reagieren. Sie können umfangreiche Mengen an Heu und Stroh produzieren (v 12). Werde ich dort am Richtstuhl Gottes und Christi vor den himmlischen Wesen zur Ehre meines Herrn beitragen oder ihm Schande bereiten?

Einen „kalendarischen" Termin, wann diese Entrückung Wirklichkeit würde, hat Paulus nicht festgemacht. Er hat den Thessalonichern geschrieben, das hätten sie nicht nötig zu wissen, denn sie würden von diesem Tag ja nicht wie ein Dieb in der Nacht überrascht (1Thes 5,4.5). So überrascht werden nur die „sie" in Vers 3, Menschen in der Finsternis, die sich in Sicherheit wiegen, über die dann ein plötzliches Verderben kommt. Sie selbst aber, die Briefempfänger, sind Söhne des Lichts und des hellen Tages, die nüchtern und wachsam sein sollen. Also benötigen sie keine Bestimmung des Zeitpunktes. Sind wir wach auf unseren Herrn Wartende, oder würden wir von diesem Tag so überrascht wie von einem Dieb in der Nacht?

Paulus hatte eindeutig eine Naherwartung. Er rechnete mit dem baldigen Kommen seines Herrn. So lange Israel noch als Volk im verheißenen Land lebte, war diese Erwartung zulässig. Die Heilsgeschichte hätte nahtlos in die Erfüllung der für Israel noch ausstehenden Verheißungen übergehen können, nachdem die Gemeinde mit ihrem Haupt vereinigt wäre. Aber ganz offensichtlich musste Israel erst noch einmal eine völlige Vertreibung aus ihrem ihnen von Gott zugesagten Siedlungsgebiet erleben.

Mit der Rückkehr des Volkes ins Land sind die Grundvoraussetzungen wieder gegeben, damit Gottes Geschichte mit Israel entsprechend den Verheißungen weitergehen kann. Jetzt kann Heilsgeschichte für Israel wieder bei dem aufsetzen, was Petrus schon in seiner Rede in Apg 3,19–21 gefordert und angekündigt hatte. Für die Zwischenzeit hieß das aber, dass die Entrückkung der Gemeinde nicht mehr Naherwartung war, sondern zeitlich verzögertes Erwartungsgut wurde.

Nur wenige in der Kirchengeschichte, oder – vielleicht besser – in den inzwischen mehr als 1900 Jahren der Sammlung der Gemeinde Jesu Christi haben das so gesehen. Wir wissen kaum etwas von ihnen. Die Kirchenfürsten in Rom für den Westen und Byzanz für die Ostkirchen haben alle entsprechenden Urkunden ausgetilgt. Die Inquisition hat endgültig mit allen von der offiziellen Kirchenlinie abweichenden Meinungen aufgeräumt.

Auch die Reformatoren haben die Sicht der alten Kirche beibehalten und sogar in ihren Bekenntnisschriften festgeschrieben. Wer „sich selbst für klug hält" (Röm 11,25) und sich als „neutestamentliches Gottesvolk" an die Stelle Israels setzt, kann keine klare Sicht über Wesen und Zukunft der Ekklesia und über den Weg Gottes mit Israel und der Welt erhalten.

Der Abschluss der derzeitigen Periode in Gottes Plan mit seiner Schöpfung, der Zeit in der wir heute leben, wird also die Vereinigung des Gottessohnes mit seiner Gemeinde sein. Haupt und Glieder sind dann für alle Zeit durch nichts mehr getrennt (1Thes 4,17). Am Richtstuhl Christi werden die Glieder entsprechend ihrem Handeln bei Leibesleben (2Kor 5,10) Lohn empfangen oder auch beschämt sein (1Kor 3,14.15; 4,5).

Sie werden ihrem Herrn und Haupt in die Äonen hinein als Wirkglieder zur Verfügung stehen: „Denn so viele Verheißungen Gottes es gibt, in ihm ist das Ja, deshalb auch durch ihn das Amen, Gott zur Ehre durch uns." (2Kor 1,20 Elb!).

4.6 Gottes Berufung für Israel ist unwiderruflich

4.6.1 Israel rückt wieder ins Blickfeld

Schon vor Abschluss der Sammlung seiner Ekklesia ist der Herr der Schöpfung aber auch am Werk, um Israel, sein irdisches Verheißungsvolk, rein äußerlich als Volk und in seinem politischen Umfeld in die Position zu bringen, die erforderlich ist, um seine Verheißungsgeschichte wieder aufzugreifen. Hier mag der Vergleich mit einer Theateraufführung erlaubt sein. Ehe sich der Vorhang zum nächsten Akt hebt, werden auf der Bühne, noch verdeckt vom Vorhang, die Requisiten an den rechten Platz gerückt; die sofort bei Beginn agierenden Schauspieler stellen sich auf. Von all dem bemerkt das normale Publikum nichts. Wer allerdings vorher das Stück studiert hat und sogar den Regisseur kennt, kann sich ungefähr vorstellen, was sich da hinter dem Vorhang tut.

So rückt sich zur Zeit dort in und um Israel alles zurecht, damit der nächste Akt, die nächste Periode in Gottes Plan, beginnen kann. Bereits 1897 auf dem Zionisten-Kongress in Basel wurde der Ruf nach einer eigenen nationalen Einheit der Juden im Land der Väter erstmals wieder öffentlich artikuliert. Die Pogrome nach dem ersten Weltkrieg und dann insbesondere die versuchte und fast vollendete „Endlösung der Judenfrage" durch die deutsche Reichsregierung im besetzten Europa unter zum Teil tatkräftiger Mithilfe oder stiller Duldung der anderen Völker brachten die große Einwanderungswelle nach Israel in Bewegung. Gott war am Werk. Deshalb konnte auch die britische Blockadepolitik dieses Geschehen letztendlich nicht verhindern. Damit wurde der weit fortgeschrittene Assimilierungsprozess der Juden in ihren europäischen Siedlungsgebieten abrupt unterbrochen.

50 Jahre nachdem Theodor Herzl seine belachte und auch von den meisten Juden verspottete Vision eines jüdischen Volkes in eigenem Staatsgebiet ausgesprochen hatte, stimmen 1947 in der UNO 33 gegen 13 Staaten, bei 10 Stimmenthaltungen für die Gründung eines jüdischen und eines arabischen Staates im (restlichen!) englischen Mandatsgebiet Palästina. Für Jerusalem wird ein internationalisierter Sonderstatus festgelegt. Wenn man den damaligen Plan der Landaufteilung betrachtet, muss man sich fragen, was sich die Planer dabei wohl gedacht haben.

Als am 14. Mai 1948, nach jüdischem Kalender am 5. Ijar im Jahr 5708, von David Ben Gurion als Mitglied und Vorsitzendem des zwölfköpfigen Nationalrates der Staat Israel ausgerufen wird, beginnt sofort der erste vieler weiterer Kriege der arabischen Anrainerstaaten, um die Juden „ins Meer zu werfen". Aber Gott will dieses Volk in diesem Land haben, weil ein wesentlicher Teil seiner Verheißungen seit Abraham mit diesem Landstrich zu tun hat und weil er durch dieses Volk alle Völker segnen will, sobald es für diesen Dienst zubereitet ist. Deshalb waren bisher alle kriegerischen Unternehmungen der Gegner nicht erfolgreich; und das nicht nur wegen Israels eigener militärischer Strategie und Schlagkraft.

Im Sechstage-Krieg 1967 wird Ost-Jerusalem aus jordanischer Herrschaft befreit. Eine circa 1900 Jahre alte Verheißung aus Jesu Mund erfüllt sich. Jerusalem wird nicht mehr von den Nationen zertreten (Luk 21,24). Am 30. Juli 1980 beschließt die Knesseth, das israelische Parlament, das „Jerusalem-Gesetz". Jerusalem wird zur ewig ungeteilten Hauptstadt Israels erklärt.

Alle Staaten, auch die Israel relativ freundlich gegenüberstehenden erkennen diesen Hauptstadt-Status nicht an. Dem entsprechend haben sie alle keine Botschaften an dem Regierungssitz Israels sondern in Tel Aviv, was allen diplomatischen Formen widerspricht. Die Realisierung der Prophetie aus Sach 12,2.3 kündigt sich an: „Siehe, ich mache Jerusalem zu einer Taumelschale für alle Völker ringsum. ... Und es wird geschehen an jenem Tag, da mache ich Jerusalem zu einem Stemmstein für alle Völker: alle, die ihn hochstemmen wollen, werden sich wund reißen."

Nach dem Zusammenbruch der Sowjetunion beginnt 1989 nach Jahren unterschiedlich starker Einwanderungsschübe die Masseneinwanderung aus Russland. Inzwischen sind aus mehr als 140 Ländern Juden in ihr verheißenes Land, nach Eretz Israel heimgekehrt. Die alten Verheißungen der Rückkehr und Sammlung im Land der Väter erfüllen sich Zug um Zug. Auch das Land erholt sich wieder (Jes 51,3; Jer 33,10–13; Hes 36,34.35). Was über Jahrhunderte zu Wüste, Steppe und Sumpfland verkommen war (3Mo 26,32!), blüht wieder auf, sodass Israel sogar zum Exportland für landwirtschaftliche Produkte geworden ist.

Zwischen Entrückung der Ekklesia sowie deren Vereinigung mit ihrem Herrn und Haupt und der Aufrichtung des Israel verheißenen Königreichs der Himmel, des Friedensreiches Got-

4.6 Gottes Berufung für Israel ist unwiderruflich

tes hier auf dieser Erde muss aber erst noch die bei Daniel angekündigte 70. Jahrwoche zum Abschluss kommen. Sie ist der Anschluss, das Bindeglied zwischen dem eingeschobenen Geheimnis „Sammlung des Leibes" für den Sohn Gottes und den noch ausstehenden alten, Israel gegebenen Verheißungen. Im Abschnitt 3.2.4 habe ich zu diesem vom Engel Gabriel dem Daniel gegebenen prophetischen Ausblick einige Erklärungen gegeben. Dort am Schluss hieß es: „An dieser Stelle ist in Erinnerung zu behalten, dass der 70. Siebener noch fehlt."

Am Anfang von Dan 9,26 steht: „Und nach den 62 Wochen wird ein Gesalbter/Messias ausgerottet werden und ihm wird nichts sein." Der Messias Jesus wird ausgerottet; seine Kreuzigung ist die Realisierung dieser Prophetie. Alle, die mit dem Messias Erwartungen verbinden, werden eine böse Erfahrung machen müssen: „... ihm wird nichts sein!" Das messianische Reich wird – noch – nicht aufgerichtet; im Gegenteil: schwere Zeit wird angesagt: „Und das Volk eines kommenden Fürsten wird die Stadt und das Heiligtum zerstören; und sein Ende ist in einer Überflutung; und bis zum Ende ist Krieg, fest beschlossene Verwüstung." Der Herr beschreibt das in seiner Rede Lk 21,20–24 für die dann nahe bevorstehende Zeit genauer, und wir können es als längst zurückliegende Geschichte noch besser ausfüllen. Das Heiligtum und die Stadt werden von Eroberern überflutet. Das gesamte Land wird verwüstet.

Der Text bei Daniel fährt dann direkt weiter fort: „Und stark machen wird er einen Bund für die Vielen, eine Woche [einen Siebener] lang; und zur Hälfte der Woche wird er Schlachtopfer und Speisopfer aufhören lassen; und auf dem Flügel von Greueln ein Verwüster, bis festbeschlossene Vernichtung über den Verwüster ausgegossen wird." Es wird zwar von Ereignissen in und für Israel zwischen diesen 7 + 62 Siebenern und dem 70. Siebener berichtet, aber was das insgesamt zu bedeuten hat, wird aus dem Daniel-Text nicht klar.

Hier ist zu beachten, dass in der Prophetie zuweilen Aussagen dicht beieinander stehen, deren Realisierung zeitlich weit auseinander liegen. Das trifft insbesondere immer dann zu, wenn in geweissagte Ereignisse das Geheimnis Gemeinde eingefügt wird. Ein ganz typisches Beispiel hierfür ist der Bericht über Jesu Besuch in der Synagoge zu Nazareth Lk 4,14–22. Er liest einen Text aus der Jesaja-Rolle: „Der Geist des Herrn ist auf mir, weil er mich gesalbt hat, Armen gute Botschaft zu verkündigen; er hat mich gesandt, Gefangenen Befreiung auszurufen und Blinden, daß sie wieder sehen, Zerschlagene in Freiheit hinzusenden, auszurufen ein angenehmes Jahr des Herrn." (v 18.19) Dann ergänzt Jesus das Vorgelesene: „Heute ist diese Schrift vor euren Ohren erfüllt." (v 21)

Man sollte sich den verlesenen Jesaja-Text anschauen; dort geht der Text nämlich nahtlos weiter: „... auszurufen das Gnadenjahr des Herrn und den Tag der Rache für unseren Gott, zu trösten alle Trauernden, den Trauernden Zions Kopfschmuck statt Asche zu geben ..." (Jes 61,2.3). Der Herr hört mitten im Vers auf, vorzulesen und erklärt das bis dahin Gelesene als erfüllt. Der Rest des zusammenhängenden Textes steht bis heute noch aus; vielleicht nicht mehr lange! Aber an der Jesaja-Prophetie konnte damals niemand erkennen, dass sie für die Erfüllung in zwei Teile aufgeteilt wird, die dann zeitlich fast zweitausend Jahre auseinander fallen.

Genau so verhält es sich nun bei diesem Daniel-Text. Zwischen 9,26 und 9,27 liegt zeitlich ein breiter Graben. Er ist bis heute noch nicht voll überbrückt. Erst wenn der Sohn Gottes seine Gemeinde zu sich gezogen haben wird, kann die Prophetie, gegebenenfalls nach einer kurzen zeitlichen Übergangszeit, bei Vers 27 wieder einsetzen. Eine Periode schließt ab und Gott öffnet für sein Volk Israel einen neuen Abschnitt auf dem Weg hin zur vollen Erfüllung aller ihnen geschenkten Weissagungen.

Diese in Dan 9,27 ganz kurz angesprochenen sieben Jahre beinhalten wohl noch eine der schlimmsten Zeiten für Israel als Volk und jeden Juden als Einzelnen. Es ist immer wieder viel gefragt worden, wer wohl der „er" sein mag, der „mit den Vielen" einen Sieben-Jahres-Bund schließt, den er dann in der Hälfte der Zeit bricht. Ist das nicht auch solch ein „kommender Fürst" wie der in Vers 26, der die Stadt und das Heiligtum zerstört? Also ein gegen Israel und seinen Messias gerichteter Herrscher. Ein Anti-Messias, der so mächtig ist, den wieder aufgenommenen Tempeldienst zu unterbrechen. Nur das können die wieder abgeschafften Schlacht- und Speisopfer doch bedeuten.

Von dieser Zeit wird in verschiedensten Zusammenhängen immer wieder prophezeit. Das meinen die Propheten Israels, wenn sie sprechen vom Tag JHWH's (Jes 13,6.9; Joe 1,15; 2,1.11; 3,4; 4,14; Zeph 1,7.14) oder vom Tag des Zornes Gottes (Hes 22,24; Zeph 1,15ff; 2,2.3).

- Jer 30,7: „Wehe! Denn groß ist jener Tag, keiner ist wie er, und es ist eine Zeit der Drangsal für Jakob, doch wird er aus ihr gerettet werden."
- Dan 12,1: „Und in jener Zeit wird Michael auftreten, der große Fürst, der für die Söhne deines Volkes eintritt. Und es wird eine Zeit der Drangsal sein, wie sie nie gewesen ist, seitdem eine Nation entstanden bis zu jener Zeit. Und in jener Zeit wird dein Volk errettet werden, jeder, den man im Buch aufgeschrieben findet."
- Dan 12,7: „Zeit, Zeiten und eine halbe! Und wenn die Zerschlagung der Kraft des heiligen Volkes abgeschlossen sein wird, wird alles dies vollendet sein."
- Sach 13,7–9: „„Wach auf, Schwert, gegen meinen Hirten und gegen den Mann, der mein Gefährte ist! spricht JHWH Zebaoth. Schlage den Hirten, daß die Schafe sich zerstreuen! Und ich werde meine Hand den Kleinen zuwenden. Und es wird im ganzen Land geschehen, spricht JHWH, zwei Teile davon werden ausgerottet, verscheiden, und nur der dritte Teil davon bleibt übrig. Und ich bringe den dritten Teil ins Feuer, läutere sie, wie man das Silber läutert, und prüfe sie, wie man das Gold prüft. Das wird meinen Namen anrufen und ich werde ihm antworten, ich werde sagen: Es ist mein Volk. Und es wird sagen: JHWH ist mein Gott."

Die uns vom Apostel Johannes übermittelte Offenbarung Jesu Christi entfaltet in vielen Gesichten und Bildern diesen Sieben-Jahres-Abschnitt (Offb 8–19) mit den von Gabriel angekündigten zwei Hälften (Dan 9,27). Er unterteilt diesen Zeitabschnitt in die zweimal dreieinhalb Jahre oder 42 Monate oder 1260 Tage (Offb 11,2.3; 12,6.14; 13,5).

Wenn man eine Synopse versucht von insbesondere Daniel 11 u. 12, der Offenbarung und den beiden Berichten über die „Endzeit-Rede" des Herrn in Matthäus und Lukas, könnte man es wohl wagen, in groben Strichen folgendes Szenario für diese 70. Jahrwoche, diesen Sieben-Jahres-Abschnitt zwischen Abschluss der Gemeinde-Zeit und der Aufrichtung des messianischen Königs- und Friedensreiches zusammenzufügen.

Der Tag Jesu Christi (1Kor 1,8; 2Kor 1,14; Phil 1,6.10) beschliesst die Zeit, in der Gott seinem Sohn einen Leib zubereitet. Hierbei ist zu beachten, dass dieser Tag zu unterscheiden ist vom Tag des Herrn (Apg 2,20; Offb 1,10; 1Thes 5,2; 2Thes 2,2), der mit dem Tag JHWH's in

Israel korrespondiert und den Petrus in seiner Rede Apg 2,20 erwähnt. Es ist der von den alten Propheten in vielerlei Zusammenhängen (siehe oben) angekündigte „jom JHWH", den ein Jude nur als „jom adonai" las und liest; und das ist dann übersetzt „Tag des Herrn" (siehe auch Abschnitt 2.3.4).

In der Zeitperiode, in der Gott seinem Sohn die Gemeinde bildete, wohnte heiliger Geist in den Gliedern dieser Gemeinde und nicht in irgendwelchen Gebäuden oder an besonders geheiligten Orten (1Kor 3,16; 6,19.20). Das bedeutet aber, dass sich mit der Entrückung dieser menschlich-leiblichen „Tempel des heiligen Geistes" auch Gottes Geist von der Erde und damit aus dieser Weltzeit zurückzieht. Hier sollten wir uns des Rückzugs der Schechina Gottes aus dem Tempel in Jerusalem erinnern (Hes 8,6 bis 11,23; Abschnitt 3.2.4), womit die Zeiten der Nationen begannen.

Paulus schreibt in seinem zweiten Brief an die Thessalonicher, dass etwas noch zurückhält, bis der Tag des Herrn beginnen kann, bis „er zu seiner Zeit geoffenbart wird" (2Thes 2,2.6.7). Ist mit diesem „noch Zurückhaltenden" die Gemeinde, oder vielleicht richtiger der den Gliedern innewohnende heilige Geist gemeint? Der Gesamtzusammenhang legt dieses Verständnis zumindest nahe.

In Offb 4 berichtet Johannes, dass er im Geiste in den Thronsaal Gottes zu einer gewaltigen Anbetungsversammlung himmlischer Wesen versetzt wurde. In Kap. 5 steht im Mittelpunkt die beidseitig beschriebene und mit sieben Siegeln verschlossene Buchrolle, die aus der Rechten des auf dem Thron Sitzenden dem „Lamm, das geschlachtet wurde" (Offb 5,6.9.12) übergeben wird.

In Kap.6 öffnet das Lamm die ersten sechs Siegel dieser Buchrolle. Mit jedem Aufbrechen eines Siegels brechen sich steigernde Katastrophen über den gesamten Erdkreis herein. Wir können nur versuchen, die einzelnen Bilder knapp zu deuten. Die Ereignisse der ersten vier Siegel werden durch Reiter auf verschiedenfarbigen Pferden symbolisiert. Auf dem weißen Pferd sitzt einer mit Sieges-Lorbeer auf dem Haupt. Einer, der nach Kriegen und Siegen umfassenden Frieden verheißt (6,2); er verspricht das Böse auf Erden zu vernichten. „Schwerter zu Pflugscharen" ist die zur Unzeit propagierte und damit verfälschte göttliche Verheißung. Auf diese Versuchung einer menschlichen Durchsetzung von Frieden auf Erden einschließlich der damit verbundenen Ideologien sind viele gutmeinende Menschen hereingefallen. Eine „Weltfriedens-Ordnung", eine „globale Weltwirtschafts- und Finanz-Ordnung" und wie sie sonst alle heißen, diese verheißenen Ordnungen zur Völkerbeglückung, sie erweisen sich immer mehr als reine Wunschvorstellungen, als unrealistische Utopien.

Gleich der nächste Reiter auf feuerrotem Pferd führt das vor Augen. Er nimmt den Frieden von der Erde (6,3.4). Wir haben noch nie so viele Kriege gleichzeitig und mit so globalen Wechselwirkungen gehabt, wie in den letzten Jahrzehnten. Weltweite Terroristen-Netzwerke tragen Terroranschläge in die Weltwirtschafts-Zentren und mitten in ungeschützte Wohngebiete. Der dritte Reiter auf einem schwarzen Pferd symbolisiert Teuerung (6,5.6). Er gibt der Weltwirtschaftskrise einen kräftigen Schub.

Ihm folgt beim Öffnen des vierten Siegels ein fahles Pferd, das vom Herrscher des Totenreiches geritten wird (6,7.8). Den vierten Teil der Erde überzieht er neben den großen kriegerischen Auseinandersetzungen mit zusätzlichen, regional begrenzten (ethnischen, religiös motivierten?) Kriegen (Afrika, Balkan, Kurden, Araber) und massiven lokalen Terroranschlägen, Hungersnöten (Sudan, Nordkorea), Seuchen (Aids, BSE, dazu völlig neue, bisher nicht bekannte und von daher nicht therapierbare Seuchen und viele alte, die wir für besiegt hielten). Wir haben uns an derartige Nachrichten fast schon gewöhnt und nehmen die Dramatik der Ereignisse kaum noch zur Kenntnis. Es fehlt wohl vielen auch das Vermögen, die Einzelnachrichten zusammenzuschauen.

Mit dem Öffnen des fünften Siegels erhält Johannes einen Blick zum himmlischen Altar. Wer sind diese „Seelen derer, die geschlachtet worden waren um des Wortes Gottes und um des Zeugnisses willen, das sie hatten" (6,9)? Der üblichen Auslegung, das seien die Märtyrer der Kirche kann ich mich nicht anschließen. Glieder des Leibes Christi rufen nicht: „Bis wann ... rächst du nicht unser Blut an denen, die auf der Erde wohnen?" (6,10; vergl. Lk 23,34 u. Apg 7,60). In der Offenbarung steht nicht die Gemeinde sondern Gottes Handeln für und mit Israel im Blickfeld. Dann können diese „um des Wortes Gottes und ihres Zeugnisses willen" Getöteten wohl nur Juden und „Judengenossen" sein. Die Märtyrer Israels aus Jahrhunderten von Pogromen in insbesondere „christlichen" Ländern und aus dem durch das „Land der Reformation" ausgelösten Holocaust. Da dieser hier in Offb 6 geschilderte Zeitraum noch nicht abgeschlossen ist, werden wahrscheinlich noch weitere Gemordete hinzukommen. Umgebracht allein aus einem Grund: Weil sie Juden sind oder weil sie versuchen, ihnen zu helfen.

Das sechste Siegel wird geöffnet und weltweite, ja sogar kosmische Katastrophen schütteln diese Erde und ihre Bewohner durcheinander (6,12–16; vgl. Lk 21,11). Für uns heute ist das alles doch durchaus real vorstellbar. Wir wissen vom Ozonloch und von den großen tektonischen Verschiebungen der Erdkruste. Wenn wir die vielen einzelnen Daten und Berichte verknüpfen, merken wir etwas von den enormen ökologischen Problemen: Vom Abschmelzen der Gletscher und Polkappen, der Versteppung ganzer Länder und dem langsamen, aber wohl unaufhaltsamen ökologischen Umkippen der Meere. Das sind überwiegend Probleme, die der Mensch in seiner Unvernunft sich selbst zuzuschreiben hat. Dann wissen wir aber aus einigen biblischen Berichten, dass Gott im Zusammenhang mit Israel schon mehrfach in kosmische Abläufe eingegriffen hat (Jos 10,12–14; 2Kö 20,8–11; Jes 38,7.8).

Beachtenswert für den Ablauf der Ereignisse ist der Abschluss dieses sechsten Kapitels der Offenbarung. Dort in Offb 6,16.17 schreien die von den sechs Gerichtsschlägen mit ihren Katastrophen Betroffenen zu den Bergen und zu den Felsen: „Fallt auf uns und verbergt uns vor dem Angesicht dessen, der auf dem Thron sitzt, und vor dem Zorn des Lammes! Denn gekommen ist der große Tag ihres Zorns. Und wer vermag zu bestehen." Für mich wird hier ganz klar ausgesagt, dass erst mit der Endphase dieser Katastrophen des sechsten Siegels der schon in Hes 22,24 und Zeph 1,15ff und 2,2.3. angekündigte Tag des Zornes Gottes gekommen ist. Das heißt dann aber, bei diesem Textverständnis beginnt die 70. Jahrwoche mit diesen ersten sechs „Siegelgerichten" noch nicht. Ich ordne sie unter die Wehen von Mt 24,9 (in Verbindung mit Hos 13,13; Jer 30,6) ein.

4.6 Gottes Berufung für Israel ist unwiderruflich 193

Aus Gemeinde-Sicht gehören die in den Siegelgerichten angekündigten Ereignisse in eine Überlappungs-Periode. Sie entspricht in umgekehrter Abfolge der meiner „Staffelläufer" in Abschnitt 3.4.2; die Ekklesia trägt noch den Stab, aber Israel ist schon am „Warmlaufen". Wir leben bereits im Beginn dieser weltweiten Auswirkungen im Umfeld der „Wehen" für Israel, die sich bis zum Tage der „Geburt" weiter verstärken werden. Wir vergessen beim Beschäftigen mit Israels Prophetie zuweilen, dass wir als Gemeinde in diese weltweit wirkenden Ereignisse der sechs Siegelgerichte natürlich noch mit einbezogen sind.

Offb 7 ist ein kurzer Einschub in die zeitliche Abfolge. Johannes erhält einen Blick in himmlisches Geschehen um die 144.000 Versiegelten aus Israel. In Kap. 8 wird das siebente Siegel geöffnet und entfaltet sich in die sieben mit Posaunen angekündigten Gerichte. Der Tag des Zornes Gottes beginnt (Offb 6,17). Das ist die 70. Jahrwoche (Dan 9,26.27), die Drangsal Jakobs (Jer 30,7) oder die in Mt 24,21 von Jesus angekündigte große Trübsal / Drangsal für Israel, welchen biblischen Begriff man nennen will.

Die Heimsuchungen der sechs Siegelgerichte sind natürlich nicht jeweils in sich abgeschlossen. Sie greifen alle überlappend ineinander und wirken auch noch hinein in die Anfangszeit der nun folgenden Periode der 70. Jahrwoche. Das siebente Siegel entfaltet sich in die sieben mit Posaunen angekündigten Gerichtszeiten über die ganze Erde (Offb 8 u. 9); wobei die letzte, die siebente Posaune (11,15) dann später die zweite Hälfte der 70. Jahrwoche mit den sieben Zornschalen oder Plagen ankündigt. In gleicher Weise wie bei den Siegelgerichten wirken auch die von den sechs Posaunen angekündigten unterschiedlichen Strafaktionen und später die sieben Zornschalen je zusätzlich verstärkend zusammen.

4.6.2 Israel – JHWH's „abtrünniges Weib" auf dem Weg der Läuterung

Hier soll nicht abwegig spekuliert werden (Offb 22,18.19), aber wir dürfen und wir sollten Gottes Weissagungen aus einem abstrakten, etwas unwirklichen Gedankenhorizont in die weltliche Realität übertragen. Deshalb sind in dem vorausgegangenen und in diesem Abschnitt Weissagungen, die meist ganz isoliert betrachtet werden, in einen Sinnzusammenhang gestellt worden. Dann darf man aus den vorhergesagten Ereignissen, die in Gang kommen müssen, wohl einige sich ergänzende politisch-diplomatische und strategisch-militärische Strömungen ableiten.

Um Jerusalem und Israel wird der Streit eskalieren. Ob sich da Israel militärisch gegen einen eigenen Palästinenser-Staat innerhalb seiner Staatsgrenzen zur Wehr setzt. Ob der islamische und allgemein arabische Druck auf verstärkte Präsenz in Jerusalem der Auslöser ist, oder welcher sonstige ideologische, religiöse, politische Anlass es sein mag. Das einigermaßen austarierte Gleichgewicht zwischen den Mächten um Israel ist aus der Balance geraten. Die an den Bodenschätzen der arabischen Halbinsel interessierten und insbesondere vom Erdöl abhängigen Weltwirtschaftsmächte sehen ihre Interessen bedroht. Dann ist es nicht weit, bis international der Ruf laut wird: „Nun schafft da unten doch endlich einmal Ruhe. Bringt diesen kleinen Juden-Staat, diesen ewigen Unruhestifter endlich endgültig zur Räson!" Alter Antisemitismus wird insbesondere im weitgehend vereinigten Europa wieder fatale Blüten treiben und von dem stark anwachsenden islamischen Bevölkerungsanteil noch verstärkt werden.

Gleichlaufend mit diesem Entwicklungsstrang werden die weltweiten Probleme und Katastrophen vielfältiger Art, zu denen die letzten Siegelgerichte verstärkend wirken werden, nach vermehrter internationaler Abstimmung und Koordination verlangen. Ob sich dann die UNO oder eine Weltmacht zum „ordnenden" Weltpolizisten aufschwingt, ist wohl unerheblich. Irgendwie wird sich im Gefolge dieser Zuspitzung der Weltlage derjenige herausbilden, der eine ihm allein verantwortliche Streitmacht zur Verfügung hat, so dass er diese Strafexpedition gegen Israel ohne Rücksicht auf irgendwelche Einwendungen in Bewegung setzen kann.

Wir sollten spätestens jetzt den Begriff „Anti-Christ" durch die der Situation und dem bedrohten Volk besser angemessene Bezeichnung „Anti-Messias" ersetzen. Bei dem, was in diesen 7 Jahren angesagt ist, geht es nicht um Christenverfolgung. Die wiedergeborenen Gläubigen sind schon entrückt und mit ihrem Herrn und Haupt vereint. In diesem Kampf geht es gegen Israel, gegen die Juden ganz allgemein und letztlich gegen deren verheißenen Messias. „Christen", die aus hier nicht zu wägenden Gründen zurückgeblieben sind, mögen dann mit unter die Bedrückung und Ächtung der Juden fallen, soweit sie sich (hoffentlich!) auf die Seite Israels schlagen. Spekulationen über die Reaktionen der dann noch munter weiterexistierenden „christlichen Institutionen", wie immer sie heißen mögen, tragen zu unserem Thema nicht viel bei. Ich sehe sie eher an der Seite des Anti-Messias gegen Israel orientiert.

Paulus beschreibt diesen Machtherrscher in 2Thes 2 als „Mensch der Gesetzlosigkeit" und „Sohn des Verderbens" (v 3); oder ganz kurz als „der Gesetzlose" (v 8). Ein Machtmensch, „dessen Ankunft gemäß der Wirksamkeit des Satans erfolgt, mit jeder Machttat und mit Zeichen und Wundern der Lüge ...". Der gesamte Text von 2Thes 2,1–12 sollte beachtet werden und zur Ergänzung Offb 13,2–4. Paulus redet in diesem Text nicht vom „Tag Jesu Christi" wie z.B. 1Kor 1,8 oder Phil 1,6.10 sondern vom „Tag des Herrn"!

Dieser Anti-Messias und die hinter ihm stehenden Mächte werden aber Israel nicht überrennen können. Man schließt einen Bund, ein Abkommen mit Israel (Dan 9,27), in dem ihm freie Religionsausübung einschließlich Bau eines neuen Tempels gestattet wird. Ich unterstelle Letzteres aus dem Hinweis in diesem Daniel-Text, dass nach dreieinhalb Jahren „Schlachtopfer und Speisopfer" wieder aufhören werden. Diese Opfer können aber nur im Tempel dargebracht worden sein. Außerdem spricht der Herr in seiner Rede über die Drangsal Jakobs von dem Gräuel der Verwüstung, der an heiliger Stätte stehen wird (Mt 24,15 mit Bezug auf Dan 11,31). Mit dieser heiligen Stätte kann nur der Tempel gemeint sein.

Warum schließen diese gegen Israel gerichteten und verbündeten Mächte einen so weitgehenden Bund mit Israel? Und das ganz gewiss gegen massiven Widerstand der gesamten islamischen Welt? Das muss doch einen gewichtigen Grund haben?

Für mich ist, wie für viele Freunde des prophetischen Wortes, der Schlüssel in der Offenbarung zu finden. Dort wird in 11,3–13 von zwei Zeugen berichtet, die tausendzweihundertsechzig Tage, das sind dreieinhalb Jahre, in Sacktuch gekleidet weissagen. Niemand kann an sie heran (v 5), denn sie sind von Gott für ihren besonderen Auftrag bevollmächtigt. „Diese haben Vollmacht, den Himmel zu verschließen, damit während der Tage ihrer Weissagung kein Regen falle; und sie haben Gewalt über die Wasser, sie in Blut zu verwandeln und die Erde zu schlagen mit jeder Plage, sooft sie nur wollen." (Offb 11,6).

4.6 Gottes Berufung für Israel ist unwiderruflich

Man kann an dieses unbotmäßige Volk, an Israel, mit Strafexpeditionen, mit Waffeneinsatz und Heeresmacht nicht herankommen. Diese zwei Zeugen haben Vollmacht, weltweit Katastrophen auszulösen. Also wieder einmal: Nicht Israels Diplomatie oder Hochrüstung bewirkt einen Schutz um und für Israel, sondern durch Gottes Geist bevollmächtigte Männer (Sach 4,6). Ob die Verantwortlichen in Israel wohl in diesen dreieinhalb Jahren ihre Lektion lernen werden und sich ihrem Gott und Messias zuwenden? Aber diese Hoffnung ist wohl vergeblich.

Die in der Offenbarung angeführten Beispiele erinnern an die Strafgerichte, die über Ägypten kamen, als der Pharao sich Gottes Weisung, sein Volk Israel freizugeben, widersetzte (2 Mo 7–12). Es gehört nicht viel Phantasie dazu, sich vorzustellen, welche Möglichkeiten heute gegeben sind. Durch kleinste Eingriffe sowohl in die Naturabläufe als auch in die vernetzte Hochtechnologie kann wohl jeder Widersacher zur Aufgabe seiner Vorhaben gezwungen werden. Darüber hinaus kann damit sogar ein Freiraum erwirkt werden, um innerhalb des eigenen Landes Israel nach eigenem Ermessen zu handeln. Also auch einen neuen Tempel zu errichten.

In diese erste Hälfte der 70. Jahrwoche, in diese tausendzweihundertsechzig Tage der zwei Zeugen fallen die sich aus dem siebenten Siegel entfaltenden Gerichtsplagen (Offb 8,1–6), die jeweils durch Posaunen eingeleitet werden (8,7–9,19). Wieder fegen weltweite Katastrophen über die Völker. Wir können das heute wohl kaum angemessen ausdeuten, was als Inhalt dieser sechs Posaunen-Gerichte von Johannes beschrieben wird. Als Folge wird festgehalten: Die Menschen „... taten nicht Buße von den Werken ihrer Hände ... Und sie taten nicht Buße von ihren Mordtaten ..." (9,20.21).

Gleichzeitig wird „dieses Evangelium vom (König-)Reich gepredigt werden auf dem ganzen Erdkreis, allen Nationen zu einem Zeugnis ..." (Mt 24,14). Hier gilt es, genau zu lesen! Nicht die Gnadenbotschaft zur Sammlung der Leibesgemeinde wird verkündigt, sondern die alte Botschaft Jesu, des Messias für Israel: „Tut Buße, denn das (König-)Reich der Himmel ist nahe gekommen!" (Mt 4,17).

Sind die 144.000 Versiegelten in Israel (Offb 7,3–8; 14,1–5) eine Frucht dieser Verkündigung, und in gleicher Weise die große Volksmenge aus jeder Nation (7,9), von denen der Älteste auf Johannes Frage hin erklärt: „Diese sind es, die aus der großen Drangsal/Trübsal kommen ..." (7,14)? Also Menschen, die Juden in dieser Zeit der Drangsal Jakobs vor der Verfolgung schützen oder verbergen und als Märtyrer für Israel ihr Leben lassen?

Hierhin gehört die Aussage Jesu im Zusammenhang mit dem Nationengericht: „Wahrlich ich sage euch, wenn ihr es einem der geringsten dieser meiner Brüder getan habt, habt ihr es mir getan." (Mt 25,40). Wir haben doch einige Vorbilder aus der grausamen Zeit des Holocaust. Vielleicht gehören zu diesen Märtyrern der Drangsalszeit auch Familienangehörige oder Freunde von zum Herrn entrückten Gläubigen, die auf Grund der Ereignisse begreifen, dass all das, wovon diese geredet hatten, nicht fromme Spintisiererei sondern prophetische Einsicht war.

Das sind alles Fragen, die sich aus den Texten aufdrängen, wenn man sie als von Gott inspirierte, noch zukünftige Wirklichkeit versteht (2Petr 1,20.21). Ich versuche eigentlich nur, alle diese Aussagen zusammenzuschauen und ohne Ausschmückung in unsere heutige Weltsituation zu übersetzen.

Am Schluss der danielschen Prophezeiungen heißt es: „Und du, Daniel, verschließe die Worte und versiegle das Buch bis zum Ende. Viele werden es durchforschen und die Erkenntnis wird sich mehren." (Dan 12,4). „Geh hin, Daniel! Denn die Worte sollen verschlossen und versiegelt sein bis zur Zeit des Endes. Viele werden geprüft und gereinigt und geläutert werden. ... Und die Gottlosen werden es nicht verstehen, die Verständigen aber werden es verstehen." (Dan 12,9.10).

In Israel wird man die Evangelien mit neuen Augen lesen und die dem Apostel Johannes vor rund 1900 Jahren gegebene Offenbarung im Vergleich mit den alten Propheten intensiv studieren. Sie werden wie die damals in Beröa forschen, „ob es sich so verhielte". Sie werden verstehen, was es auf sich hat mit „... ein Geheimnis: ‚Babylon, die große, die Mutter der Huren und der Greuel der Erde'." (Offb 17,5). Ihnen wird klar werden, was das bedeutet: „Hier ist die Weisheit. Wer Verständnis hat, berechne die Zahl des Tieres; denn es ist eines Menschen Zahl; und seine Zahl ist sechshundertsechsundsechzig." (Offb 13,18). Wie viele Ausleger haben sich in 1900 Jahren Kirchengeschichte an der Deutung dieser Aussagen versucht und sind gescheitert. Aber für die jetzige Zeit befriedigt das doch höchstens einen Neugier-Kitzel. Wer beide Fragen heilsgeschichtlich einordnet, fragt nach keiner Deutung. Keine Sorge: die Heiligen jener kommenden Tage werden Aufklärung durch des Herrn Geist bekommen, wenn und soweit es für sie von existentieller Bedeutung ist.

Die weltweiten Unruhen im Gefolge der von den sechs Posaunen eingeleiteten Katastrophen und der Hass auf diesen kleinen Staat Israel, den man nicht ganz zu Unrecht als Ursache ansieht, an den man aber nicht herankommen kann, wird zu einer Machtkonzentration im Umfeld dieses Anti-Messias führen. Er erreicht den Höhepunkt seiner Macht, wenn es schließlich gelingt, die zwei Zeugen zu töten.

Das ist Gottes Freigabe, weil „sie ihr Zeugnis vollendet haben" (Offb 11,7). Auf der ganzen Erde sieht man ihre Leichname dreieinhalb Tage auf der Straße in Jerusalem liegen, ohne beerdigt zu werden (11,8–10). Television und Rundfunk berichten direkt vom Schauplatz, und der „Propaganda-Minister", der falsche Prophet (16,13), wird dieses Ereignis entsprechend kommentieren. Ein großes Schauspiel für alle Fernsehgucker und Beifall für „unseren wunderbaren und machtvollen" Führer. Welches Erstaunen und sicher für manchen auch starres Erschrecken, wenn diese zwei noch eben dort tot Liegenden plötzlich mit Leben erfüllt aufstehen und in einer Wolke ins Jenseits, in den Himmel weggenommen werden (11,11.12). Und einige Kommentatoren werden dann vielleicht daran erinnern, dass doch so etwas Ähnliches vor einigen Jahren schon einmal weltweit passiert sei (1Thes 4,17).

Dieses von Johannes gesehene und beschriebene Ereignis um die zwei Zeugen ist wieder so eine Prophetie, die man noch vor hundert Jahren für völlig irreal hielt: „alle Menschen auf der Erde werden das sehen". Für uns heute enthält das überhaupt nichts Spektakuläres. Ich wiederhole noch einmal: Wir tun gut daran, biblische Berichte und Prophetie aus einem etwas utopischen und irrealen Verständnishorizont in unsere realen Bedingungen, in unser heutiges Umfeld zu übertragen.

Das hier ist kein Thema für eine etwas spekulative Bibelstunde für Interessierte. Das ist von Gott vorausgesagte Wirklichkeit. In 2Thes 2,1–12 schreibt Paulus von den dramatischen Ereignissen und Zusammenhängen dieses Zeitabschnitts. In 2,5 heißt es: „Erinnert ihr euch nicht, daß ich dies zu euch sagte, als ich noch bei euch war?" Gemäß Apg 17,1–9 war Paulus nach der Gemeindegründung aber nur kurze Zeit in Thessalonich und Umgebung. Dabei hat er schon solche für uns so schwierigen Fragen mit den ganz frisch zum Glauben Gekommenen besprechen können. Vermutete weitere Besuche werden in die Zeit nach dem zweiten Brief datiert. Wie weit sind wir in unseren Gemeinden heute von solchen Themen entfernt!

In der Mitte dieser Jahrwoche und nachdem nun die durch die zwei Zeugen bedingte Blokkade zu Israel aufgebrochen ist, werden sich die Ereignisse überschlagen.

Im jenseitigen, im himmlischen Bereich wird Satans Anspruch auf Anwesenheit und Einflussnahme endgültig abgeschlossen. Der de jure längst errungene Sieg des Gottessohnes wird nun auch de facto vollzogen und seine unumschränkte Vollmacht proklamiert (Offb 11,15–19; 12,10). Michael, der Engelfürst Israels (Dan 10,21) und seine himmlische Heeresmacht besiegen Satan und seine Engel und werfen sie aus dem Himmel auf die Erde (Offb 12,9). Sie werden aus dem für uns unsichtbaren, jenseitigen in den diesseitigen, sichtbaren Bereich der Schöpfung verbannt. Satan muss erkennen und akzeptieren, dass seine Zeit zu Ende geht. Entsprechend ist seine Wut, die er nun konzentriert gegen Gottes Volk richtet (Offb 12,7–17).

Der Anti-Messias, verstärkt durch die dämonischen Mächte, bricht den Bund, den Friedensvertrag mit Israel (Dan 9,27; 11,31; Joe 1,9), dringt in das Land ein und stellt den „Greuel der Verwüstung an heiliger Stätte" auf (Mt 24,15). Der Herr erklärt in seiner weiteren Rede, was „die in Judäa" tun oder lassen sollen. Er kündigt an: „Dann wird große Drangsal sein, wie sie von Anfang der Welt bis jetzt nicht gewesen ist noch je sein wird. Und wenn jene Tage nicht verkürzt würden, so würde kein Fleisch gerettet werden; aber um der Auserwählten willen werden jene Tage verkürzt werden." (Mt 24,21.22).

Bei all den prophezeiten Geschehnissen ist Israel der Angelpunkt. Gottes Volk soll endlich bereit werden, sich loszulösen von der Vorstellung eigener menschlicher und völkischer Stärke, da es nur dann Abrahams Auftrag und Verheißung erfüllen kann. Sie sollen ihre Grundsünde erkennen und aufgeben, die fast ihre gesamte Geschichte bestimmt hat: Wir lösen unsere Probleme ohne Gottes Hilfe und Segen; wir schaffen das aus eigener Kraft. „Alles, was ER geredet hat, wir tuns!", hatten sie schon damals in der Wüste mutig erklärt (Buber 2Mo (Namen) 19,8; 24,3.7).

Im Zusammenhang mit diesem Zurechtbringen Israels hält Gott aber auch Gericht über die Völker, die sein Volk über Jahrtausende geknechtet haben, und die immer wieder angesetzt haben, es endgültig zu vernichten (Jer 30,16). Jetzt haben sie sich in Bewegung gesetzt, dieses Thema endgültig zu erledigen. Aus all diesen Gründen ist die ganze Welt in die göttlichen Gerichtsschläge der Endzeit mit einbezogen. Sie ist gerichtsreif geworden durch der Menschen gegen alle göttlichen Grundnormen aufbegehrendes Denken und Handeln (Röm 1,18–32; Jes 13,9–11; 26,9b; Offb 14,6.7).

Im Rahmen der Fragestellung nach Perioden in Gottes Plan mit der Schöpfung ziehe ich bei diesen endzeitlichen Geschehnissen mehr die Linie aus, die der zeitlichen Abfolge auf der Erde nachgeht. In Offenbarung 4–19 wechselt der Blickwinkel für die geschilderten Ereignisse ständig zwischen Erde und Himmel. Diese zweite Sicht habe ich hier der Übersichtlichkeit wegen weitgehend ausgeklammert.

Der siebente Engel (Offb 10,7) bläst die siebente Posaune (11,15); die zweite Hälfte der 70. Jahrwoche wird angestoßen (11,2; 12,6.14; 13,5). Aber bevor die sieben Engel die mit den letzten Plagen angefüllten Zornschalen ausschütten, geht noch einmal ein Bußruf an alle Menschen. Ein Engel verkündigt das ewige Evangelium, das in allen Zeitaltern allen Menschen galt: „Fürchtet Gott und gebt ihm die Ehre, denn die Stunde seines Gerichts ist gekommen; und betet den an, der den Himmel und die Erde und das Meer und die Wasserquellen gemacht hat." (Offb 14,6.7). Hier geht es nur um das Minimum an Anerkennung, das Gott verlangt: Ich bin der Schöpfer und ihr seid meine Geschöpfe in meiner Schöpfung. Mir gebührt schon von daher Dank, Ehrerbietung und Anbetung (Röm 1,18–21). Ein weiterer Engel fügt diesem Aufruf Gerichtsankündigungen an (Offb 14,9–11).

Diese Gerichtsankündigungen bewirken aber offensichtlich nicht einmal ein Nachdenken über alte humanistische und humanitäre Ideale, geschweige denn über Gottes Ansprüche an sie als ihr Schöpfer. Der von Satan inspirierte Anti-Messias hat die Menschheit längst hinter sich geschart (Offb 13,1–9). „Und es wurde ihm gegeben, mit den Heiligen Krieg zu führen und sie zu überwinden; und es wurde ihm Vollmacht gegeben über jeden Stamm und jedes Volk und jede Sprache und jede Nation." (v 7).

„Die Stunde des Erntens ist gekommen, denn die Ernte ist überreif geworden." (Offb 14,15). Die Engel mit den Zornschalen und den darin enthaltenen sieben Plagen erhalten ihren Auftrag (Offb 15,1.5–16,1). Mir ist wichtig, dass diese letzte und schrecklichste Gerichtszeit, die über die Erde kommt, von Gott ausgeht (Offb 14,14.16; 15,5.6). Er weiß um das erforderliche und angemessene Maß an Strafgericht (Offb 15,3.4; 16,7).

Offb 16 beschreibt in verschiedenen Bildern diese Plagen, die die ganze Erde treffen und endlich alle Völker zu Buße und Anerkennung Gottes, ihres Schöpfers führen sollen. Nichts dergleichen geschieht; im Gegenteil 16,9: „Und die Menschen wurden von großer Hitze versengt und lästerten den Namen Gottes, der über diese Plagen Vollmacht hat, und sie taten nicht Buße, ihm Ehre zu geben."; 16,11: „... und sie zerbissen ihre Zungen vor Qual und lästerten den Gott des Himmels wegen ihrer Qualen und wegen ihrer Geschwüre, und sie taten nicht Buße von ihren Werken."; 16,21: „...und die Menschen lästerten Gott wegen der Plage des Hagels ..."

Durch Gottes Gerichte nimmt zwar die Macht des Anti-Messias ab, aber er mobilisiert mit Hilfe Satans und seiner Dämonen alle Verantwortlichen „des ganzen Erdkreises" (Offb 16,14), um nun Israel mit der Zerstörung seiner Hauptstadt Jerusalem endgültig den Garaus zu machen. Eine riesige Heeresmacht versammelt sich in der Gegend „die auf hebräisch Harmagedon heißt" (v 16). Bibelorientierte Ausleger des prophetischen Wortes trauen sich kaum, dieses „Harmagedon" noch in ihrem Sprachschatz zu führen, nachdem es durch mancherlei sektiererische Sensationsmache entwertet wurde. Es bleibt aber prophetisches Wort, auch wenn wir diesen Ort geographisch nicht recht positionieren können.

Viele Ausleger meinen hier die Hochebene Meggido, ca. 80–100 km nördlich Jerusalem, festmachen zu können. Ich meine, dass die örtliche Fixierung weniger entscheidend ist als die Tatsache, dass in einem gewaltigen militärischen Aufbäumen versucht wird, den „Endsieg" zu erringen. Dan 11,45 meint wohl auch diesen Zusammenhang: „Und er [der König aus v 36] wird die Zelte seiner Rüstkammer aufschlagen zwischen den Meeren und dem Berg der heiligen Zierde. Dann wird er an sein Ende kommen, und niemand wird ihm helfen."

In Israel wird ein Aufschrei der Verzweiflung und Todesnot zu seinem Gott erschallen. Das Ziel der göttlichen Strafgerichte für Israel ist erreicht. „JHWH, in der Not haben wir dich gesucht. Als deine Züchtigung uns bedrängte, schrieen wir." (Jes 26,16). Die „Hure" tut Buße. „Und sie werden deine Häuser mit Feuer verbrennen und Strafgerichte an dir üben vor den Augen vieler Frauen. Und so werde ich dich aufhören lassen Hure zu sein ..." (Hes 16,41). „Und ich will mich dir verloben in Ewigkeit ... ja in Wahrheit will ich dich mir verloben; und du wirst JHWH erkennen. ... und will mich über die Lo-Ruhama erbarmen. Und ich will zu Lo-Ammi sagen: Du bist mein Volk! Und er wird sagen: Mein Gott!" (Hos 2,21–25).

Das ist für mein Verständnis der Inhalt von Offb 19,7.8: „Laßt uns fröhlich sein und frohlocken und ihm die Ehre geben; denn die Hochzeit des Lammes ist gekommen, und sein Weib hat sich bereit gemacht. Und ihr wurde gegeben, daß sie sich kleide in feine Leinwand, glänzend, rein; denn die feine Leinwand sind die gerechten Taten [dikaioma, pl.; die Rechtstaten, das gerechte, das heißt innerhalb des Gesetzes liegende Handeln] der Heiligen." Luth übersetzt: „das Leinen aber ist die Gerechtigkeit der Heiligen". Das ist nicht ganz korrekt und verleitet dazu, an die von Jesus Christus erworbene Gerechtigkeit zu denken, die ein Gnadengeschenk ist. Hier bei Israel geht es aber um die „Rechtstaten der Heiligen". Die Taten der Heiligen in Israel, die treu das ihnen von Gott gegebene Gesetz erfüllt haben, das ist hier Israels Schmuck!

Die Gemeinde ist nicht die Braut. Die Jungfrau, die JHWH sich zum Eheweib vermählt hatte (Jer 2,2; in 3,14 und 31,32 steht eigentlich „Eheherr"; Hes 16,7.8), war zur Hure geworden (Hes 16,22–35). Hier nach diesen sieben Jahren der Drangsal Jakobs (Jer 30,7) ist es endlich so weit. „Das Weib hat sich bereit gemacht!" Gottes Weg mit Israel durch die Jahrtausende mit Gericht und immer wieder verkündeten Verheißungen hat das von Gott angestrebte Ergebnis gezeitigt.

Und wo sind bei dieser angekündigten Hochzeit wir, die Gemeinde? Wenn man bei diesem Bild von einer Hochzeit mit Braut und Bräutigam bleiben will, dann sollte man das für die Gemeinde an vielen Stellen verwendete Bild zur Deutung heranziehen. Der Gottessohn ist das Haupt; die Gemeinde ist sein Leib; wir, die Einzelnen, sind die Glieder an diesem Leib (Eph 1,22.23; Kol 1,18, 1Kor 12,27). Paulus nennt in 1Kor 1,13 und 12,12 diese Gesamtheit von Haupt und Gliedern sogar „der Christus". Die Gemeinde ist bei dieser Hochzeit auf seiner Seite, ist Teil des Bräutigams.

4.6.3 Israels Erlösung und die Aufrichtung des (König-)Reich Gottes auf Erden

Der Gottessohn, Israels Messias, greift nun direkt in die Geschehnisse ein. 2Thes 2,8: „... dann wird der Gesetzlose geoffenbart werden, den der Herr Jesus beseitigen wird durch den Hauch seines Mundes und vernichten durch die Erscheinung seiner Ankunft." Mt 24,29.30: „Aber gleich nach der Drangsal jener Tage wird die Sonne verfinstert werden ... Und dann wird das Zeichen des Sohnes des Menschen am Himmel erscheinen; und dann werden wehklagen alle Stämme des Landes [Luth: alle Geschlechter der Erde] und sie werden den Sohn des Menschen kommen sehen auf den Wolken des Himmels mit großer Macht und Herrlichkeit."

Der Messias Israels, Gottes Sohn, mit seinen „Kriegsheeren, die im Himmel sind" (Offb 19,14) erkämpft für Israel den Sieg über die vereinigten Heeresmächte Satans und seines Anti-Messias (Offb 19,19–21). Er, Gottes Sohn, ist der Reiter auf dem weißen Pferd, der hier in den Versen 11,12,13 und 16 mit verschiedenen Namen als Bezeichnungen seiner Vollmacht vorgestellt wird.

Die Aussage in Vers 12 scheint mir einer besonderen Betrachtung wert: „... und er trägt einen Namen geschrieben, den niemand kennt als nur er selbst." Es wird ein Name für Gottes Sohn offenbart, der bis dahin verborgen war und erst jetzt bei seiner irdischen, weltlichen Machtübernahme offenbar wird. Hier ist eine verborgene aber direkte Verbindung zu dem, was Paulus in Phil 2,5–11 aussagt.

Nachdem Paulus den Weg des Gehorsams und der Erniedrigung Jesu bis zum Tode am Kreuz in wenigen, konzentrierten Worten dargelegt hat, schreibt er über Gottes Konsequenz daraus: „Darum hat Gott ihn auch hoch erhoben und ihm den Namen verliehen, der über jeden Namen ist, damit in dem Namen Jesu jedes Knie sich beuge, der Himmlischen und Irdischen und Unterirdischen, und jede Zunge bekenne, daß Jesus Christus Herr ist, zur Ehre Gottes, des Vaters." (Phil 2,9–11).

Was sagt der Text, wenn man genau hinhört? Gott hat Jesus, seinen Gesalbten (v 5) auf Grund seines freiwilligen Gehorsams bis in die tiefste Erniedrigung am Kreuz hoch erhoben. Er sitzt jetzt zur Rechten Gottes mit auf dessen Thron (Kol 3,1; Hebr 1,3; 12,2). Gott hat ihm, Jesus, einen Namen verliehen, der über jeden irgendwie bekannten Namen ist. Wie dieser neue, jetzt verliehene Name lautet, wird uns nicht gesagt. Es muss aber ein gewaltiger Herrlichkeits- und Vollmachts-Name sein, denn es wird ergänzt, dass in dem Namen Jesu, eben diesem Namen, den ihm sein Vater damals verliehen hat, einmal jedes Knie sich beugen wird.

„Jesus" war unseres Herren Niedrigkeits-Name, unter dem man ihn verhöhnen und ans Kreuz nageln konnte. Dieser neue Hoheits- und Vollmachts-Name, der ihm anlässlich seiner Erhöhung auf den Thron Gottes „verliehen" wurde, wird auch den jenseitigen Fürstentümern und Gewalten erst offenbart werden, wenn Gottes Sohn wiederkommt. Dann beginnt das nicht mehr nur vereinzelte, sondern das umfassende Kniebeugen.

Die prophetischen Texte, die im alten Testament vom Kommen und im neuen vom Wiederkommen des Messias/Christus sprechen, berichten in unterschiedlichen Bildern von diesem Ereignis, je nach dem Kontext in dem sie stehen. Inhaltlich sagen sie aber alle das gleiche aus.

Israel wird nicht durch eigene Kraft aus dieser bedrohlichen Situation der endgültigen Vernichtung befreit, sondern durch göttliches Eingreifen und himmlische Mächte. Das wurde bereits Daniel für die Deutung des Traums von Nebukadnezar gezeigt. Das große Standbild der Nationen wird von einem Stein zermalmt, „der nicht durch Hände" losbrach (Dan 2,34.35.44.45). Gott ist der Veranlasser. In den alten Berichten haben wir unterschiedlichste Beispiele, wie Gott immer wieder zu Israels Rettung eingegriffen hat.

Die Streitmacht des Pharao, die dem gerade entkommenen Volk nachjagte, versank im Schilfmeer „wie Blei" (2Mo 15,10), als Gott sich „am Pharao und an seiner ganzen Heeresmacht, an seinen Streitwagen und Reitern verherrlichte" (2Mo 14,17 u. 23–30). Es ist interessant, dass das dort für „verherrlichen" verwendete hebräische Wort „kabed" eigentlich „(sich) schwer machen" bedeutet; eben – wie Blei.

Dem Josua vor Jericho begegnet ein Mann in Kriegsrüstung und mit gezücktem Schwert, bei dem er nicht einmal erkennt, dass es sich um einen jenseitigen Krieger handelt. Der stellt sich dann selber vor als „Oberster des Heeres JHWH's", der für Israel streiten soll (Jos 5, 13–15).

Ganz anders wirkt Gott bei der Rettung des belagerten Samaria. „... der Herr hatte das Heerlager Arams ein Getöse von Wagen und ein Getöse von Pferden hören lassen, das Getöse einer großen Heeresmacht. Da hatten sie einer zum anderen gesagt: Siehe der König von Israel hat die Könige der Hetiter und die Könige von Ägypten gegen uns angeworben, daß sie über uns kommen sollen." Dann hat die riesige Heeresmacht des Königs Ben-Hadad von Aram ohne eine Aktion des vor dem Verhungern stehenden Israel die Flucht ergriffen, so wie Elisa es geweissagt hatte (2Kö 6, 24.25; 7,6.7). Das Zehn-Stämme-Reich Israel war wieder einmal durch Gottes Eingreifen gerettet.

Für mich ist immer wieder ganz besonders beeindruckend der Bericht in 2Chr 20 von Joschafat, dem König in Juda, gegen den die Moabiter, die Ammoniter und Meuniter zum Kampf aufgezogen waren. Er ruft ein Fasten aus in ganz Juda und beugt sich vor JHWH, seinem Gott, für vergangene Untreue des gesamten Volkes. Er bekennt seine Machtlosigkeit: „Unser Gott, willst du sie nicht richten? Denn in uns ist keine Kraft vor dieser großen Menge, die gegen uns kommt. Wir erkennen nicht, was wir tun sollen, sondern auf dich sind unsere Augen gerichtet." (v 12).

Dann erhält er durch den vom Geist JHWH's erleuchteten Leviten Jahasiel die Zusicherung: „Der Kampf ist nicht eure Sache, sondern Gottes. ... Nicht ihr werdet dabei kämpfen müssen. Tretet hin, steht und seht die Rettung, die JHWH euch schafft!" (v 15.17). Joschafat bestätigt sein Vertrauen in Gottes Zusage, indem er die mit ihrem heiligen Schmuck bekleideten Tempelsänger mit Lobliedern vor seinen zum Kampf Gerüsteten herziehen lässt. Was für ein mutiges Vertrauen, nicht mit frommen Worten, sondern in entsprechendem Handeln! Und dann haben sie wirklich nicht zu kämpfen. Die verbündeten feindlichen Truppen fallen, aus was für Gründen immer, übereinander her und bringen sich gegenseitig um. Gott war am Werk und erfüllte seine Zusage im Übermaß. Eine Zusage, die er schon durch Mose für von ihm verordnete Kriege übermittelt hat (5Mo 20,2–4).

Die prophetischen Texte über diesen großen Krieg, über diese „Schlacht bei Harmagedon" sagen uns nicht im Detail, wie Gott eingreifen wird. Ob eine konkrete himmlische Heeresmacht eingreifen wird oder kosmische und erdgebundene Katastrophen die Angreifer vernichten werden. Ob ein Geist der Verwirrung alle Koordinationen zunichte machen wird, oder ob eine Kombination aus verschiedensten Einwirkungen Gottes seinen Plan zum Ziel bringen. Sach 14,12.13 deutet solch ein Zusammenwirken verschiedenster göttlicher Eingriffe an.

Gerade der Bericht über Gottes Handeln bei Joschafat scheint mir ein sehr anschauliches Vorbild zu sein. Gott hat wieder seine Zusage gegeben, dass Israels Feinde zunichte werden. Er, Gottes Sohn, der Messias Israels wird den Sieg erringen. „Halleluja! Denn der Herr, unser Gott, der Allmächtige hat die Herrschaft angetreten!" heißt es Offb 19,6. Das klingt eigentlich, wenn man den jüdisch-biblischen Sprachgebrauch ein wenig kennt, ganz „alttestamentlich": Halleluja! Denn JHWH, unser (Israels) Elohim, der El-Schaddai, hat seine Verheißung Wirklichkeit werden lassen! Verheißungen wie die in Mi 7,15.16: „Wie in den Tagen, als du aus dem Land Ägypten zogst, werde ich es Wunder sehen lassen. Die Nationen sollen es sehen und beschämt werden trotz all ihrer Macht."

Gottes Sohn kehrt in diese sichtbare Schöpfung zurück. Das hatten die zwei Männer den Jüngern am Ölberg erklärt, als der auferstandene Jesus zu seinem Vater auffuhr: „Dieser Jesus, der von euch weg in den Himmel aufgenommen worden ist, wird so kommen, wie ihr ihn habt hingehen sehen in den Himmel." (Apg 1,11).

Das war alte Verheißung. Sacharja hatte schon ca. 550 Jahre vor Jesu Kreuzigung, Auferweckung und Himmelfahrt geweissagt: „Und es wird geschehen an jenem Tag, da trachte ich danach, alle Nationen zu vernichten, die gegen Jerusalem herankommen. Aber über das Haus David und über die Bewohnerschaft von Jerusalem gieße ich den Geist der Gnade und des Flehens aus, und sie werden auf mich blicken, den sie durchbohrt haben, und werden über ihn wehklagen ..." (Sach 12,9.10). „Dann wird JHWH ausziehen und gegen jene Nationen kämpfen, wie er schon immer gekämpft hat am Tage der Schlacht. Und seine Füße werden an jenem Tag auf dem Ölberg stehen, der vor Jerusalem im Osten liegt ..." (14,3.4).

Jesus selbst hat in seiner großen „Endzeitrede" von diesem Ereignis gesprochen: „Dann wird das Zeichen des Sohnes des Menschen am Himmel erscheinen; und dann werden wehklagen alle Stämme des Landes und sie werden den Sohn des Menschen kommen sehen auf den Wolken des Himmels mit großer Macht und Herrlichkeit." (Mt 24,30; Abschnitt 3.3.3). In dem bei Lukas berichteten Gleichnis von den anvertrauten Pfunden redet er verdeckt auch von seinem Weggehen und diesem Wiederkommen (Lk 19,12.15).

An dieser Schwelle zur Aufrichtung des König-Reiches Gottes auf Erden werden eine Vielzahl von Ereignissen und Aktivitäten stattfinden, die sowohl Israel als auch alle anderen noch vorhandenen Völker betreffen und bis in die jenseitigen Bereiche der Schöpfung hineinwirken. Als sozusagen Essenz aus den prophetischen Ankündigungen darf wohl die Realisierung folgender Verheißungen erwartet werden:

Der von Satan inspirierte Weltherrscher, das Tier, und sein Propagandaminister, der falsche Prophet, werden direkt dem Strafort „Feuersee" übergeben (Offb 19,20). Nach Offb 21,8 bedeutet dieser „See, der mit Feuer und Schwefel brennt ... der zweite Tod". Satan selbst wird für die Zeit dieses Friedensreichs in den „Abgrund", in den „abyssos" verbannt und kann somit in dieser Zeit auf Erden nicht wirksam werden (Offb 20,2.3).

In diesem Zusammenhang erfahren wir auch, dass dieses Friedensreich tausend Jahre andauern wird; daher der Terminus „Millennium". Es ist sicher müßig, darüber zu streiten, ob hier konkret 1.000 Jahre gemeint sind, oder ob diese Zahl mehr eine symbolische Bedeutung „auf die vollkommene göttliche Ordnung in der messianischen Zeit für diese Welt" hat. Im alten Testament wird viel von diesem messianischen Reich geweissagt, ohne dass eine Aussage über die zeitliche Dauer gegeben wird. Immerhin wird diese Zahl tausend hier in Offb 20,2–7 sechsmal erwähnt.

Völlig abwegig scheint mir jedoch, unter Berufung auf 2Petr 3,8 „beim Herrn sind tausend Jahre wie ein Tag" die Dauer auf einen Tag, den „lieben jüngsten Tag" zusammenschrumpfen zu lassen. Wer diesen Standpunkt vertritt, sollte sich der Konsequenz bei der Deutung biblisch-prophetischer Aussagen bewusst sein. Mindestens folgende Ereignisse müssten auf diesen nur einen Tag umfassenden Zeitpunkt, den sogenannten „jüngsten Tag" zusammenfallen:

Sowohl Vereinigung der Gemeinde mit ihrem Herrn und Haupt als auch dessen sichtbares Kommen zu Israel auf dem Ölberg. Die vorgezogene Auferstehung der Märtyrer ins tausendjährige Reich gemäß Offb 20,4–6 gäbe für „einen Tag" eigentlich keinen Sinn. Sie würde dann zusammenfallen mit der Auferweckung aller in der „Hölle" (Abschnitt 2.1.8) wartenden Toten (Offb 20,11–15) und mit dem allgemeinen Völkergericht am großen weißen Thron anlässlich des Untergangs dieser sichtbaren Schöpfung und damit des Beginns der Neuschöpfung von Himmel und Erde. Außerdem muss dann die Israel von Gott gegebene Verheißung für eine „Sabbat-Ruhe" in seinem König-Reich ersatzlos gestrichen werden einschließlich der den Märtyrern gegebenen Verheißung, in dieses Reich aufzuerstehen.

Doch zurück zu den im prophetischen Wort erwähnten Ereignissen am Übergang zum Millennium:

Es wird entschieden werden, wer aus der die Katastrophen überlebenden Völkerwelt an den Segnungen dieses messianischen Friedensreiches teilhaben darf. Joel 4 beschreibt das als ein großes Nationengericht in der Talebene Joschafat: „Denn siehe, in jenen Tagen und zu jener Zeit, wenn ich das Geschick Judas und Jerusalems wenden werde, dann werde ich alle Nationen versammeln und sie ins Tal Joschafat [das ist das Kidrontal] hinabführen. Und ich werde dort mit ihnen ins Gericht gehen wegen meines Volkes und meines Erbteils Israel, das sie unter die Nationen zerstreut haben. Und mein Land haben sie geteilt ..." (4,1.2). „Die Nationen sollen sich aufmachen und hinaufziehen ins Tal Joschafat! Denn dort werde ich sitzen, um alle Nationen ringsumher zu richten." (4,12); siehe auch Zeph 3,8.

Der Herr spricht offensichtlich von dem gleichen Gerichtstag in Mt 25,31.32: „Wenn aber der Sohn des Menschen kommen wird in seiner Herrlichkeit und alle Engel mit ihm, dann wird er auf dem Thron seiner Herrlichkeit sitzen; und vor ihm werden versammelt werden alle Nationen, und er wird sie voneinander scheiden, wie der Hirte die Schafe von den Böcken scheidet."

Die Kurzfassung des Gesetzes, nach dem geurteilt wird, steht in den Versen 33–46. Etwas vereinfacht geht es um die Frage, wie sich Völker und Einzelne gegenüber Juden, „einem der geringsten dieser meiner Brüder" (v 40), verhalten haben. Ich habe schon darauf hingewiesen: Das hat nichts mit dem Gericht am Ende dieser Weltzeit zu tun, wie es häufig ausgelegt wird. Es geht um den Eingang in und die Teilhabe an den Segnungen dieses Königreichs, in dem der Sohn des Menschen in Herrlichkeit regiert (v 34) oder um den Ausschluss davon.

Außer diesen „Schafen zur Rechten des Königs" werden auch die Märtyrer der großen Trübsal an diesen Segnungen teilnehmen. Das sind die, die in dieser Zeit „das Tier und sein Bild nicht angebetet und das Malzeichen nicht an ihre Stirn und an ihre Hand angenommen hatten" und für das Zeugnis Jesu zu Tode gebracht wurden (Offb 20,4). Sie werden in dieses Friedensreich hinein auferstehen.

Bei dem Satz: „Dies ist die erste Auferstehung!" (v 5.6) muss aus dem Gesamtzusammenhang der Schrift ausgelegt werden, da sonst voreilige Schlüsse gezogen werden. Wenn alle Auferstehungen entsprechend den verschiedenen „eigenen Ordnungen" (1Kor 15,22.23) durchgezählt werden, ergibt sich folgende Reihenfolge:
1. „Der Erstling, Christus".
2. „Sodann die, welche Christus gehören bei seiner Ankunft". Sie werden auferweckt oder verwandelt (1Kor 15,51.52) und ihrem Haupt entgegengerückt (1Thes 4,15–17).
3. Dann erst folgen die Märtyrer der großen Trübsal als sozusagen dritte Abteilung; das ist der militärische Begriff, der dort in 1Kor 15 steht.

Wenn diese Auferstehung der Märtyrer in der absoluten Zählung aber die dritte ist, warum steht dann hier „erste Auferstehung"? Für mich bezieht sich dieses „erste" nur auf die Offenbarung. Wenige Verse später (20,12.13) ist von einer weiteren Auferstehung, einer zweiten in der Offenbarung die Rede: „Und ich sah die Toten, die Großen und die Kleinen, vor dem Thron stehen ... und der Tod und der Hades gaben die Toten, die in ihnen waren, und sie wurden gerichtet ..." Das ist aber zeitlich erst nach dem 1000jährigen Friedensreich.

In den vorhergehenden Ausführungen ist schon mehrfach darauf hingewiesen worden: Wer Schrift schriftgemäß auslegen will, muss Zusammenhänge sehen können. Man muss Texte nicht nur im direkten Kontext belassen, auch die Zusammenschau im Gesamtrahmen der göttlichen Offenbarung ist gefordert. Zuweilen lösen sich dann heiß diskutierte Fragen ganz einfach.

Neben den Märtyrern wird es noch eine weitere Gruppe geben, die ins Königreich des David-Sohnes auferstehen darf. Ich verstehe die Aussagen in Hesekiel 37 nicht symbolisch oder allegorisch. Viele meinen, das dort beschriebene Zusammenrücken der Gebeine sei bereits erfolgt, da ja Israel sich wieder im Land vereinigen konnte. Es fehle eben nur noch der Lebensgeist Gottes, damit das Gottes-Volk wieder in seine verheißenen Segnungen und Aufgaben eintreten kann. Sicher, an diesem Verständnis ist etwas Richtiges. Aber die Prophetie verheißt in 37,11–14 mehr:

„Und er sprach zu mir: Menschensohn, diese Gebeine sind das ganze Haus Israel. Siehe, sie sagen: Unsere Gebeine sind verdorrt und unsere Hoffnung ist verloren; es ist aus mit uns [wörtl.: wir sind (vom Leben) abgeschnitten]. Darum weissage und sprich zu ihnen: So spricht der Herr, JHWH: Siehe ich öffne eure Gräber und lasse euch aus euren Gräbern heraufkommen als mein Volk und bringe euch ins Land Israel. Und ihr werdet erkennen, daß ich JHWH bin, wenn ich eure Gräber öffne und euch aus euren Gräbern heraufkommen lasse als mein Volk. Und ich gebe meinen Geist in euch, daß ihr lebt, und werde euch in euer Land setzen. Und ihr werdet erkennen, daß ich, JHWH, geredet und es getan habe, ist der Ausspruch JHWH's."

Nur wenige der Getreuen und Heiligen in Israel, die die Anordnungen ihres Gottes von Herzen befolgt haben, nicht nur dem Buchstaben sondern der Gesinnung nach, haben in der Zeit des ersten Bundes die damit verbundenen Verheißungen empfangen. Zum Beispiel die in 3Mo 26,3–13 aufgeführten Zusagen Gottes. Gott ist verlässlich und treu. Hier in seinem Friedensreich werden sie nun reich entlohnt werden.

Aber auch über Israel wird Gericht gehalten werden. Schon bei Hesekiel heißt es: „Und ich werde euch aus den Völkern herausführen und euch aus den Ländern, in die ihr zerstreut wor-

4.6 Gottes Berufung für Israel ist unwiderruflich

den seid, mit starker Hand und mit ausgestrecktem Arm und mit ausgegossenem Grimm sammeln." (Hes 20,34). „Und ich werde von euch ausscheiden, die sich empörten und mit mir brachen; ich werde sie aus dem Land der Fremdlingschaft herausführen, aber in das Land sollen sie nicht kommen. Und ihr werdet erkennen, daß ich JHWH bin." (v 38).

Der Herr redet vom gleichen Thema, wenn er seinen jüdischen Hörern erklärt, wer aus Israel am verheißenen Königreich der Himmel teilhaben darf: „Nicht jeder, der zu mir sagt: Herr, Herr! wird in das (König-)Reich der Himmel eingehen, sondern wer den Willen meines Vaters tut, der in den Himmeln ist. Viele werden an jenem Tage zu mir sagen: Herr, Herr! Haben wir nicht durch deinen Namen geweissagt und durch deinen Namen Dämonen ausgetrieben und durch deinen Namen viele Wunderwerke getan? Und dann werde ich ihnen bekennen: Ich habe euch niemals gekannt. Weicht von mir, ihr Übeltäter!" (Mt 7,21–23). Wohlgemerkt, hier geht es nicht um Christen, sondern um Israeliten!

In Mt 19,28 erklärt Jesus seinen Jüngern: „Wahrlich, ich sage euch: Ihr, die ihr mir nachgefolgt seid, auch ihr werdet in der Wiedergeburt, wenn der Sohn des Menschen auf seinem Thron der Herrlichkeit sitzen wird, auf zwölf Thronen sitzen und die zwölf Stämme Israels richten." Inhaltlich gleiches wird in ganz anderem Zusammenhang, anlässlich des letzten Mahles am Rüsttag-Abend in Lk 22,28–30, berichtet.

Das sind offensichtlich die Throne, von denen es in Offb 20,4 ganz knapp heißt: „Und ich sah Throne, und sie setzten sich darauf, und das Gericht wurde ihnen übergeben." Der Text erklärt weder, wer diese „sie" sind, noch um was für ein Gericht es sich handelt, das ihnen übergeben wird. Er fährt direkt fort mit der Auferstehung der Märtyrer aus der großen Trübsal. Mt 19,28 gibt aber die eindeutige Erklärung. Bei diesem Gericht in Israel vor Beginn des messianischen Königsreiches urteilen Jesu zwölf Jünger, „ihr, die ihr mir nachgefolgt seid", wer aus Israel an den Segnungen dieses Reiches teilnehmen darf (siehe auch Mal 3,1–5; Zeph 3,11–13).

Das heißt aber auch, wer mitwirken darf, endlich den schon Abraham zugeordneten Auftrag zu erfüllen: „... und in dir sollen gesegnet werden alle Geschlechter der Erde!" (1Mo 12,3). Diesen bis heute von Israel unerledigten Auftrag finden wir in Mt 28,19 wieder. Der Herr hat diesen Auftrag in den 40 Tagen, als er mit seinen Jüngern „über die Dinge redete, die das (König-)Reich Gottes betreffen" (Apg 1,3), bestimmt näher ausgeführt. Die Beauftragung in Mt 28,19 liegt in diesen 40 Tagen!

Welch ein gewaltiger Verheißungsbogen breitet sich hier über circa vier Jahrtausende Heilsgeschichte seit Abraham aus. Ihren Dreh- und Angelpunkt hat sie in der Erdenzeit des Gottessohnes; in Jesus, dem vom Geist Gottes gezeugten, in Bethlehem geborenen Sohn der Maria aus Nazareth. „Denn so viele Verheißungen Gottes es gibt, in ihm ist das Ja, deshalb auch durch ihn das Amen, Gott zur Ehre durch uns." (2Kor 1,20).

Das von Gott für Israel, für Abrahams Nachkommen dem Fleische nach verheißene Königreich der Himmel, das irdische, in dieser sichtbaren Schöpfung aufzurichtende Reich Gottes wird Realität. Alle Verheißungen über die Segnungen, die von Zion zu allen Völkern ausgehen werden, können sich nun endlich unter der Friedensherrschaft des Gottessohnes, des Messias-Königs, vollinhaltlich erfüllen. Paulus schreibt hierzu: „Wenn aber ihr Fall der Reichtum der Welt ist und ihr Verlust der Reichtum der Nationen, wieviel mehr ihre Vollzahl!" (Röm 11,12).

In den Abschnitten von 4.6.1 bis hier hin sind prophetische Aussagen zum Übergang von der Gemeindezeit hin zur Wiederannahme Israels und der Errichtung des ihnen verheißenen Friedensreiches zusammengestellt. Wir befinden uns heute im Anbruch dieser Zeitenwende. Wir sollen die Zeichen der Zeit deuten können (Mt 16,3). Deshalb ist es wohl angebracht, einige Wegmarkierungen aufzuzeigen, die uns Gottes prophetisches Wort beschreibt, und einen Deutungsversuch zu wagen, um heutiges politisches und ideologisches, wirtschaftliches und auch ökologisches Weltgeschehen in den rechten Zusammenhang einordnen zu können.

Mit diesen Ausführungen möchte ich als dem Wort Gottes vertrauender Realist einige für die Beurteilung unserer Zeit und der nahen Zukunft wesentliche prophetische Texte in Zusammenhang bringen und zum persönlichen Nachforschen, „ob es sich so verhielte" (Apg 17,11), anregen. Die Zeit wird erweisen, was von Gott her geredet war und was aus rein menschlicher Überlegung kam (5Mo 18,22; Hes 33,33).

4.6.4 Das irdische Königreich Gottes – das Millennium

Vielleicht darf man drei sich ergänzende, aber dennoch zu unterscheidende Themenkreise oder Aufgaben herausstellen, für deren abschließende Erfüllung mit diesem Königreich Gottes der von Gott gegebene Zeitrahmen festgelegt ist.

Zunächst – und das wäre der erste Themenkreis – wird den treuen Israeliten die Verheißung der Sabbatruhe erfüllt werden. Sie können endlich in einem Friedensreich ohne Bedränger und kriegerische Feinde, mit vollkommenen irdischen Segnungen in dem von Gott verheißenen Land, in einer Theokratie ihrem Gott leben. Das war Gottes Verheißung schon bei der Berufung des in Midian Schafe hütenden Mose (2Mo 3,8). Die Erfüllung hatte Gott mit dem Halten seiner Ordnungen und Rechtsbestimmungen (3Mo 20,22–24) verbunden. Jetzt werden sie darin leben und wirken können (Hes 36,27).

Als zweiter Themenkreis: Israel wird endlich in die Lage versetzt werden, den Auftrag zu erfüllen, der von Anfang der Berufung an von Gott für sie gegeben war. Bei Abraham wird diese Verheißung mehrfach angesprochen: „Abraham soll doch zu einer großen und mächtigen Nation werden, und in ihm sollen gesegnet werden alle Nationen der Erde." (1Mo 18,18). Ähnlich direkt zu Abram in 12,3 am Beginn seiner Erwählung durch Gott heraus aus seiner Familie und ihren Gottheiten. Dann zum dritten Mal, nachdem er auf Morija bereit war, Isaak, an dem alle Verheißungen hingen, vertrauensvoll restlos an Gott zurückzugeben (22,18; Röm 4,17.18).

Diese Berufung Israels von Abraham an, „Segen für alle Völker" zu sein, liegt letzten Endes auch dem Auftrag Jesu an seine Jünger kurz vor seiner Himmelfahrt zu Grunde; es wurde schon mehrfach darauf verwiesen: „Mir ist alle Vollmacht gegeben im Himmel und auf Erden. Geht nun hin und macht alle Nationen zu Jüngern; sie taufend auf den Namen des Vaters und des Sohnes und des Heiligen Geistes; und sie lehrend alles zu bewahren, was ich euch geboten habe." (Mt 28,18–20). Jetzt, hier in diesem Königreich Gottes, wird der entscheidende Zweck der Berufung Abrahams nach ca. 4000 Jahren und der Auftrag Jesu nach ca. 2000 Jahren endlich verwirklicht werden.

Und dann, – das wäre der dritte Themenkreis – wird in dieser Zeit des tausendjährigen Friedensreiches noch etwas Wesentliches demonstriert werden. Satan ist gebunden. Die Menschen und Völker erleben unter Israels und ihres Messias-Königs Herrschaft eine lange Zeit des Friedens und Wohlstandes. Aber die Menschen bleiben, was Gott zur Zeit Noahs schon festgestellt hat: „Er ist ja Fleisch." (1Mo 6,3). Segen Gottes wird gern und fast als selbstverständlich entgegengenommen. Aber ihm dafür von Herzen zu danken und ihn zu verherrlichen, das steht noch einmal auf einem anderen Blatt. Am Ende der tausend Jahre Frieden auf Erden findet es seine traurige Bestätigung.

Es soll nun versucht werden, diese drei Themenkreise zum tausendjährigen Königreich Gottes in dieser sichtbaren Schöpfung durch eine Auswahl aus der Vielzahl prophetischer Aussagen etwas auszufüllen. Ich bin mir hierbei der Problematik bewusst, dass bei den alttestamentlichen Propheten zuweilen nicht genau zu trennen ist, wann ihre Schau Gottes Königreich in dieser Schöpfung betrifft und wann sie sein endgültiges, ewiges Reich nach der Neuschöpfung von Himmel und Erde meinen.

Zum Beispiel heißt es in Jes 65,17: „Denn siehe, ich schaffe einen neuen Himmel und eine neue Erde. Und an das Frühere wird man nicht mehr denken, und es wird nicht mehr in den Sinn kommen." Zunächst könnte man meinen, hier sei das Gleiche gemeint, wie Offb 21,1. Aber wenn man bei Jesaja weiter liest, merkt man schnell, dass hier von den verwandelten Bedingungen im Königreich Gottes auf dieser „ersten Erde" gesprochen wird; Vers 20: „.... und keinen Greis, der seine Tage nicht erfüllte. Denn der Jüngste wird im Alter von hundert Jahren sterben, und wer das Alter von hundert Jahren nicht erreicht, wird als verflucht gelten." Hier wird noch gestorben. Hier kann noch jemand „als verflucht gelten". Die Aussage kann sich also nicht auf das ewige Reich Gottes und die Umstände von Offb 21 beziehen.

Auf einer ganz anderen Ebene ist dann zum Beispiel die prophetische Aussage in Hag 2,1–9. JHWH gibt über Haggai eine Verheißung an Serubbabel, den Statthalter, und Jeschua, den Hohenpriester, direkt für den aktuellen Bau am Tempel. Diese Verheißung geht dann ab Vers 6 fast nahtlos über in Prophetie für das Friedensreich, von dem jetzt hier die Rede ist. Das korrespondiert mit dem, was weiter vorn schon zu Lk 4,18–21 in Verbindung mit Jes 61,2 gesagt wurde.

4.6.4.1 Der erste Themenkreis: Gott erfüllt Israel seine Verheißungen

Jesus wird an vielen Stellen als der Sohn, oder besser der Same Davids bezeichnet. Von daher sind auch manche Aussagen über seine zukünftige Regentschaft damit verbunden. Schon bei der Ankündigung seiner Geburt an Maria heißt es: „Dieser wird groß sein und Sohn des Höchsten genannt werden; und der Herr, Gott, wird ihm den Thron seines Vaters David geben; und er wird über das Haus Jakobs herrschen in Ewigkeit ..." (Lk 1,32.33). Das entspricht genau der alten Verheißung aus Jer 23,5: „Siehe, Tage kommen, spricht JHWH, da werde ich dem David einen gerechten Spross erwecken. Der wird als König regieren und verständig handeln ..."

Nun gibt es aber auch Aussagen, die direkt von David als König über das erneuerte Israel weissagen. Hes 34,23.24: „Und ich werde einen Hirten über sie einsetzen, der wird sie weiden: meinen Knecht David, der wird sie weiden und ihnen zum Hirten werden. Und ich, JHWH, werde ihnen Gott sein, und mein Knecht David wird Fürst in ihrer Mitte sein. Ich, JHWH, habe geredet." Hos 3,5: „Danach werden die Söhne Israel umkehren und JHWH, ihren Gott, aufsuchen und David, ihren König. Und sie werden sich bebend zu JHWH wenden und zu seiner Güte am Ende der Tage."

Nach meinem Verständnis wird mit den Heiligen aus Israel natürlich auch David in dieses verheißene Reich auferstehen (Hes 37,11–14). In diesem Kapitel und in diesem Zusammenhang wird in den Versen 24 u. 25 von David als dem König, Hirten und Fürsten der aus den Gräbern Auferstandenen und aus den Nationen wieder ins Land Gebrachten geweissagt. Hier wird wieder sehr deutlich von allen 12 Stämmen gesprochen, die zusammengefügt werden „zu einer Nation im Lande" (v 22). Oder auch in Jer 30,8.9: „Denn an jenem Tag wird es geschehen, spricht JHWH Zebaoth, da zerbreche ich sein Joch ... sie werden JHWH, ihrem Gott, dienen und ihrem König David, den ich ihnen erwecke."

Für mich ist David der im irdischen, diesseitigen Königreich Gottes wirkende König Israels. Er ist der von Gott eingesetzte Repräsentant, um die von Gott gewollten und verheißenen Segenswirkungen „aus Zion" zu realisieren. Der Gottessohn wirkt und wacht als Messias-König aus der jenseitigen Herrlichkeitswelt zur Bestätigung und Unterstützung aller im Friedensreich verwirklichten Verheißungen.

Hesekiel hatte sehr weit greifende Visionen über den neuen Tempel und den Tempeldienst einschließlich der Ordnungen zu den Festen (Kap.40–46). Es ist immer wieder versucht worden, diese Visionen bis ins Detail zu konkretisieren Das hilft nicht viel weiter, da manche Aussage darin für uns heute nicht ganz verständlich ist. Ich nehme diese Visionen als Wort an Israel, das für uns heute nicht viel zum Verständnis des Handelns und Wollens Gottes im Friedensreich beitragen kann. Zu seiner Zeit wird es sich erfüllen. Mir ist aus diesen Kapiteln wichtig, wie in Hes 43,1–5, in Ergänzung und in Umkehrung der in 11,22.23 geschilderten Ereignisse, die Rückkehr der Herrlichkeit JHWH's vom Osten her beschrieben wird. Die Schekhina lagert wieder im Heiligtum. Israels Verstockung und Verwerfung (Röm 11,15.25) ist endgültig Vergangenheit.

Beachtenswert scheint mir aus der großen Vision Hesekiels allerdings die Beschreibung der zukünftigen Grenzen des heiligen Landes in 47,13–20. In der Nord-Süd Ausdehnung geht es von Hamath „im äußersten Norden" (48,1) bis nach Kadesch (48,28); d.h. von etwa 200 km nördlich von Damaskus bis zu dem Ort, an dem das Volk sich nach dem Auszug aus Ägypten weigerte, in das von Gott verheißene Land einzuziehen. Dieses von Hesekiel beschriebene Gebiet ist ein Vielfaches von dem, was die zwölf Stämme je besaßen. Es geht eher in Richtung zu dem, was Gott dem Abram beim Bundesschluss für seine Nachkommen gezeigt und verheißen hatte (1Mo 15,18).

Insgesamt wird in diesem regenerierten Israel eine völlig neue Grundlage sowohl in der Tier-, als auch in der Pflanzenwelt gelegt sein. Hier nur exemplarisch einige dieser in vielen prophetischen Texten zitierten Verheißungen:

In Hesekiel 47,1–10 und in gleicher Weise in Sacharja 14,8 wird aus Jerusalem hervorbrechendes frisches, „lebendiges" Quellwasser beschrieben, das im weiteren Verlauf zu einem mächtigen Fluss anschwillt. Dieses Wasser wird nicht nur in das östliche Tote Meer sondern auch in das „hintere", das ist das Mittelmeer, fließen. Es wird das tote Salzmeer „gesund werden" lassen, so dass jede Art Lebewesen einschließlich der Fische dort wieder existieren kann.

4.6 Gottes Berufung für Israel ist unwiderruflich

Die Verheißung besagt, dass dieser Strom in der Hitze des Sommers nicht versiegen und austrocknen wird; heute das große Problem mit dem Jordan-Fluss.

Durch die topographischen Veränderungen im Zusammenhang mit den Katastrophen der siebenjährigen Gerichtszeit werden sich wohl auch geänderte Flussbetten und damit Fließwege der Wasser ergeben (z.B. Sach 14,4.10; Offb 6,12–14). Von diesen grundlegenden Veränderungen der natürlichen Gegebenheiten wird an vielen Stellen berichtet. Als Beispiele seien hier noch erwähnt: Jes 35,1.2.7; 55,12.13; Joe 2,22–24; 4,18; Am 9,13.14.

Alle diese Segnungen hatte Gott Israel schon am Sinai für den Einzug ins Land verheißen (3Mo 26,3–10), aber mit einem „wenn ... dann" versehen. Das war, bevor sie sich ihrem Gott bei Kadesch-Barnea verweigerten und nicht ins Land einziehen wollten und dann auch nicht konnten (4Mo 13 u. 14). Am Ende der zur Strafe und Erziehung auferlegten, 40 Jahre dauernden Wanderung durch die Wüste (Hebr 3,17–19) stehen sie am Horeb. Wieder erhalten sie diese wunderbaren Segensverheißungen für ihr Leben im verheißenen und von Gott geschenkten Land aber auch die von ihnen zu erfüllenden Voraussetzungen (5Mo 11,8–17). In Vers 14 wird unter anderem schon dieser Früh- und Spätregen als erforderliche Grundlage für allen Erntesegen zugesichert.

Viele Juden haben sich in treuer Erfüllung des Gesetzes und der von den Rabbinern festgelegten Anweisungen der Mischna bemüht, Gottes Ordnungen nicht nur dem Buchstaben nach zu erfüllen. Aber vieles erstarrte im Laufe der Jahrhunderte in unveränderliche Rituale. Die den Warnungen folgenden Anweisungen sind dafür ein passendes Beispiel (5Mo 11,18–20). Gott hatte äußere Zeichen zur Demonstration ihrer Bereitwilligkeit, unter seinen Gesetzen zu leben, festgelegt. Daraus wurden ganz differenzierte Ordnungen für die „Tephillin der Hand" und die „Tephillin des Hauptes" (v 18), und für die am Türpfosten anzubringende „Mesusa" (v 20).

Für den orthodoxen Juden sind diese Ordnungen heute noch verbindlich. Die Frage war immer, wie kann man verhindern, dass diese Ordnungen zu einer Formsache erstarren. Michael Friedländer schreibt:

„Um eine bloß oberflächliche Beobachtung des Gebotes zu verhindern, wird uns gelehrt, über die Wichtigkeit und den Zweck der Tephillin nachzudenken und zu erklären, daß wir durch das Anlegen der Tephillin an das Haupt und an den Arm dem Herzen gegenüber unser Pflichtbewußtsein zeigen, daß wir gewillt sind, unsere Gedanken und die Wünsche unseres Herzens in den Dienst Gottes zu stellen, der uns die Fähigkeit des Denkens und Wollens gegeben hat" (Die jüdische Religion, S.262/263).

Aber JHWH klagt bei Jesaja: „Ich habe den ganzen Tag meine Hände ausgebreitet zu einem widerspenstigen Volk, die auf dem Weg, der nicht gut ist, ihren eigenen Gedanken nachlaufen." (Jes 65,2). Deshalb ertönt schon bei Johannes dem Täufer, wie dann auch verstärkt bei Jesus in der Verkündigung an Israel der Ruf zur Buße. Für Israel reicht es eben nicht, sich nur des Schöpfers, „der uns die Fähigkeit des Denkens und Wollens gegeben hat", zu erinnern. Sie sollen in die Herzens- und Gesinnungsordnungen ihres Gottes, der sie für sich erwählt hat, zurückkehren. Da kann äußerer Ritus gegebenenfalls sogar hinderlich sein und vom Weg wegführen.

Es gibt das schreckliche Beispiel der bronzenen Schlange; im Sprachgebrauch hat sich „die eherne Schlange" festgesetzt. 4Mo 21,4–9 berichtet, dass Gott, als das Volk sich wieder einmal gegen ihn und Mose auflehnte, Schlangen, „sarafen" unter sie sandte; an ihren Bissen starben viele Israeliten. Da fertigt Mose auf Gottes Anordnung hin eine Schlange von Bronze und befestigt sie auf eine Stange. Jeder Gebissene, der dieses von Gott verordnete Zeichen anschaut, wird gerettet.

In 2Kö 18,4 wird uns vom König Hiskia in Juda berichtet: „Er beseitigte die Höhen und zertrümmerte die Gedenksteine und rottete die Aschera aus und schlug die eherne Schlange, die Mose gemacht hatte, in Stücke. Denn bis zu jenen Tagen hatten die Söhne Israels ihr Rauchopfer dargebracht, und man nannte sie Nehuschtan [Bronzenes]."

Was war hier geschehen? Das Zeichen der Rettungstat Gottes hatte sich verselbständigt und war zum angebeteten Gott-Ersatz und damit zum Götzen geworden. Als Vorbild für uns zur Belehrung und Ermahnung geschrieben, so wie Paulus in 1Kor 10,6.11 vermerkt?! Wäre von daher nicht der Kult, der um manches Kruzifix getrieben wird, einer kritischen geistlichen Prüfung zu unterwerfen? Außerdem: Das Kreuz ist leer. Der Gottes-Sohn ist auferstanden und sitzt zur Rechten Gottes, seines Vaters (Röm 8,34).

Volk und Land Israel waren bei Segen und Fluch immer zusammengebunden. Von daher hat nicht nur die Zerstreuung des Volkes Israel sondern auch die Dürre des Landes, „daß der Erdboden seinen Ertrag nicht bringt" (5Mo 11,17), mit der Herzensverstockung des Volkes als Ganzes zu tun. Dieser Fluch wird nun im Zusammenhang mit der Neugeburt des Volkes (Hes 11,19; 36,26.27; Joh 3,3) unter der Segenswirkung ihres König-Messias in vollem Umfang aufgehoben. Das betrifft nicht nur das Land sondern auch die Tierwelt; z.B. Jes 11,6–10; 65,25.

Auch diese Jesaja-Texte sollte man nicht sofort vergeistigen oder als allegorische Aussage für den Frieden erklären, der nun herrscht. Zunächst ist der Inhalt sauber zu beachten. Es wird in beiden vorstehend erwähnten Bibelstellen ausdrücklich eine örtliche Begrenzung dieser Segnungen im Tierreich gegeben. In 11,9 wie auch in 65,25 heißt es ausdrücklich „auf meinem ganzen heiligen Berg". Das heißt doch, dass diese Verheißung sich nicht auf die gesamte Erde bezieht, sondern auf das dann erweiterte Land Israel. Außerdem geschieht doch nur, dass im engeren Herrschaftsbereich Gottes, in seinem Friedensreich in der Tierwelt die Zustände aus der Zeit vor der Vertreibung aus Eden oder bis zum friedlichen Zusammenleben in der Arche wiederhergestellt werden. Was wäre daran so verwunderlich?

Ähnlich verhält es sich bei der Verlängerung der Lebenszeit der Menschen in der regenerierten Natur des Friedensreiches. Hierbei bleibt aber offen, ob das wie bei den Tieren nur die Bewohner im Land betrifft. Jes 65,20–22 in Verbindung mit Sach 8,4.5 reden von einem Lebensalter, das zumindest dem der Patriarchen entspricht. Sach 8,6 fährt dann weiter fort: „So spricht JHWH Zebaoth: Wenn das zu wunderbar ist in den Augen des Überrestes dieses Volkes in jenen Tagen, sollte es auch in meinen Augen zu wunderbar sein? Das ist der Ausspruch von JHWH Zebaoth." Sind diese Verheißungen Gottes für uns auch zu wunderbar?

4.6.4.2 Der zweite Themenkreis: Israel erfüllt seinen Berufungsauftrag

Diese wunderbaren, grundlegenden Veränderungen in Israel werden sicher einer der Gründe sein, dass man in den anderen Völkern zu fragen anfängt, welche Macht denn hinter diesem Volk steht. Nicht nur, dass dieses Volk so wunderbar durch alle kriegerischen Aktionen hindurch existiert und sogar triumphieren konnte. Nein, jetzt werden auch alle äußeren Lebensumstände auf unvorstellbare Weise neu.

Sacharja weissagte diese Situation: „So spricht JHWH Zebaoth: Noch werden Völker und Bewohner vieler Städte kommen; und die Bewohner der einen werden zur anderen gehen und sagen: Laßt uns doch hingehen, JHWH um Gnade anzuflehen und JHWH Zebaoth zu suchen! Auch ich will gehen! Und viele Völker und mächtige Nationen werden kommen, um JHWH Zebaoth in Jerusalem zu suchen und JHWH anzuflehen. So spricht JHWH Zebaoth: In jenen Tagen, da werden zehn Männer aus allerlei Sprachen der Nationen zugreifen, ja, sie werden den Rockzipfel eines jüdischen Mannes ergreifen und sagen: Wir wollen mit euch gehen, denn wir haben gehört, daß Gott mit euch ist." (Sach 8,20–23).

Aber nicht nur Land und Tierwelt in Israel sind von Gott erneuert worden. Das alles Entscheidende ist, dass dieses Volk neu geworden ist. Die Gottesverheißungen aus Hes 11,18–20 und 36,25–27; aus Joe 3,1.2 und Sach 12,10 und ähnlichen Stellen werden in vollem Umfang erfüllt werden. Gottes Lebensgeist schafft eine völlige Neugeburt Israels (Jes 66,7–9).

Was Jesus dem Obersten der Juden, Nikodemus, in dem Nachtgespräch gesagt hatte (Joh 3,3–8), wird für ganz Israel Wirklichkeit. Das, was an jenem denkwürdigen Wochenfest in Jerusalem anbruchhaft geschah und von Petrus mit dem Prophetenwort aus Joel verbunden wurde (Apg 2,6–21), erfährt jetzt für ganz Israel seine Verwirklichung. Durch Gottes Geist wird das steinerne, tote Herz in ein fleischernes, lebendiges Herz verwandelt. Gottes Geist wird in ihr Innerstes gegeben. Leben aus Gott bewirkt eine totale, das ganze Israel umfassende Neugeburt. Damit kann Israel endlich in vollkommenem Umfang der Segensträger Gottes für alle Völker werden.

Damit es sich fest einprägt, wiederhole ich hier einige der markantesten Stellen:
- 1Mo 12,3: „In dir sollen gesegnet werde alle Geschlechter der Erde."
- Sach 8,13: „Und es wird geschehen: Wie ihr ein Fluch unter den Nationen gewesen seid, Haus Juda und Haus Israel, so werde ich euch retten, und ihr werdet ein Segen sein."
- Mt 28,19: „Geht nun hin und macht alle Nationen zu Jüngern..."
- Apg 3,25: „Ihr seid die Söhne der Propheten und des Bundes, den Gott euren Vätern verordnet hat, als er zu Abraham sprach: Und in deinem Samen werden gesegnet werden alle Geschlechter der Erde."
- Röm 11,12.15: „Wenn aber ihr Fall der Reichtum der Welt ist und ihre Niederlage der Reichtum der Nationen, wieviel mehr ihre Vollzahl. ... Denn, wenn ihre Verwerfung die Versöhnung der Welt ist, was wird die Annahme anders sein als Leben aus den Toten?"
- Röm 11,29: „Denn die Gnadengaben und die Berufung Gottes sind unbereubar!"

Was mag das konkret bedeuten: Israel wird ein Segen für alle Völker? Als Gott kurz vor dem Durchzug durch den Jordan und dem Einzug in das ihnen von Gott zugesprochene Land im Gebiet Moab noch einmal Segen und Fluch je nach ihrem Gehorsam erklärt, verheißt er:

- 5Mo 28,13.14: „JHWH wird dich zum Haupt machen und nicht zum Schwanz, und du wirst nur immer aufwärtssteigen und nicht hinuntersinken, wenn du den Geboten JHWH's, deines Gottes, gehorchst, die zu bewahren und zu tun ich dir heute befehle, und von all den Worten, die ich euch heute befehle, weder zur Rechten noch zur Linken abweichst, um anderen Göttern nachzulaufen, ihnen zu dienen."
- v 15 kommt dann die Kehrseite der Medaille: „Es wird aber geschehen, wenn du der Stimme JHWH's, deines Gottes, nicht gehorchst ..." v 43.44: „der Fremde, der in deiner Mitte wohnt, wird höher und höher über dich emporsteigen, und du, du wirst tiefer und tiefer hinabsinken ... er wird zum Haupt, du aber wirst zum Schwanz."

Genau so, wie Jahrhunderte lang der Fluch auf Israel lag, wird nun die Segensverheißung Wirklichkeit werden. Das erneuerte Israel wird zum Haupt, zum Gebieter über den Überrest aller anderen Nationen. Die Theokratie in Israel unter David als König wird äußeres Beispiel sein für die wunderbaren Auswirkungen eines sich unter den Weltherrscher, den Sohn Gottes fügenden und seinen Anweisungen gehorchenden Volkes.

„Und viele Nationen werden hingehen und sagen: Kommt laßt uns hinaufziehen zum Berg JHWH's und zum Haus des Gottes Jakobs, daß er uns aufgrund seiner Wege belehre! Und wir wollen auf seinen Pfaden gehen. Denn von Zion wird Weisung ausgehen und das Wort JHWH's von Jerusalem. Und er wird richten zwischen vielen Völkern und Recht sprechen für mächtige Nationen bis in die Ferne. Dann werden sie ihre Schwerter zu Pflugscharen umschmieden und ihre Speere zu Winzermessern. Nie wird Nation gegen Nation das Schwert erheben, und sie werden das Kriegführen nicht mehr lernen." (Mi 4,2.3; fast gleichlautend Jes 2,3.4).

Mi 4,5 fügt dann allerdings an: „Ja, alle Völker gehen, ein jedes im Namen seines Gottes. Wir aber gehen im Namen JHWH's, unseres Gottes für immer und ewig." Wenn man das noch als Bestandteil der vorhergehenden Prophetie sieht, scheint der Übergang zur Anerkennung Gottes und seines Sohnes durch die anderen Völker ein langsamer Übergangsprozess zu sein. Eben dieses „gehet hin und lehrt sie" aus Mt 28 benötigt wohl auch dann seine Zeit.

4.6.4.3 Das tragische Resultat: Der kreatürliche Mensch ändert sich nicht

Auffallend ist, dass sowohl in Mi 4,2 wie in dem nachfolgenden Text aus Sach 2,15 nicht von allen Nationen sondern nur von vielen Nationen die Rede ist. „Und an jenem Tag werden viele Nationen sich JHWH anschließen. So werden sie mein Volk sein. Und ich werde in deiner Mitte wohnen ...". Hierbei ist im Gedächtnis zu halten, dass in jener Zeit nicht Gnaden-Evangelium verkündigt wird sondern Gesetz. Das verlangt aber absoluten Gehorsam, damit die darin einbeschlossenen Freiheiten gelebt werden können.

Jes 60,12.14: „Denn die Nation und das Königreich, die dir nicht dienen wollen, werden zugrunde gehen. Diese Nationen werden verheert werden, ja verheert. ... Und gebeugt werden zu dir kommen die Söhne deiner Unterdrücker, und alle, die dich geschmäht haben, werden sich niederwerfen zu deinen Fußsohlen. Und sie werden dich nennen; Stadt JHWH's, Zion des Heiligen Israels."

4.6 Gottes Berufung für Israel ist unwiderruflich

Das wird nicht unbedingt ein besonders liebevolles und herzliches Verhältnis der Völker zu Israel begründen. Es wird wohl zunächst mehr eine Frage der Klugheit sein, sich hier einzufügen. Jetzt wird von Israel aus Recht gesprochen bei Völkerstreitigkeiten. Keine UNO Vollversammlung und kein Sicherheitsrat debattiert ohne konkretes Ergebnis. Jetzt ergeht von Zion, aus Jerusalem, Weisung an die Völker und bei Verweigerung wird konsequent durchgegriffen.

- Offb 2,26.27: „Wer überwindet ... dem werde ich Vollmacht über die Nationen geben; und er wird sie weiden mit eisernem Stab ...". (siehe auch Offb 12,5).
- Ps 2,8–10: „Fordere von mir, und ich will dir die Nationen zum Erbteil geben, zu deinem Besitz die Enden der Erde. Mit eisernem Stab magst du sie zerschmettern, wie Töpfergeschirr sie zerschmeißen. Und nun ihr Könige, handelt verständig; laßt euch zurechtweisen ihr Richter der Erde."
- Sach 14,16–19 erklärt beispielhaft, was „eiserne Rute" bedeuten könnte.

Noch einmal: Wir müssen den Gedanken ernst nehmen, dass im Tausendjahr-Reich nicht Gnade für den Sünder angesagt ist, sondern gerechte Vergeltung entsprechend Gottes Gesetz. Vielleicht können hier die Strafgerichte an Achan im Tal Achor (Jos 7; insbesondere v 24.25) und an Ananias und Saphira (Apg 5,1–11) beispielhaft genommen werden. Satan ist gebunden; seine Dämonen haben keinerlei Macht über Menschen. Es herrscht Friede und angemessener Wohlstand. Opposition gegen Gott kann eigentlich nur aus einem von Grund auf bösartigen, jeder göttlichen Ordnung widerstrebenden Herzen kommen (1Mo 8,21; Mt 15,19).

Offener Widerstand wird sich zunächst nicht auftun. Aber sobald nach Jahrzehnten oder Jahrhunderten der Schock und die Erinnerung an die Machttaten Gottes zur Wiederherstellung Israels mehr und mehr in Vergessenheit geraten; sobald Friede zwischen den Völkern und in der Gesellschaft, soziale und rechtliche Ordnung und Wohlstand als selbstverständlich angesehen werden, wird sich zunächst Distanziertheit und dann auch heimlicher Widerstand ergeben. „Müssen wir uns das wirklich alles bieten und vorschreiben lassen? Die Gedanken sind frei!"

Der Mensch in seiner Grundstruktur hat sich in diesen Jahren des Friedens, der Ruhe und Ordnung kaum verändert. Eine bedrückende Feststellung: Sobald Satan aus seiner Gefangenschaft losgelassen wird, bricht alle äußere Ordnung zusammen (Offb 20,7–10). Er findet sofort wieder Anhänger und Anbeter. Man wirft eine angebliche Fessel weg und unterwirft sich einem wirklich gnadenlosen Regiment. Aus den von Jerusalem am weitesten entfernten Ländern macht sich diese Heeresmacht auf, Jerusalem und letztlich Gottes Herrschaft zu zerstören.

Gott hat sozusagen den letzten Beweis geführt, dass der sich seit Adam emanzipierende autonome Mensch durch äußere Ordnungen und Hilfen nicht zu ändern, nicht zu Gott zurückzuführen ist. Kein Wesen im gesamten Weltall wird Gott je den Vorwurf machen können: „Du hättest uns nur in Ruhe wirken lassen sollen; wir hätten schon alle Probleme allein in den Griff bekommen!" Nur eine Erneuerung von Innen heraus, nur ein neues Herz kann Menschen und Gott wieder zusammenführen und unter seiner Herrschaft auch das Verhältnis der Menschen untereinander befrieden.

Diese Neuzeugung aus dem heiligen Geist erfuhren als Erste die Glieder der Gemeinde Jesu Christi; zunächst die Ekklesia aus Israel, die dann nach Israels Zerstreuung in die Ekklesia aus

„Juden und Griechen" aufging. Dann hat Israel in seiner nationalen Wiedergeburt daran teilgehabt. Im nun auf der alten Erde zu Ende gehenden Friedensreich Gottes wird es auch Menschen gegeben haben, die nicht „weil das so gefordert und gewollt war", sondern aus innerer Herzenshaltung sich diesem Sohn Gottes, der sich als der Gott Israels in Macht geoffenbart hat, in Gehorsam untergeordnet haben. Die Haltung, die Gott immer bei seinem Volk gesucht hatte, die ihm aber nur von wenigen entgegengebracht wurde.

Feuer fällt vom Himmel und vernichtet diese gesamte heranrückende Heeresmacht (Offb 20,9). Ihr Anführer, der Teufel, wird in den Feuer- und Schwefelsee geworfen (v 10). Das ist derselbe Strafort, an den schon das Tier, das ist der Anti-Messias, und sein Prophet vor Aufrichtung des Friedensreiches verbannt wurden (Offb 19,20).

Damit kommt das irdische Königreich Gottes, das Millennium zum Abschluss. Hiermit kommt auch diese, in Gottes Gesamtplan eingebettete, umfassende Periode mit der Herrschaft des Menschen auf der ihm von Gott wunderbar zubereiteten Erde zu seinem Ende. Aber damit ist Gottes Weg sowohl mit den Menschen, als auch mit der Gesamtschöpfung noch nicht zu seinem Endziel gekommen. Gott hinterlässt kein „tohu wa bohu". Er hat damit seine irdische Schöpfung nicht begonnen; er schließt sie damit auch nicht ab (Abschnitt 4.1.2).

4.7 Siehe, ich mache alles neu!

4.7.1 Das Alte vergeht

Die von Gott in die diesseitige Schöpfung hineingelegten Möglichkeiten wurden durch die Verselbständigung des Menschen wirkungslos vergeudet. Sie wird durch Neues, Besseres ersetzt. Wie dieser Übergang vonstatten geht, können wir uns kaum angemessen vorstellen. Einige Bibelstellen geben dazu Hinweise. Petrus schreibt, nachdem er den Untergang der Urschöpfung (1Mo 1,1.2) kurz angesprochen hat, über diesen Abschluss und gleichzeitig Übergang:

- 2Petr 3,7: „Die jetzigen Himmel und die jetzige Erde aber sind durch dasselbe Wort aufbewahrt und für das Feuer aufgehoben zum Tage des Gerichts und des Verderbens der gottlosen Menschen."
- v 10: „Es wird aber der Tag des Herrn kommen wie ein Dieb; an ihm werden die Himmel mit gewaltigem Geräusch vergehen, die Elemente aber werden im Brand aufgelöst und die Erde und die Werke auf ihr im Gericht erfunden werden."
- v 12.13: „... indem ihr die Ankunft des Tages Gottes erwartet und beschleunigt, um dessentwillen die Himmel in Feuer geraten und aufgelöst und die Elemente in Brand zerschmelzen werden. Wir erwarten aber nach seiner Verheißung neue Himmel und eine neue Erde, in denen Gerechtigkeit wohnt."

Der Schreiber des Briefes an die Hebräer zitiert zu diesem Ende und Neuanfang das Bild aus einem Psalm: „Du, Herr, hast im Anfang die Erde gegründet, und die Himmel sind Werke deiner Hände; sie werden untergehen, du aber bleibst; und sie alle werden veralten wie ein Kleid, und wie einen Mantel wirst du sie zusammenrollen, und sie werden wie ein Kleid gewechselt werden. Du aber bist derselbe, und deine Jahre werden nicht aufhören." (Hebr 1,10–12; Ps 102, 26–28). Für diese Gott vertrauenden Männer sind die Details des „Kleiderwechsels" nicht besonders wissenswert. Dass Gott der ewig Unveränderliche ist, dass man sich auf ihn und seine Verheißungen verlassen kann, das ist für sie entscheidend.

Wenn man den gesamten Text im zweiten Petrus-Brief liest, merkt man schnell, dass es auch ihm nicht um eine präzise Beschreibung dessen geht, was einmal geschehen wird. Er will in die Zeit hinein ermahnen: „Deshalb, Geliebte, da ihr dies erwartet, befleißigt euch, unbefleckt und tadellos von ihm im Frieden erfunden zu werden. Und achtet die Langmut unseres Herrn für Errettung ..." (2Petr 3,14.15.9).

Das letzte große Menschen-Gericht findet in dieser Übergangsphase statt. Wo dieser „große weiße Thron" (Offb 20,11) zu lokalisieren ist, noch auf der alten Erde oder an irgendeinem Ort im jenseitigen, himmlischen Bereich, scheint mir unerheblich zu sein. Zu dem Thema dieses Gerichts bleibt aber einiges zu sagen, um über Gottes Richten angemessen und schriftgemäß unterrichtet zu sein.

4.7.2 Gerichte in Gottes Ratschluss

Gottes Gerichte haben zwei sich ergänzende aber zu unterscheidende Absichten:
a) Gerichte dienen auf der einen Seite zur Bestrafung, zur Bezahlung, zur Sühnung für Schuld – man könnte das vielleicht mit „Hin-Richten" benennen.
- Jes 26,9b.10: „Denn wenn deine Gerichte die Erde treffen, lernen die Bewohner des Erdkreises Gerechtigkeit. Wird dem Gottlosen Gnade zuteil, lernt er nicht Gerechtigkeit: Im Lande der Geradheit handelt er unrecht und sieht nicht die Hoheit JHWH's."
- 2Petr 2,9: „Der Herr weiß die Gottseligen aus der Versuchung zu retten, die Ungerechten aber aufzubewahren auf den Tag des Gerichts, wenn sie bestraft werden; besonders aber die ..."

b) Dann sollen sie aber auch, da von Gott verordnete Strafzeiten nicht ohne Ende und Ziel sind, dem Zurechtbringen, der Einsicht in Verfehlungen und damit der Rehabilitation für die Zeit nach der Strafverbüßung dienen – analog dem oben Gesagten könnte man das dann die Absicht des „Her-Richtens" nennen.
- Kla 3,31.32: „Denn nicht für ewig verstößt der Herr, sondern wenn er betrübt hat, erbarmt er sich nach der Fülle seiner Gnadenerweise."
- Jak 2,13b: „Die Barmherzigkeit triumphiert über das Gericht."

Gottes Gerichte haben auch zwei Voraussetzungen zu erfüllen, damit seine eigene, die göttliche Gerechtigkeit keinen Schaden erleidet:
a) Von Gott als Richter werden nur Wesen gerichtet, die als selbständige Gegenüber zu ihm eigene Verantwortung für ihr Tun und Lassen tragen. Entsprechend den in ihnen angelegten Normen und Möglichkeiten werden sie zur Rechenschaft gezogen.

Ein Tier, das nach seinen Instinkten und Reflexen lebt und reagiert, hat kein Gericht. Niemand kann mich verurteilen, weil ich nicht bereit bin zu fliegen. Das liegt nicht in meinen geschöpflichen Möglichkeiten; deshalb kann ich dafür nicht verantwortlich gemacht werden.

b) Gottes vorgegebene Ordnungen, Regeln und Gesetze sind der Maßstab, nach dem geurteilt wird. Bei Gott gibt es keine Willkür. Hierbei ist aber zu beachten, dass Gott im Verlauf seiner Geschichte mit den Menschen verschiedenen Adressaten-Gruppen je nach der von ihm festgelegten Auswahl und Einordnung teilweise voneinander zu unterscheidende Normen oder Gesetze vorgegeben hat.

Dieses Kapitel 4. weist an vielen Stellen auf Gerichts-Einschnitte in Gottes Weg mit seiner Schöpfung hin, die in der Folgezeit wesentliche Auswirkungen hatten. Zur Erinnerung einige Beispiele:

Im Abschnitt 4.1.2 wurde über Satans Fall und die Folgen in der Urschöpfung nachgedacht. Sie ist in das Gericht über Satan mit einbezogen; die Erde wird wüst und leer. Paulus benutzt dieses Ereignis als warnendes Beispiel für die Ordnungen in der Gemeindeverantwortung: „... nicht ein Neubekehrter, damit er nicht, aufgebläht, dem Gericht des Teufels verfalle." 1Tim 3,6. Fußnote in Elb: „d.h. daß er sich nicht wie der Teufel überhebe und dem gleichen Gericht wie dieser verfalle."

Aber diese „tohu-wa-bohu"-Erde hat irgendwann einen Abschluss. Gott schafft einen neuen Himmel und eine neue Erde; er macht alles neu (Offb 21,1.5).

In 4.2.1 wird die Folge der Autonomie-Bestrebungen des ersten Menschen-Paares besprochen. Sie werden rein örtlich aus dem Paradies vertrieben. Existenziell bedeutete dies aber die Trennung zwischen Gott und dem Menschen und damit den – von Gott her gesehen – Todeszustand aller Menschen. Rö 5,12: „Darum, wie durch einen Menschen die Sünde in die Welt gekommen ist und durch die Sünde der Tod und so der Tod zu allen Menschen durchgedrungen ist ..." Diese Auswirkung des Gerichts zieht sich wie eine Erbkrankheit durch die ganze weitere Menschheitsgeschichte.

Aber auch hier ist ein Ende der Gerichtszeit angesagt. Das Todes-Opfer Jesu Christi ermöglicht eine neue Schöpfung auch für die „toten" Menschen. In der Ekklesia hat diese neue Schöpfung Gottes schon begonnen (2Kor 5,17). Aber es soll „in der Fülle (pleroma) der Zeiten" alles in dem Christus zusammengefasst sein; „das, was in den Himmeln, und das, was auf der Erde ist – in ihm." (Eph 1,9.10.; Abschnitt 4.1.2).

Dann berichtet die Bibel von Gerichtsstrafen über Israel mit unterschiedlich langen Gerichtszeiten.

Vor Kadesch-Barnea weigert sich das Volk, in das ihnen verheißene Land einzuziehen und muss zur Strafe 40 Jahre durch die Wüste ziehen (4Mo 13 u. 14; Abschnitt 3.2.2).

Wegen ihres ständigen „Nachhurens" hinter fremden Göttern her wird zuerst das zehnstämmige Israel in assyrische (2Kö 17) und werden dann ca. 150 Jahre später die zwei Stämme aus Juda in babylonische Gefangenschaft (Jer 32,28–35) geführt (Abschnitt 3.2.4). Für diese babylonische Gefangenschaft wird von JHWH eine Begrenzung auf 70 Jahre verheißen und unter Kyrus nach Daniels Buße für das Volk erfüllt.

4.7 Siehe, ich mache alles neu!

Der verheißene Messias erscheint in Israel. Er wird von den Verantwortlichen und wohl auch von der Mehrheit im Volk abgelehnt und letztendlich gekreuzigt. Auch der Auferstandene und auf den Thron Gottes Erhobene findet keine Akzeptanz in Tempel und Synagoge. Das Gericht: Israel wird für unbestimmte Zeit beiseite gesetzt, „bis die Vollzahl der Nationen ...". Die Zeit der Ekklesia aus Juden und Griechen beginnt (Röm 11,22–29; vgl. Abschnitte 3.3.2 u. 3.4.1).

Eine Gerichtszeit für Israel liegt noch in der Zukunft: die 70. Jahrwoche aus Daniel 9,26.27, die Drangsal Jakobs (Jer 30,7; Dan 12,1), die große Trübsal/Drangsal aus Mt 24,21.29 (siehe Abschnitte 3.3.3 u. 4.6.2).

Aber über allen diesen Verurteilungen und Gerichtszeiten liegen für Israel Gottes Verheissungen: Es gibt einen Tag, da werde ich mich wieder über dich erbarmen. Da werde ich dich aufhören lassen „Hure" zu sein. (3Mo 26,44.45; Hos 1,2; 2,15 ff; Jer 3,18; 31,31–33; Hes 16,41; 37,22–27; 39,25–29). Dann haben die Gerichte die „Absicht des Her-Richtens" erfüllt.

Noch ein wesentlicher Aspekt ist bei allen Gerichten der Menschheitsgeschichte zu beachten. Der Richter in all diesen „Gerichtsverfahren" ist nicht Gott der Vater, sondern Gott der Sohn. Joh 5,22: „Denn der Vater richtet auch niemand, sondern das ganze Gericht hat er dem Sohn gegeben."; v 27: „und er hat ihm Vollmacht gegeben, Gericht zu halten, weil er des Menschen Sohn ist." Gottes Sohn hat sich auf Golgatha am Kreuz „zur Sünde" machen lassen (2Kor 5,21) und ist durch dieses an ihm vollzogene Gericht seines Gottes und Vaters als Sühnung für die Sünden der Welt zum endgültigen Gerichts-Gegenüber für alle Menschen geworden.

Entsprechend den drei verschiedenen „Heilskörperschaften" oder Menschengruppen die in unterschiedlicher Verbindung zu und damit Verantwortung gegenüber Gott, dem Vater und dem Sohn standen, sind natürlich auch die „Gerichtshöfe" jeder einzelnen Gruppe verschieden.

Bei dem Gericht am Ende der Menschheitsgeschichte in dieser sichtbaren Schöpfung, vor diesem Gericht „am großen weißen Thron" (Offb 20,11) erscheinen die Menschen, die weder als Glieder der Ekklesia vor dem Richtstuhl Christi standen (2Kor 5,10; Abschnitt 4.5.2), noch als Angehörige des Volkes Israel, einschließlich der (gegebenenfalls nicht jüdischen) Märtyrer der Drangsal Jakobs, bereits vor dem Millennium zum Gericht in Israel gerufen waren (Offb 20,4; Abschnitt 4.6.3).

Mit hoher Wahrscheinlichkeit hat sich vor diesem letzten Gericht, dem Menschen konfrontiert werden, die Mehrzahl der Menschen zu verantworten. In Offb 20,11–15 ist geschrieben, dass nun alle Aufenthaltsorte bisher noch nicht gerichteter Menschen geleert werden, damit sie vor diesem Gericht erscheinen. Auch der Hades, die „Hölle", wird entleert (v 13).

Nach welchem Maßstab, nach welchem Gesetzeskodex wird hier am großen weißen Thron ihr Gerichtsverfahren geführt? In den Versen Offb 20,12.13 heißt es zweimal „nach ihren Werken". Nach meinem Verständnis können das nur Werke sein, die der ihnen möglichen aber nicht beachteten Gottes-Erkenntnis, oder zumindest ihrer Erkenntnis eines Welten-Schöpfers entsprechen.

In Röm 1,19.20 schreibt Paulus, jedermann kann in der Schöpfung die ewige Kraft dieses Schöpfer-Gottes erkennen. Hat er diesen Schöpfer gesucht, geehrt und ihm Dank entgegengebracht? Darauf weist Paulus auch in seiner Rede auf dem Areopag hin (Apg 17,23–28). Vielleicht darf auch das schon erwähnte „ewige Evangelium" oder „Evangelium der Zeitalter" aus Offb 14,6.7 in diese Überlegungen mit einbezogen werden, das an die noachitischen Ordnungen erinnert (1Mo 8,20–9,17). Hat dieser hier vor Gericht Stehende „das Böse vollbracht" oder „das Gute gewirkt" (Röm 2,9.10)?

Außerdem wird nachgeforscht, ob jemand von den hier zu richtenden Menschen im Buch des Lebens aufgeschrieben ist: „... und Bücher wurden aufgeschlagen; und ein anderes wurde aufgeschlagen, welches das des Lebens ist. ... Und wenn jemand nicht geschrieben gefunden wurde in dem Buch des Lebens, so wurde er in den Feuersee geworfen." (Offb 20,12.15). Kann denn überhaupt irgendjemand von den Menschen, die hier stehen, im Buch des Lebens verzeichnet sein? Wenn die Antwort „Nein" lauten muss, warum wird dann dieses Buch überhaupt aufgeschlagen?

Am liebsten umgehen Ausleger der Offenbarungs-Texte dieses Thema; es ist ihnen wohl zu problematisch. Alle üblichen Auslegungen, die hierzu ein klares und kategorisches Nein sagen oder die Fragestellung verdunkelnde gedankliche Konstruktionen zur Deutung anbieten, haben mich nicht überzeugen können.

Mich hat immer wieder der Gedanke beschäftigt, inwieweit der Text in Röm 2,1–16 etwas mit dieser Aussage in Offb 20,12 zu tun haben könnte. Dort wird zunächst von Menschen ganz allgemein, „du, o Mensch" (Röm 2,1), etwas Bemerkenswertes ausgesagt; nicht von Juden (sie werden erst ab v 17 gesondert angesprochen) und auch nicht von Christus-Gläubigen:

- Röm 2,5b-7: „... für den Tag des Zorns und der Offenbarung des gerechten Gerichtes Gottes, der einem jeden vergelten wird nach seinen Werken: denen die mit Ausdauer in gutem Werk Herrlichkeit und Ehre und Unverweslichkeit suchen, ewiges Leben; denen jedoch, ...".
- v 10.11: „Herrlichkeit aber und Ehre und Frieden jedem, der das Gute wirkt, sowohl dem Juden zuerst als auch dem Griechen. Denn es ist kein Ansehen der Person bei Gott."
- v 16: „... an dem Tag, da Gott das Verborgene der Menschen richtet nach meinem Evangelium durch Jesus Christus."

Zum rechten Verständnis ist es sinnvoll, den ganzen Text Röm 2,1–16 zu lesen.

Diese Menschen werden hier vor diesem Gericht in ihrem Richter den Schöpfer-Gott erkennen können, dem sie auf ihre Art Ehre und Dank entgegengebracht haben. „Den ihr nun, ohne ihn zu kennen, verehrt, ..." (Apg 17,23c). Sie begegnen im Schöpfer dem Gottes-Sohn und Welten-Erlöser: „Ja, das ist der, den ich eigentlich gesucht habe!"

Das in Abschnitt 4.1.3 zu Offb 21,24.27 über die Nationen und Könige der neuen Erde Gesagte gehört sehr eng mit in diese Überlegungen.

Ich denke, man sollte auch die Aussage des Herrn Jesus zum Thema Auferstehung und Gericht in Joh 5,28.29 in die Überlegungen miteinbeziehen: „Wundert euch darüber nicht, denn es kommt die Stunde, in der alle, die in den Gräbern sind [das sind doch diese ‚du, o Mensch' aus Röm 2,1], seine Stimme hören und hervorkommen werden: die das Gute getan haben, zur Auferstehung des Lebens [Elb Hinweis auf Röm 2,7!], die aber das Böse verübt haben, zur Auferstehung des Gerichts."

In den Evangelien werden manche Begegnungen Jesu mit besonderen Menschen aus dieser allgemeinen Gruppe „du, o Mensch" berichtet, die in diesem Zusammenhang erwähnenswert sind. Zum Beispiel die Geschichte in Mt 8 von Jesus und dem römischen Hauptmann; man beachte die Verse 10 u. 11! Oder die kanaanäische Frau in Mt 15,24-28, diese griechische Syro-Phönizerin aus Mk 7,28,29! Weder der Hauptmann noch diese Frau gehörten unter die Verheißungen Israels, geschweige denn zur Ekklesia Gottes und Jesus bestätigt dennoch ihren besonderen, selbst in seinem erwählten Volk kaum vorhandenen Glauben.

Paulus schreibt in Eph. 3,10 von der „mannigfaltigen Weisheit Gottes", die durch die Gemeinde den Gewalten und Mächten im Himmlischen kundgetan werden soll. „polypoikilos" ist eigentlich sogar eine Steigerungsform, „außerordentlich vielfältig"; man darf auch übersetzen: „sehr bunt" oder „überaus farbig". Gottes Weisheit ist nicht nur schwarz-weiß, sondern buntfarbig wie ein Regenbogen.

Wir denken über Gottes Weisheit und seine damit verbundenen Pläne wohl viel zu eng und begrenzt. Sie ist nicht nur eindimensional; wir werden in unserer irdischen Einschränkung trotz der wunderbaren Zusage in 1Kor 2,10 ihre göttlichen Dimensionen nie voll ausloten können (1Joh 3,2 –>1Tim 6,15.16).

Sagen Sie nicht zu schnell, das kann, oder womöglich sogar, das darf nicht sein! So etwas haben wir von unseren vertrauenswürdigen Schriftauslegern und geistlichen Führern nie gehört. Wo hat man derartige, gegen alle übliche Lehre verstoßende Gedanken je gelesen?!

Studieren Sie sorgfältig die angezogenen Bibeltexte, bedenken Sie sozusagen als Hintergrund alle in diesem Buch angesprochenen Themen und bewegen Sie das hier Gesagte vor Gott. Er wird Ihnen – bei genereller persönlicher Offenheit für sein Reden – die für Ihr Glaubensleben angemessene Erkenntnis schenken (Hebr 5,13.14). Davon bin ich fest überzeugt.

Vielleicht bleibt für Sie diese von mir gezogene Verbindungslinie zwischen Offb 20,12.15 und Röm 2,6.7 u. 10.11 auch weiterhin eine nicht akzeptable Ausdeutung. Verwerfen Sie wegen dieses für Sie abwegigen Gedankens nicht alles andere, was in diesem Buch gesagt ist. Ich bin mir dieser Problematik durchaus bewusst und habe deshalb lange gezögert, ob ich diese, wie ich meine durchaus biblisch fundierten Gedanken ausführen sollte. Aber vielleicht studiert und forscht jemand zu diesem Thema in Gottes Wort und benötigt brüderliche Handreichung. Mir ist es so ergangen, als ich in der Verkündigung eines methodistischen Pastors erst- und einmalig diese Überlegung als Bestätigung meines Suchens hörte.

Chambers schreibt in seinem Andachtsbuch zu 2Tim 2,15: „Wenn du dich über einen Gegenstand nicht auszudrücken vermagst, dann mühe dich so lange ab, bis es dir gelingt, sonst wird vielleicht irgend jemand sein ganzes Leben lang gerade um diese Einheit ärmer sein. Bemühe dich vor dir selbst, für irgendeine Wahrheit Gottes den richtigen Ausdruck zu finden, dann wird Gott diesen Ausdruck für jemand anders benützen." (15. Dezember).

Prof. Helmut Thielicke bemerkt in „Leiden an der Kirche": „Nur wer Häresien wagt, kann die Wahrheit gewinnen." (S. 63).

Für meine eigenen Auslegungen des Gottes Wortes, wie auch für jede andere gilt immer wieder die von Paulus den Thessalonichern geschriebene Mahnung, aus der ich den Buchtitel entliehen habe: „Weissagungen verachtet nicht, prüft aber alles, das Gute haltet fest!"

4.7.3 Neues beginnt

Die neue Schöpfung Gottes hat im Zusammenhang mit der Gemeinde schon seit langem begonnen. Paulus schreibt in 2Kor 5,17: „Daher, wenn jemand in Christus ist, so ist er eine neue Schöpfung; das Alte ist vergangen, siehe, Neues ist geworden." Eine ähnliche Aussage steht in Gal 6,15.

Aber nun beginnt sich die wunderbare Zusage Gottes zu realisieren: „Und der, welcher auf dem Thron saß, sprach: **Siehe, ich mache alles neu!**" (Offb 21,5). Ein neuer Himmel und eine neue Erde (v 1) sind der äußere Rahmen für diesen göttlichen Prozess in den noch kommenden Zeitaltern oder Äonen (Eph 1,10; 2,7; 3,21; 1Kor 15,27.28). Gottes Sohn wird wirken, bis sich wirklich niemand und nichts mehr im Widerspruch zu und in der Trennung von Gott befindet.

Es ist sicher von Nutzen, zum Abschluss dieses Hauptkapitels „Perioden in Gottes Plan mit der Schöpfung" und damit auch am Ende dieses Buches Abschnitt 4.1.3 „Gottes Pläne für die Endzeit in knappen Umrissen" (oben S. 154ff) noch einmal zu lesen. Dieser geraffte Versuch, den Prozess des Neu-Werdens zu verdeutlichen, soweit uns Gott in seinem Offenbarungswort hierzu etwas sagt, ist ja letzthin der Neubeginn und Abschluss, auf den hin die Schöpfung zielgerichtet angelegt ist.

5. Was noch zu sagen bleibt

An Paulus bewundere ich bei der Art, wie er die in „seinem" Evangelium verborgene göttliche Weisheit seinen Hörern und Leser vermittelt, immer wieder den folgerichtigen Aufbau und die zwingende Beweisführung beim Begründen seiner Ausführungen.

Nur ein Beispiel: Den Abschnitt über das Leben im Geiste in Röm 8 beginnt er mit einer Schlussfolgerung aus den in den vorausgegangenen Kapiteln 5–7 vorgetragenen Argumenten: „**Also** gibt es jetzt keine Verdammnis für die, welche in Jesus Christus sind." Daran schließt sich eine ganze Kette von Begründungen und Folgerungen an, die alle (in der Elberfelder Übersetzung!) mit einem „denn" an die vorausgegangen Ausführungen angebunden sind, bis Paulus die wohl mehr rhetorische Frage stellt: „Was sollen wir nun hierzu sagen?" (v 31).

Mir ging zum Abschluss meines Textes dieses „Was sollen wir nun hierzu sagen?" nicht mehr aus dem Kopf. Was bleibt mir noch abschließend zu sagen? Dreierlei drängt sich mir auf.

Zunächst ein ganz ernst gemeintes Statement: Das ist eigentlich nicht mein sozusagen eigen produzierter Text. Ich habe Gott bei jedem neuen Beschäftigen mit den hier schriftlich vorgelegten Gedanken gebetet, dass er mich durch seinen Geist leitet und dass er mir beim Formulieren hilft, alle rein menschlichen Überlegungen und Kombinationen, aber auch unangemessene Kritik auszuschließen. Das hat er dann unter anderem dadurch bewirkt, dass er Menschen unterschiedlichster Glaubensprägung eingespannt hat, um die diversen Manuskript-Fassungen zu lesen und zu beurteilen; ganze Abschnitte oder einzelne Gedanken darin in Frage zu stellen, ja sogar kategorisch abzulehnen oder auch zu bestätigen und zu ergänzen.

Sodann: Ich wünsche mir, dass die Leser aufmerksam und mit offenem Sinn prüfend dieses Buch durcharbeiten, ohne sich unter einer Art „Tarnkappe der Tradition" unsichtbar zu machen. „Prüft alles, das Gute haltet fest!" – Das ist nicht nur Titel dieses Buches sondern auch eine Aufforderung an die Leser. Durch meine „Anstöße" sollten sie angeregt und ermuntert werden, neu über ihren Standort als Christen, über die Fundamente ihres Glaubens und ganz allgemein über angemessenes Bibelverständnis nachzudenken, damit sie dadurch in ihrem ganz persönlichen Glaubensleben gestärkt werden.

Zuletzt: Ich bin fest überzeugt, dass die Zeit der heute sich sammelnden Gemeinde, der Ekklesia Gottes, des Leibes Christi auf Erden seinem Ende zugeht. Das von Gott erwählte Volk Israel sammelt sich wieder in dem von Gott verheißenen Land. Ohne Klarheit über das Verbindende und Trennende zwischen Israel und Gemeinde ist unsere heutige Zeit und die Aktualität biblischer Prophetie nicht zu erkennen und zu verstehen; sind Einzelereignisse nicht angemessen einzuordnen. Dazu waren aber auch einige Grundbegriffe neu mit Inhalt zu füllen.

Ich wünsche mir, die Gedanken dieses Buch würden – recht verstanden und richtig eingeordnet – etwas bewirken, die Zeichen der Zeit für beide Heilskörperschaften, für Israel und für die Gemeinde, besser deuten zu können.

Die Zeit drängt!

Bibelstellenverzeichnis

1. Mose
1,1 .... 149; 154
1,1.2 .... 8; 95; 214
1,2 .... 151; 152
1,14 171
1,28 160
1,3–31 92
1,3–2,4 .... 147; 153
1,27.30 157
1,29 .... 84; 160
2,2.3 153
2,15 160
2,16.17 30
2,17 157
3,3–5 32
3,15 .... 23; 158; 170; 178
3,16–19 160
3,22–24 .... 30; 157
4,4.5 159
5,3–31 158
6,2–4 159
6,3 .... 157; 160; 207
6,12.14–22 160
7,1.2.3 160
8,15 160
8,20–9,17 218
8,21 213
9,1.2 160
9,1–7 161
9,1–17 100
9,3 84
9,3.4 160
9,5.6 161
9,8–17 .... 133; 161
9,11 161
9,26 170
11,1–9 162
11,4 162
11,9 163
12,1.3.5 .... 164; 170

12,2.7 .... 33; 109
12,2.3.7 .... 133; 164
12,3 .. 109, 166; 205; 206; 211
12,10 ff 166
13,15 109
13,15.16.17 .... 133; 164
14,19.20 79
15,4.6 33
15,18 .... 109; 208
17,4–7 109
17,10–13 .... 110; 133; 165
17,14 113
17,18–21 170
18,17 172
18,18 .... 166; 206
21,13.17.18 130
22,18 .... 166; 170; 206
24,3.7 167
25,23.26 66
25,29–34 66
27,4–41 .... 66; 67
28,10–21 67
28,13.14 170
31,3–53 .... 68; 78
32,4–33 69
32,23–33 .... 42; 70,71; 79
32,27 .... 65; 79
35,2–5 80
35,10–12 79
37,3. 6–10 170
46,3.4 166
49,8–12 170

2. Mose
2,24 166
3,8 206
3,14.15 .... 72; 104
4,22 174
4,24–26 111
7 – 12 .... 75; 195
12,12 .... 73; 75

12,16 94
13,5 113
14,11.12 111
14,17.23–30 200
15,3 .... 73; 75
15,10 200
15,18 108
16,2.3.7 111
18,10.11. 76
19,3–8 .... 91; 111
19,5 166
19,6 137,166
19,8 197
20,8–11 93
23,23.28 113
24,3.7 .... 111; 197
24,3–8 112
24,9.13.18 112
29,45.46 167
30,22–30 54
31,3 179
31,12–17 113
32,1 ff 112
34,7.9 181
35,31 179
40,14.15 54
40,34–38 .... 117; 167

3. Mose
5,26 181
11,43.44 84
17,10–14 84
17,11 181
18,22.23 39
20,13 39
20,22–24 206
23,3–37 93
23,10.11.15–21 138
25,4 93
26,3.4.16.46 166
26,3–10 209

26,3–13 204
26,11.12 167
26,44.45 .... 115; 167; 217
4.Mose
10,11 113
11,17.25–29 179
13 u. 14 .... 113; 209; 211
13,27–29.31 .... 113; 114
14,6–10 113
14,10–25 97
14,14 72
14,19.20 181
14,26–35 113
14,29 35
15,25 181
19,1–10 92
21,4–9 209
22,1 – 24,25 180
32,8–11 35
33,38.50 113
35,34 167
5.Mose
1,35.36 113
2,14 113
4,8.34 112
4,19 171
7,7.8 110
8,2.5 35
10,17 75
11,8–17 209
11,17 210
11,18–20 209
17,14–20 115
18,22 206
20,2–4 201
28,13.14.15 212
28,69 114
29,11.12 80
32,8 75
Josua
5,13–15 201
7,24.25 213
10,12–14 192

24,2 68
24,2.4 163
Richter
3,10 179
6,34 179
11,24 75
11,29 179
14,6.19 179
15,14 179
1.Samuel
2,6 63
3,1 145
8,3 114
8,5–22 115
10,1 54
12,3.5 54
16,3.10–13 170
16,13.14 180
19,23.24 180
2.Samuel
1,16 54
2,4 54
7,11–16 116
7,23 75
23,2 180
1.Könige
8,10.11 117
8,30 181
11,1–13 116
19,16 54
2.Könige
3,21–27 77
6,24.25 201
7,6.7 201
17,7–23 117
17,24–41 76
18,4 210
20,8–11 192
23,10 62
23,25 117
1.Chronik
12,33 145
16,22 54

17,9–14 116
17,11 128
17,11–14 169
2.Chronik
1,7–12 116
20,12.15.17 201
20,32.33 117
36,23 167
28,3 62
33,21.22 117
Hiob
1,6 159
2,1 159
19,25–27 .... 63; 81
19,29 160
38,7 .... 159; 186
38,4.7 150
Psalm
2,7 .... 148; 149
2,8.9 135
2,8–10 213
8,5.6 8
25,14 .... 149; 172
29,1 159
51,13 180
82,1 75
86,8 75
89,7 159
95,3 75
97,9 75
102,26–28 215
139,11.12 150
147,19.20 112
Sprüche
3,32 149
Jesaja
2,3.4 212
2,4 101
6,1.5.10 95
11,1.2 .... 123; 170
11,6–10 210
13,6.9 .... 95; 144; 190
13,9–11 197

14,12–15 153	9,25 121	33,33 206
14,24–27 149	19,6 62	34,23.24 207
21,11–12 3	23,3–8 .... 121; 170	36,22–38 .... 119; 179
26,9 197	23,5 207	36,24–27.32 144
26,9.10 215	25,11.12 .... 118; 172	36,25–27 .... 20; 24; 81; 79
26,14.19 63	29,10–12 172	 211
26,16 199	30,6.7 .... 128; 192	36,26.27 ... 136; 138; 139; 181
32,15 136	30,7 .... 119; 122; 144; 146;	 210
34,11 151	.... 190; 193; 199; 217	36,34.35 188
35,1.2.7 209	30,8.9 208	37,1–28 179
35,5.6 125	30,16 197	37,11–13 63
38,7.8 192	31,31 168	37,11–14 .... 204; 208
42,8 104	31,31–33 .... 121; 217	37,12–28 119
43,1.5.6 .... 90; 91	31,31–37 132	37,21–28 .... 121; 144
44,9–20 73	31,32 .... 168; 199	37,22.24.25 208
45,1–7 54	32,28–35 216	37,22–27 217
45,18 152	32,35 62	39,25–29 217
46,10.11 .... 86; 98; 149	33,8 181	43,1–5 .... 118; 168; 208
48,11 98	33,10–13 188	43,2 138
48,16 180	33,14.25.26 134	47,1–10 208
51,3 188	**Klagelieder**	47,13–20 208
54,9.10 80	3,31.32 215	48,1.28 208
55,7.9 98	**Hesekiel**	**Daniel**
55,12.13 209	3,24 180	2,10.48 171
59,20 81	8,3.6 117	2,31–45 .... 118; 169
59,21 180	8,6-18 167	2,34.35.44.45 .... 104; 169
60,12.14 212	8,6 – 11,23 191	.... 171; 200
61,2.3 189	9,3 117	2,48 118
61,2 207	10,4.18.19 117	4,23 104
61,6 137	11,5 180	4,31.34 108
65,2 209	11,17–20 .... 20; 179	6,2.3 118
65,17.20 207	11,18–20 211	7,13.14 171
65,20–22 210	11,19 .... 136; 139; 179; 210	8,17 171
65,25 210	11,19.20 .... 121; 133; 138	9,4–19 118
66,7–9 211	11,22.23 .... 117; 138; 208	9,7 139
Jeremia	16,7.8 199	9,20–27 129
1,17 177	16,22–35 199	9,21 71
2,2 199	16,35.36 177	9,24–27 .... 119; 171
3,14 199	16,41 .... 168; 199; 217	9,25.26 56
3,18 217	16,58–60.62 132	9,26 189
4,4 121	20,34.38 205	9,26.27 .... 146; 170; 172; 189;
4,23 151	22,24 .... 96; 190; 192	.... 190; 193; 217
7,31–33 62	28,12–18 153	9,27. 128; 144; 190; 194; 197

10,21 197
11,31 .... 129; 194; 197
11,15 198
12,1 .119; 144; 146; 190; 217
12,2 63
12,4.9.10 196
12,7 .... 146; 190
Hosea
1,2 .... 177; 217
1,2.6.9 168
2,1.16–25 .... 168; 217
2,18 168
2,21–25 199
3,4.5 168
3,5 207
11,1 174
12,4–7 .... 70; 71; 78
13,13 .... 128; 192
13,14 63
Joel
1,9 197
1,15 .... 95; 190
2,1.11 .... 95; 144; 190
2,2–24 209
3,1.2 .... 136; 211
3,1–5 .... 138; 179
3,4 .... 144; 190
3,5 73
4,1.2.3 .... 49; 130
4,1.2.12 203
4,10.14 101
4,12 .... 72; 95
4,14 190
4,18 209
Amos
3,2 115
9,13.14 209
Jona
1,9 167
Micha
4,2.3.5 212
4,3 101
4,10 128

5,1.3 171
7,15.16 202
Habakuk
2,3 .... 103; 119; 122
2,4 37
Zephanja
1,7.14 .... 95; 190
1,14–18 .... 122; 144; 190
1,15 ff 192
2,2.3 .... 96; 190; 192
3,8 203
3,11–13 205
Haggai
2,1–9 207
Sacharja
2,15 212
4,6 .... 80; 104; 195
8,2–13 121
8,4.5.6 210
8,13 211
8,20–23 211
10,9 139
12,2.3 .... 81; 188
12,9–14 144
12,9.10 .... 202; 211
12,10–14 ..... 47; 49; 136; 143
13,7–9 .... 81; 122; 190
14,3.4 202
14,4 .... 138; 143, 144
14,4.5 .... 49; 81
14,4.10 209
14,8 208
14,12.13 201
14,16–19 .... 135; 213
Maleachi
3,1–5 205
Jesus Sirach
Vorrede 3.5–7 41
Matthäus
1,1 58
1,21 51
2,1–12 170
2,3–6 .... 125; 171

2,6 50
3,1.2 .... 58; 104; 106; 123
3,3 139
3,13–15 .... 87; 123
4,17 .... 104; 106; 123; 195
4,17.23 .... 20; 58
5,17–19 .... 86; 87; 123; 130
5,22.29.30 62
5,24 60
6,10 .... 106; 124
6,47 47
7,21 124
7,21–23 205
7,24ff 29; 87
8,10.11 219
9,34 125
9,36 145
10,3 49
10,5.6 88
10,5–42 124
10,23 .... 137; 138
11,3 .... 125; 173
11,12 .... 125; 126; 127
11,13 123
11,23 62
12,14 127
12,22–28 .... 105; 125
12,23 172
12,38 125
12,40 94
13,10.11–17.19 .... 126; 175
13,11 135
13,31.32. 126
13,33 127
13,35 152
13,54–57 125
15,14 131
15,19 213
15,24-28 219
16,1–3 .... 118; 131
16,3 .... 145; 206
16,5–12 127
16,6 131

16,16 ....57; 172; 174	**Markus**	19,12.15............................202
16,18 ....53; 62	1,1–8 173	21,9–11............................130
16,21 ....106; 127; 175	2,1–12 181	21,11................................192
16,22 ....128; 175	2,20 137	21,12–24..........................130
16,28 105	3,21 138	21,20–24...................143; 189
17,1–9 105	3,29 125	21,23..................................51
17,2 128	4,11 175	21,24........ 131,169; 184; 188
17,22.23........................... 128	5,41 55	21,24–27..........................129
18,15–18............................52	7,1–23 87	21,25.26...........................130
19,28 205	7,28.29 219	21,27................................131
20,18.19........................... 128	8,31 .... 128; 175	21,29–32..........................130
21,33–46.......................... 128	14,24 132	22,20........................132; 133
22,1–14 128	14,62 104	22,28–30..........................205
22,14 53	15,32 57	23,34................................192
22,41–46...................57; 170	15,42 94	23,43..................................63
23,13.16–24..................... 183	16,15–18 135	23,54..................................94
23,23–26............................ 19	**Lukas**	24,25–27..............................7
24,3 129	1,3.4 129	24,25.26.44–46................175
24,8 ....146; 146	1,32.33 207	24,47........................135; 137
24,8.27.30....................... 128	1,67 180	**Johannes**
24,9 192	1,73 80	1,1....................................148
24,13.14........................... 129	2,11 56	1,3.10.18.............72; 95; 150
24,14 ....130; 195	2,25.26 ....57; 180	1,4......................................22
24,15 ....129; 170; 194; 197	2,39.40 172	1,19–25..............................57
24,21 ....146; 193	3,15–18 173	1,29.........................174; 178
24,21.22.......................... 197	4,14–22 189	1,32.33............................123
24,21.29...........................217	4,18–21 207	1,41....................................55
24,29.30........................... 199	5,21 181	3,1–15 ....24; 139; 182
24,30 ....143; 202	8,10 175	3,3....................22; 140; 210
25,31.32 .....72; 95; 129; 131;	9,22 .... 128; 175	3,3-8................................211
......................................203	9,29.32 105	4,25....................................55
25,33–46.......................... 203	9,31 128	5,1–47 18
25,34 ....130; 152	10,18 153	5,22..................................178
25,40 ....195; 203	11,50 152	5,22.27.............................217
26,24 173	12,5 62	5,28.29.............................218
26,28 132	12,56 131	5,39.40........... 7; 21; 23,182
26,64 57	15,18.21 104	7,5....................................138
27,46 55	16,16 .... 123; 127	7,14–53..............................57
27,52.53............................ 63	16,19–31 .... 62; 63	7,31..................................125
27,62 93	17,20.21 106	7,35..................................139
28,1 ....91; 93	18,8 49	7,37–39............................181
28,18–20....88; 135; 137; 206	19,11 ff 106; 137; 175	7,40–52..............................20
28,19 ....173,182; 205; 211	19,12 144	8,2......................................51

8,43–45 7	2,38 182	17,24–28 .... 177; 218
10,10 .... 24; 182	2,41.47 .... 140; 182	17,27 164
12,20 55	3,12.13 139	18,10 51
12,24 47	3,12–26 .... 140; 177	19,9.23 140
12,37–43 .... 72; 95	3,17–26 177	19,11 5
14,26 7	3,18–21 175	19,23–40 52
16,21.33 43	3,19 ff 140; 144; 187	20,27 .... 86; 177
17,5 148	3,20.25 140	21,18–20 .... 53; 85; 88; 89
17,24 152	3,21 141	21,20 .... 140; 143
18,15–27 182	3,25 211	22,4.5 140
18,36 105	4,4 140	24,5 182
19,31 94	4,10 140	24,5.14 140
20,19 181	4,10.27 51	24,14 7
20,21–23 180	4,25 49	24,14.22 140
20,30.31 .... 20; 142	5,1–11 213	28,17 142
21,15–17 53	5,17 140	28,22 140
21,15–22 135	5,30.31 177	28,25–29 184
21,22.23 143	5,31 140	28,28 141
Apostelgeschichte	7,2–4 163	28,29 5
1,1 129	7,3.4.6 47	**Römer**
1,3 .... 135; 181; 205	7,36.38 53	1,5 50
1,3.6 .... 49; 88; 106	7,53 112	1,16.17 7
1,4 .... 138; 173	7,60 192	1,18–21 198
1,5.6.7 136	9,2 .... 140; 182	1,18–23 .... 159; 164; 177; 197
1,6 141	9,15.16 141	1,19.20 .... 158; 162; 218
1,8 ..... 48; 124; 136; 137; 138	9,20–22 142	1,19–21 161
1,9 185	9,31 182	1,26.27 39
1,9–12 138	10,9–15 .... 84; 88	2,1 218
1,10–12 117	13,14–46 142	2,1–16 ...... 100; 159; 164; 218
1,11 202	13,33 148	2,6.7.10.11 219
1,11.12 .... 143; 144	14,3 5	2,9.10 218
1,14.21.22.26 138	14,16.17 .... 164; 177	2,15 162
2,1.5–11 .... 138; 179	15,2 5	2,17 159
2,6–21 211	15,5 140	3,3 144
2,14–36 177	15,14 51	3,9.23 23
2,14.22.36.37 139	15,16 .... 144; 175	3,21–31 22
2,14–41 173	15,20.28.29 85	4,17.18 206
2,16.17–21 .... 138; 179	16,12–14 176	5,9–25 34
2,17 139	17,1–9 197	5,10 60
2,20 .... 190; 191	17,1–14 142	5,12 .... 44; 157; 216
2,21 73	17,10.11 .... 2; 4;18	5,12–14 178
2,27.31 64	17,11 206	5,12.16.18.19 .... 23; 99
2,36.39 139	17,23c 218	5,12–21 31

6,6 24	2,4 5	15,51–53 .... 143; 177; 184
6,12–14 .... 23; 45	2,6–10 177	15,52 185
6,13 182	2,6–16 .... 7; 18; 27; 98	16,22 55
8,3 .... 78; 148	2,7.10 176	**2.Korinther**
8,15.16 .... 25; 55	2,10 .... 172; 219	1,8–10 185
8,17.32 177	2,14 2	1,14 190
8,19–22 .... 154; 177	2,16 149	1,20 ...... 8; 97; 148; 167; 187;
8,28 44	2,53,1–4 .... 1; 7	 205
8,28–39 165	3,10–15 186	3,6 134
8,29 99	3,14.15 187	4,4 .... 78; 145
8,34 210	3,16 191	4,9 152
9,2.3 142	3,21–4,2 174	4,17.18 185
9,3 141	4,1–5 .... 149; 176	5,1–9 .... 63; 145; 177
9,4 174	4,5 187	5,1–10 186
9,16.20 163	5,1–8 127	5,2 155
9,25.26 168	6,2.3 155	5,10 .... 187; 217
10,2 .... 19; 102	6,9.10 .... 13; 39, 108	5,17 .... 22; 31; 182; 216; 219
11,1.2 51	6,11 36	5,17–20 61
11,11.12 .... 141; 205	6,16 155	5,18–21 178
11,11–36 .... 41; 96	6,19.20 191	5,19 157
11,12.15.29 211	8,6 150	5,20 46
11,15 60	10,1–13 96	5,20.21 130
11,16–18 38	10,6.11 210	5,21 .... 22; 217
11,15–19 103	10,11–13 .... 108; 114	10,5 .... 8; 21
11,15.25 208	10,23–33 85	11,14 83
11,22-29 217	12,12 .... 155; 177; 183; 199	11,23–33 185
11,25 .... 184; 187	12,12–27 .... 54; 109; 142	12,1–10 141
11,25.26.29 .... 142; 168, 177	12,27 .... 183; 199	12,7–9 185
11,25–29 183	13,2 174	**Galater**
11,33–36 27	13,9–12 18	1,4 22
12,4.5 .... 142; 177	15,3 22	1,16 50
12,18 102	15,9.10 36	2,6–9 .... 50; 53
13,11.12 83	15,12–19 39	2,14 5
14,1–23 85	15,22.23 .... 177; 204	2,16 88
15,4 96	15,22.45–47 .... 91; 157	2,20 24
15,28 .... 6; 8	15,23 186	3,1–4 1
16,25.26 176	15,23.24 155	3,6.7.28.29 34
1.Korinther	15,24–28 177	3,16 116
1,8 .... 190; 194	15,26 156	3,17 167
1,26–29 170	15,27.28 220	3,17.19.24 112
1,13 .... 155; 177; 183; 199	15,28 .... 8; 148; 154; 156	3,21–29 .... 37; 38
1,28.29 110	15,45–47 158	3,24 .... 112, 166
2,1.2 174	15,51.52 204	4,4 .... 58; 87; 123

4,21–31 96	1,9.10 .... 1; 5	**1.Timotheus**
5,1.4 88	1,23 63	1,5–7 1
5,9 127	2,5 164	1,15.16 36
5,16–25 .... 7; 9; 23	2,5–11 200	2,4 97
6,1 .... 9; 23	2,8.9 .... 23; 78; 164	3,6 216
6,15 ..59; 141; 168; 174; 182;	3,1 165	6,15.16 ...... 22; 108; 185; 219
.... 219	3,10 26	**2.Timotheus**
Epheser	3,20 185	1,10 23
1,3 165	3,21 63	1,13.14 4
1,3–14 98	4,7 165	2,15 1
1,4 .... 134, 143; 152	**Kolosser**	3,1–7 145
1,4.5 183	1,9–11 26	3,5 .... 25; 67; 127; 159
1,5 163	1,13 .... 14; 23; 52; 99	3,14–17 .... 6; 17; 19; 96
1,9.10 216	1,14 22	**Titus**
1,9–11 .... 59; 99; 154; 177	1,15.16 95	2,14 51
1,10 220	1,16 .... 74; 150; 163	**Hebräer**
1,11 149	1,18 199	1,3 200
1,13.14 155	1,19–21 .... 59; 61; 157; 169	1,5 148
1,17–20 26	1,20 183	1,10 152
1,22.23 ...... 58; 131; 183; 199	1,24–29 ...... 53; 58; 130; 142	1,10–12 215
2,1 45	1,25 .... 6; 20; 176	2,2 112
2,2 162	1,25–27 131	2,14 62
2,7 220	1,26 176	2,17 51
2,10 34	2,8 .... 7; 83	3,16ff. 35; 113
2,16 61	2,13 45	3,17–19 209
3,1–11 .... 53; 131; 177	2,15 74	4,3 152
3,3–5.6 .... 58; 59	2,19 142	4,9 144
3,3–11 183	3,1 200	4,12 21
3,4.5.9 176	3,11 184	5,5–10 92
3,8 50	3,12 99	5,8 165
3,10 219	**1.Thessalonicher**	5,12–14 1
3,16 83	4,14–17 ..... 63; 143; 145; 177	5,13.14 219
3,18.19 158	4,15.17 .... 184, 185; 204	6,1 152
3,21 220	4,17 .... 187; 196	6,13–18 .... 80; 86; 103
4,1 .... 98; 102; 183	5,2 190	7,7 79
4,11–16 .... 142; 184	5,4–6 .... 83; 145; 186	8,6.7 133
4,13.14 .... 1; 7	5,20.21 .... 2; 5	9,11 – 10,16 .... 92; 178
5,5 108	**2. Thessalonicher**	9,15 133
5,14 45	2,1–12 .... 194; 196	9,22.23.24 178
5,30 .... 177; 183	2,2 190	9,22.26 22
6,12 .... 74; 82; 108; 163	2,2.6.7 191	9,26 152
Philipper	2,5 197	10,5–7 148
1,6.10 .... 190; 194	2,8 199	10,31 98

11,3 150	**Judas**	14,9–11 198
11,4–7 159	v 6 155	14,14.15.16 198
11,5 158	v 6.7 159	15,3.4.5.6 198
11,11 152	**Offenbarung**	16,7.9.11.21 198
12,2 200	1,1 96	16,13 196
13,9 1	1,10 .... 95; 144; 190	16,14 198
Jakobus	1,18 .... 62; 64	17,5 196
1,1 139	2,26.27 213	17,8 152
1,5.6 .... 5; 100	2,27 135	19,6 201
2,2 53	5,6.9.12 191	19,7 168
2,13b 215	6,1 ff 191	19,7.8 199
3,6 62	6,8 64	19,11.12.13.16 200
5,17.18 48	6,9.10 192	19,14.19–21 200
1.Petrus	6,12–14 209	19,15 135
1,12 183	6,12–17 192	19,16 108
1,18–23 21	6,17 .... 96; 144; 146; 193	19,19–21 81
1,19.20 167	7,3–8.9.14 195	19,20 202,214
1,20 .... 152; 178	8,1-6 195	20,1–6 144
3,15 4	8,7 – 9,19 195	20,1-10 213
2.Petrus	9,11 ff 144	20,2.4.6.7 ....144; 202
1,16–21 .... 6; 90	9,20.21 195	20,4 ....205; 217
1,20.21 195	10,7 198	20,4–6 203
1,21 .... 17; 180	11,2.3 .... 119; 190; 198	20,5.6 204
2,4 .... 62; 155	11,3–13 194	20,9 ....147; 161
2,9 .... 137; 215	11,7.8–10 196	20,9.10 214
3,5.6 152	11,11.12 196	20,10.14 156
3,7 147	11,15 193	20,11 ....215; 217
3,7.10 154	11,15–19 197	20,11–15 ..130; 154; 203; 217
3,7.10.12 .... 161; 214	12,5 .... 135; 213	20,12.13 204
3,8 203	12,6.7 198	20,12.15 ....218; 219
3,9 142	12,6.14 .... 119; 190	20,13.14 64
3,9.14.15 215	12,7–17 197	20,15 155
1.Johannes	12,10 152	21,1 ....154; 207
1,5 150	13,1–9 198	21,1.5 ....147; 148; 216; 219
2,1.2 23	13,2–4 194	21,8 ....155; 202
3,2.3 .... 26: 99; 109; 219	13,5 .... 119; 190; 198	21,24.27 ....154; 218
3,9 24	13,7 198	22,1.2 154
4,1 2	13,8 .... 152;167	22,2.3 202
4,12 72	13,18 196	22,5 151
5,12 25	14,1–5 195	22,18.19 193
	14,6.7 ...... 177; 197; 198; 218	

Zitierte Literatur

Zitierte Literatur (S.xx) am Ende einer Nennung bedeutet: zitiert aus Seite xx.

Aebi, E.: Kurze Einführung in die Bibel; Verlag Bibellesebund, Zürich, 2.Auflage 1953. (S.55)
Bornhäuser, Karl: Beiträge zur Förderung christlicher Theologie; Das Johannesevangelium – eine Missionsschrift für Israel; Verlag C. Bertelsmann, Gütersloh 1928. (S.11)
ders.: Die Bedeutung der sprachlichen Verhältnisse Palästinas zur Zeit Jesu für das Verständnis der Evangelien in Neue Kirchliche Zeitschrift; A. Deichertsche Verlagsbuchhandlung, Leipzig; XXXVII. Jahrgang 1926. (S.55)
Burkhardt /Swarat (Hrsg.): Evangelisches Lexikon für Theologie und Gemeinde – ELThG; R. Brockhaus Verlag, Wuppertal/Zürich 1992. (S.95)
Carlebach, Joseph Zwi: Jesajas, Jirmija und Jecheskel – Die drei großen Propheten; Verlag Morascha, Basel; zweiter Nachdruck 1994. (S.104)
Chambers, Oswald: Mein Äußerstes für sein Höchstes; Haller Verlag, Bern, 14.Auflage 1965. (S.25 + 219)
Cho, Dr. Paul Yonggi: Die vierte Dimension; Band 1; Verlag G. Bernard, Siegen 1987. (S.33/34)
Coenen, Lothar (Hrsg.), zusammen mit Erich Beyreuther und Hans Bietenhard: Theologisches Begriffslexikon zum Neuen Testament, Studien-Ausgabe Band 1; Theologischer Verlag R. Brockhaus, Wuppertal/Zürich 1992. (S.46/47)
Dithmar, Christiane: Zinzendorfs nonkonformistische Haltung zum Judentum; Schriften der Hochschule für jüdische Studien, Heidelberg, Band 1; Universitätsverlag C. Winter, Heidelberg 2000. (S.73 + 150)
Eichhorn, Carl: Das Werk Gottes an der Seele – Tägliche Andachten; Brunnen Verlag, Gießen 1966; 8. Auflage 2000. (S.127)
Friedländer, Michael: Die jüdische Religion; unveränderter Nachdruck der Ausgabe 1936; Viktor Goldschmidt Verlag Basel 1971. (S.72)
Grau, Rudolf F.: Bibelwerk für die Gemeinde, 1. Band; Verlag Velhagen & Klasing, Bielefeld, 2. Auflage 1889. (S.55)
Grünewald, Hans I.: Die Lehre Israels; Günter Olzog Verlag, München/Wien 1970. (S.71)
Jakob, Benno: Das erste Buch der Tora; Verlag Schocken, Berlin 1934. (S.69)
Jones, Vendyl / Gaverluk, Emil: The Search fort he Ashes of the Red Heifer; The Southwest Radio Church, Oklahoma City, Oklahoma 73101 1981. (S.92)
Kaegi, Adolf: Griechische Schulgrammatik; Verlag Weidmann, Dublin/Zürich 62, neu gesetzte Auflage; o.J. (S.46)
Langenberg, Heinrich: Biblische Begriffskonkordanz; Verlag Ernst Franz, Metzingen Württemberg; o. J. (S.174)
ders.: Die beiden Thessalonicherbriefe; Schriftenmission Langenberg, Hamburg 1967. (S.2)
Limbeck, Meinrad: Das Gesetz im alten und neuen Testament; Wissenschaftl. Buchgesellschaft, Darmstadt 1997. (S.104)
Mackintosh, C.H.: Gedanken zum 1. Buch Mose; H.L. Heijkoop, Winschoten, 12. Auflage 1973. (S.42)

Magee, Bryan: Karl Popper; J.C.B. Mohr, Tübingen 1986, UTB Bd. 1393. (S.11)
Meister, Abraham: Namen des Ewigen; Mitternachtsruf Verlag Grosse Freude,
    Pfäffikon/ZH Schweiz 1973. (S.71)
Merton, Thomas: Meditationen eines Einsiedlers; Benzinger Verlag, Zürich,
    2. Auflage 1979. (S.35)
Michaelis, Wilhelm: Versöhnung des Alls – Die frohe Botschaft von der Gnade Gottes; Verlag
    Siloah, Gümlingen (Bern) 1950. (S.59)
Miskotte, Kornelis Heiko: Biblisches ABC: Wider das unbiblische Bibellesen;
    Neukirchener Verlag, Neukirchen-Vluyn 1976. (S.74/75)
NAI: Nachrichten aus Israel – Israel Heute; Zschr.; Jerusalem, Israel:
    Ludwig Schneider (Hrsg.). (S.40)
Ott, Heinrich: Apologetik des Glaubens – Grundprobleme einer dialogischen Fundamental-
    Theologie; Wissenschaftl. Buchgesellschaft, Darmstadt 1994. (S.25)
Rordorf, Willy: Traditio Christiana, Texte und Kommentare zur patristischen Theologie
    Band II: Sabbat und Sonntag in der Alten Kirche; Theologicher Verlag,
    Zürich 1972. (S.95)
Rohrbach, Hans: Schöpfung – Mythos oder Wahrheit?; R. Brockhaus Verlag,
    Wuppertal/Zürich 1990, Brockhaus Taschenbuch Bd. 446. (S.185)
Sauter, Gerhardt: Einführung in die Eschatologie; Wissenschaftl. Buchgesellschaft,
    Darmstadt 1955. (S.106 + 156)
Schacke, Martin: Ein Jurist liest die Bibel – Der Brief an die Kolosser; Verlag der
    St.-Johannis-Druckerei, Lahr-Dinglingen 1978, Edition C-Paperback Nr. C5. (S.59)
Schlatter, Adolf: Das Evangelium des Matthäus ausgelegt für Bibelleser; Verlag der Vereins-
    buchhandlung, Calw & Stuttgart 1895. (S.105/106)
Schlier, Heinrich: Mächte und Gewalten im Neuen Testament; Verlag Herder, Freiburg 1958,
    Bd. 3 der Reihe Questiones Disputatae. (S.74)
Schmid, Josef: Synopse der drei ersten Evangelien mit Beifügung der Johannes-Parallelen;
    Evangelische Haupt-Bibelgesellschaft zu Berlin und Altenburg 1984. (S.57)
Schnepel, Erich: Jesus Christus, die Lösung der Probleme unseres Lebens; Bibelstudien:
    Der Römerbrief Kapitel 5; Verlag Junge Gemeinde, Stuttgart 2. Auflage 1964. (S.45)
Schniewind, Julius: Die Freude der Buße; Verlag Vandenhoeck & Rupprecht,
    Göttingen 1958. (S.104)
Schoeps, Hans-Joachim: Theologie und Geschichte des Judenchristentums;
    in: Gesammelte Schriften – Erste Abteilung: Religionsgeschichte; Band 2;
    Olms Verlag, Hildesheim 1998. (S.55)
Schoeps, Julius H. (Hrsg.): Auf der Suche nach einer jüdischen Theologie;
    Briefwechsel zwischen Schalom Ben-Chorin und Hans-Joachim Schoeps;
    Athenäum Verlag, Frankfurt/Main 1989. (S.12)
Shapiro, Rabbi Rami M. (Hrsg): Die Worte der Weisen sind glühende Kohlen;
    Wolfgang Krüger Verlag, Frankfurt/Main 1998. (S.III)
Stählin, Wilhelm: Die Bitte um den Heiligen Geist; Evangelisches Verlagswerk,
    Stuttgart 1969. (S.9)

Stauffer, Ethelbert: Die Theologie des Neuen Testaments; Verlag W. Kohlhammer, Stuttgart, 3.Auflage 1947. (S.153)
Stern, David H.: Das jüdische Neue Testament – Eine Übersetzung des Neuen Testamentes, die seiner jüdischen Herkunft Rechnung trägt; deutsche Übersetzung bei Hänssler-Verlag, Neuhausen-Stuttgart 1994. (S.47)
Ströter, Ernst F.: Frei vom Gesetz! Der Galaterbrief, ausgelegt für die gläubige Gemeine; Maranatha-Verlag, Leipzig 1923. (S.28)
ders.: Das Königreich Jesu Christi – Ein Gang durch die alttestamentlichen Verheißungen; Verlag der Missionsbuchhandlung P. Ott, Gotha, 2.Auflage 1909. (S.144/145)
ders.: Die große Zukunftsrede des Herrn nach Matth. 24; Maranatha-Verlag, Leipzig 2.Auflage 1922. (S.145)
Thielicke, Helmut: Leiden an der Kirche – Ein persönliches Wort; Band 52 (Sonderband) der Stundenbücher; Furche-Verlag H.Rennebach KG, Hamburg 1965. (S.219)
Walvoord, John F. und Roy B. Zuck (Hrsg): Das neue Testament erklärt und ausgelegt; Band 5; Hänssler-Verlag, Holzgerlingen; 3. Auflage 2000. (S.2)
Wuppertaler Studienbibel/Hansjörg Bräumer: Das erste Buch Mose – 2. Teil, Kapitel 12 bis 36; R. Brockhaus Verlag, Wuppertal/Zürich 1987. (S.42)
Zöller, Wolfgang: Nicht zu bremsen; TELOS-Paperback 2098; Verlag der St.-Johannis-Druckerei, Lahr-Dinglingen 1986. (S.27/28)